U0679711

国家电网有限公司设备类物资采购标准

（2018版）

电 抗 器 卷

国家电网有限公司　颁布

中国电力出版社
CHINA ELECTRIC POWER PRESS

图书在版编目（CIP）数据

国家电网有限公司设备类物资采购标准：2018 版. 电抗器卷 / 国家电网有限公司颁布. —北京：中国电力出版社，2019.8（2019.10重印）

ISBN 978-7-5198-3593-4

Ⅰ. ①国…　Ⅱ. ①国…　Ⅲ. ①电抗器–采购管理–标准–中国　Ⅳ. ①F426.61–65

中国版本图书馆 CIP 数据核字（2019）第 175106 号

出版发行：中国电力出版社
地　　址：北京市东城区北京站西街 19 号（邮政编码 100005）
网　　址：http://www.cepp.sgcc.com.cn
责任编辑：穆智勇
责任校对：黄　蓓　马　宁　太兴华
装帧设计：赵丽媛
责任印制：石　雷

印　　刷：三河市百盛印装有限公司
版　　次：2019 年 8 月第一版
印　　次：2022 年 10 月北京第九次印刷
开　　本：880 毫米×1230 毫米　16 开本
印　　张：25.75
字　　数：795 千字
印　　数：2001—2500 册
定　　价：130.00 元

卷 目 次

ICS 29.240

Q/GDW

国家电网有限公司企业标准

Q/GDW 13055.1 — 2018
代替 Q/GDW 13055.1 — 2014

10kV 干式空心并联电抗器采购标准
第 1 部分：通用技术规范

Purchasing standard for 10kV Dry-type Air-core Shunt reactors
Part 1: General technical specification

2019-06-28发布   2019-06-28实施

国家电网有限公司   发 布

目　次

前　言

《10kV 干式空心并联电抗器采购标准》分为 2 个部分：

——第 1 部分：通用技术规范；

——第 2 部分：10kV/3.33Mvar 干式空心并联电抗器专用技术规范。

本部分为《10kV 干式空心并联电抗器采购标准》的第 1 部分。

本标准代替 Q/GDW 13055.1—2014，与 Q/GDW 13055.1—2014 相比，主要技术性差异如下：

——更新了规范性引用文件，删除了已失效的标准和不相关的标准；

——增加了部分规范引用文件，如增加了"DL/T5242""T/CEC130—2016""JB/T10775"等；

——增加了使用寿命的要求；

——增加了对电抗器绕组工艺的要求；

——根据《国家电网有限公司输变电工程通用设备 35～750kV 变电站分册（2018 版）》修改了电气
　　一次接口和土建接口；

——例行试验中"绕组匝间耐压试验"改为"感应耐压试验（或匝间过电压试验）"，增加了雷电冲
　　击试验，删除了"绝缘电阻测量"；

——特殊试验增加了绕组热点温升测量、燃烧性能试验、环境试验及气候试验；

——对原标准中表述不准确的语句进行了修改。

本部分由国家电网有限公司物资部提出并解释。

本部分由国家电网有限公司科技部归口。

本部分起草单位：国网湖北省电力有限公司、中国电力科学研究院有限公司。

本部分主要起草人：郭慧浩、廖荒良、陈璐、张琳、杨铭、李俊、孟毅、董永涛、余胜、张波、杨帆、
赵宏亮。

本标准 2014 年 9 月首次发布，2018 年 6 月第一次修订。

本标准在执行过程中的意见或建议反馈至国家电网有限公司科技部。

10kV 干式空心并联电抗器采购标准
第 1 部分：通用技术规范

1 范围

本部分规定了 10kV 干式空心并联电抗器采购招标的总则、结构及其他要求、试验和安装要求。

本部分适用于 10kV 干式空心并联电抗器采购招标。

2 规范性引用文件

下列文件对于本文件的应用是必不可少的。凡是注日期的引用文件，仅注日期的版本适用于本文件。凡是不注日期的引用文件，其最新版本（包括所有的修改单）适用于本文件。

GB 311.1　绝缘配合　第 1 部分：定义、原则和规则

GB 311.2　绝缘配合　第 2 部分：使用导则

GB/T 1094.4　电力变压器　第 4 部分：电力变压器和电抗器的雷电冲击和操作冲击试验导则

GB/T 1094.6　电力变压器　第 6 部分：电抗器

GB/T 1094.10　电力变压器　第 10 部分：声级测定

GB/T 1094.11　电力变压器　第 11 部分：干式变压器

GB/T 5273　高压电器端子尺寸标准化

GB/T 8287.1　标称电压高于 1000V 系统用户内和户外支柱绝缘子　第 1 部分：瓷或玻璃绝缘子的试验

GB/T 8287.2　标称电压高于 1000V 系统用户内和户外支柱绝缘子　第 2 部分：尺寸与特性

GB/T 13657　双酚 A 型环氧树脂

GB/T 16927.1　高电压试验技术　第 1 部分：一般定义及试验要求

GB/T 16927.2　高电压试验技术　第 2 部分：测量系统

GB 50150　电气装置安装工程电气设备交接试验标准

DL/T 5242　35～220kV 变电站无功补偿装置设计技术规定

JB/T 10775　6kV–35kV 级干式并联电抗器技术参数和要求

T/CEC 130　10kV–110kV 干式空心并联电抗器技术要求

Q/GDW 168　输变电设备状态检修试验规程

Q/GDW 13001　高海拔外绝缘配置技术规范

3 术语和定义

下列术语和定义适用于本文件。

3.1
招标人　bidder

提出招标项目，进行招标的法人或其他组织。

3.2
投标人　tenderer

响应招标、参加投标竞争的法人或者其他组织。

3.3
卖方　seller

提供本部分货物和技术服务的法人或其他组织，包括其法定的承继者。

3.4

买方 buyer

购买本部分货物和技术服务的法人或其他组织，包括其法定的承继者和经许可的受让人。

4 总则

4.1 一般规定

4.1.1 投标人应具备招标公告所要求的资质，具体资质要求详见招标文件的商务部分。

4.1.2 投标人应满足本部分规范性引用文件中有关标准和文件的要求。投标人提供的电抗器应符合本部分所规定的要求，投标人亦可推荐符合本标准（通用部分和专用部分）要求的类似定型产品，但应提供详细的技术偏差，并在报价书中以"对规范书的意见和同规范书的差异"为标题的专门章节中加以详细描述。

4.1.3 本部分提出了对电抗器的技术参数、性能、结构、试验等方面的技术要求。有关电抗器的包装、标志、运输和保管的要求见招标文件商务部分的规定。

4.1.4 本部分提出的是最低限度的技术要求，并未对一切技术细节作出规定，也未充分引述有关标准的条文，投标人应提供符合本部分引用标准的最新版本和本部分技术要求的全新产品，如果所引用的标准之间不一致或本部分所使用的标准与投标人所执行的标准不一致时，按要求较高的标准执行。

4.1.5 本部分将作为订货合同的附件，与合同具有同等的法律效力。本部分未尽事宜，由合同签约双方在合同谈判时协商确定。

4.1.6 本部分中涉及有关商务方面的内容，如与招标文件的商务部分有矛盾时，以招标文件的商务部分为准。

4.1.7 本部分如与专用部分有冲突，以专用部分为准。

4.2 投标人应提供的资质文件

4.2.1 投标人在投标文件中应提供下列有关合格的资质文件，否则视为非响应性投标。

4.2.2 提供相应的最终用户的使用情况证明。

4.2.3 拥有权威机构颁发的 ISO 9000 系列的认证证书或等同的质量保证体系认证证书。

4.2.4 具有履行合同所需的生产技术和生产能力的文件资料。

4.2.5 有能力履行合同设备维护保养、修理及其他服务义务的文件。

4.2.6 同类设备的例行和型式试验报告。所提供的组部件如需向第三方外购时，投标人也应就其质量做出承诺，并提供第三方相应的检验报告和投标人的进厂验收证明。

4.3 投标人应提供的技术文件

4.3.1 技术文件的发送。供货商在合同签订后应提供下列技术文件。要求的技术文件及寄送的时间见表1。

表1 技术文件及提交时间

序号	文 件 内 容	提交时间
1	图纸类 a）组装图：应表示设备总的装配情况，包括外形尺寸、设备的重心位置与总质量，绝缘子或瓷套的爬电距离、弧闪距离、受风面积、固有频率，一次接线端子板及线夹位置、大小尺寸、材料及允许的作用力（三个方向），运输尺寸和质量，端子位置等并附电气和机械特性数据。 b）基础图：应标明设备的尺寸、基础螺栓的位置和尺寸，作用于基础的静态力等。 c）额定铭牌图、吊装图、运输包装示意图，包括运输尺寸等。 d）其他。 　1）标明安装布置图； 　2）标明匝间和绕包绝缘耐热等级	a）合同签订后 1 周内，供货商应提供认可图纸。 b）工程师在收到认可图纸 2 周内，应将经确认的 1 份图纸寄送给供货商。 c）供货商收到经确认的图纸 2 周内提出最终图

表 1（续）

序号	文 件 内 容	提交时间
2	组装后设备的机械强度计算报告	合同签订后 2 周内
3	a）说明书。应包括下列内容： 1）安装、运行、维护和全部组部件的完整说明和数据； 2）产品技术条件； 3）额定值和特性资料； 4）所有组部件的序号的完整资料； 5）例行试验数据； 6）表示设备的结构图以及对基础的技术要求； 7）装箱单及包装说明； 8）合格证。 b）其他适用的资料和说明	设备装运前 4 周

注 1：每台电抗器应提供 1 份说明书，随设备一起发运。
注 2：主要组部件试验报告。

4.3.2 所有技术文件均采用 SI 国际单位制。

4.3.3 工程师有权对供货商的供货设备图纸提出修改意见，对此买方不承担附加费用。供货商应对工程师的修改意见在图纸上进行修改，供货的设备应符合最终审定认可后的正式图纸。

4.3.4 在收到工程师对图纸的最终认可之前，供货商提前采购材料或加工制造而发生的任何风险和损失由供货商自行承担。

4.3.5 图纸经工程师认可后，并不能排除供货商对其图纸的完整性及正确性应负的责任。

4.3.6 当买方在设计继电保护、控制操作及与其他设备配合而需要相关文件和技术数据时，卖方应按要求提供这些文件和数据。

4.4 标准和规范

4.4.1 参照有关标准和准则拟定技术条件的合同设备，包括供货商从其他厂家采购的设备和组部件，都应符合该标准和准则的最新版本或其修订本，包括投标时起生效的任何更正或增补，经特殊说明者除外。

4.4.2 所有螺栓、双头螺栓、螺钉、管螺纹、螺栓头及螺帽等均应遵照 ISO 标准及 SI 国际单位制。

4.5 应满足的标准

4.5.1 装置至少应满足 GB 311.1、GB 311.2、GB/T 1094.4、GB/T 1094.6、GB/T 1094.10、GB/T 1094.11、GB/T 5273、GB/T 8287.1 GB/T 8287.2、GB/T 16927.1、GB/T 16927.2、GB 50150、DL/T 5242、JB/T 1077、T/CEC 130、Q/GDW 168、Q/GDW 13001 中所列标准的最新版本的要求，但不限于上述所列标准。

4.6 应满足的文件

该类设备技术标准应满足国家电网有限公司标准化成果中相关条款要求。下列文件中相应的条款规定均适用于本文件，其最新版本（包括所有的修改单）适用于本文件。包括：

a）《国家电网有限公司十八项电网重大反事故措施（2018 修订版）》；

b）《国家电网有限公司输变电工程通用设备 35～750kV 变电站分册（2018 年版）》；

c）《国家电网有限公司输变电工程通用设计》；

d）《国家电网有限公司配电网工程典型设计》。

4.7 使用寿命

在规定的工作条件下正常运行，并按照制造厂商的使用维护说明书进行维护的情况下，电抗器的预期寿命不应低于 40 年。

5 结构及其他要求

5.1 绕组

绕组要求如下：

a) 电磁线应尽量采用连续线，减少焊接点；线圈的绕制设计应使冲击行波所致的初始电压尽可能均匀分布，以抑制电压振荡及操作过电压。导线采用纯铝材料，导线的电流密度不得大于 $1.2A/mm^2$，绕组间电流密度差值不应超过 5%。

b) 结构件应采用非导磁材料或低导磁材料。

c) 户外装设的干式空心电抗器，包封外表面应有防污和防紫外线措施。

d) 采取防雨、防晒措施，一般应采用防护帽、假包封。

e) 采取防水、防潮措施，采用憎水性、憎水迁移性好的材料。

f) 在运输期间及长期运行中，绕组及其他部件应完好且不应松动。

g) 电抗器外露金属部位有良好的防腐蚀涂层。

h) 单丝线绝缘：应选用符合温度指示要求的电工用绝缘膜进行重叠包绕。绕包层应紧实、均匀平整地绕包在导体上。绕包层不应缺层，不应起皱和开裂等缺陷。单丝线电抗器的匝间绝缘和股间绝缘统一按匝间绝缘水平要求。

i) 单丝线电抗器应采用包有符合温度指数要求的匝间绝缘层的定长导线绕制，中间不应有接头。单丝线电抗器不宜采用调匝环结构。

j) 换位线绝缘：容量在 10Mvar 及以上的电抗器，应用匝间绝缘为 F 级及以上的换位绕组线绕制而成。

k) 包封绕组：应选用符合 GB/T 13657 要求的 B 级及以上环氧树脂胶为基体，以浸透环氧树脂的无纬玻璃丝带等玻璃纤维制品为补强材料，添加能使固化后的包封绕组绝缘的热膨胀系数与绕组的热膨胀系数尽量接近的、能增加包封韧性的助剂，把绕组全部密封包绕，热成型固化形成一个包封绕组。包封的环氧树脂层强度应达到玻璃钢的要求，不应分层、龟裂。

l) 包封表面处理、绕组整体喷涂防紫外线底漆、面漆，喷涂防止树枝状放电的 PRTV 涂层提高产品环境耐受性能，且 PRTV 涂层在 6 年内不应出现龟裂和剥落等现象。

5.2 铭牌

每台电抗器应提供用不受气候影响的材料制成的铭牌，并安装在明显可见的位置。所示项目应用耐久的方法刻出（如用蚀刻、雕刻和打印法）。铭牌上应标出下述各项：

a) 电抗器名称，型号、产品代号。

b) 标准代号。

c) 制造厂名（包括国名）。

d) 出厂序号。

e) 制造年月。

f) 相数。

g) 额定容量。

h) 额定频率。

i) 额定电压。

j) 额定电流。

k) 最高运行电压。

l) 额定电压时的电感、电抗或阻抗（实测值）。

m) 冷却方式。

n） 使用条件。

o） 绝缘的耐热等级。

p） 绝缘水平。

q） 损耗（实测值）。

r） 绕组联结。

s） 总质量。

t） 在某些情况下需列出的补充项目：

1） 温升（当不是标准值时）；

2） 运输质量（总质量超过 5t 的电抗器）；

3） 器身质量（总质量超过 5t 的电抗器）；

4） 分接的详细说明（若有分接时）；

5） 互电抗。

5.3 电气一次接口

5.3.1 安装要求

安装要求如下：

a） 10kV 单相干式空心并联电抗器户外安装时，可采用"一"字形或"品"字形布置，带防雨帽。采用玻璃钢支柱支撑安装。电抗器下面的支柱绝缘子的瓷裙底部距地面距离不小于 2.5m；如小于 2.5m 需加装围栏。设备引线对地距离需满足安全要求。

b） 10kV 单相干式空心电抗器采用两种布置方案，详见安装示意图，电抗器相与相中心距离不小于 1.7D；电抗器中心对侧面的防磁距离应不小于 1.1D；电抗器顶部及底部应留有适当空间，距离按不小于 0.5D 考虑。

c） 地震烈度在 6 度及以上地区，干式空心并联电抗器采用低式安装方式，电抗器四周应设置围栏，围栏相关尺寸应满足设计标准要求，围栏材质应采用不锈钢；电抗器中心至围栏的距离不得小于 1.1D（D 为电抗器直径）。

d） 电抗器周围及上下有影响区域内不得有封闭金属环，水泥基础内不得有封闭钢筋。干式空心电抗器下方接地线不应构成闭合回路，围栏采用金属材料时，金属围栏禁止连接成闭合回路，应有明显的隔离断开段，并不应通过接地线构成闭合回路。

e） 安装在干式空心并联电抗器防磁范围内的支柱绝缘子，其产品应为非磁性绝缘子；电抗器应带吊环，但运行前应将吊环拆除。

5.3.2 安装示意图

10kV 单相干式空心并联电抗器安装示意如图 1 所示。

5.4 土建接口

5.4.1 基本要求

基本要求如下：

a） 户外并联干式空心并联电抗器基础应采用素混凝土，基础上预埋钢板或地脚螺栓；电抗器采用焊接固定在基础的预埋钢板上或地脚螺栓上。电抗器之间的定位尺寸及基础上预埋钢板的长度、定位尺寸见标准接口方案图。

b） 电抗器基础均高出场地标高尺寸为 200mm。基础布置方式采用一字型布置和品字形布置基础布置方式可采用"一"字形或"品"字形布置。围栏基础上预埋槽钢［14a。

5.4.2 土建图纸

10kV 单相干式空心并联电抗器土建基础如图 2 所示。

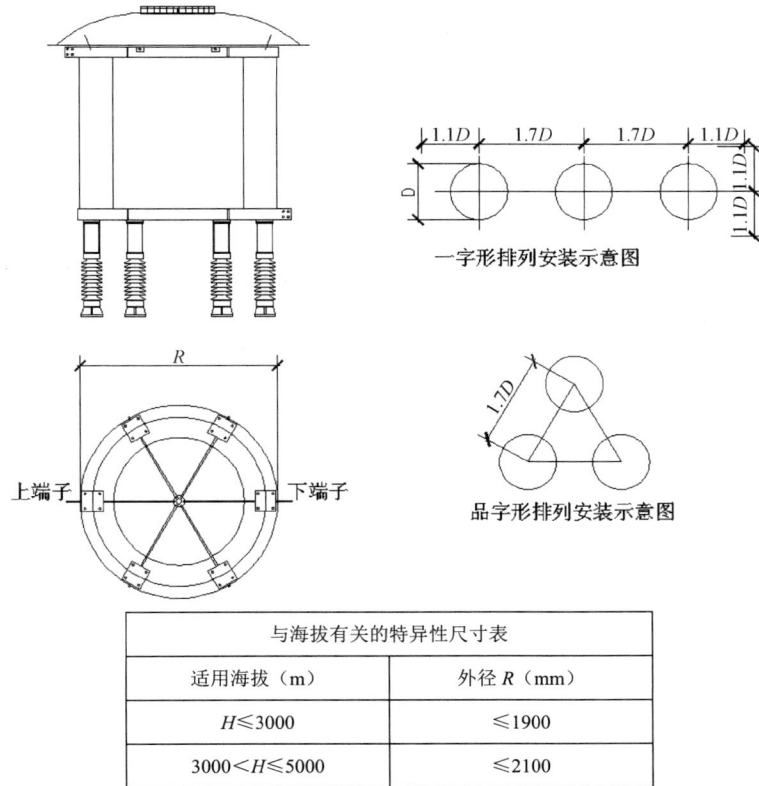

与海拔有关的特异性尺寸表	
适用海拔（m）	外径 R（mm）
H≤3000	≤1900
3000＜H≤5000	≤2100

图 1　10kV 单相干式空心并联电抗器（3.3Mvar）平、断面布置图

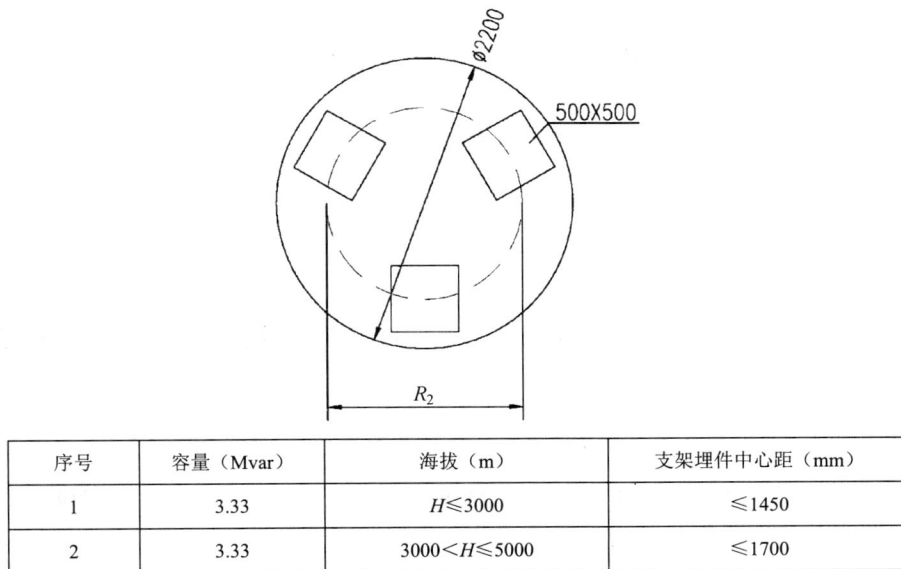

序号	容量（Mvar）	海拔（m）	支架埋件中心距（mm）
1	3.33	H≤3000	≤1450
2	3.33	3000＜H≤5000	≤1700

图 2　10kV 单相干式空心并联电抗器（3.3Mvar）基础图

6　试验

6.1　例行试验

合同所供干式空心并联电抗器应在制造厂进行例行试验，试验应符合有关标准规定。例行试验包括：

　　a）　绕组直流电阻测量。

b）电抗测量。

c）环境温度下的损耗测量。

d）感应耐压试验（或匝间过电压试验）。

e）雷电冲击试验。

f）支柱绝缘子超声探伤检查。

6.2 型式试验

6.2.1 对所供型式的干式空心并联电抗器，应进行标准的型式试验，试验应符合有关国家标准或 IEC 标准。型式试验包括以下的项目：

a）温升试验。

b）雷电冲击湿试验。

c）声级测定。

6.2.2 供货商可提交已在同类设备上完成的型式试验报告。对于不能满足标准的任何条款，买方有权拒绝这些用以代替规定的试验报告。

6.3 特殊试验

特殊试验包括以下的项目（但不限于此）：

a）外施耐压试验。

b）谐波电流测量。

c）绕组热点温升测量。

d）燃烧性能试验。

e）环境试验。

f）气候试验。

6.4 现场交接试验

现场安装完毕后，干式空心并联电抗器应接受现场交接试验：

a）绕组直流电阻测量。

b）绝缘电阻测量（对地，有条件时测量径向绝缘电阻）。

c）外施耐压试验。

d）额定电压下的冲击合闸试验。

e）支柱绝缘子超声探伤检查。

f）运行中红外测温。

g）匝间过电压试验（330kV 及以上变电站新安装干式空心电抗器交接时具备试验条件应进行）。

7 安装要求

干式空心并联电抗器的安装应满足以下要求：

a）干式空心并联电抗器的安装工作由买方实施。供货商应在安装及启动时提供技术咨询，供货商应提供所有安装所需的特殊材料。

b）在变电站设计及电抗器的安装中，应考虑到漏磁通对其他周围设备和电抗器本体性能的影响。

c）所有接地、安装和组装用的螺栓、螺母、垫圈和连接件由供货商提供。电抗器一次接线端子应便于连接设备线夹，并配套提供连接用的螺栓、螺母和垫圈。提供的螺栓、螺母和垫圈应满足防锈、防腐、防磁要求。

ICS 29.240

Q/GDW

国家电网有限公司企业标准

Q／GDW 13055.2 — 2018
代替 Q／GDW 13055.2 — 2014

10kV 干式空心并联电抗器采购标准
第 2 部分：10kV/3.33Mvar 干式空心并联电抗器专用技术规范

Purchasing standard for 10kV Dry-type Air-core Shunt reactors
Part 2: 10kV/3.33Mvar Dry-type Air-core Shunt reactors
Special technical specification

2019-06-28发布   2019-06-28实施

国家电网有限公司   发 布

目　次

前　言

《10kV 干式空心并联电抗器采购标准》分为 2 个部分：

——第 1 部分：通用技术规范；

——第 2 部分：10kV/3.33Mvar 干式空心并联电抗器专用技术规范。

本部分为《10kV 干式空心并联电抗器采购标准》的第 2 部分。

本标准代替 Q/GDW 13055.2—2014，与 Q/GDW 13055.2—2014 相比，主要技术性差异如下：

——删除了术语和定义中的条目，直接引用 Q/GDW 13055.1 中的术语和定义；

——修改了部分结构参数及描述，如"最低温度 25 度"改为"最低温度-25 度"、"污秽等级Ⅲ级"改为"污秽等级Ⅳ级"等；

——增加燃烧性能等级的规定；

——对原标准中表述不准确的语句进行了修改。

本部分由国家电网有限公司物资部提出并解释。

本部分由国家电网有限公司科技部归口。

本部分起草单位：国网湖北省电力有限公司、中国电力科学研究院有限公司。

本部分主要起草人：郭慧浩、廖荒良、陈璐、张琳、杨铭、李俊、孟毅、余胜、张波、杨帆、张萌。

本标准 2014 年 9 月首次发布，2018 年 6 月第一次修订。

本标准在执行过程中的意见或建议反馈至国家电网有限公司科技部。

10kV 干式空心并联电抗器采购标准
第 2 部分：10kV/3.33Mvar 干式空心
并联电抗器专用技术规范

1 范围

本部分规定了 10kV/3.33Mvar 干式空心并联电抗器采购招标的标准技术参数、项目需求及投标人响应的相关内容。

本部分适用于 10kV/3.33Mvar 干式空心并联电抗器采购招标。

2 规范性引用文件

下列文件对于本文件的应用是必不可少的。凡是注日期的引用文件，仅注日期的版本适用于本文件。凡是不注日期的引用文件，其最新版本（包括所有的修改单）适用于本文件。

Q/GDW 13055.1　10kV 干式空心并联电抗器采购标准第 1 部分：通用技术规范

3 术语和定义

Q/GDW 13055.1 规定的术语与定义适用于本文件。

4 标准技术参数

技术参数特性表是国家电网有限公司对采购设备的基础技术参数要求，在招投标过程中，投标人应依据招标文件，对技术参数特性表中标准参数值进行响应。10kV/3.33Mvar 干式空心并联电抗器技术参数特性见表 1。物资应满足 Q/GDW 13055.1 的要求。

表 1　技 术 参 数 特 性 表

序号	项　　目		标准参数值
1	型式		单相、干式、空心
2	额定值	额定电压（kV）	$10/\sqrt{3}$
		设备连续最高工作电压（kV）	$12/\sqrt{3}$
		额定频率（Hz）	50
		额定容量（Mvar）	3.33
		额定电抗（Ω）	10
		额定电流（A）	576.8
3	绝缘水平	额定雷电冲击耐压（kV，峰值）	75
		额定交流耐压（kV，干/湿，有效值）	42/35
4	匝间绝缘水平	高频脉冲振荡电压（kV，峰值）	66
5	损耗（W/kvar，额定电流、额定频率、75℃）		≤5.5

表1（续）

序号	项　　目		标准参数值
6	直流电阻值（Ω，设计值，75℃）		（投标人提供）
7	直流电阻三相不均匀度（%）		≤1
8	电流不均匀度（%）		≤5
9	接线形式		星形
10	温升极限值 （最高工作电压下）	绕组平均温升（K）	75
		最热点温升（K）	85
11	绝缘材料耐热等级	匝间绝缘耐热等级	H 级
		整体绝缘耐热等级	F 级
12	电抗允许偏差	与额定值之差	±5%以内
		三相电抗互差	±2%以内
13	声级水平	在额定状态下［dB（A）］	＜50
14	过励磁能力	$1.2U_N$	连续
		$1.3U_N$（min）	20
		$1.4U_N$（min）	3
		$1.5U_N$（s）	10
15	支柱绝缘子的 主要参数	额定雷电冲击耐受电压（kV，峰值）	125
		额定交流耐受电压（kV，干/湿，有效值）	58
		绝缘子对地爬电距离（mm）（应计及直径系数 K_d）	$744×K_d$
		干弧距离	（投标人提供）
		绝缘子抗弯强度（N·m）	（投标人提供）
16	接线端子允许受力	水平纵向（kN）	2.5
		水平横向（kN）	1.5
		垂直方向（kN）	1
		安全系数（三力同时作用）	≥2.5
17	接线端子形状		板状
18	进出线端子夹角		180°或按要求
19	电抗器尺寸	外径（m）	（投标人提供）
		内径（m）	（投标人提供）
		高度（m）	（投标人提供）
		包封数（个）	（投标人提供）
20	电抗器质量（t）		（投标人提供）
21	布置方式		"品"字形（"一"字形）

表1（续）

序号	项 目		标准参数值
22	绕组防护要求	绕组外表面防护层处理方法	（投标人提供）
		风道及内层防护处理方法	（投标人提供）
		引线部分处理方法	（投标人提供）
		是否配置防雨罩	是/否
23	环境等级		E_2 级
24	气候等级		C_2 级
25	燃烧性能等级		F_1 级

5 组件材料配置

组件材料配置包括元件名称、规格形式参数、单位、数量和产地等信息，具体内容和格式根据招标项目情况进行编制。

6 使用环境条件

10kV/3.33Mvar 干式空心并联电抗器使用环境条件见表2。特殊环境要求根据项目情况进行编制。

表 2 使 用 环 境 条 件 表

环 境 项 目		项目需求值
安装位置		户外
海拔（m）		≤1000
冷却空气温度（℃）	最高温度	40
	最热月平均温度	30
	最高年平均温度	20
	最低温度	−25
最大日温差（K）		25
日照强度（W/cm², 风速0.5m/s）		0.1
覆冰厚度（mm）		10
最大风速（m/s）		35
最大月平均相对湿度（%, 25℃时）		90
地面水平加速度（m/s², 正弦共振3周波，安全系数1.67以上）		2
污秽等级		Ⅳ
系统条件	额定频率（Hz）	50
	系统标称电压（kV）	10
	最高运行电压（kV）	12
	系统中性点接地方式	不直接接地
与其他设备连接方式		（项目单位填写）

ICS 29.240

Q/GDW

国家电网有限公司企业标准

Q/GDW 13056.1—2018
代替 Q/GDW 13056.1—2014

10kV 干式铁心并联电抗器采购标准
第1部分：通用技术规范

Purchasing standard for 10kV Dry-type Iron Core Shunt reactors
Part 1: General technical specification

2019-06-28发布   2019-06-28实施

国家电网有限公司   发 布

Q / GDW 13056.1—2018

目　　次

前　言

《10kV 干式铁心并联电抗器采购标准》分为 3 个部分：
——第 1 部分：通用技术规范；
——第 2 部分：10kV/6Mvar 干式铁心并联电抗器专用技术规范；
——第 3 部分：10kV/10Mvar 干式铁心并联电抗器专用技术规范。
本部分为《10kV 干式铁心并联电抗器采购标准》的第 1 部分。
本部分代替 Q/GDW 13056.1—2014，主要技术性差异如下：
——更新了规范性引用文件，删除了已失效的标准和不相关的标准；
——增加了部分规范引用文件，如增加了"DL/T 5242""JB/T 10775"等；
——对原标准中表述不准确的语句进行了修改；
——增加了使用寿命的要求；
——增加了对电抗器绕组工艺的要求；
——例行试验中绕组匝间耐压试验改为感应电压试验；增加了部分试验项目，如增加了局部放电
　　测量；
——特殊试验增加了绕组热点温升测量、燃烧性能试验、环境试验及气候试验；
——根据《国家电网有限公司输变电工程通用设备 35～750kV 变电站分册（2018 版）》修改了电气
　　一次接口和土建接口。
本部分由国家电网有限公司物资部提出并解释。
本部分由国家电网有限公司科技部归口。
本部分起草单位：国网湖北省电力有限公司、中国电力科学研究院有限公司。
本部分主要起草人：郭慧浩、廖荒良、陈璐、张琳、杨铭、李俊、孟毅、余胜、张波、杨帆。
本标准 2014 年 9 月首次发布，2018 年 6 月第一次修订。
本部分在执行过程中的意见或建议反馈至国家电网有限公司科技部。

10kV 干式铁心并联电抗器采购标准
第 1 部分：通用技术规范

1 范围

本部分规定了 10kV 干式铁心并联电抗器招标的总则、结构及其他要求、试验和安装要求。

本部分适用于 10kV 干式铁心并联电抗器招标。

2 规范性引用文件

下列文件对于本文件的应用是必不可少的。凡是注日期的引用文件，仅注日期的版本适用于本文件。凡是不注日期的引用文件，其最新版本（包括所有的修改单）适用于本文件。

GB 311.1　绝缘配合　第 1 部分：定义、原则和规则

GB 311.2　绝缘配合　第 2 部分：使用导则

GB/T 1094.4　电力变压器　第 4 部分：电力变压器和电抗器的雷电冲击和操作冲击试验导则

GB/T 1094.6　电力变压器　第 6 部分：电抗器

GB/T 1094.10　电力变压器　第 10 部分：声级测定

GB/T 1094.11　电力变压器　第 11 部分：干式变压器

GB/T 5273　高压电器端子尺寸标准化

GB/T 16927.1　高电压试验技术　第 1 部分：一般定义及试验要求

GB/T 16927.2　高电压试验技术　第 2 部分：测量系统

GB 50150　电气装置安装工程电气设备交接试验标准

DL/T 5242　35～220kV 变电站无功补偿装置设计技术规定

JB/T 10775—2007　6kV～35kV 级干式并联电抗器技术参数和要求

Q/GDW 168　输变电设备状态检修试验规程

Q/GDW 13001　高海拔外绝缘配置技术规范

3 术语和定义

下列术语和定义适用于本部分。

3.1
招标人　bidder

提出招标项目，进行招标的法人或其他组织。

3.2
投标人　tenderer

响应招标、参加投标竞争的法人或者其他组织。

3.3
卖方　seller

提供本部分货物和技术服务的法人或其他组织，包括其法定的承继者。

3.4
买方　buyer

购买本部分货物和技术服务的法人或其他组织，包括其法定的承继者和经许可的受让人。

4 总则

4.1 一般规定

4.1.1 投标人应具备招标公告所要求的资质，具体资质要求详见招标文件的商务部分。

4.1.2 投标人应满足本部分规范性引用文件中有关标准和文件的要求。投标人提供的电抗器应符合本部分所规定的要求，投标人亦可推荐符合本标准（通用部分和专用部分）要求的类似定型产品，但应提供详细的技术偏差，并在报价书中以"对规范书的意见和同规范书的差异"为标题的专门章节中加以详细描述。

4.1.3 本部分提出了对电抗器的技术参数、性能、结构、试验等方面的技术要求。有关电抗器的包装、标志、运输和保管的要求见招标文件商务部分的规定。

4.1.4 本部分提出的是最低限度的技术要求，并未对一切技术细节做出规定，也未充分引述有关标准的条文，投标人应提供符合本部分引用标准的最新版本标准和本部分技术要求的全新产品，如果所引用的标准之间不一致或本部分所使用的标准与投标人所执行的标准不一致时，按要求较高的标准执行。

4.1.5 本部分将作为订货合同的附件，与合同具有同等的法律效力。本部分未尽事宜，由合同签约双方在合同谈判时协商确定。

4.1.6 本部分中涉及有关商务方面的内容，如与招标文件的商务部分有矛盾时，以招标文件的商务部分为准。

4.1.7 本部分如与专用部分有冲突，以专用部分为准。

4.2 投标人应提供的资质文件

4.2.1 投标人在投标文件中应提供下列有关合格的资质文件，否则视为非响应性投标。

4.2.2 提供相应的最终用户的使用情况证明。

4.2.3 拥有权威机构颁发的 ISO 9000 系列的认证证书或等同的质量保证体系认证证书。

4.2.4 具有履行合同所需的生产技术和生产能力的文件资料。

4.2.5 有能力履行合同设备维护保养、修理及其他服务义务的文件。

4.2.6 同类设备的例行和型式试验报告。所提供的组部件如需向第三方外购时，投标人也应就其质量做出承诺，并提供第三方相应的检验报告和投标人的进厂验收证明。

4.3 投标人应提供的技术文件

4.3.1 技术文件的发送。供货商在合同签订后应提供技术文件。要求的技术文件及寄送的时间见表 1。

表 1 技术文件及提交时间

序号	文 件 内 容	提交时间
1	图纸类	
	a）组装图：应表示设备总的装配情况，包括外形尺寸、设备的重心位置与总质量，绝缘子或瓷套的爬电距离、弧闪距离、受风面积、固有频率、一次接线端子板及线夹位置、大小尺寸、材料及允许的作用力（三个方向），运输尺寸和质量，端子位置等，并附电气和机械特性数据。 b）基础图：应标明设备的尺寸、基础螺栓的位置和尺寸，作用于基础的静态力等。 c）额定铭牌图、吊装图、运输包装示意图，包括运输尺寸等。 d）其他： 　1）标明安装布置图； 　2）标明匝间和绕包绝缘耐热等级	a）合同签订后 1 周内，供货商应提供认可图纸。 b）工程师在收到认可图纸 2 周内，应将经确认的 1 份图纸寄送给供货商。 c）供货商收到经确认的图纸 2 周内提出最终图

表 1（续）

序号	文 件 内 容	提交时间
2	组装后设备的机械强度计算报告	合同签订后 2 周内
3	a）说明书。应包括下列内容： 　1）安装、运行、维护和全部组部件的完整说明和数据； 　2）产品技术条件； 　3）额定值和特性资料； 　4）所有组部件的序号及完整资料； 　5）例行试验数据； 　6）表示设备的结构图以及对基础的技术要求； 　7）装箱单及包装说明； 　8）合格证。 b）其他适用的资料和说明	设备装运前 4 周

注 1：每台电抗器应提供 1 份说明书，随设备一起发运。
注 2：主要组部件试验报告。

4.3.2 所有技术文件均采用 SI 国际单位制。

4.3.3 工程师有权对供货商的供货设备图纸提出修改意见，对此买方不承担附加费用。供货商应对工程师的修改意见在图纸上进行修改，供货的设备应符合最终审定认可后的正式图纸。

4.3.4 在收到工程师对图纸的最终认可之前，供货商提前采购材料或加工制造而发生的任何风险和损失，由供货商自行承担。

4.3.5 图纸经工程师认可后，并不能排除供货商对其图纸的完整性及正确性应负的责任。

4.3.6 当买方在设计继电保护、控制操作及与其他设备配合而需要相关文件和技术数据时，卖方应按要求提供这些文件和数据。

4.4 标准和规范

4.4.1 参照有关标准拟定技术条件的合同设备，包括供货商从其他厂家采购的设备和组部件，都应符合该标准的最新版本或其修订本，包括投标时起生效的任何更正或增补，经特殊说明者除外。

4.4.2 所有螺栓、双头螺栓、螺钉、管螺纹、螺栓头及螺帽等均应遵照 ISO 标准及 SI 国际单位制。

4.5 应满足的标准

装置至少应满足 GB 311.1、GB/T 1094.4、GB/T 1094.6、GB/T 1094.10、GB/T 1094.11、GB/T 5273、GB/T 16927.1、GB/T 16927.2、GB 50150、Q/GDW 168、Q/GDW 13001 中所列标准的最新版本的要求，但不限于上述所列标准。

4.6 应满足的文件

该类设备技术标准应满足国家电网有限公司标准化成果中相关条款要求。下列文件中相应的条款规定均适用于本文件，其最新版本（包括所有的修改单）适用于本文件。包括：

a）《国家电网有限公司十八项电网重大反事故措施（2018 修订版）》；

b）《国家电网有限公司输变电工程通用设备 35～750kV 变电站分册（2018 年版）》；

c）《国家电网有限公司输变电工程通用设计》；

d）《国家电网有限公司配电网工程典型设计》。

4.7 使用寿命

在规定的工作条件下正常运行，并按照制造厂商的使用维护说明书进行维护的情况下，电抗器的预期寿命不应低于 40 年。

5 结构及其他要求

5.1 铁心及绕组

5.1.1 铁心应由优质冷轧硅钢片制成。铁心柱不能因运输和运行的振动而松动、开裂。

5.1.2 绕组应采用环氧树脂浇注铜线结构，绕组使用高质量铜线，应尽量采用连续线，减少焊接点。

5.1.3 绕组应有良好的冲击电压波分布。

5.1.4 对绕组的漏磁通应进行控制，避免产生局部过热。

5.1.5 绕组引出线焊接应牢固可靠。

5.1.6 在运输期间及长期运行中，绕组及其他部件应完好且不应松动，绝缘包封不应出现裂纹。

5.2 铭牌

每台电抗器应提供用不受气候影响的材料制成的铭牌，并安装在明显可见的位置。所示项目应用耐久的方法刻出（如用蚀刻、雕刻和打印法）。铭牌上应标出下述各项：

 a） 电抗器名称，型号、产品代号。

 b） 标准代号。

 c） 制造厂名（包括国名）。

 d） 出厂序号。

 e） 制造年月。

 f） 相数。

 g） 额定容量。

 h） 额定频率。

 i） 额定电压。

 j） 额定电流。

 k） 最高运行电压。

 l） 额定电压时的电感、电抗或阻抗（实测值）。

 m） 冷却方式。

 n） 使用条件。

 o） 绝缘的耐热等级。

 p） 绝缘水平。

 q） 损耗（实测值）。

 r） 绕组联结。

 s） 总质量。

 t） 在某些情况下需列出的补充项目：

  1） 温升（当不是标准值时）；

  2） 运输质量（总质量超过5t的电抗器）；

  3） 器身质量（总质量超过5t的电抗器）；

  4） 分接的详细说明（若有分接时）。

5.3 电气一次接口

5.3.1 安装要求

10kV 三相干式铁心并联电抗器，一般采用户内安装方式，尤其是需要防电磁干扰的场所。户外安装时应增加外壳防护。

户内干式铁心电抗器应落地布置，底座应紧贴基础面。

5.3.2 安装示意图

10kV 三相干式铁心并联电抗器安装示意如图 1～图 4 所示。

5.4 土建接口
5.4.1 基本要求

10kV 三相干式铁心并联电抗器基础应采用素混凝土，基础上预埋钢板；电抗器采用焊接固定在基础的预埋钢板上。电抗器之间的定位尺寸及基础上预埋钢板的长度、定位尺寸见标准接口方案图。

电抗器基础均高出场地标高尺寸 200mm。基础布置方式采用一字型布置和品字形布置。10kV 三相干式铁心并联电抗器土建基础图如图 5～图 7 所示。

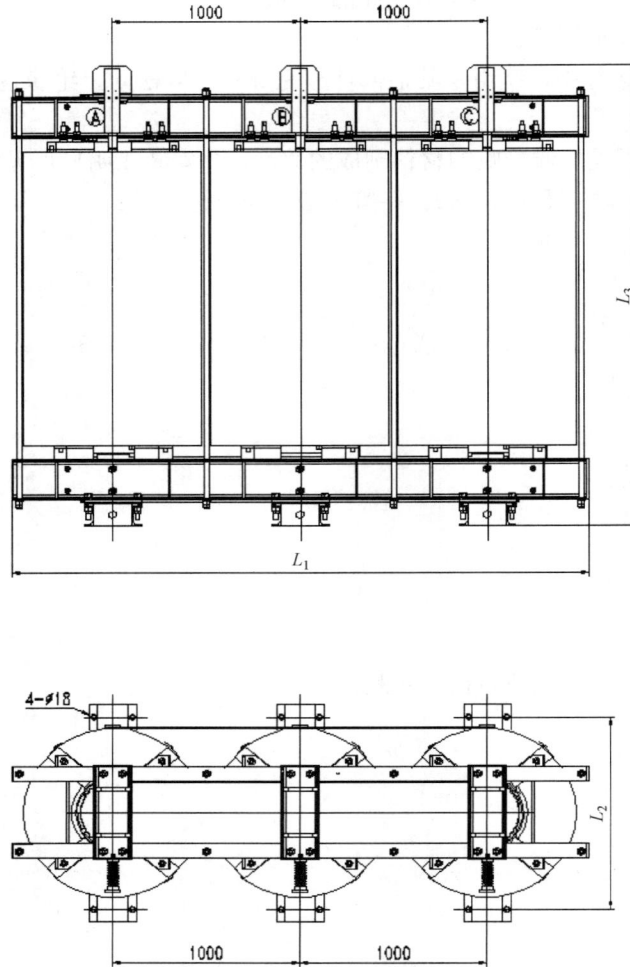

与海拔有关的特异性尺寸表			
适用海拔（m）	L_1（mm）	L_2（mm）	L_3（mm）
$H{\leqslant}1000m$	≤3100	≤1300	≤2600
$1000{<}H{\leqslant}3000$	≤3100	≤1300	≤3000
$3000{<}H{\leqslant}5000$	≤3100	≤1300	≤3200

图 1 10kV 三相干式铁心并联电抗器（6Mvar）"一"字形布置安装示意图

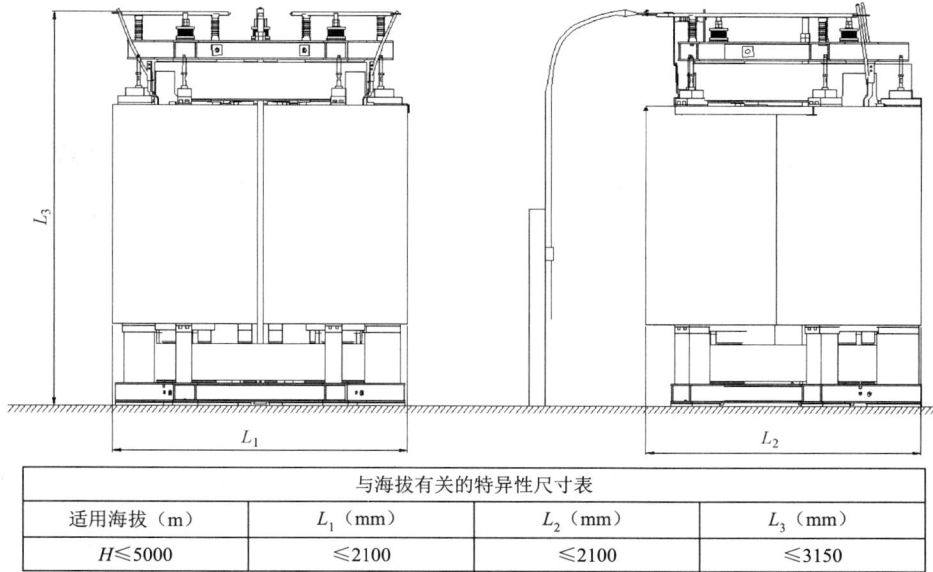

与海拔有关的特异性尺寸表			
适用海拔（m）	L_1（mm）	L_2（mm）	L_3（mm）
$H{\leqslant}5000$	${\leqslant}2100$	${\leqslant}2100$	${\leqslant}3150$

图 2　10kV 三相干式铁心并联电抗器（6Mvar）"品"字形布置安装示意图

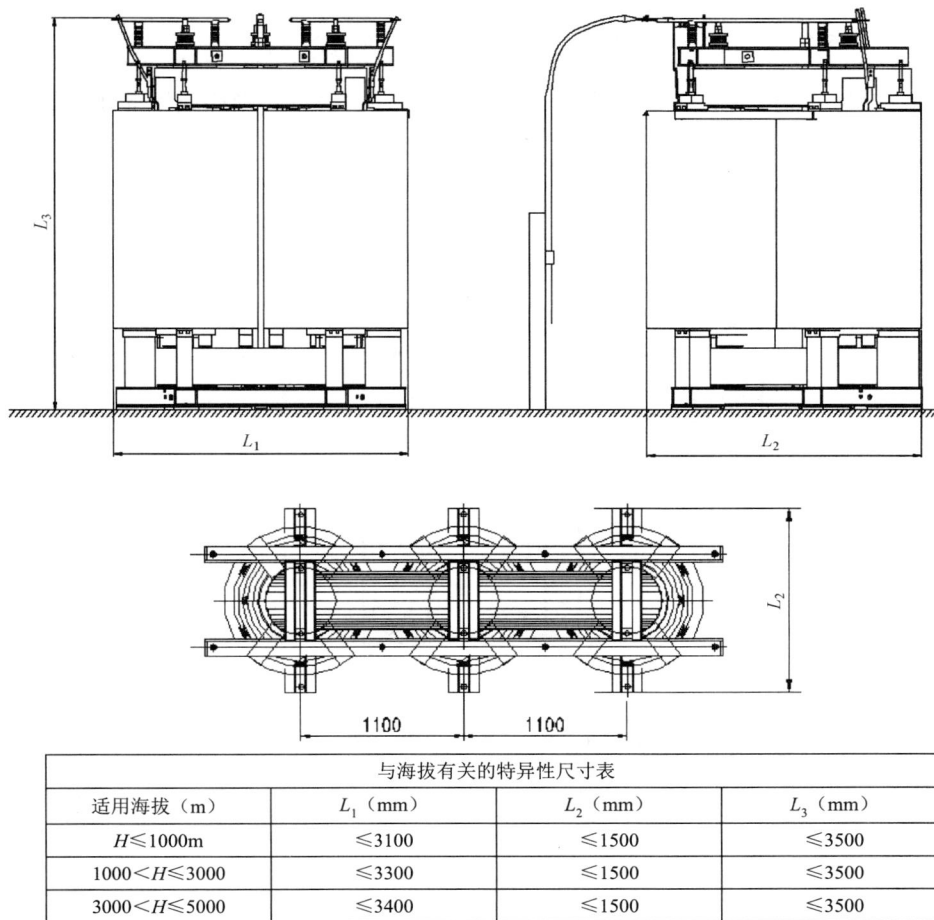

与海拔有关的特异性尺寸表			
适用海拔（m）	L_1（mm）	L_2（mm）	L_3（mm）
$H{\leqslant}1000m$	${\leqslant}3100$	${\leqslant}1500$	${\leqslant}3500$
$1000{<}H{\leqslant}3000$	${\leqslant}3300$	${\leqslant}1500$	${\leqslant}3500$
$3000{<}H{\leqslant}5000$	${\leqslant}3400$	${\leqslant}1500$	${\leqslant}3500$

图 3　10kV 三相干式铁心并联电抗器（10Mvar）"一"字形布置安装示意图

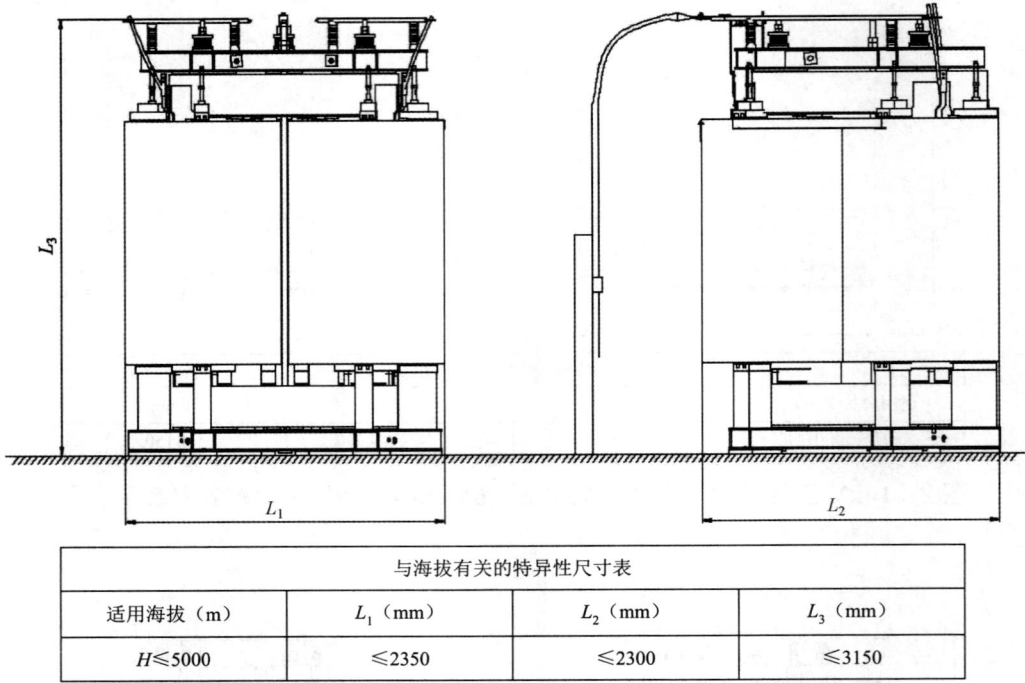

与海拔有关的特异性尺寸表			
适用海拔（m）	L_1（mm）	L_2（mm）	L_3（mm）
$H\leqslant5000$	≤2350	≤2300	≤3150

图4 10kV 三相干式铁心并联电抗器（10Mvar）"品"字形布置安装示意图

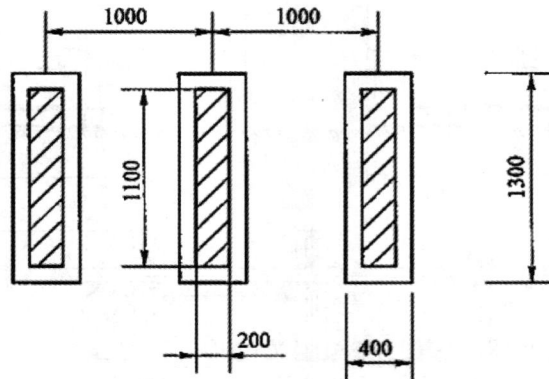

序号	容量（Mvar）	海拔（m）	埋件尺寸（mm×mm）	基础间距（mm）
1	6	$H\leqslant5000$	1100×200	1000

图5 10kV 三相干式铁心并联电抗器（6Mvar）"一"字形布置基础图

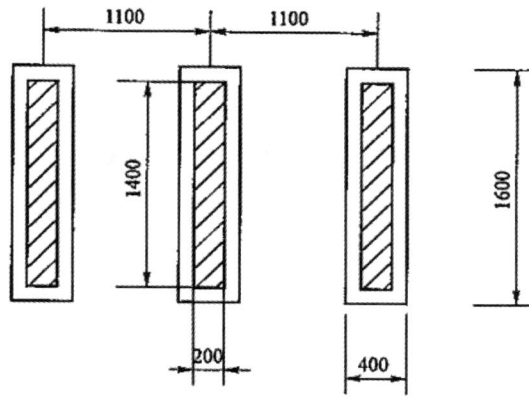

序号	容量（Mvar）	海拔（m）	埋件尺寸（mm×mm）	基础间距（mm）
1	10	H≤5000	1400×200	1100mm

图 6　10kV 三相干式铁心并联电抗器（10Mvar）"一"字形布置基础图

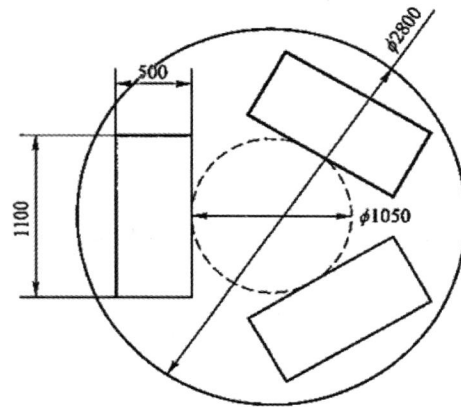

序号	容量（Mvar）	海拔（m）	埋件尺寸（mm×mm）	基础节径（mm）	品字型基础布置角度（°）
1	6	H≤5000	500×1000	1050mm	120
2	10	H≤5000	500×1000	1050mm	120

图 7　10kV 三相干式铁心并联电抗器（6、10Mvar）"品"字形布置基础图

6　试验

6.1　例行试验

合同所供干式铁心电抗器应在制造厂进行例行试验，试验应符合有关标准规定。例行试验包括以下项目：

　　a）　绕组电阻测量。

　　b）　电抗测量。

　　c）　环境温度下的损耗测量。

　　d）　绝缘电阻测量。

　　e）　外施耐压试验。

    f） 感应耐压试验。

    g） 雷电冲击试验

    h） 局部放电测量（线圈应逐个进行）。

6.2 型式试验

6.2.1 对所供型式的干式铁心并联电抗器，应进行标准的型式试验。试验应符合有关国家标准或 IEC 标准。型式试验包括以下的项目：

    a） 温升试验。

    b） 声级测定。

    c） 燃烧性能试验。

    d） 环境试验。

    e） 气候试验。

    f） 振动测量。

6.2.2 供货商可提交已在同类设备上完成的型式试验报告。对于不能满足标准的任何条款，买方有权拒绝这些用以代替规定的试验报告。

6.3 特殊试验

特殊试验包括以下的项目（但不限于此）：

    a） 谐波电流测量。

    b） 线性度测定。

    c） 三相电抗器互电抗测量。

    d） 外表红外热像图谱检测。

6.4 现场交接试验

现场安装完毕后，干式铁心并联电抗器应接受以下现场交接试验：

    a） 绕组直流电阻测量。

    b） 绝缘电阻测量。

    c） 交流耐压试验。

    d） 额定电压下的冲击合闸试验。

7 安装要求

干式铁心电抗器的安装应满足如下要求：

    a） 干式铁心并联电抗器的安装工作由买方实施，供货商应在安装及启动时提供技术咨询，供货商应提供所有安装所需的特殊材料。

    b） 在变电站设计及电抗器的安装中，应考虑到漏磁通对其他周围设备和电抗器本体性能的影响。

    c） 所有接地、安装和组装用的螺栓、螺母、垫圈和连接件由供货商提供。电抗器一次接线端子应便于连接设备线夹，并配套提供连接用的螺栓、螺母和垫圈。设备线夹资料在签订合同后由工程师提供。设备线夹资料在签订合同后由工程师提供。提供的螺栓、螺母和垫圈应满足防锈、防腐、防磁要求。

ICS 29.240

Q/GDW

国家电网有限公司企业标准

Q/GDW 13056.2 — 2018
代替 Q/GDW 13056.2 — 2014

10kV 干式铁心并联电抗器采购标准
第 2 部分：10kV/6Mvar 干式铁心
并联电抗器专用技术规范

Purchasing standard for 10kV Dry-type Iron Core Shunt reactors
Part 2: 10kV/6Mvar Dry-type Iron Core Shunt reactors
Special technical specification

2019-06-28发布   2019-06-28实施

国家电网有限公司   发 布

Q / GDW 13056.2—2018

目　次

前　言

《10kV 干式铁心并联电抗器采购标准》分为 3 个部分：
——第 1 部分：通用技术规范；
——第 2 部分：10kV/6Mvar 干式铁心并联电抗器专用技术规范；
——第 3 部分：10kV/10Mvar 干式铁心并联电抗器专用技术规范。
本部分为《10kV 干式铁心并联电抗器采购标准》的第 2 部分。
本部分代替 Q/GDW 13056.2—2014，与 Q/GDW 13056.2—2014 相比，主要技术性差异如下：
——删除了术语和定义中的条目，直接引用 Q/GDW 13056.1 中的术语和定义；
——修改了"环境使用条件"中"污秽等级"，由"Ⅲ"改为"Ⅳ"级；
——对原标准中表述不准确的语句进行了修改；
——增加燃烧性能等级的规定；
——10kV/6Mvar 干式铁心并联电抗器损耗由 4.8W/kvar 降为 4.32W/kvar，声级水平由 56dB（A）降
　　为 55dB（A）。
本部分由国家电网有限公司物资部提出并解释。
本部分由国家电网有限公司科技部归口。
本部分起草单位：国网湖北省电力有限公司、中国电力科学研究院有限公司。
本部分主要起草人：郭慧浩、廖荒良、陈璐、张琳、杨铭、李俊、孟毅、余胜、张波、杨帆。
本部分 2014 年 9 月首次发布，2018 年 6 月第一次修订。
本部分在执行过程中的意见或建议反馈至国家电网有限公司科技部。

10kV 干式铁心并联电抗器采购标准
第 2 部分：10kV/6Mvar 干式铁心
并联电抗器专用技术规范

1 范围

本部分规定了 10kV/6Mvar 干式铁心并联电抗器招标的标准技术参数、项目需求及投标人响应的相关内容。

本部分适用于 10kV/6Mvar 干式铁心并联电抗器招标。

2 规范性引用文件

下列文件对于本文件的应用是必不可少的。凡是注日期的引用文件，仅注日期的版本适用于本文件。凡是不注日期的引用文件，其最新版本（包括所有的修改单）适用于本文件。

Q/GDW 13056.1　10kV 干式铁心并联电抗器采购标准　第 1 部分：通用技术规范

3 术语和定义

Q/GDW 13056.1 规定的术语与定义适用于本文件。

4 标准技术参数

技术参数特性表是国家电网有限公司对采购设备的基础技术参数要求，在招投标过程中，投标人应依据招标文件，对技术参数特性表中标准参数值进行响应。10kV/6Mvar 干式铁心并联电抗器技术参数特性见表 1。物资应满足 Q/GDW 13056.1 的要求。

表 1　技 术 参 数 特 征 表

序号	项目		标准参数值
1	型式		三相、干式、铁心
2	额定值	额定频率（Hz）	50
		额定电压 U_N（kV）	10
		连续最高工作电压（kV）	12
		额定容量（Mvar）	6
		额定电流（A）	346.4
		额定电抗（Ω）/容许偏差（%）	16.67/±5
		三相间阻抗互差（%）	±2
		相数	三相
		接线形式	星形
3	绝缘水平	额定雷电冲击全波电压（kV，峰值）	75
		额定 1min 工频耐受电压（kV，方均根值）	35

表1（续）

序号	项　目			标准参数值
4	匝间绝缘	应能承受的感应耐压值（kV，方均根值）		2 倍额定电压
5	温升限值 （最高工作 电压下）	绕组（K）	平均温升	75
			热点温升	85
		铁心、金属部分及与其相邻的材料（K）		100（铁心温升不超过绝缘 材料耐热等级限值）
6	励磁特性	$1.4U_N$ 下的电流不大于1.4倍额定电流的百分数（%）		3
		$1.4U_N$ 和 $1.7U_N$ 的连线平均斜率不小于初始斜率 的百分数（%）		50
		过励磁能力 （kU_N－t）	$1.20U_N$	连续
			$1.30U_N$	3min
			$1.40U_N$	1min
			$1.5U_N$	10s
7	损耗	额定电流，额定频率下，120℃时（W/kvar）		≤4.32
8	电流密度（A/mm²）			（投标人提供）
9	铁心柱磁通密度（T，额定电压、额定频率时）			（投标人提供）
10	绕组直流电阻（Ω，75℃）			（投标人提供）
11	直流电阻三相不均匀度（%）			1
12	电流不均匀度（%）			≤2
13	声级水平［dB（A）］			≤55
14	振动限值	最大值（μm，峰—峰）		≤100
15	局部放电量	1.05 倍额定电压下（pC）		≤10
16	绝缘材料耐热等级	匝间绝缘耐热等级		H 级
		整体绝缘耐热等级		F 级
17	接线端子允许受力	水平纵向（kN）		2
		水平横向（kN）		1.5
		垂直方向（kN）		1
		安全系数（三力同时作用）		≥2.5
18	外形尺寸	（m×m×m，长×宽×高）		（项目单位填写）
19	包封数	个		（投标人提供）
20	质量	本体（t）		（投标人提供）
		附件（t）		（投标人提供）
21	环境等级	E2 级		（投标人提供）
22	气候等级	C2 级		（投标人提供）
23	燃烧性能等级	F1 级		（投标人提供）

5 组件材料配置

组件材料配置包括元件名称、规格形式参数、单位、数量和产地等信息，具体内容和格式根据招标项目情况进行编制。

6 使用环境条件

10kV/6Mvar 干式铁心并联电抗器使用环境条件见表2。特殊环境要求根据项目情况进行编制。

表 2 使 用 环 境 条 件 表

环 境 项 目			项目需求值
安装位置			户内
海拔（m）			≤1000
冷却空气温度（℃）		最高温度	40
		最热月平均温度	30
		最高年平均温度	20
		最低温度	−25
最大日温差（K）			25
日照强度（W/cm²，风速 0.5m/s）			0.1
覆冰厚度（mm）			10
最大风速（m/s）			35
最大月平均相对湿度（%，25℃时）			90
地面水平加速度（m/s²，正弦共振 3 周波，安全系数 1.67 以上）			2
污秽等级			Ⅳ
系统条件		额定频率（Hz）	50
		系统标称电压（kV）	10
		最高运行电压（kV）	12
		系统中性点接地方式	不直接接地
与其他设备连接方式			（项目单位填写）

ICS 29.240

Q/GDW

国家电网有限公司企业标准

Q／GDW 13056.3 — 2018

代替 Q／GDW 13056.3 — 2014

10kV 干式铁心并联电抗器采购标准
第 3 部分：10kV/10Mvar 干式铁心
并联电抗器专用技术规范

Purchasing standard for 10kV Dry-type Iron Core Shunt reactors
Part 3: 10kV/10Mvar Dry-type Iron Core Shunt reactors
Special technical specificatio

2019-06-28发布

2019-06-28实施

国家电网有限公司 发 布

目　次

前　　言

《10kV 干式铁心并联电抗器采购标准》分为 3 个部分：

——第 1 部分：通用技术规范；

——第 2 部分：10kV/6Mvar 干式铁心并联电抗器专用技术规范；

——第 3 部分：10kV/10Mvar 干式铁心并联电抗器专用技术规范。

本部分为《10kV 干式铁心并联电抗器采购标准》的第 3 部分。

本部分代替 Q/GDW 13056.2—2014，与 Q/GDW 13056.2—2014 相比，主要技术性差异如下：

——删除了术语和定义中的条目，直接引用 Q/GDW 13056.1 中的术语和定义；

——修改了"环境使用条件"中"污秽等级，"由"Ⅲ"改为"Ⅳ"级；

——对原标准中表述不准确的语句进行了修改；

——增加燃烧等级试验等级的规定；

——10kV/10Mvar 干式铁心电抗器的损耗由 4W/kvar 降为 3.6W/kvar，噪声由 59dB（A）降为 58dB（A）。

本部分由国家电网有限公司物资部提出并解释。

本部分由国家电网有限公司科技部归口。

本部分起草单位：国网湖北省电力有限公司、中国电力科学研究院有限公司。

本部分主要起草人：郭慧浩、廖荒良、陈璐、张琳、杨铭、李俊、孟毅、余胜、张波、杨帆、张侃。

本部分 2014 年 9 月首次发布，2018 年 6 月第一次修订。

本部分在执行过程中的意见或建议反馈至国家电网有限公司科技部。

10kV 干式铁心并联电抗器采购标准
第 3 部分：10kV/10Mvar 干式铁心
并联电抗器专用技术规范

1 范围

本部分规定了 10kV/10Mvar 干式铁心并联电抗器招标的标准技术参数、项目需求及投标人响应的相关内容。

本部分适用于 10kV/10Mvar 干式铁心并联电抗器招标。

2 规范性引用文件

下列文件对于本文件的应用是必不可少的。凡是注日期的引用文件，仅注日期的版本适用于本文件。凡是不注日期的引用文件，其最新版本（包括所有的修改单）适用于本文件。

Q/GDW 13056.1   10kV 干式铁心并联电抗器采购标准   第 1 部分：通用技术规范

3 术语和定义

Q/GDW 13056.1 规定的术语与定义适用于本文件。

4 标准技术参数

技术参数特性表是国家电网有限公司对采购设备的基础技术参数要求，在招投标过程中，投标人应依据招标文件，对技术参数特性表中标准参数值进行响应。10kV/10Mvar 干式铁心并联电抗器技术参数特性见表 1。物资应满足 Q/GDW 13056.1 的要求。

表 1   技术参数特性表

序号	项 目		标准参数值
1	型式		三相、干式、铁心
2	额定值	额定频率（Hz）	50
		额定电压 U_N（kV）	10
		连续最高工作电压（kV）	12
		额定容量（Mvar）	10
		额定电流（A）	577.3
		额定电抗（Ω）/容许偏差（%）	10/±5
		三相间阻抗互差（%）	±2
		相数	三相
		接线形式	星形
3	绝缘水平	额定雷电冲击全波电压（kV，峰值）	75
		额定 1min 工频耐受电压（kV，方均根值）	35

表 1（续）

序号	项 目			标准参数值
4	匝间绝缘	应能承受的感应耐压值（kV，方均根值）		2 倍额定电压
5	温升限值（最高工作电压下）	绕组（K）	平均温升	75
			热点温升	85
		铁心、金属部分及与其相邻的材料（K）		100（铁心温升不超过绝缘材料耐热等级限值）
6	励磁特性	$1.4U_N$ 下的电流不大于 1.4 倍额定电流的百分数（%）		3
		$1.4U_N$ 和 $1.7U_N$ 的连线平均斜率不小于初始斜率的百分数		50
		过励磁能力（kU_N-t）	$1.20U_N$	连续
			$1.30U_N$	3
			$1.40U_N$	1
			$1.5U_N$	10
7	损耗	额定电流，额定频率下，120℃时（W/kvar）		≤3.6
8	电流密度（A/mm²）			（投标人提供）
9	铁心柱磁通密度（T，额定电压、额定频率时）			（投标人提供）
10	绕组直流电阻（Ω，75℃）			（投标人提供）
11	直流电阻三相不均匀度（%）			1
12	电流不均匀度（%）			≤2
13	声级水平［dB（A）］			≤58
14	振动限值	最大值（μm，峰—峰）		≤100
15	局部放电量	1.05 倍额定电压下（pC）		≤10
16	绝缘材料耐热等级	匝间绝缘耐热等级		H 级
		整体绝缘耐热等级		F 级
17	接线端子允许受力	水平纵向（kN）		2
		水平横向（kN）		1.5
		垂直方向（kN）		1
		安全系数（三力同时作用）		≥2.5
18	外形尺寸	（m×m×m，长×宽×高）		（项目单位填写）
19	包封数	个		（投标人提供）
20	质量	本体（t）		（投标人提供）
		附件（t）		（投标人提供）
21	环境等级	E2 级		（投标人提供）
22	气候等级	C2 级		（投标人提供）
23	燃烧性能等级	F1 级		（投标人提供）

5 组件材料配置

组件材料配置包括元件名称、规格形式参数、单位、数量和产地等信息，具体内容和格式根据招标项目情况进行编制。

6 使用环境条件

10kV/10Mvar 干式铁心并联电抗器使用环境条件见表2。特殊环境要求根据项目情况进行编制。

表 2 使 用 环 境 条 件 表

环 境 项 目			项目需求值
安装位置			户内
海拔（m）			≤1000
冷却空气温度（℃）		最高温度	40
		最热月平均温度	30
		最高年平均温度	20
		最低温度	−25
最大日温差（K）			25
日照强度（W/cm²，风速 0.5m/s）			0.1
覆冰厚度（mm）			10
最大风速（m/s）			35
最大月平均相对湿度（25℃时，%）			90
地面水平加速度（m/s²，正弦共振 3 周波，安全系数 1.67 以上）			2
污秽等级			Ⅳ
系统条件		额定频率（Hz）	50
		系统标称电压（kV）	10
		最高运行电压（kV）	12
		系统中性点接地方式	不直接接地
与其他设备连接方式			（项目单位填写）

ICS 29.240

Q/GDW

国家电网有限公司企业标准

Q／GDW 13057.1 — 2018

代替 Q／GDW 13057.1 — 2014

35kV 干式空心并联电抗器采购标准
第 1 部分：通用技术规范

Purchasing standard for 35kV Dry-type Air-core Shunt reactors
Part 1: General technical specification

2019-06-28发布　　　　　　　　　　　　　2019-06-28实施

国家电网有限公司　　发布

目　次

前　言

为规范 35kV 干式空心并联电抗器的采购，制定本部分。

《35kV 干式空心并联电抗器采购标准》分为 5 个部分：

——第 1 部分：通用技术规范；

——第 2 部分：35kV/10Mvar 干式空心并联电抗器专用技术规范；

——第 3 部分：35kV/15Mvar 干式空心并联电抗器专用技术规范；

——第 4 部分：35kV/20Mvar 干式空心并联电抗器专用技术规范；

——第 5 部分：35kV/3.33Mvar 干式空心并联电抗器专用技术规范。

本部分为《35kV 干式空心并联电抗器采购标准》的第 1 部分。

本部分代替 Q/GDW 13057.1—2014，与 Q/GDW 13057.1—2014 相比，主要技术性差异如下：

——更新了规范性引用文件，删除了已失效的标准和不相关的标准；

——增加了部分规范引用文件，如增加了"DL/T 5242""T/CEC 130""JB/T 10775"等；

——增加了使用寿命的要求；

——增加了对电抗器绕组工艺的要求；

——例行试验中绕组匝间耐压试验修改为感应耐压试验（或匝间过电压试验）和雷电冲击试验；

——特殊试验增加了绕组热点温升测量、燃烧性能试验、环境试验及气候试验；

——根据《国家电网有限公司输变电工程通用设备 35～750kV 变电站分册（2018 版）》修改了电气
　　一次接口和土建接口。

本部分由国家电网有限公司物资部提出并解释。

本部分由国家电网有限公司科技部归口。

本部分起草单位：国网湖北省电力有限公司、中国电力科学研究院有限公司。

本部分主要起草人：郭慧浩、廖荒良、陈璐、张琳、杨铭、李俊、孟毅、余胜、张波、杨帆。

本部分 2014 年 9 月首次发布，2018 年 12 月第一次修订。

本部分在执行过程中的意见或建议反馈至国家电网有限公司科技部。

35kV 干式空心并联电抗器采购标准
第 1 部分：通用技术规范

1 范围

本部分规定了 35kV 干式空心并联电抗器招标的总则、结构及其他要求、试验和安装要求。

本部分适用于 35kV 干式空心并联电抗器招标。

2 规范性引用文件

下列文件对于本文件的应用是必不可少的。凡是注日期的引用文件，仅注日期的版本适用于本文件。凡是不注日期的引用文件，其最新版本（包括所有的修改单）适用于本文件。

GB 311.1　绝缘配合　第 1 部分：定义、原则和规则

GB 311.2　绝缘配合　第 2 部分：使用导则

GB/T 1094.4　电力变压器　第 4 部分：电力变压器和电抗器的雷电冲击和操作冲击试验导则

GB/T 1094.6　电力变压器　第 6 部分：电抗器

GB/T 1094.10　电力变压器　第 10 部分：声级测量

GB/T 1094.11　电力变压器　第 11 部分：干式变压器

GB/T 5273　高压电器端子尺寸标准化

GB/T 8287.1　标称电压高于 1000V 系统用户内和户外支柱绝缘子　第 1 部分：瓷或玻璃绝缘子的试验

GB/T 8287.2　标称电压高于 1000V 系统用户内和户外支柱绝缘子　第 2 部分：尺寸与特性

GB/T 13657　双酚 A 型环氧树脂

GB/T 16927.1　高电压试验技术　第 1 部分：一般定义及试验要求

GB/T 16927.2　高电压试验技术　第 2 部分：测量系统

GB 50150　电气装置安装工程　电气设备交接试验标准

DL/T 5242　35kV～220kV 变电站无功补偿装置设计技术规定

JB/T 10775　6kV～35kV 级干式并联电抗器技术参数和要求

T/CEC 130　10kV～110kV 干式空心并联电抗器技术要求

Q/GDW 168　输变电设备状态检修试验规程

Q/GDW 13001　高海拔外绝缘配置技术规范

3 术语和定义

下列术语和定义适用于本部分。

3.1

招标人　bidder

提出招标项目，进行招标的法人或其他组织。

3.2

投标人　tenderer

响应招标、参加投标竞争的法人或者其他组织。

3.3

卖方　seller

提供本部分货物和技术服务的法人或其他组织，包括其法定的承继者。

3.4

买方 buyer

购买本部分货物和技术服务的法人或其他组织，包括其法定的承继者和经许可的受让人。

4 总则

4.1 一般规定

4.1.1 投标人应具备招标公告所要求的资质，具体资质要求详见招标文件的商务部分。

4.1.2 投标人应满足本部分规范性引用文件中有关标准和文件的要求。投标人提供的电抗器应符合本部分所规定的要求，投标人亦可推荐符合本部分要求的类似定型产品，但应提供详细的技术偏差，并在报价书中以"对规范书的意见和同规范书的差异"为标题的专门章节中加以详细描述。

4.1.3 本部分提出了对电抗器的技术参数、性能、结构、试验等方面的技术要求。有关电抗器的包装、标志、运输和保管的要求见招标文件商务部分的规定。

4.1.4 本部分提出的是最低限度的技术要求，并未对一切技术细节做出规定，也未充分引述有关标准的条文，投标人应提供符合本部分引用标准的最新版本标准和本部分技术要求的全新产品，如果所引用的标准之间不一致或本部分所使用的标准与投标人所执行的标准不一致时，按要求较高的标准执行。

4.1.5 本部分将作为订货合同的附件，与合同具有同等的法律效力。本部分未尽事宜，由合同签约双方在合同谈判时协商确定。

4.1.6 本部分中涉及有关商务方面的内容，如与招标文件的商务部分有矛盾时，以招标文件的商务部分为准。

4.1.7 本部分如与专用部分有冲突，以专用部分为准。

4.2 投标人应提供的资质文件

4.2.1 投标人在投标文件中应提供下列有关合格的资质文件，否则视为非响应性投标。

4.2.2 提供相应的最终用户的使用情况证明。

4.2.3 拥有权威机构颁发的 ISO 9000 系列的认证证书或等同的质量保证体系认证证书。

4.2.4 具有履行合同所需的生产技术和生产能力的文件资料。

4.2.5 有能力履行合同设备维护保养、修理及其他服务义务的文件

4.2.6 同类设备的例行和型式试验报告。所提供的组部件如需向第三方外购时，投标人也应就其质量做出承诺，并提供第三方相应的检验报告和投标人的进厂验收证明。

4.3 投标人应提供的技术文件

4.3.1 技术文件的发送。供货商在合同签订后应提供技术文件。要求的技术文件及寄送的时间见表1。

表 1 技术文件及提交时间

序号	文 件 内 容	提交时间
1	图纸类 a）组装图：应表示设备总的装配情况，包括外形尺寸、设备的重心位置与总质量，绝缘子或瓷套的爬电距离、弧闪距离，受风面积、固有频率，一次接线端子板及线夹位置、大小尺寸、材料及允许的作用力（三个方向），运输尺寸和质量，端子位置等，并附电气和机械特性数据。 b）基础图：应标明设备的尺寸、基础螺栓的位置和尺寸，作用于基础的静态力等。 c）额定铭牌图、吊装图、运输包装示意图，包括运输尺寸等。 d）其他： 　1）标明安装布置图； 　2）标明匝间和绕包绝缘耐热等级	1）合同签订后1周内，供货商应提供认可图纸。 2）工程师在收到认可图纸2周内，应将经确认的1份图纸寄送给供货商。 3）供货商收到经确认的图纸2周内提出最终图

表 1（续）

序号	文　件　内　容	提交时间
2	组装后设备的机械强度计算报告	合同签订后 2 周内
3	a）说明书。 应包括下列内容： 1）安装、运行、维护和全部组部件的完整说明和数据。 2）产品技术条件。 3）额定值和特性资料。 4）所有组部件的序号的完整资料。 5）例行试验数据。 6）表示设备的结构图以及对基础的技术要求。 7）装箱单及包装说明。 8）合格证。 b）其他适用的资料和说明	设备装运前 4 周
注 1：每台电抗器应提供一份说明书，随设备一起发运。			
注 2：主要组部件应提供试验报告。			

4.3.2 所有技术文件均采用 SI 国际单位制。

4.3.3 工程师有权对供货商的供货设备图纸提出修改意见，对此买方不承担附加费用。供货商应对工程师的修改意见在图纸上进行修改，供货的设备应符合最终审定认可后的正式图纸。

4.3.4 在收到工程师对图纸的最终认可之前，供货商提前采购材料或加工制造而发生的任何风险和损失由供货商自行承担。

4.3.5 图纸经工程师认可后，并不能排除供货商对其图纸的完整性及正确性应负的责任。

4.3.6 当买方在设计继电保护、控制操作及与其他设备配合，而需要相关文件和技术数据时，卖方应按要求提供这些文件和数据。

4.4 标准和规范

4.4.1 参照有关标准拟定技术条件的合同设备，包括供货商从其他厂家采购的设备和组部件，都应符合该标准的最新版本或其修订本，包括投标时起生效的任何更正或增补，经特殊说明者除外。

4.4.2 所有螺栓、双头螺栓、螺钉、管螺纹、螺栓头及螺帽等均应遵照 ISO 标准及 SI 国际单位制。

4.5 应满足的标准

设备至少应满足 GB 311.1、GB 311.2、GB/T 1094.4、GB/T 1094.6、GB/T 1094.10、GB/T 1094.11、GB/T 5273、GB/T 8287.1、GB/T 8287.2、GB/T 16927.1、GB/T 16927.2、GB 50150、DL/T 5242、JB/T 10775、T/CEC 130、Q/GDW 168、Q/GDW 13001 中所列标准的最新版本的要求，但不限于上述所列标准。

4.6 应满足的文件

该类设备技术标准应满足国家电网有限公司标准化成果中相关条款要求。下列文件中相应的条款规定均适用于本文件，其最新版本（包括所有的修改单）适用于本文件。包括：

a）《国家电网有限公司十八项电网重大反事故措施（2018 年修订版）》；

b）《国家电网有限公司输变电工程通用设备 35～750kV 变电站分册（2018 年版）》；

c）《国家电网有限公司输变电工程通用设计》。

4.7 使用寿命

在规定的工作条件下正常运行，并按照制造厂商的使用维护说明书进行维护的情况下，电抗器的预期寿命不应低于 40 年。

5 结构及其他要求

5.1 结构

结构要求如下：

a) 在运输期间及长期运行中，绕组及其他部分应完好且不应松动。

b) 户外装设的干式空心电抗器，包封外表面应有防污和防紫外线措施。电抗器外露金属部位有良好的防腐蚀涂层。

c) 新安装的 35kV 干式空心并联电抗器产品结构应具有防鸟、防雨功能。

5.2 绕组

绕组要求如下：

a) 线圈的绕制设计应使冲击行波所致的初始电压尽可能均匀分布，以抑制电压振荡及操作过电压。导线采用纯铝材料。

b) 绕组间电流密度差值不应超过 5%。

c) 单丝线绝缘：应选用符合温度指示要求的电工用绝缘膜进行重叠包绕。绕包层应紧实、均匀平整地绕包在导体上。绕包层不应缺层，不应起皱和开裂等缺陷。单丝线电抗器的匝间绝缘和股间绝缘统一按匝间绝缘水平要求。

d) 单丝线电抗器应采用包有符合温度指数要求的匝间绝缘层的定长导线绕制，中间不应有接头。单丝线电抗器不宜采用调匝环结构。

e) 换位线绝缘：容量在 10Mvar 及以上的电抗器，应用匝间绝缘为 F 级及以上的换位绕组线绕制而成。

f) 包封绕组：应选用符合 GB/T 13657 要求的 B 级及以上环氧树脂胶为基体，以浸透环氧树脂的无纬玻璃丝带等玻璃纤维制品为补强材料，添加能使固化后的包封绕组绝缘的热膨胀系数与绕组的热膨胀系数尽量接近的、能增加包封韧性的助剂，把绕组全部密封包绕，热成型固化形成一个包封绕组。包封的环氧树脂层强度应达到玻璃钢的要求，不应分层、龟裂。

g) 包封表面处理、绕组整体喷涂防紫外线底漆、面漆，喷涂防止树枝状放电的 PRTV 涂层提高产品环境耐受性能，且 PRTV 涂层在 6 年内不应出现龟裂和剥落等现象。

5.3 电气一次接口

5.3.1 安装要求

安装要求如下：

a) 35kV 单相干式空心并联电抗器为户外安装。可采用户外水平"一"字形或"品"字形布置，带防雨帽。采用玻璃钢支柱支撑安装。柱高度，按电抗器下面的支柱绝缘子的瓷裙底部距地面距离不小于 2.5m，如小于 2.5m 需加装围栏。设备引线对地距离需满足安全要求。

b) 地震烈度在 6 度及以上地区，干式空心并联电抗器采用低式安装方式，电抗器四周应设置围栏，围栏相关尺寸应满足设计标准要求，围栏材质应采用不锈钢；电抗器中心至围栏的距离不得小于 1.1D（D 为电抗器直径）。

c) 干式空心并联电抗器安装时，相与相中心距离不小于 1.7D；电抗器中心对侧面的防磁距离不应小于 1.1D；电抗器顶部及底部应留有适当空间，距离按不小于 0.5D 考虑。

d) 干式空心电抗器下方接地线不应构成闭合回路，围栏采用金属材料时，金属围栏禁止连接成闭合回路，应有明显的隔离断开段，并不应通过接地线构成闭合回路。

e) 电抗器接地线应做成开口环形。安装在干式空心并联电抗器防磁范围内的支柱绝缘子，其产品应为非磁性绝缘子；电抗器应带吊环，但运行前应将吊环拆除。

5.3.2 安装示意图

35kV 单相干式空心并联电抗器安装示意如图 1～图 3 所示。

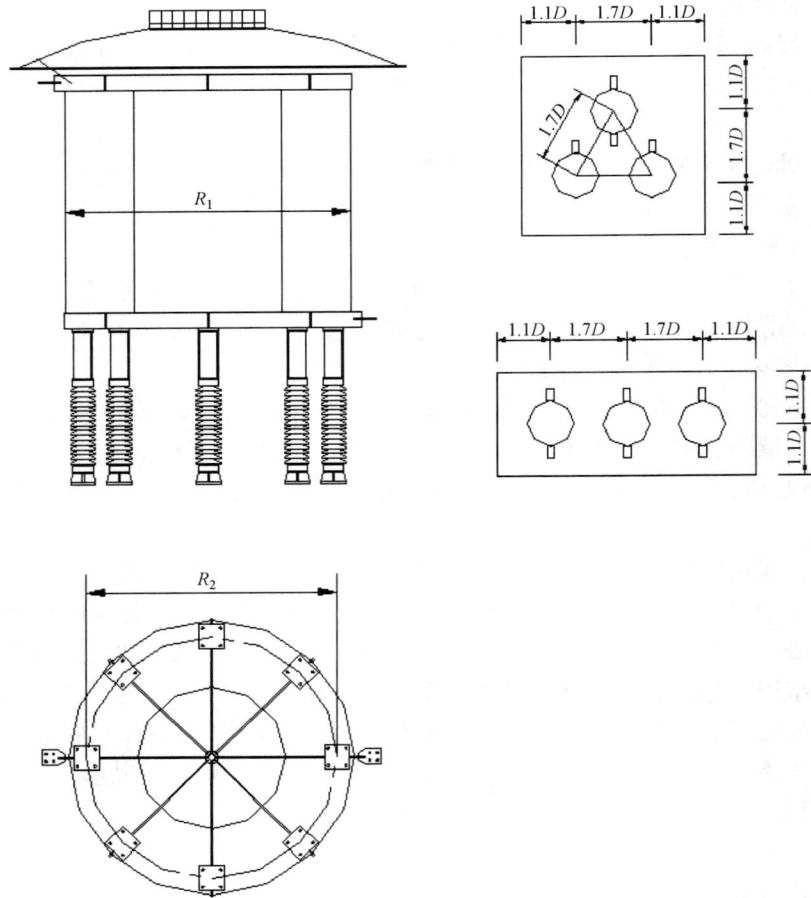

与海拔有关的特异性尺寸表			
适用海拔（m）	外径 R_1（mm）	地脚间距 R_2（mm）	绝缘子高度（mm）
$H{\leqslant}3000$	${\leqslant}2300$	${\leqslant}2000$	890
$3000{<}H{\leqslant}5000$	${\leqslant}2500$	${\leqslant}2100$	1200

图1　35kV 单相干式空心并联电抗器（3.333、10Mvar）平、断面布置图

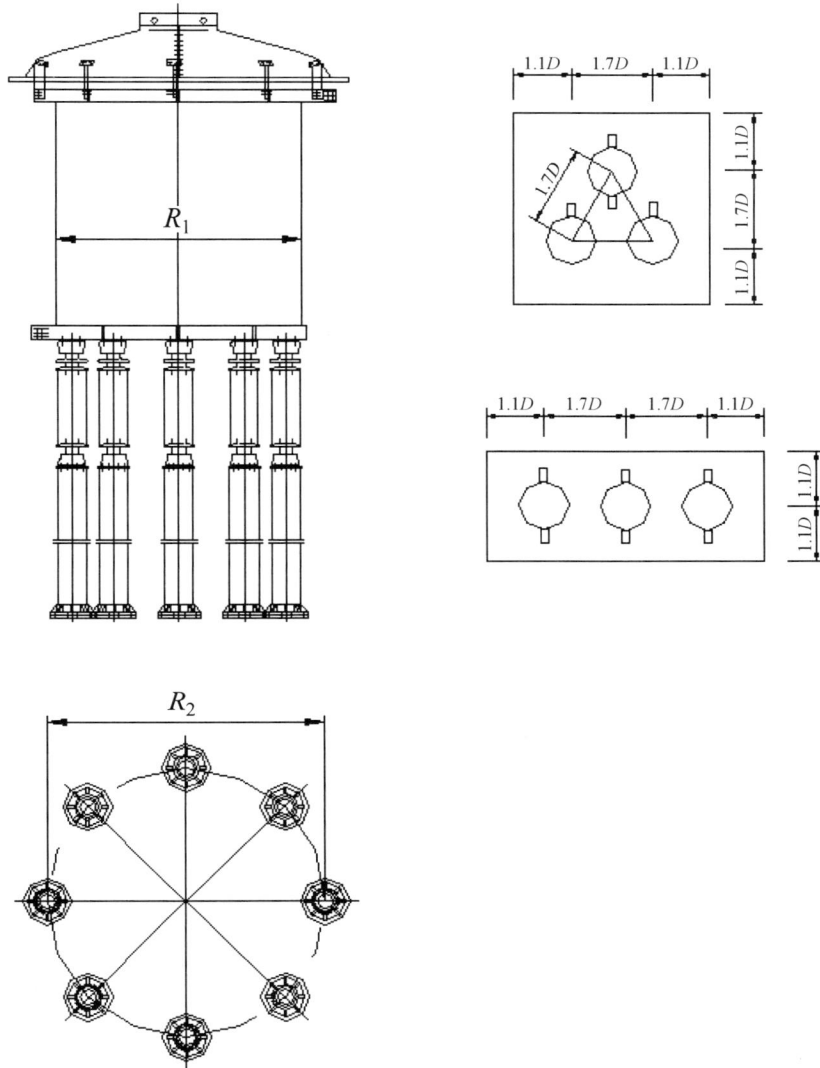

与海拔有关的特异性尺寸表			
适用海拔（m）	外径 R_1（mm）	地脚间距 R_2（mm）	绝缘子高度（mm）
$H \leqslant 3000$	$\leqslant 2900$	$\leqslant 2500$	570
$3000 < H \leqslant 4000$	$\leqslant 2900$	$\leqslant 2500$	740

图 2　35kV 单相干式空心并联电抗器（15Mvar）平、断面布置图

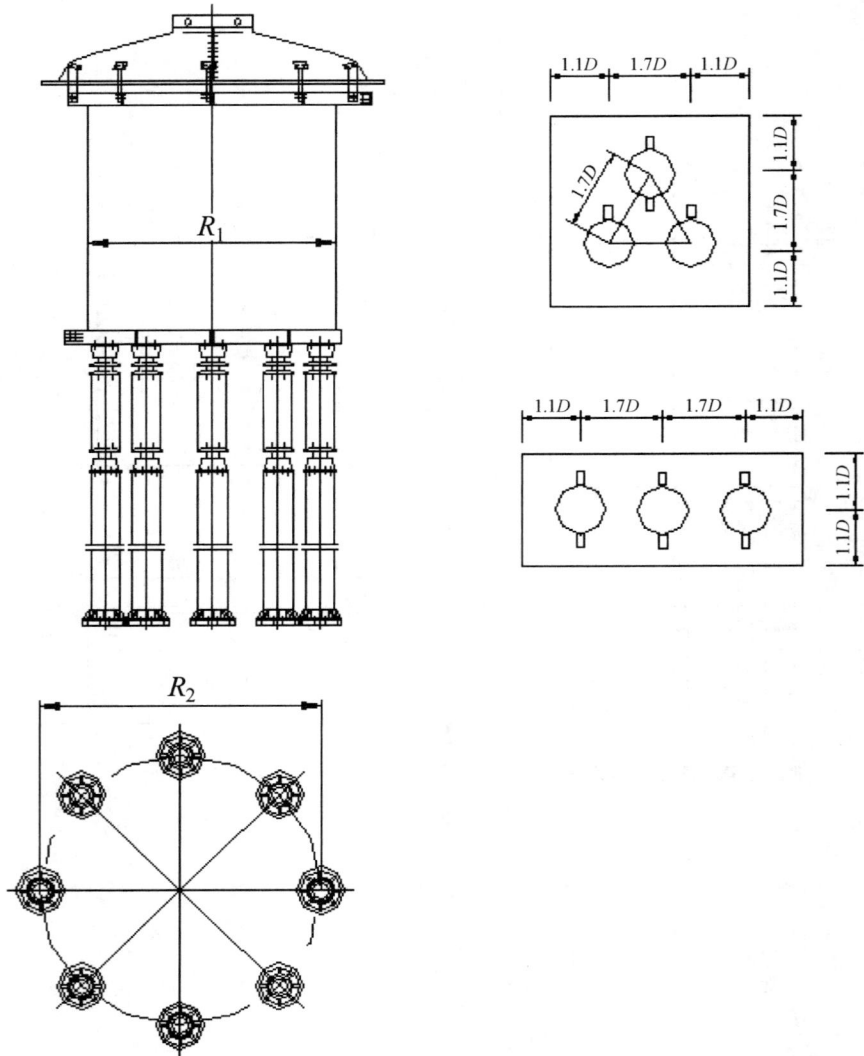

与海拔有关的特异性尺寸表			
适用海拔（m）	外径 R_1（mm）	地脚间距 R_2（mm）	绝缘子高度（mm）
$H\leq1000$	≤3200	≤3000	570
$1000<H\leq4000$	≤3200	≤3000	740

图 3　电气接口 3：5kV 单相干式空心并联电抗器（20Mvar）平、断面布置图

5.4　土建接口

5.4.1　基本要求

基本要求如下：

a)　户外干式空心并联电抗器基础应采用素混凝土，基础上预埋钢板或地脚螺栓；电抗器采用焊接固定在基础的预埋钢板上或通过地脚螺栓固定。电抗器之间的定位尺寸及基础上预埋钢板的长度、定位尺寸见标准接口方案图。

b)　电抗器基础高出场地标高为 200mm。电抗器周围及上下有影响区域内不得有封闭金属环，水泥基础内不得有封闭钢筋。基础布置方式可采用一字型或品字形布置。围栏基础上预埋槽钢［14a。

5.4.2 土建图纸

35kV 单相干式空心并联电抗器土建基础如图 4～图 6 所示。

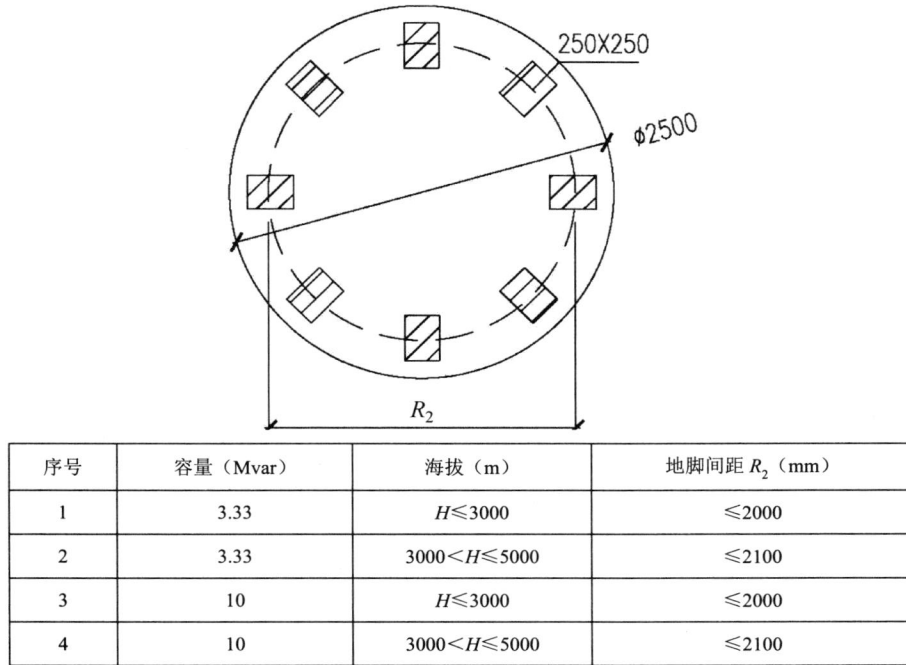

序号	容量（Mvar）	海拔（m）	地脚间距 R_2（mm）
1	3.33	$H \leqslant 3000$	$\leqslant 2000$
2	3.33	$3000 < H \leqslant 5000$	$\leqslant 2100$
3	10	$H \leqslant 3000$	$\leqslant 2000$
4	10	$3000 < H \leqslant 5000$	$\leqslant 2100$

图 4　土建接口 1：35kV 单相干式空心并联电抗器（3.333、10Mvar）基础图

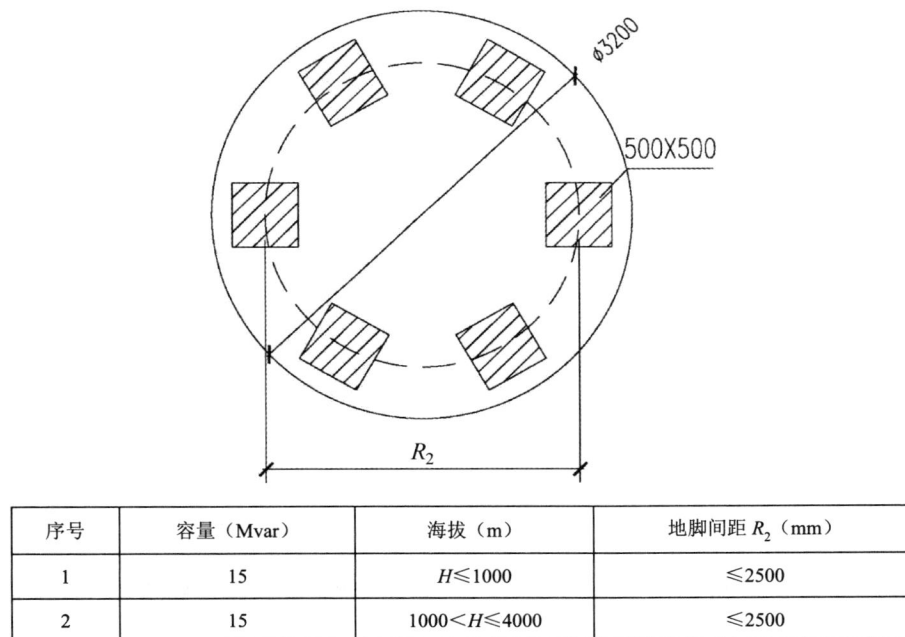

序号	容量（Mvar）	海拔（m）	地脚间距 R_2（mm）
1	15	$H \leqslant 1000$	$\leqslant 2500$
2	15	$1000 < H \leqslant 4000$	$\leqslant 2500$

图 5　土建接口 2：35kV 单相干式空心并联电抗器（15Mvar）基础图

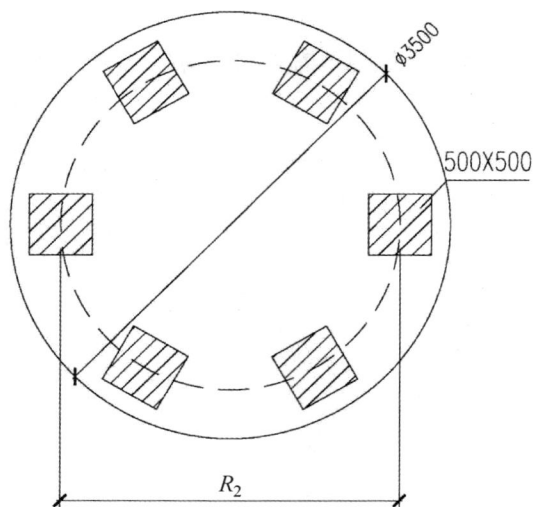

序号	容量（Mvar）	海拔（m）	地脚间距 R_2（mm）
1	20	$H\leqslant1000$	$\leqslant3000$
2	20	$1000<H\leqslant4000$	$\leqslant3000$

图 6　土建接口 3：5kV 单相干式空心并联电抗器（20Mvar）基础图

6　试验

6.1　例行试验

合同所供干式空心并联电抗器应在制造厂进行例行试验，试验应符合国家有关标准规定。例行试验包括以下项目（但不限于此）：

a)　绕组电阻测量。

b)　电抗测量。

c)　环境温度下的损耗测量。

d)　感应耐压试验（或匝间过电压试验）。

e)　雷电冲击试验。

f)　支柱绝缘子超声探伤检查。

6.2　型式试验

6.2.1　对所供型式的干式空心并联电抗器，应进行标准的型式试验，试验应符合有关国家标准。型式试验的项目包括（但不限于此）：

a)　温升试验。

b)　雷电冲击湿试验。

c)　声级测定。

6.2.2　供货商可提交已在同类设备上完成的型式试验报告。对于不能满足标准的任何条款，买方有权拒绝这些用以代替规定的试验报告。

6.3　特殊试验

特殊试验的项目包括：

a)　外施耐压试验。

b)　谐波电流测量。

c)　振动测量。

d）外表红外热像图谱检测。

e）绕组热点温升测量。

f）燃烧性能试验。

g）环境试验。

h）气候试验。

6.4 现场交接试验

现场安装完毕后，干式空心并联电抗器应接受现场交接试验：

a）绕组直流电阻测量。

b）绝缘电阻测量（对地，有条件时测量径向绝缘电阻）。

c）交流耐压试验。

d）额定电压下的冲击合闸试验。

e）支柱绝缘子超声探伤检查。

f）运行中红外测温。

g）匝间过电压试验（330kV 及以上变电站新安装干式空心电抗器交接时具备试验条件应进行）。

7 安装要求

干式空心并联电抗器的安装应满足如下要求：

a）干式空心并联电抗器的安装工作由买方实施。供货商应在安装及启动时提供技术咨询，供货商应提供所有安装所需的特殊材料。

b）在变电站设计及电抗器的安装中，应考虑到漏磁通对其他周围设备和电抗器本体性能的影响。

c）所有接地、安装和组装用的螺栓、螺母、垫圈和连接件由供货商提供。电抗器一次接线端子应便于连接设备线夹，并配套提供连接用的螺栓、螺母和垫圈。

ICS 29.240

Q/GDW

国家电网有限公司企业标准

Q/GDW 13057.2—2018
代替 Q/GDW 13057.2—2014

35kV 干式空心并联电抗器采购标准
第 2 部分：35kV/10Mvar 干式空心
并联电抗器专用技术规范

Purchasing standard for 35kV Dry-type Air-core Shunt reactors
Part 2: 35kV/10Mvar Dry-type Air-core Shunt reactors
Special technical specification

2019-06-28发布   2019-06-28实施

国家电网有限公司   发 布

目　　次

前　言

为规范 35kV/10Mvar 干式空心并联电抗器的采购，制定本部分。

《35kV 干式空心并联电抗器采购标准》分为 5 个部分：

——第 1 部分：通用技术规范；

——第 2 部分：35kV/10Mvar 干式空心并联电抗器专用技术规范；

——第 3 部分：35kV/15Mvar 干式空心并联电抗器专用技术规范；

——第 4 部分：35kV/20Mvar 干式空心并联电抗器专用技术规范；

——第 5 部分：35kV/3.33Mvar 干式空心并联电抗器专用技术规范。

本部分为《35kV 干式空心并联电抗器采购标准》的第 2 部分。

本部分代替 Q/GDW 13057.2—2014，与 Q/GDW 13057.2—2014 相比，主要技术性差异如下：

——删除了术语和定义中的条目，直接引用 Q/GDW 13057.1 中的术语和定义；

——修改了"环境使用条件"中"污秽等级"，由"Ⅲ"级修改为"Ⅳ"级；

——对原标准中表述不准确的语句进行了修改；

——增加了直流电阻三相不均匀度的规定；

——增加了燃烧性能等级的规定。

本部分由国家电网有限公司物资部提出并解释。

本部分由国家电网有限公司科技部归口。

本部分起草单位：国网湖北省电力有限公司、中国电力科学研究院有限公司。

本部分主要起草人：郭慧浩、廖荒良、陈璐、张琳、杨铭、李俊、孟毅、余胜、张波、杨帆。

本部分 2014 年 9 月首次发布，2018 年 12 月第一次修订。

本部分在执行过程中的意见或建议反馈至国家电网有限公司科技部。

35kV 干式空心并联电抗器采购标准
第 2 部分：35kV/10Mvar 干式空心
并联电抗器专用技术规范

1 范围

本部分规定了 35kV/10Mvar 干式空心并联电抗器招标的标准技术参数、项目需求及投标人响应的相关内容。

本部分适用于 35kV/10Mvar 干式空心并联电抗器招标。

2 规范性引用文件

下列文件对于本文件的应用是必不可少的。凡是注日期的引用文件，仅注日期的版本适用于本文件。凡是不注日期的引用文件，其最新版本（包括所有的修改单）适用于本文件。

Q/GDW 13057.1　35kV 干式空心并联电抗器采购标准　第 1 部分：通用技术规范

3 术语和定义

Q/GDW 13057.1 规定的术语与定义适用于本文件。

4 标准技术参数

技术参数特性表是国家电网有限公司对采购设备的基础技术参数要求，在招投标过程中，投标人应依据招标文件，对技术参数特性表中标准参数值进行响应。35kV/10Mvar 干式空心并联电抗器技术参数特性见表 1。物资应满足 Q/GDW 13057.1 的要求。

表 1　技 术 参 数 特 性 表

序号	项　　目		标准参数值
1	型式		单相、干式、空心
2	额定值	额定电压（kV）	$35/\sqrt{3}$
		设备连续最高工作电压（kV）	$40.5/\sqrt{3}$
		额定频率（Hz）	50
		额定容量（Mvar）	10
		额定电流（A）	494.9
		额定电抗（Ω）	40.8
3	绝缘水平	额定雷电全波冲击耐受电压（kV，峰值）	200
		额定交流耐压（kV，干/湿，方均根值）	95/80
4	匝间绝缘水平	高频脉冲振荡电压（kV，峰值）	160
5	损耗（W/kvar，在额定电流、额定频率、75℃下的损耗比）		≤4
6	直流电阻值（Ω，设计值，75℃）		（投标人提供）

表 1（续）

序号	项目		标准参数值
7	直流电阻三相不均匀度（%）		≤1
8	电流不均匀度（%）		≤5
9	接线形式		星形
10	温升极限值 （在最高工作电压下）	绕组平均温升（K）	≤75
		最热点温升（K）	≤85
11	绝缘材料 耐热等级	匝间绝缘耐热等级	H 级
		整体绝缘耐热等级	F 级
12	电抗允许偏差	允许与额定值之差	±5%以内
		允许三相电抗互差	±2%以内
13	声级水平	在额定状态下［dB（A）］	≤55
14	过励磁能力	$1.15U_N$	连续
		$1.2U_N$（min）	30
		$1.3U_N$（min）	20
		$1.4U_N$（min）	1
		$1.5U_N$（s）	10
15	支柱绝缘子的 主要参数	额定雷电冲击耐受电压（kV，峰值）	200
		额定交流耐受电压（kV，干/湿，方均根值）	95/80
		绝缘子对地爬电距离（mm）（应计及直径 系数 K_d）	$1256×K_d$
		绝缘子抗弯强度（N·m）	（投标人提供）
16	接线端子形状		板状
17	进出线端子夹角		180°或按要求
18	接线端子允许受力	水平纵向（kN）	2.5
		垂直方向（kN）	1
		水平横向（kN）	1.5
		安全系数（三力同时作用）	≥2.5
19	电抗器尺寸	外径（m）	（投标人提供）
		内径（m）	（投标人提供）
		高度（m）	（投标人提供）
		包封数（个）	（投标人提供）
20	电抗器质量（t）		（投标人提供）
21	布置方式		"品"字形（"一"字形）
22	绕组防护要求	绕组外表面防护层处理方法	（投标人提供）
		风道及内层防护处理方法	（投标人提供）
		引线部分处理方法	（投标人提供）
		是否配置防雨罩	是
		是否配置防鸟格栅	是

表1（续）

序号	项　　目	标准参数值
23	环境等级	E2级
24	气候等级	C2级
25	燃烧性能等级	F1级

5　组件材料配置

组件材料配置包括元件名称、规格形式参数、单位、数量和产地等信息，具体内容和格式根据招标项目情况进行编制。

6　使用环境条件

35kV/10Mvar 干式空心并联电抗器使用环境条件见表2。特殊环境要求根据项目情况进行编制。

表 2　使 用 环 境 条 件 表

环　境　项　目		项目需求值
安装位置		户外
海拔（m）		≤1000
冷却空气温度（℃）	最高温度	40
	最热月平均温度	30
	最高年平均温度	20
	最低温度	−25
最大日温差（K）		25
日照强度（W/cm²，风速 0.5m/s）		0.1
覆冰厚度（mm）		10
最大风速（m/s）		35
最大月平均相对湿度（%，25℃时）		90
地面水平加速度（m/s²，正弦共振3周波，安全系数1.67以上）		2
污秽等级		Ⅳ
系统条件	额定频率（Hz）	50
	系统标称电压（kV）	35
	最高运行电压（kV）	40.5
	系统中性点接地方式	不直接接地
与其他设备连接方式	（项目单位填写）	

ICS 29.240

Q/GDW

国家电网有限公司企业标准

Q/GDW 13057.3—2018
代替 Q/GDW 13057.3—2014

35kV 干式空心并联电抗器采购标准 第 3 部分：35kV/15Mvar 干式空心 并联电抗器专用技术规范

Purchasing standard for 35kV Dry-type Air-core Shunt reactors
Part 3: 35kV/15Mvar Dry-type Air-core Shunt reactors
Special technical specification

2019-06-28发布　　　　　　　　　　　　　　2019-06-28实施

国家电网有限公司　　发　布

目　次

前　　言

为规范 35kV/15Mvar 干式空心并联电抗器的采购，制定本部分。

《35kV 干式空心并联电抗器采购标准》分为 5 个部分：

——第 1 部分：通用技术规范；

——第 2 部分：35kV/10Mvar 干式空心并联电抗器专用技术规范；

——第 3 部分：35kV/15Mvar 干式空心并联电抗器专用技术规范；

——第 4 部分：35kV/20Mvar 干式空心并联电抗器专用技术规范；

——第 5 部分：35kV/3.33Mvar 干式空心并联电抗器专用技术规范。

本部分为《35kV 干式空心并联电抗器采购标准》的第 3 部分。

本部分代替 Q/GDW 13057.3—2014，与 Q/GDW 13057.3—2014 相比，主要技术性差异如下：

——删除了术语和定义中的条目，直接引用 Q/GDW 13057.1 中的术语和定义；

——修改了"环境使用条件"中"污秽等级"，由"Ⅲ"级修改为"Ⅳ"级；

——对原标准中表述不准确的语句进行了修改；

——增加了直流电阻三相不均匀度的规定；

——增加了燃烧性能等级的规定。

本部分由国家电网有限公司物资部提出并解释。

本部分由国家电网有限公司科技部归口。

本部分起草单位：国网湖北省电力有限公司、中国电力科学研究院有限公司。

本部分主要起草人：郭慧浩、廖荒良、陈璐、张琳、杨铭、李俊、孟毅、余胜、张波、杨帆、马达。

本部分 2014 年 9 月首次发布，2018 年 12 月第一次修订。

本部分在执行过程中的意见或建议反馈至国家电网有限公司科技部。

35kV 干式空心并联电抗器采购标准
第 3 部分：35kV/15Mvar 干式空心
并联电抗器专用技术规范

1 范围

本部分规定了 35kV/15Mvar 干式空心并联电抗器招标的标准技术参数、项目需求及投标人响应的相关内容。

本部分适用于 35kV/15Mvar 干式空心并联电抗器招标。

2 规范性引用文件

下列文件对于本文件的应用是必不可少的。凡是注日期的引用文件，仅注日期的版本适用于本文件。凡是不注日期的引用文件，其最新版本（包括所有的修改单）适用于本文件。

Q/GDW 13057.1 35kV 干式空心并联电抗器采购标准　第 1 部分：通用技术规范

3 术语和定义

Q/GDW 13057.1 规定的术语与定义适用于本文件。

4 标准技术参数

技术参数特性表是国家电网有限公司对采购设备的基础技术参数要求，在招投标过程中，投标人应依据招标文件，对技术参数特性表中标准参数值进行响应。35kV/15Mvar 干式空心并联电抗器技术参数特性见表 1。物资应满足 Q/GDW 13057.1 的要求。

表 1　技 术 参 数 特 性 表

序号	项　　目		标准参数值
1	型式或型号		单相、干式、空心
2	额定值	额定电压（kV）	$35/\sqrt{3}$
		设备连续最高工作电压（kV）	$40.5/\sqrt{3}$
		额定频率（Hz）	50
		额定容量（Mvar）	15
		额定电流（A）	742.3
		额定电抗（Ω）	27.2
3	绝缘水平	额定雷电冲击耐受电压（kV，峰值）	200
		额定交流耐压（kV，干/湿，方均根值）	95/80
4	匝间绝缘水平	高频脉冲振荡电压（kV，峰值）	160
5	损耗（W/kvar，在额定电流、额定频率、75℃下的损耗比）		≤3.5
6	直流电阻值（Ω，设计值，75℃）		（投标人提供）

表1（续）

序号	项　　目		标准参数值
7	直流电阻三相不均匀度（%）		≤1
8	电流不均匀度（%）		≤5
9	接线形式		星形
10	温升极限值 （在最高工作电压下）	绕组平均温升（K）	≤75
		最热点温升（K）	≤85
11	绝缘材料耐热等级	匝间绝缘耐热等级	H 级
		整体绝缘耐热等级	F 级
12	电抗允许偏差	允许与额定值之差	±5%以内
		允许三相电抗互差	±2%以内
13	声级水平	在额定状态下［dB（A）］	≤55
14	过励磁能力	$1.15U_N$	连续
		$1.2U_N$（min）	30
		$1.3U_N$（min）	20
		$1.4U_N$（min）	1
		$1.5U_N$（s）	10
15	支柱绝缘子 的主要参数	额定雷电冲击耐受电压（kV，峰值）	200
		额定交流耐受电压（kV，干/湿，方均根值）	95/80
		绝缘子对地爬电距离（mm）（应计及直径系数 K_d）	$1256×K_d$
		绝缘子抗弯强度（N·m）	（投标人提供）
16	接线端子形状		板状
17	进出线端子夹角		180°或按要求
18	接线端子允许受力	水平纵向（kN）	2.5
		垂直方向（kN）	1
		水平横向（kN）	1.5
		安全系数（三力同时作用）	≥2.5
19	电抗器尺寸	外径（m）	（投标人提供）
		内径（m）	（投标人提供）
		高度（m）	（投标人提供）
		包封数（个）	（投标人提供）
20	电抗器质量（t）		（投标人提供）
21	布置方式		"品"字形（"一"字形）
22	绕组防护要求	绕组外表面防护层处理方法	（投标人提供）
		风道及内层防护处理方法	（投标人提供）
		引线部分处理方法	（投标人提供）
		是否配置防雨罩	是
		是否配置防鸟格栅	是

表1（续）

序号	项 目	标准参数值
23	环境等级	E2 级
24	气候等级	C2 级
25	燃烧性能等级	F1 级

5 组件材料配置

组件材料配置包括元件名称、规格形式参数、单位、数量和产地等信息，具体内容和格式根据招标项目情况进行编制。

6 使用环境条件

35kV/15Mvar 干式空心并联电抗器使用环境条件见表2。特殊环境要求根据项目情况进行编制。

表 2 使 用 环 境 条 件 表

环 境 项 目		项目需求值
安装位置		户外
海拔（m）		≤1000
冷却空气温度（℃）	最高温度	40
	最热月平均温度	30
	最高年平均温度	20
	最低温度	−25
最大日温差（K）		25
日照强度（W/cm²，风速 0.5m/s）		0.1
覆冰厚度（mm）		10
最大风速（m/s）		35
最大月平均相对湿度（25℃时，%）		90
地面水平加速度（m/s²，正弦共振 3 周波，安全系数 1.67 以上）		2
污秽等级		Ⅳ
系统条件	额定频率（Hz）	50
	系统标称电压（kV）	35
	最高运行电压（kV）	40.5
	系统中性点接地方式	不直接接地
与其他设备连接方式		（项目单位填写）

ICS 29.240

Q/GDW

国家电网有限公司企业标准

Q／GDW 13057.4—2018
代替 Q／GDW 13057.4—2014

35kV 干式空心并联电抗器采购标准
第 4 部分：35kV/20Mvar 干式空心
并联电抗器专用技术规范

Purchasing standard for 35kV Dry-type Air-core Shunt reactors
Part 4: 35kV/20Mvar Dry-type Air-core Shunt reactors
Special technical specification

2019-06-28发布   2019-06-28实施

国家电网有限公司   发布

目　次

前　　言

为规范 35kV/20Mvar 干式空心并联电抗器的采购，制定本部分。

《35kV 干式空心并联电抗器采购标准》分为 5 个部分：

——第 1 部分：通用技术规范；

——第 2 部分：35kV/10Mvar 干式空心并联电抗器专用技术规范；

——第 3 部分：35kV/15Mvar 干式空心并联电抗器专用技术规范；

——第 4 部分：35kV/20Mvar 干式空心并联电抗器专用技术规范；

——第 5 部分：35kV/3.33Mvar 干式空心并联电抗器专用技术规范。

本部分为《35kV 干式空心并联电抗器采购标准》的第 4 部分。

本部分代替 Q/GDW 13057.4—2014，与 Q/GDW 13057.4—2014 相比，主要技术性差异如下：

——删除了术语和定义中的条目，直接引用 Q/GDW 13057.1 中的术语和定义；

——修改了"技术参数特性表"中"声级水平"，由"≤57"dB（A）修改为"≤55"dB（A）；

——修改了 "环境使用条件"中"污秽等级"，由"Ⅲ"级修改为"Ⅳ"级；

——对原标准中表述不准确的语句进行了修改；

——增加了直流电阻三相不均匀度的规定；

——增加了燃烧性能等级的规定。

本部分由国家电网有限公司物资部提出并解释。

本部分由国家电网有限公司科技部归口。

本部分起草单位：国网湖北省电力有限公司、中国电力科学研究院有限公司。

本部分主要起草人：郭慧浩、廖荒良、陈璐、张琳、杨铭、李俊、孟毅、余胜、张波、杨帆。

本部分 2014 年 9 月首次发布，2018 年 12 月第一次修订。

本部分在执行过程中的意见或建议反馈至国家电网有限公司科技部。

35kV 干式空心并联电抗器采购标准
第 4 部分：35kV/20Mvar 干式空心
并联电抗器专用技术规范

1 范围

本部分规定了 35kV/20Mvar 干式空心并联电抗器招标的标准技术参数、项目需求及投标人响应的相关内容。

本部分适用于 35kV/20Mvar 干式空心并联电抗器招标。

2 规范性引用文件

下列文件对于本文件的应用是必不可少的。凡是注日期的引用文件，仅注日期的版本适用于本文件。凡是不注日期的引用文件，其最新版本（包括所有的修改单）适用于本文件。

Q/GDW 13057.1　35kV 干式空心并联电抗器采购标准　第 1 部分：通用技术规范

3 术语和定义

Q/GDW 13057.1 规定的术语与定义适用于本文件。

4 标准技术参数

技术参数特性表是国家电网有限公司对采购设备的基础技术参数要求，在招投标过程中，投标人应依据招标文件，对技术参数特性表中标准参数值进行响应。35kV/20Mvar 干式空心并联电抗器技术参数特性见表 1。物资应满足 Q/GDW 13057.1 的要求。

表 1　技 术 参 数 特 性 表

序号	项　　目		标准参数值
1	型式或型号	单相、干式、空心	
2	额定值	额定电压（kV）	$35/\sqrt{3}$
		设备连续最高工作电压（kV）	$40.5/\sqrt{3}$
		额定频率（Hz）	50
		额定容量（Mvar）	20
		额定电流（A）	989.7
		额定电抗（Ω）	20.4
3	绝缘水平	额定雷电冲击耐受电压（kV，峰值）	200
		额定交流耐压（kV，干/湿，方均根值）	95/80
4	匝间绝缘水平	高频脉冲振荡电压（kV，峰值）	160
5	损耗（W/kvar，在额定电流、额定频率、75℃下的损耗比）		≤3
6	直流电阻值（Ω，设计值，75℃）		（投标人提供）

表1（续）

序号	项 目		标准参数值
7	直流电阻三相不均匀度（%）		≤1
8	电流不均匀度（%）		≤5
9	接线形式		星形
10	温升极限值（在最高工作电压下）	绕组平均温升（K）	≤75
		最热点温升（K）	≤85
11	绝缘材料耐热等级	匝间绝缘耐热等级	H 级
		整体绝缘耐热等级	F 级
12	电抗允许偏差	允许与额定值之差	±5%以内
		允许三相电抗互差	±2%以内
13	声级水平	在额定状态下［dB（A）］	≤55
14	过励磁能力	$1.15U_N$	连续
		$1.2U_N$（min）	30
		$1.3U_N$（min）	20
		$1.4U_N$（min）	1
		$1.5U_N$（s）	10
15	支柱绝缘子的主要参数	额定雷电冲击耐受电压（kV，峰值）	200
		额定交流耐受电压（kV，干/湿，方均根值）	95/80
		绝缘子对地爬电距离（mm）（应计及直径系数 K_d）	$1256×K_d$
		绝缘子抗弯强度（N·m）	（投标人提供）
16	接线端子形状		板状
17	进出线端子夹角		180°或按要求
18	接线端子允许受力	水平纵向（kN）	2.5
		垂直方向（kN）	1
		水平横向（kN）	1.5
		安全系数（三力同时作用）	≥2.5
19	电抗器尺寸	外径（m）	（投标人提供）
		内径（m）	（投标人提供）
		高度（m）	（投标人提供）
		包封数（个）	（投标人提供）
20	电抗器质量（t）		（投标人提供）
21	布置方式		"品"字形（"一"字形）
22	绕组防护要求	绕组外表面防护层处理方法	（投标人提供）
		风道及内层防护处理方法	（投标人提供）
		引线部分处理方法	（投标人提供）
		是否配置防雨罩	是
		是否配置防鸟格栅	是

表1（续）

序号	项 目	标准参数值
23	环境等级	E2级
24	气候等级	C2级
25	燃烧性能等级	F1级

5 组件材料配置

组件材料配置包括元件名称、规格形式参数、单位、数量和产地等信息，具体内容和格式根据招标项目情况进行编制。

6 使用环境条件

35kV/20Mvar干式空心并联电抗器使用环境条件见表2。特殊环境要求根据项目情况进行编制。

表2 使 用 环 境 条 件 表

环 境 项 目		项目需求值
安装位置		户外
海拔（m）		≤1000
冷却空气温度（℃）	最高温度	40
	最热月平均温度	30
	最高年平均温度	20
	最低温度	−25
最大日温差（K）		25
日照强度（W/cm²，风速0.5m/s）		0.1
覆冰厚度（mm）		10
最大风速（m/s）		35
最大月平均相对湿度（%，25℃时）		90
地面水平加速度（m/s²，正弦共振3周波，安全系数1.67以上）		2
污秽等级		Ⅳ
系统条件	额定频率（Hz）	50
	系统标称电压（kV）	35
	最高运行电压（kV）	40.5
	系统中性点接地方式	不直接接地
与其他设备连接方式	（项目单位填写）	

ICS 29.240

Q/GDW

国家电网有限公司企业标准

Q/GDW 13057.5—2018
代替 Q/GDW 13057.5—2014

35kV 干式空心并联电抗器采购标准 第 5 部分：35kV/3.33Mvar 干式空心 并联电抗器专用技术规范

Purchasing standard for 35kV Dry-type Air-core Shunt reactors
Part 2: 35kV/3.33Mvar Dry-type Air-core Shunt reactors
Special technical specification

2019-06-28发布   2019-06-28实施

国家电网有限公司   发 布

目　次

前　　言

为规范 35kV/3.33Mvar 干式空心并联电抗器的采购，制定本部分。

《35kV 干式空心并联电抗器采购标准》分为 5 个部分：

——第 1 部分：通用技术规范；

——第 2 部分：35kV/10Mvar 干式空心并联电抗器专用技术规范；

——第 3 部分：35kV/15Mvar 干式空心并联电抗器专用技术规范；

——第 4 部分：35kV/20Mvar 干式空心并联电抗器专用技术规范；

——第 5 部分：35kV/3.33Mvar 干式空心并联电抗器专用技术规范。

本部分为《35kV 干式空心并联电抗器采购标准》的第 5 部分。

本部分由国家电网有限公司物资部提出并解释。

本部分由国家电网有限公司科技部归口。

本部分起草单位：国网湖北省电力有限公司、中国电力科学研究院有限公司。

本部分主要起草人：郭慧浩、廖荒良、陈璐、张琳、杨铭、李俊、孟毅、余胜、张波、杨帆、李宇春。

本部分为首次发布。

本部分在执行过程中的意见或建议反馈至国家电网有限公司科技部。

35kV 干式空心并联电抗器采购标准
第 5 部分：35kV/3.33Mvar 干式空心
并联电抗器专用技术规范

1 范围

本部分规定了 35kV/3.33Mvar 干式空心并联电抗器招标的标准技术参数、项目需求及投标人响应的相关内容。

本部分适用于 35kV/3.33Mvar 干式空心并联电抗器招标。

2 规范性引用文件

下列文件对于本文件的应用是必不可少的。凡是注日期的引用文件，仅注日期的版本适用于本文件。凡是不注日期的引用文件，其最新版本（包括所有的修改单）适用于本文件。

Q/GDW 13057.1　35kV 干式空心并联电抗器采购标准　第 1 部分：通用技术规范

3 术语和定义

Q/GDW 13057.1 规定的术语与定义适用于本文件。

4 标准技术参数

技术参数特性表是国家电网有限公司对采购设备的基础技术参数要求，在招投标过程中，投标人应依据招标文件，对技术参数特性表中标准参数值进行响应。35kV/3.33Mvar 干式空心并联电抗器技术参数特性见表 1。物资应满足 Q/GDW 13057.1 的要求。

表 1　技 术 参 数 特 性 表

序号	项　　目		标准参数值
1	型式		单相、干式、空心
2	额定值	额定电压（kV）	$35/\sqrt{3}$
		额定频率（Hz）	50
		额定容量（Mvar）	3.33
		额定电流（A）	165
		额定电抗（Ω）	122.6
3	绝缘水平	额定雷电全波冲击耐受电压（kV，峰值）	200
		额定交流耐压（kV，干/湿，方均根值）	95/80
4	匝间绝缘水平	高频脉冲振荡电压（kV，峰值）	160
5	损耗（W/kvar，在额定电流、额定频率、75℃下的损耗比）		≤6.76
6	直流电阻值（Ω，设计值，75℃）		（投标人提供）

表 1（续）

序号	项 目		标准参数值
7	直流电阻三相不均匀度（%）		≤1
8	电流不均匀度（%）		≤5
9	接线形式		星形
10	温升极限值（在最高工作电压下）	绕组平均温升（K）	≤75
		最热点温升（K）	≤85
11	绝缘材料耐热等级	匝间绝缘耐热等级	H 级
		整体绝缘耐热等级	F 级
12	电抗允许偏差	允许与额定值之差	±5%以内
		允许三相电抗互差	±2%以内
13	声级水平	在额定状态下［dB（A）］	≤53
14	过励磁能力	$1.15U_N$	连续
		$1.2U_N$（min）	30
		$1.3U_N$（min）	20
		$1.4U_N$（min）	1
		$1.5U_N$（s）	10
15	支柱绝缘子的主要参数	额定雷电冲击耐受电压（kV，峰值）	200
		额定交流耐受电压（kV，干/湿，方均根值）	95/80
		绝缘子对地爬电距离（mm）（应计及直径系数 K_d）	$1256 \times K_d$
		绝缘子抗弯强度（N·m）	（投标人提供）
16	接线端子形状		板状
17	进出线端子夹角		180°或按要求
18	接线端子允许受力	水平纵向（kN）	2.5
		垂直方向（kN）	1
		水平横向（kN）	1.5
		安全系数（三力同时作用）	≥2.5
19	电抗器尺寸	外径（m）	（投标人提供）
		内径（m）	（投标人提供）
		高度（m）	（投标人提供）
		包封数（个）	（投标人提供）
20	电抗器质量（t）		（投标人提供）
21	布置方式		"品"字形（"一"字形）
22	绕组防护要求	绕组外表面防护层处理方法	（投标人提供）
		风道及内层防护处理方法	（投标人提供）
		引线部分处理方法	（投标人提供）
		是否配置防雨罩	是
		是否配置防鸟格栅	是

表 1（续）

序号	项　　目	标准参数值
23	环境等级	E2 级
24	气候等级	C2 级
25	燃烧性能等级	F1 级

5 组件材料配置

组件材料配置包括元件名称、规格形式参数、单位、数量和产地等信息，具体内容和格式根据招标项目情况进行编制。

6 使用环境条件

35kV/3.33Mvar 干式空心并联电抗器使用环境条件见表 2。特殊环境要求根据项目情况进行编制。

表 2　使 用 环 境 条 件 表

环　境　项　目		项目需求值
安装位置		户外
海拔（m）		≤1000
冷却空气温度（℃）	最高温度	40
	最热月平均温度	30
	最高年平均温度	20
	最低温度	−25
最大日温差（K）		25
日照强度（W/cm²，风速 0.5m/s）		0.1
覆冰厚度（mm）		10
最大风速（m/s）		35
最大月平均相对湿度（%，25℃时）		90
地面水平加速度（m/s²，正弦共振 3 周波，安全系数 1.67 以上）		2
污秽等级		Ⅳ
系统条件	额定频率（Hz）	50
	系统标称电压（kV）	35
	最高运行电压（kV）	40.5
	系统中性点接地方式	不直接接地
与其他设备连接方式		（项目单位填写）

ICS 29.240

Q/GDW

国家电网有限公司企业标准

Q/GDW 13058.1—2018
代替 Q/GDW 13058.1—2014

66kV 干式空心并联电抗器采购标准
第 1 部分：通用技术规范

Purchasing standard for 66kV Dry-type Air-core Shunt reactors
Part 1: General technical specification

2019-06-28发布　　　　　　　　　　　　　2019-06-28实施

国家电网有限公司　　发布

目　　次

前　　言

为规范 66kV 干式空心并联电抗器的采购，制定本部分。

《66kV 干式空心并联电抗器采购标准》分为 4 个部分：

——第 1 部分：通用技术规范；

——第 2 部分：66kV/20Mvar 干式空心并联电抗器专用技术规范；

——第 3 部分：66kV/30Mvar 干式空心并联电抗器专用技术规范；

——第 4 部分：66kV/40Mvar 干式空心并联电抗器专用技术规范。

本部分为《66kV 干式空心并联电抗器采购标准》的第 1 部分。

本部分代替 Q/GDW 13058.1—2014，与 Q/GDW 13058.1—2014 相比，主要技术性差异如下：

——更新了规范性引用文件，删除了已失效的标准和不相关的标准；

——增加了部分规范引用文件，如增加了"DL/T 5242""T/CEC 130""JB/T 10775"等；

——增加了使用寿命的要求；

——增加了对电抗器绕组工艺的要求；

——根据《国家电网有限公司输变电工程通用设备 35～750kV 变电站分册（2018 版）》修改了电气
　　一次接口和土建接口；

——例行试验中绕组匝间耐压试验修改为感应耐压试验（或匝间过电压试验）和雷电冲击试验；

——特殊试验增加了绕组热点温升测量、燃烧性能试验、环境试验及气候试验。

本部分由国家电网有限公司物资部提出并解释。

本部分由国家电网有限公司科技部归口。

本部分起草单位：国网湖北省电力有限公司、中国电力科学研究院有限公司。

本部分主要起草人：郭慧浩、廖荒良、陈璐、张琳、杨铭、李俊、孟毅、余胜、张波、杨帆。

本部分 2014 年 9 月首次发布，2018 年 12 月第一次修订。

本部分在执行过程中的意见或建议反馈至国家电网有限公司科技部。

66kV 干式空心并联电抗器采购标准
第 1 部分：通用技术规范

1 范围

本部分规定了 66kV 干式空心并联电抗器招标的总则、结构及其他要求、试验和安装要求。

本部分适用于 66kV 干式空心并联电抗器招标。

2 规范性引用文件

下列文件对于本文件的应用是必不可少的。凡是注日期的引用文件，仅注日期的版本适用于本文件。凡是不注日期的引用文件，其最新版本（包括所有的修改单）适用于本文件。

GB 311.1　绝缘配合　第 1 部分：定义、原则和规则

GB 311.2　绝缘配合　第 2 部分：使用导则

GB/T 1094.4　电力变压器　第 4 部分：电力变压器和电抗器的雷电冲击和操作冲击试验导则

GB/T 1094.6　电力变压器　第 6 部分：电抗器

GB/T 1094.10　电力变压器　第 10 部分：声级测量

GB/T 1094.11　电力变压器　第 11 部分：干式变压器

GB/T 5273　高压电器端子尺寸标准化

GB/T 8287.1　标称电压高于 1000V 系统用户内和户外支柱绝缘子　第 1 部分：瓷或玻璃绝缘子的试验

GB/T 8287.2　标称电压高于 1000V 系统用户内和户外支柱绝缘子　第 2 部分：尺寸与特性

GB/T 13657　双酚 A 型环氧树脂

GB/T 16927.1　高电压试验技术　第 1 部分：一般定义及试验要求

GB/T 16927.2　高电压试验技术　第 2 部分：测量系统

GB 50150　电气装置安装工程　电气设备交接试验标准

DL/T 5242　35kV～220kV 变电站无功补偿装置设计技术规定

T/CEC 130　10kV～110kV 干式空心并联电抗器技术要求

Q/GDW 168　输变电设备状态检修试验规程

Q/GDW 13001　高海拔外绝缘配置技术规范

3 术语和定义

下列术语和定义适用于本部分。

3.1

招标人　bidder

提出招标项目，进行招标的法人或其他组织。

3.2

投标人　tenderer

响应招标、参加投标竞争的法人或者其他组织。

3.3

卖方　seller

提供本部分货物和技术服务的法人或其他组织，包括其法定的承继者。

3.4

买方　buyer

购买本部分货物和技术服务的法人或其他组织，包括其法定的承继者和经许可的受让人。

4　总则

4.1　一般规定

4.1.1　投标人应具备招标公告所要求的资质，具体资质要求详见招标文件的商务部分。

4.1.2　投标人应满足本部分规范性引用文件中有关标准和文件的要求。投标人提供的电抗器应符合本部分所规定的要求，投标人亦可推荐符合本标准（通用部分和专用部分）要求的类似定型产品，但应提供详细的技术偏差，并在报价书中以"对规范书的意见和同规范书的差异"为标题的专门章节中加以详细描述。

4.1.3　本部分提出了对电抗器的技术参数、性能、结构、试验等方面的技术要求。有关电抗器的包装、标志、运输和保管的要求见招标文件商务部分的规定。

4.1.4　本部分提出的是最低限度的技术要求，并未对一切技术细节做出规定，也未充分引述有关标准的条文，投标人应提供符合本部分引用标准的最新版本标准和本部分技术要求的全新产品，如果所引用的标准之间不一致或本部分所使用的标准与投标人所执行的标准不一致时，按要求较高的标准执行。

4.1.5　本部分将作为订货合同的附件，与合同具有同等的法律效力。本部分未尽事宜，由合同签约双方在合同谈判时协商确定。

4.1.6　本部分中涉及有关商务方面的内容，如与招标文件的商务部分有矛盾时，以招标文件的商务部分为准。

4.1.7　本部分如与专用部分有冲突，以专用部分为准。

4.2　投标人应提供的资质文件

4.2.1　投标人在投标文件中应提供下列有关合格的资质文件，否则视为非响应性投标。

4.2.2　提供相应的最终用户的使用情况证明。

4.2.3　拥有权威机构颁发的 ISO 9000 系列的认证证书或等同的质量保证体系认证证书。

4.2.4　具有履行合同所需的生产技术和生产能力的文件资料。

4.2.5　有能力履行合同设备维护保养、修理及其他服务义务的文件。

4.2.6　同类设备的例行和型式试验报告。所提供的组部件如需向第三方外购时，投标人也应就其质量做出承诺，并提供第三方相应的检验报告和投标人的进厂验收证明。

4.3　投标人应提供的技术文件

4.3.1　技术文件的发送。供货商在合同签订后应提供技术文件。要求的技术文件及寄送的时间见表1。

表 1　技术文件及提交时间

序号	文 件 内 容	提交时间
1	图纸类	
	a）组装图：应表示设备总的装配情况，包括外形尺寸、设备的重心位置与总质量，绝缘子或瓷套的爬电距离、弧闪距离，受风面积、固有频率，一次接线端子板及线夹位置、大小尺寸、材料及允许的作用力（三个方向），运输尺寸和质量，端子位置等，并附电气和机械特性数据。 b）基础图：应标明设备的尺寸、基础螺栓的位置和尺寸、作用于基础的静态力等。 c）额定铭牌图、吊装图、运输包装示意图，包括运输尺寸等。 d）其他。 　　1）标明安装布置图； 　　2）标明匝间和绕包绝缘耐热等级。	a）合同签订后1周内，供货商应提供认可图纸。 b）工程师在收到认可图纸2周内，应将经确认的1份图纸寄送给供货商。 c）供货商收到经确认的图纸2周内提出最终图。

表 1（续）

序号	文 件 内 容	提交时间
2	组装后设备的机械强度计算报告	合同签订后 2 周内
3	a）说明书。应包括下列内容： 　1）安装、运行、维护和全部组部件的完整说明和数据。 　2）产品技术条件。 　3）额定值和特性资料。 　4）所有组部件的序号的完整资料。 　5）例行试验数据。 　6）表示设备的结构图以及对基础的技术要求。 　7）装箱单及包装说明。 　8）合格证。 b）其他适用的资料和说明。	设备装运前 4 周

注 1：每台电抗器应提供一份说明书，随设备一起发运。

注 2：主要组部件应提供试验报告。

4.3.2 所有技术文件均采用 SI 国际单位制。

4.3.3 工程师有权对供货商的供货设备图纸提出修改意见，对此买方不承担附加费用。供货商应对工程师的修改意见在图纸上进行修改，供货的设备应符合最终审定认可后的正式图纸。

4.3.4 在收到工程师对图纸的最终认可之前，供货商提前采购材料或加工制造而发生的任何风险和损失由供货商自行承担。

4.3.5 图纸经工程师认可后，并不能排除供货商对其图纸的完整性及正确性应负的责任。

4.3.6 当买方在设计继电保护、控制操作及与其他设备配合，而需要相关文件和技术数据时，卖方应按要求提供这些文件和数据。

4.4 标准和规范

4.4.1 参照有关标准拟定技术条件的合同设备，包括供货商从其他厂家采购的设备和组部件，都应符合该标准的最新版本或其修订本，包括投标时起生效的任何更正或增补，经特殊说明者除外。

4.4.2 所有螺栓、双头螺栓、螺钉、管螺纹、螺栓头及螺帽等均应遵照 ISO 标准及 SI 国际单位制。

4.5 应满足的标准

设备至少应满足 GB 311.1、GB 311.2、GB/T 1094.4、GB/T 1094.6、GB/T 1094.10、GB/T 1094.11、GB/T 5273、GB/T 8287.1、GB/T 8287.2、GB/T 16927.1、GB/T 16927.2、GB 50150、DL/T 5242、T/CEC 130、Q/GDW 168、Q/GDW 13001 中所列标准的最新版本的要求，但不限于上述所列标准。

4.6 应满足的文件

该类设备技术标准应满足国家电网有限公司标准化成果中相关条款要求。下列文件中相应的条款规定均适用于本文件，其最新版本（包括所有的修改单）适用于本文件。包括：

a）《国家电网有限公司十八项电网重大反事故措施（2018 年修订版）》；

b）《国家电网有限公司输变电工程通用设备 35～750kV 变电站分册（2018 年版）》；

c）《国家电网有限公司输变电工程通用设计》。

4.7 使用寿命

在规定的工作条件下正常运行，并按照制造厂商的使用维护说明书进行维护的情况下，电抗器的预期寿命不应低于 40 年。

5　结构及其他要求

5.1　结构

结构要求如下：

a)　在运输期间及长期运行中，线圈及其他部分应完好且不应松动。

b)　户外装设的干式空心电抗器，包封外表面应有防污和防紫外线措施。电抗器外露金属部位有良好的防腐蚀涂层。

c)　新安装的 66kV 干式空心并联电抗器产品结构应具有防鸟、防雨功能。

d)　最外包封外侧和最里包封内侧宜加装非闭合的均流环。

5.2　绕组

绕组要求如下：

a)　线圈的绕制设计应使冲击行波所致的初始电压尽可能均匀分布，以抑制电压振荡及操作过电压。导线采用纯铝材料。

b)　绕组间电流密度差值不应超过 5%。

c)　单丝线绝缘：应选用符合温度指示要求的电工用绝缘膜进行重叠包绕。绕包层应紧实、均匀平整地绕包在导体上。绕包层不应缺层，不应起皱和开裂等缺陷。单丝线电抗器的匝间绝缘和股间绝缘统一按匝间绝缘水平要求。

d)　单丝线电抗器应采用包有符合温度指数要求的匝间绝缘层的定长导线绕制，中间不应有接头。单丝线电抗器不宜采用调匝环结构。

e)　换位线绝缘：容量在 10Mvar 及以上的电抗器，应用匝间绝缘为 F 级及以上的换位绕组线绕制而成。

f)　包封绕组：应选用符合 GB/T 13657 要求的 B 级及以上环氧树脂胶为基体，以浸透环氧树脂的无纬玻璃丝带等玻璃纤维制品为补强材料，添加能使固化后的包封绕组绝缘的热膨胀系数与绕组的热膨胀系数尽量接近的、能增加包封韧性的助剂，把绕组全部密封包绕，热成型固化形成一个包封绕组。包封的环氧树脂层强度应达到玻璃钢的要求，不应分层、龟裂。

g)　包封表面处理、绕组整体喷涂防紫外线底漆、面漆，喷涂防止树枝状放电的 PRTV 涂层提高产品环境耐受性能，且 PRTV 涂层在 6 年内不应出现龟裂和剥落等现象。

5.3　电气一次接口

5.3.1　安装要求

安装要求如下：

a)　66kV 单相干式空心并联电抗器为户外安装。可采用户外水平"一"字形或"品"字形布置，带防雨帽。采用玻璃钢支柱支撑安装。柱高度，按电抗器下面的支柱绝缘子的瓷裙底部距地面距离不小于 2.5m，如小于 2.5m 需加装围栏。设备引线对地距离需满足安全要求。

b)　66kV 单相干式空心电抗器采用两种布置方案，详见安装示意图，电抗器相与相中心距离不小于 1.7D；电抗器中心对侧面的防磁距离应不小于 1.1D；电抗器顶部及底部应留有适当空间，距离按不小于 0.5D 考虑。

c)　地震烈度在 6 度及以上地区，干式空心并联电抗器采用低式安装方式，电抗器四周应设置围栏，围栏相关尺寸应满足设计标准要求，围栏材质应采用不锈钢；电抗器中心至围栏的距离不得小于 1.1D（D 为电抗器直径）。

d)　干式空心电抗器下方接地线不应构成闭合回路，围栏采用金属材料时，金属围栏禁止连接成闭合回路，应有明显的隔离断开段，并不应通过接地线构成闭合回路。

e) 电抗器接地线应做成开口环形。安装在干式空心电抗器防磁范围内的支柱绝缘子，其产品应为非磁性绝缘子；电抗器应带吊环，但运行前应将吊环拆除。

5.3.2 安装示意图

66kV 单相干式空心并联电抗器安装示意如图 1 所示。

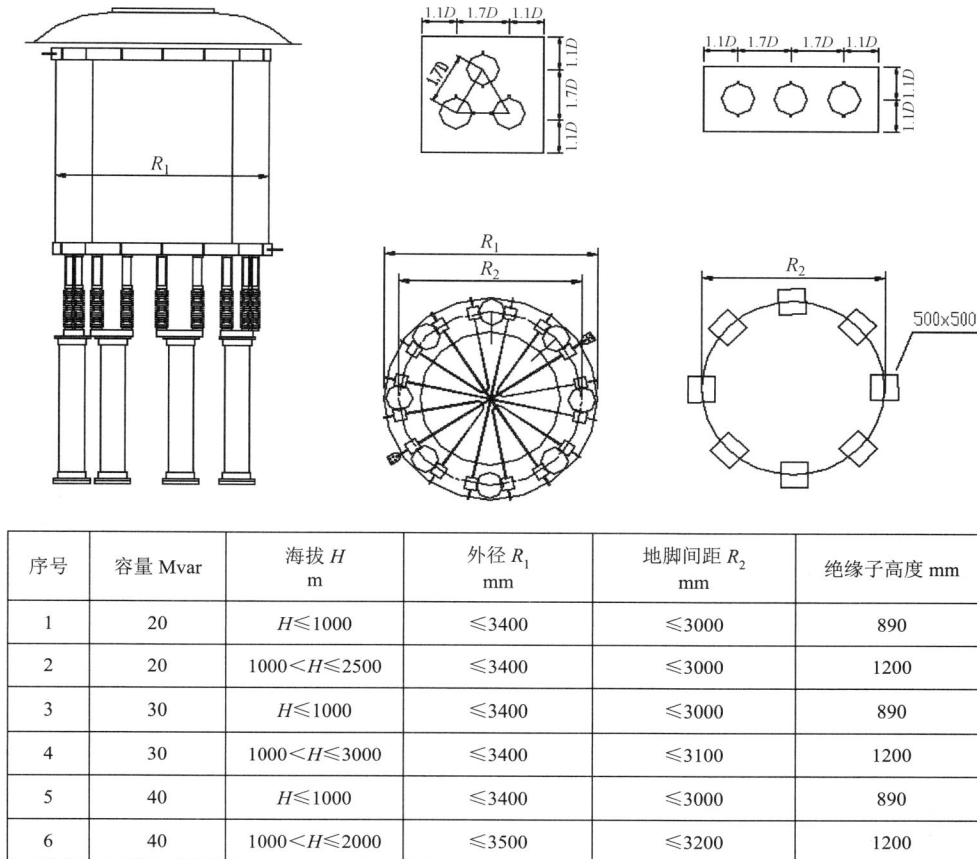

序号	容量 Mvar	海拔 H m	外径 R_1 mm	地脚间距 R_2 mm	绝缘子高度 mm
1	20	$H \leq 1000$	≤3400	≤3000	890
2	20	$1000 < H \leq 2500$	≤3400	≤3000	1200
3	30	$H \leq 1000$	≤3400	≤3000	890
4	30	$1000 < H \leq 3000$	≤3400	≤3100	1200
5	40	$H \leq 1000$	≤3400	≤3000	890
6	40	$1000 < H \leq 2000$	≤3500	≤3200	1200

图 1　电气接口 1：66kV 单相干式空心并联电抗器（20Mvar、30MVar、40Mvar）安装示意图

5.4　土建接口

5.4.1　基本要求

基本要求如下：

a) 户外干式空心并联电抗器基础应采用素混凝土，基础上预埋钢板或地脚螺栓；电抗器采用焊接固定在基础的预埋钢板上或通过地脚螺栓固定。电抗器之间的定位尺寸及基础上预埋钢板的长度、定位尺寸见标准接口方案图。

b) 电抗器基础高出场地标高为 200mm。电抗器周围及上下有影响区域内不得有封闭金属环，水泥基础内不得有封闭钢筋。基础布置方式可采用一字型或品字形布置。围栏基础上预埋槽钢［14a。

5.4.2　土建图纸

66kV 单相干式空心并联电抗器土建基础如图 2 所示。

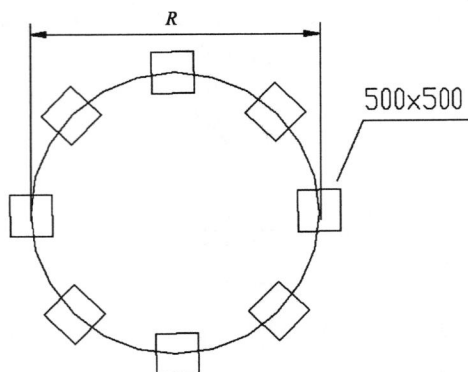

序号	容量 Mvar	海拔 H m	地脚间距 R mm
1	20	H≤1000	≤3000
2	20	1000＜H≤2500	≤3000
3	30	H≤1000	≤3000
4	30	1000＜H≤3000	≤3100
5	40	H≤1000	≤3000
6	40	1000＜H≤2000	≤3200

图 2　土建接口：66kV 单相干式空心并联电抗器（20Mvar、30MVar、40MVar）土建示意图

6　试验

6.1　例行试验

本合同下所供干式空心并联电抗器应在制造厂进行例行试验，试验应符合国家有关标准规定。例行试验包括以下项目（但不限于此）：

    a)　绕组电阻测量。

    b)　电抗测量。

    c)　环境温度下的损耗测量。

    d)　感应耐压试验（或匝间过电压试验）。

    e)　雷电冲击试验。

    f)　支柱绝缘子超声探伤检查。

6.2　型式试验

6.2.1　对所供型式的干式空心并联电抗器，应进行标准的型式试验，试验应符合有关国家标准或 IEC 标准。型式试验的项目包括（但不限于此）：

    a)　温升试验。

    b)　雷电冲击湿试验。

    c)　声级测定。

6.2.2　供货商可提交已在同类设备上完成的型式试验报告。对于不能满足标准的任何条款，买方有权拒绝这些用以代替规定的试验报告。

6.3　特殊试验

特殊试验的项目包括（但不限于此）：

    a)　外施耐压试验。

b）谐波电流测量。

c）振动测量。

d）外表红外热像图谱检测。

e）绕组热点温升测量。

f）燃烧性能试验。

g）环境试验。

h）气候试验。

6.4 现场交接试验

现场安装完毕后，干式空心并联电抗器应接受现场交接试验：

a）绕组直流电阻测量。

b）绝缘电阻测量（对地，有条件时测量径向绝缘电阻）。

c）交流耐压试验。

d）额定电压下的冲击合闸试验。

e）支柱绝缘子超声探伤检查。

f）运行中红外测温。

g）匝间过电压试验（330kV 及以上变电站新安装干式空心电抗器交接时具备试验条件应进行）。

7 安装要求

干式空心并联电抗器的安装应满足如下要求：

a）干式空心并联电抗器的安装工作由买方实施。供货商应在安装及启动时提供技术咨询，供货商应提供所有安装所需的特殊材料。

b）在变电站设计及电抗器的安装中，应考虑漏磁通对其他周围设备和电抗器本体性能的影响。

c）所有接地、安装和组装用的螺栓、螺母、垫圈和连接件由供货商提供。电抗器一次接线端子应便于连接设备线夹，并配套提供连接用的螺栓、螺母和垫圈。设备线夹资料在签订合同后由工程师提供。

———————————

ICS 29.240

Q/GDW

国家电网有限公司企业标准

Q／GDW 13058.2 — 2018
代替 Q／GDW 13058.2 — 2014

66kV 干式空心并联电抗器采购标准
第 2 部分：66kV/20Mvar 干式空心并联电抗器专用技术规范

Purchasing standard for 66kV Dry-type Air-core Shunt reactors
Part 2: 66kV/20Mvar Dry-type Air-core Shunt reactors
Special technical specification

2019-06-28发布   2019-06-28实施

国家电网有限公司   发 布

目　次

前　言

为规范 66kV/20Mvar 干式空心并联电抗器的采购，制定本部分。

《66kV 干式空心并联电抗器采购标准》分为 4 个部分：

——第 1 部分：通用技术规范；

——第 2 部分：66kV/20Mvar 干式空心并联电抗器专用技术规范；

——第 3 部分：66kV/30Mvar 干式空心并联电抗器专用技术规范；

——第 4 部分：66kV/40Mvar 干式空心并联电抗器专用技术规范。

本部分为《66kV 干式空心并联电抗器采购标准》的第 2 部分。

本部分代替 Q/GDW 13058.2—2014，与 Q/GDW 13058.2—2014 相比，主要技术性差异如下：

——删除了术语和定义中的条目，直接引用 Q/GDW 13058.1 中的术语和定义；

——修改了"环境使用条件"中"污秽等级"，由"Ⅲ"级修改为"Ⅳ"级；

——对原标准中表述不准确的语句进行了修改；

——增加了燃烧性能等级的规定。

本部分由国家电网有限公司物资部提出并解释。

本部分由国家电网有限公司科技部归口。

本部分起草单位：国网湖北省电力有限公司、中国电力科学研究院有限公司。

本部分主要起草人：郭慧浩、廖荒良、陈璐、张琳、杨铭、李俊、孟毅、余胜、张波、杨帆、邓志轩。

本部分 2014 年 9 月首次发布，2018 年 12 月第一次修订。

本部分在执行过程中的意见或建议反馈至国家电网有限公司科技部。

66kV 干式空心并联电抗器采购标准
第 2 部分：66kV/20Mvar 干式空心
并联电抗器专用技术规范

1 范围

本部分规定了 66kV/20Mvar 干式空心并联电抗器专用技术规范招标的标准技术参数、项目需求及投标人响应的相关内容。

本部分适用于 66kV/20Mvar 干式空心并联电抗器专用技术规范招标。

2 规范性引用文件

下列文件对于本文件的应用是必不可少的。凡是注日期的引用文件，仅注日期的版本适用于本文件。凡是不注日期的引用文件，其最新版本（包括所有的修改单）适用于本文件。

Q/GDW 13058.1　66kV 干式空心并联电抗器采购标准 第 1 部分：通用技术规范

3 术语和定义

Q/GDW 13058.1 规定的术语与定义适用于本文件。

4 标准技术参数

技术参数特性表是国家电网有限公司对采购设备的基础技术参数要求，在招投标过程中，投标人应依据招标文件，对技术参数特性表中标准参数值进行响应。66kV/20Mvar 干式空心并联电抗器技术参数特性见表 1。物资应满足 Q/GDW 13058.1 的要求。

表 1 技 术 参 数 特 性 表

序号	项 目		标准参数值
1	型式		单相、干式、空心
2	额定值	额定电压（kV）	$66/\sqrt{3}$ （$63/\sqrt{3}$）
		设备连续最高工作电压（kV）	$72.5/\sqrt{3}$
		额定频率（Hz）	50
		额定容量（Mvar）	20
		额定电流（A）	524.8（549.8）
		额定电抗（Ω）	72.6（66.2）
		相数	单相
3	绝缘水平	额定雷电冲击耐受电压（kV，峰值）	325
		额定交流耐压（kV，干/湿，方均根值）	165/140
4	匝间绝缘水平	高频脉冲振荡电压（kV，峰值）	260
5	损耗（W/kvar，在额定电流，额定频率下）		≤3.0
6	直流电阻值设计值（Ω，75℃）		（投标人提供）

表1（续）

序号	项　　目		标准参数值
7	直流电阻三相不均匀度（%）		≤1
8	电流不均匀度（%）		≤5
9	接线形式		星形
10	温升极限值（在最高工作电压下）	绕组平均（K）	75
		最热点（K）	85
11	绝缘材料耐热等级	匝间绝缘耐热等级	H 级
		整体绝缘耐热等级	F 级
12	电抗允许偏差	与额定值之差	±5%以内
		三相电抗互差	±2%以内
13	声级水平	在额定状态下［dB（A）］	≤57
14	过励磁能力	$1.10U_N$	连续
		$1.2U_N$（min）	30
		$1.3U_N$（min）	20
		$1.4U_N$（min）	1
		$1.5U_N$（s）	10
15	支柱绝缘子的主要参数	额定雷电冲击耐受电压（kV，峰值）	325
		额定交流耐受电压（kV，干/湿，方均根值）	165/140
		绝缘子对地爬电距离（mm）（应计及直径系数 K_d）	$2248 \times K_d$
		机械强度　　弯曲（kN）	（投标人提供）
		扭矩（kN·m）	（投标人提供）
16	接线端子形状		板状
17	进出线端子夹角		180°或按要求
18	接线端子允许受力	水平纵向（kN）	2.5
		垂直方向（kN）	1
		水平横向（kN）	1.5
		安全系数（三力同时作用）	≥2.5
19	电抗器尺寸	外径（m）	（投标人提供）
		内径（m）	（投标人提供）
		高度（m）	（投标人提供）
		包封数（个）	（投标人提供）
20	电抗器质量（t）		（投标人提供）
21	布置方式		"品"字形（"一"字形）
22	绕组防护要求	绕组外表面防护层处理方法	（投标人提供）
		风道及内层防护处理方法	（投标人提供）
		引线部分处理方法	（投标人提供）
		是否配置防雨罩	是
		是否配置防鸟格栅	是

表1（续）

序号	项 目	标准参数值
23	环境等级	E2 级
24	气候等级	C2 级
25	燃烧性能等级	F1 级

5 组件材料配置

组件材料配置包括元件名称、规格形式参数、单位、数量和产地等信息，具体内容和格式根据招标项目情况进行编制。

6 使用环境条件

66kV/20Mvar 干式空心并联电抗器使用环境条件见表2。特殊环境要求根据项目情况进行编制。

表 2 使 用 环 境 条 件 表

环 境 项 目		项目需求值
安装位置		户外
海拔（m）		≤1000
冷却空气温度（℃）	最高温度	40
	最热月平均温度	30
	最高年平均温度	20
	最低温度	−25
最大日温差（K）		25
日照强度（W/cm²，风速 0.5m/s）		0.1
覆冰厚度（mm）		10
最大风速（m/s）		35
最大月平均相对湿度（25℃时，%）		90
地面水平加速度（m/s²，正弦共振 3 周波，安全系数 1.67 以上）		2
污秽等级		Ⅳ
系统条件	额定频率（Hz）	50
	系统标称电压（kV）	66
	最高运行电压（kV）	72.5
	系统中性点接地方式	不直接接地
与其他设备连接方式		（项目单位填写）

ICS 29.240

Q/GDW

国家电网有限公司企业标准

Q/GDW 13058.3 — 2018
代替 Q/GDW 13058.3 — 2014

66kV 干式空心并联电抗器采购标准
第 3 部分：66kV/30Mvar 干式空心
并联电抗器专用技术规范

Purchasing standard for 66kV Dry-type Air-core Shunt reactors
Part 3: 66kV/30Mvar Dry-type Air-core Shunt reactors
Special technical specification

2019-06-28发布   2019-06-28实施

国家电网有限公司   发 布

目　次

前　言

为规范 66kV/30Mvar 干式空心并联电抗器的采购，制定本部分。

《66kV 干式空心并联电抗器采购标准》分为 4 个部分：

——第 1 部分：通用技术规范；

——第 2 部分：66kV/20Mvar 干式空心并联电抗器专用技术规范；

——第 3 部分：66kV/30Mvar 干式空心并联电抗器专用技术规范；

——第 4 部分：66kV/40Mvar 干式空心并联电抗器专用技术规范。

本部分为《66kV 干式空心并联电抗器采购标准》的第 3 部分。

本部分代替 Q/GDW 13058.3—2014，与 Q/GDW 13058.3—2014 相比，主要技术性差异如下：

——删除了术语和定义中的条目，直接引用 Q/GDW 13058.1 中的术语和定义；

——修改了"环境使用条件"中"污秽等级"，由"Ⅲ"级修改为"Ⅳ"级；

——对原标准中表述不准确的语句进行了修改；

——增加了燃烧性能等级的规定。

本部分由国家电网有限公司物资部提出并解释。

本部分由国家电网有限公司科技部归口。

本部分起草单位：国网湖北省电力有限公司、中国电力科学研究院有限公司。

本部分主要起草人：郭慧浩、廖荒良、陈璐、张琳、杨铭、李俊、孟毅、余胜、张波、杨帆。

本部分 2014 年 9 月首次发布，2018 年 12 月第一次修订。

本部分在执行过程中的意见或建议反馈至国家电网有限公司科技部。

66kV 干式空心并联电抗器采购标准
第 3 部分：66kV/30Mvar 干式空心
并联电抗器专用技术规范

1 范围

本部分规定了 66kV/30Mvar 干式空心并联电抗器招标的标准技术参数、项目需求及投标人响应的相关内容。

本部分适用于 66kV/30Mvar 干式空心并联电抗器招标。

2 规范性引用文件

下列文件对于本文件的应用是必不可少的。凡是注日期的引用文件，仅注日期的版本适用于本文件。凡是不注日期的引用文件，其最新版本（包括所有的修改单）适用于本文件。

Q/GDW 13058.1　66kV 干式空心并联电抗器采购标准　第 1 部分：通用技术规范

3 术语和定义

Q/GDW 13058.1 规定的术语与定义适用于本文件。

4 标准技术参数

技术参数特性表是国家电网有限公司对采购设备的基础技术参数要求，在招投标过程中，投标人应依据招标文件，对技术参数特性表中标准参数值进行响应。66kV/30Mvar 干式空心并联电抗器技术参数特性见表 1。物资应满足 Q/GDW 13058.1 的要求。

表 1　技术参数特性表

序号	项　　目		标准参数值
1	型　　式		单相、干式、空心
2	额定值	额定电压（kV）	$66/\sqrt{3}$（$63/\sqrt{3}$）
		设备连续最高工作电压（kV）	$72.5/\sqrt{3}$
		额定频率（Hz）	50
		额定容量（Mvar）	30
		额定电流（A）	787.3（825）
		额定电抗（Ω）	48.4（44.1）
		相数	单相
3	绝缘水平	额定雷电冲击耐受电压（kV，峰值）	325
		额定交流耐压（kV，干/湿，方均根值）	165/140
4	匝间绝缘水平	高频脉冲振荡电压（kV，峰值）	206
5	损耗（W/kvar，在额定电流、额定频率下）		≤2.8
6	直流电阻值（Ω，设计值，75℃）		（投标人提供）

表1（续）

序号	项 目		标准参数值
7	直流电阻三相不均匀度（%）		≤1
8	电流不均匀度（%）		≤5
9	接线形式		星形
10	温升极限值 （在最高工作电压下）	绕组平均（K）	75
		最热点（K）	85
11	绝缘材料耐热等级	匝间绝缘耐热等级	H 级
		整体绝缘耐热等级	F 级
12	电抗允许偏差	与额定值之差	±2%以内
		三相电抗互差	±1%以内
13	声级水平	在额定状态下［dB（A）］	≤57
14	过励磁能力	1.10 倍额定电压下	连续
		1.2 倍额定电压下（min）	20
		1.3 倍额定电压下（min）	3
		1.4 倍额定电压下（min）	1
		1.5 倍额定电压下（s）	10
15	支柱绝缘子的主要参数	额定雷电冲击耐受电压（kV，峰值）	325
		额定交流耐受电压（kV，干/湿，方均根值）	165/140
		绝缘子对地爬电距离（mm）（应计及直径系数 K_d）	2248×K_d
		机械强度 弯曲（kN）	（投标人提供）
		扭矩（kN·m）	（投标人提供）
16	接线端子形状		板状
17	进出线端子夹角		180°或按要求
18	接线端子允许受力	水平纵向（kN）	2.5
		垂直方向（kN）	1
		水平横向（kN）	1.5
		安全系数（三力同时作用）	≥2.5
19	电抗器尺寸	外径（m）	（投标人提供）
		内径（m）	（投标人提供）
		高度（m）	（投标人提供）
		包封数（个）	（投标人提供）
20	电抗器质量（t）		（投标人提供）
21	布置方式		"品"字形/"一"字形
22	绕组防护要求	绕组外表面防护层处理方法	（投标人提供）
		风道及内层防护处理方法	（投标人提供）
		引线部分处理方法	（投标人提供）
		是否配置防雨罩	是
		是否配置防鸟格栅	是

表1（续）

序号	项　　目	标准参数值
23	环境等级	E2 级
24	气候等级	C2 级
25	燃烧性能等级	F1 级

5　组件材料配置

组件材料配置包括元件名称、规格形式参数、单位、数量和产地等信息，具体内容和格式根据招标项目情况进行编制。

6　使用环境条件

66kV/30Mvar 干式空心并联电抗器使用环境条件见表 2。特殊环境要求根据项目情况进行编制。

表 2　使用环境条件表

环　境　项　目		项目需求值
安装位置		户外
海拔（m）		≤1000
冷却空气温度（℃）	最高温度	40
	最热月平均温度	30
	最高年平均温度	20
	最低温度	−25
最大日温差（K）		25
日照强度（W/cm²，风速 0.5m/s）		0.1
覆冰厚度（mm）		10
最大风速（m/s）		35
最大月平均相对湿度（%，25℃时）		90
地面水平加速度（m/s²，正弦共振 3 周波，安全系数 1.67 以上）		2
污秽等级		IV
系统条件	额定频率（Hz）	50
	系统标称电压（kV）	66
	最高运行电压（kV）	72.5
	系统中性点接地方式	不直接接地
与其他设备连接方式		（项目单位填写）

ICS 29.240

Q/GDW

国家电网有限公司企业标准

Q／GDW 13058.4—2018

代替 Q／GDW 13058.4—2014

66kV 干式空心并联电抗器采购标准
第 4 部分：66kV/40Mvar 干式空心
并联电抗器专用技术规范

Purchasing standard for 66kV Dry-type Air-core Shunt reactors
Part 4: 66kV/40Mvar Dry-type Air-core Shunt reactors
Special technical specification

2019-06-28发布　　　　　　　　　　　　　　2019-06-28实施

国家电网有限公司　　发　布

目　次

前　言

为规范 66kV/40Mvar 干式空心并联电抗器的采购，制定本部分。

《66kV 干式空心并联电抗器采购标准》分为 4 个部分：

——第 1 部分：通用技术规范；

——第 2 部分：66kV/20Mvar 干式空心并联电抗器专用技术规范；

——第 3 部分：66kV/30Mvar 干式空心并联电抗器专用技术规范；

——第 4 部分：66kV/40Mvar 干式空心并联电抗器专用技术规范。

本部分为《66kV 干式空心并联电抗器采购标准》的第 4 部分。

本部分代替 Q/GDW 13058.4—2014，与 Q/GDW 13058.4—2014 相比，主要技术性差异如下：

——删除了术语和定义中的条目，直接引用 Q/GDW 13058.1 中的术语和定义；

——修改了"环境使用条件"中"污秽等级"，由"Ⅲ"级修改为"Ⅳ"级；

——对原标准中表述不准确的语句进行了修改；

——增加了燃烧性能等级的规定。

本部分由国家电网有限公司物资部提出并解释。

本部分由国家电网有限公司科技部归口。

本部分起草单位：国网湖北省电力有限公司、中国电力科学研究院有限公司。

本部分主要起草人：郭慧浩、廖荒良、陈璐、张琳、杨铭、李俊、孟毅、余胜、张波、杨帆。

本部分 2014 年 9 月首次发布，2018 年 12 月第一次修订。

本部分在执行过程中的意见或建议反馈至国家电网有限公司科技部。

66kV 干式空心并联电抗器采购标准
第 4 部分：66kV/40Mvar 干式空心
并联电抗器专用技术规范

1 范围

本部分规定了 66kV/40Mvar 干式空心并联电抗器招标的标准技术参数、项目需求及投标人响应的相关内容。

本部分适用于 66kV/40Mvar 干式空心并联电抗器招标。

2 规范性引用文件

下列文件对于本文件的应用是必不可少的。凡是注日期的引用文件，仅注日期的版本适用于本文件。凡是不注日期的引用文件，其最新版本（包括所有的修改单）适用于本文件。

Q/GDW 13058.1　66kV 干式空心并联电抗器采购标准　第 1 部分：通用技术规范

3 术语和定义

Q/GDW 13058.1 规定的术语与定义适用于本文件。

4 标准技术参数

技术参数特性表是国家电网有限公司对采购设备的基础技术参数要求，在招投标过程中，投标人应依据招标文件，对技术参数特性表中标准参数值进行响应。66kV/40Mvar 干式空心并联电抗器技术参数特性见表 1。物资应满足 Q/GDW 13058.1 的要求。

表 1　技 术 参 数 特 性 表

序号	项　　目		标准参数值
1	型　　式		单相、干式、空心
2	额定值	额定电压（kV）	$66/\sqrt{3}$（$63/\sqrt{3}$）
		设备连续最高工作电压（kV）	$72.5/\sqrt{3}$
		额定频率（Hz）	50
		额定容量（Mvar）	40
		额定电流（A）	1050（1100）
		额定电抗（Ω）	36.3（33.1）
		相数	单相
3	绝缘水平	额定雷电冲击耐受电压（kV，峰值）	325
		额定交流耐压（kV，干/湿，方均根值）	165/140
4	匝间绝缘水平	高频脉冲振荡电压（kV，峰值）	206
5	损耗（W/kvar，在额定电流、额定频率下）		≤2.2
6	直流电阻值（Ω，设计值，75℃）		（投标人提供）

表1（续）

序号	项 目		标准参数值
7	直流电阻三相不均匀度（%）		≤1
8	电流不均匀度（%）		≤5
9	接线形式		星形
10	温升极限值 （在最高工作电压下）	绕组平均（K）	75
		最热点（K）	85
11	绝缘材料耐热等级	匝间绝缘耐热等级	H 级
		整体绝缘耐热等级	F 级
12	电抗允许偏差	与额定值之差	±2%以内
		三相电抗互差	±1%以内
13	噪声水平	在额定状态下［dB（A）］	≤57
14	过励磁能力	1.10 倍额定电压下	连续
		1.2 倍额定电压下（min）	20
		1.3 倍额定电压下（min）	3
		1.4 倍额定电压下（min）	1
		1.5 倍额定电压下（s）	10
15	支柱绝缘子的主要参数	额定雷电冲击耐受电压（kV，峰值）	325
		额定交流耐受电压（kV，干/湿，方均根值）	165/140
		绝缘子对地爬电距离（mm）（应计及直径系数 K_d）	$2248 \times K_d$
		机械强度 弯曲（kN）	（投标人提供）
		机械强度 扭矩（kN·m）	（投标人提供）
16	接线端子形状		板状
17	进出线端子夹角		180°或按要求
18	接线端子允许受力	水平纵向（kN）	2.5
		垂直方向（kN）	1
		水平横向（kN）	1.5
		安全系数（三力同时作用）	≥2.5
19	电抗器尺寸	外径（m）	（投标人提供）
		内径（m）	（投标人提供）
		高度（m）	（投标人提供）
		包封数（个）	（投标人提供）
20	电抗器质量（t）		（投标人提供）
21	布置方式		"品"字形/"一"字形
22	绕组防护要求	绕组外表面防护层处理方法	（投标人提供）
		风道及内层防护处理方法	（投标人提供）
		引线部分处理方法	（投标人提供）
		是否配置防雨罩	是
		是否配置防鸟格栅	是

表1（续）

序号	项　　　目	标准参数值
23	环境等级	E2 级
24	气候等级	C2 级
25	燃烧性能等级	F1 级

5　组件材料配置

组件材料配置包括元件名称、规格形式参数、单位、数量和产地等信息，具体内容和格式根据招标项目情况进行编制。

6　使用环境条件

66kV/40Mvar 干式空心并联电抗器使用环境条件见表2。特殊环境要求根据项目情况进行编制。

表2　使 用 环 境 条 件 表

环 境 项 目		项目需求值
安装位置		户外
海拔（m）		≤1000
冷却空气温度（℃）	最高温度	40
	最热月平均温度	30
	最高年平均温度	20
	最低温度	−25
最大日温差（K）		25
日照强度（W/cm²，风速 0.5m/s）		0.1
覆冰厚度（mm）		10
最大风速（m/s）		35
最大月平均相对湿度（25℃时，%）		90
地面水平加速度（m/s²，正弦共振 3 周波，安全系数 1.67 以上）		2
污秽等级		Ⅳ
系统条件	额定频率（Hz）	50
	系统标称电压（kV）	35
	最高运行电压（kV）	40.5
	系统中性点接地方式	不直接接地
与其他设备连接方式	（项目单位填写）	

ICS 29.240

Q/GDW

国家电网有限公司企业标准

Q/GDW 13059.1—2018

代替 Q/GDW 13059.1—2014

35kV 油浸式并联电抗器采购标准
第 1 部分：通用技术规范

Purchasing standard for 35kV oil-immersed shunt reactors
Part 1: General technical specification

2019-06-28发布   2019-06-28实施

国家电网有限公司   发 布

目　　次

前　　言

为规范 35kV 油浸式并联电抗器的采购，制定本部分。

《35kV 油浸式并联电抗器采购标准》分为 6 个部分：

——第 1 部分：通用技术规范；

——第 2 部分：35kV/7.2Mvar 油浸式并联电抗器专用技术规范；

——第 3 部分：35kV/10Mvar 油浸式并联电抗器专用技术规范；

——第 4 部分：35kV/20Mvar 油浸式并联电抗器专用技术规范；

——第 5 部分：35kV/45Mvar 油浸式并联电抗器专用技术规范；

——第 6 部分：35kV/60Mvar 油浸式并联电抗器专用技术规范。

本部分为《35kV 油浸式并联电抗器采购标准》的第 1 部分。

本部分代替 Q/GDW 13059.1—2014，主要技术性差异如下：

——增加了《国家电网有限公司十八项电网重大反事故措施（2018 修订版）》的相关要求、抽检试验等要求；

——修改了储油柜、油箱、变压器油等组部件和材料的性能要求。

本部分由国家电网有限公司物资部提出并解释。

本部分由国家电网有限公司科技部归口。

本部分起草单位：国网江苏省电力有限公司、中国电力科学研究院有限公司、国网安徽省电力有限公司。

本部分主要起草人：王胜权、蔡胜伟、吴兴旺、林元棣、李建生、郭慧浩、陈程。

本部分 2014 年 9 月首次发布，2018 年 12 月第一次修订。

本部分在执行过程中的意见或建议反馈至国家电网有限公司科技部。

35kV 油浸式并联电抗器采购标准
第 1 部分：通用技术规范

1 范围

本部分规定了 35kV 油浸式并联电抗器招标的总则、技术参数和性能要求、试验、包装、运输、交货及工厂检验和监造的一般要求。

本部分适用于 35kV 油浸式并联电抗器招标。

2 规范性引用文件

下列文件对于本文件的应用是必不可少的。凡是注日期的引用文件，仅注日期的版本适用于本文件。凡是不注日期的引用文件，其最新版本（包括所有的修改单）适用于本文件。

GB/T 311.1　高压输变电设备的绝缘配合

GB/T 1094.1　电力变压器　第 1 部分　总则

GB/T 1094.2　电力变压器　第 2 部分：温升

GB/T 1094.3　电力变压器　第 3 部分：绝缘水平、绝缘试验和外绝缘空气间隙

GB/T 1094.4　电力变压器　第 4 部分：电力变压器和电抗器雷电冲击和操作冲击试验导则

GB/T 1094.6　电力变压器　第 6 部分：电抗器

GB/T 1094.10　电力变压器　第 10 部分：声级测定

GB 2536　电工流体变压器和开关用的未使用过的矿物绝缘油

GB/T 2900.95　电工术语　变压器、调压器和电抗器

GB/T 4109　交流电压高于 1000V 的绝缘套管

GB/T 4585　交流系统用高压绝缘子的人工污秽试验

GB/T 5273　高压电器端子尺寸标准化

GB/T 7252　变压器油中溶解气体分析与判断导则

GB/T 7354　局部放电测量

GB/T 7595　运行中变压器油质量标准

GB/T 16847　保护用电流互感器暂态特性技术要求

GB/T 16927.1　高压试验技术　第 1 部分：一般试验要求

GB/T 16927.2　高压试验技术　第 2 部分：测量系统

GB/T 20840.2　互感器第 2 部分：电流互感器的补充技术要求

GB 50150　电气装置安装工程电气设备交接试验标准

DL/T 1094　电力变压器用绝缘油选用指南

Q/GDW 1152.1　电力系统污区分级与外绝缘选择　第 1 部分：交流系统

Q/GDW 1168　输变电设备状态检修试验规程

IEC 60815 污染环境中所用高压绝缘子的选择和尺寸测定（Selection and dimensioning of high-voltage insulators intended for use in polluted conditions）

3 术语和定义

下列术语和定义适用于本部分。

3.1

招标人 bidder

提出招标项目，进行招标的法人或其他组织。

3.2

投标人 tenderer

响应招标、参加投标竞争的法人或者其他组织。

3.3

卖方 seller

提供本部分货物和技术服务的法人或其他组织，包括其法定的承继者。

3.4

买方 buyer

购买本部分货物和技术服务的法人或其他组织，包括其法定的承继者和经许可的受让人。

4 总则

4.1 一般规定

4.1.1 投标人应具备招标公告所要求的资质，具体资质要求详见招标文件的商务部分。

4.1.2 投标人应满足本部分规范性引用文件中有关标准和文件的要求。投标人提供的电抗器应符合本部分所规定的要求，投标人亦可推荐符合本标准（通用部分和专用部分）要求的类似定型产品，但应提供详细的技术偏差，并在报价书中以"对规范书的意见和同规范书的差异"为标题的专门章节中加以详细描述。

4.1.3 本部分提出了对电抗器的技术参数、性能、结构、试验等方面的技术要求。有关电抗器的包装、标志、运输和保管的要求见招标文件商务部分的规定。

4.1.4 本部分提出的是最低限度的技术要求，并未对一切技术细节作出规定，也未充分引述有关标准的条文，投标人应提供符合本部分引用标准的最新版本标准和本部分技术要求的全新产品，如果所引用的标准之间不一致或本部分所使用的标准与投标人所执行的标准不一致时，按要求较高的标准执行。

4.1.5 本部分将作为订货合同的附件，与合同具有同等的法律效力。本部分未尽事宜，由合同签约双方在合同谈判时协商确定。

4.1.6 本部分中涉及有关商务方面的内容，如与招标文件的商务部分有矛盾时，以招标文件的商务部分为准。

4.1.7 本部分如与专用部分有冲突，以专用部分为准。

4.2 投标人应提供的资质文件

4.2.1 投标人在投标文件中应提供下列有关合格的资质文件，否则视为非响应性投标。

4.2.2 提供相应的最终用户的使用情况证明。

4.2.3 拥有的有权威机构颁发的 ISO 9000 系列的认证证书或等同的质量保证体系认证证书。

4.2.4 具有履行合同所需的独立设计能力、生产技术和生产能力的文件资料。

4.2.5 有能力履行合同设备维护保养、修理及其他服务义务的文件。

4.2.6 由有资质的第三方见证的同类设备的型式试验报告。

4.2.7 所提供的组部件如需向第三方外购时，投标人应详细说明并就其质量做出承诺，并提供分供方相应的例行型式检验报告和投标人的进厂验收证明。

4.3 工作范围和进度要求

4.3.1 本部分仅适用于货物需求一览表中所列的设备。其中，包括电抗器本体及其组部件的功能设计、结构、性能、安装和试验等方面的技术要求，以及供货和现场技术服务。

4.3.2 合同签订后，卖方应在 2 周内，向买方提出一份详尽的生产进度计划表。

4.3.3 如生产进度有延误，卖方应及时将延误的原因、产生的影响及准备采取的补救措施等向买方加以解释，并尽可能保证交货的进度。否则应及时向买方通报，以便买方能采取必要的措施。

4.4 对设计图纸、说明书和试验报告的要求。

4.4.1 图纸及图纸的认可和交付。

4.4.1.1 所有需经买方确认的图纸和说明文件（见表 1），均应由卖方在合同签订后的 2 周内提交给买方进行审定认可。买方审定时有权提出修改意见。

表 1 需经买方确认的图纸和说明文件

序号	内　容
1	电抗器外形图（包括套管吊装尺寸、二次电缆的安装图等）
2	运输尺寸和运输质量、电抗器装配及注油后的总质量
3	电抗器的质心图
4	电抗器基础图

4.4.1.2 买方在收到需认可图纸 2 周后，将一套确认的或签有买方校定标记的图纸（买方负责人签字）返还给卖方。买方有权对供货设备的卖方图纸提出修改意见。凡买方认为需要修改且经卖方认可的，不得对买方增加费用。在未经买方对图纸作最后认可前，任何采购或加工的材料损失应由卖方单独承担。

4.4.1.3 卖方在收到买方确认图纸（包括认可方修正意见）后，经修改应于 1 周内提供最终版的正式图纸和一套供复制用的底图及正式的 CAD 文件电子版，正式图纸应加盖工厂公章或签字。

4.4.1.4 电抗器应按照经确认的最终图纸进行制造，完工后的产品应与最后确认的图纸一致。买方对图纸的认可并不减轻卖方关于其图纸的完整性和正确性的责任。设备在现场安装时，如卖方技术人员进一步修改图纸，卖方应对图纸重新收编成册，正式递交买方，并保证安装后的设备与图纸完全相符。

4.4.1.5 图纸的格式：所有图纸均应有标题栏、全部符号和部件标志，文字均用中文书写，并使用 SI 国际单位制。

4.4.2 卖方应随设备免费提供给买方最终版的图纸见表 2，一式 6 份。其中，图纸应包括总装配图及安装时设备位置的精确布置图，并且应保证买方可按最终版的图纸资料对所供设备进行维护，以及在运行中便于进行更换组部件等工作。

表 2 需随设备提供的图纸

序号	内　容
1	买卖双方协商确定的图纸、资料和说明
2	有关设计图纸、资料
3	运输、保管、现场安装调试用图纸、资料

表 2（续）

序号	内　　容
4	电抗器主要组部件图表： a）外形尺寸图（包括吊装图及顶起图）； b）梯子及储油柜安装图； c）控制电缆安装图； d）套管及接线端子零件图； e）套管与电抗器引线装配图； f）二次保护、测温、信号、动力电源的端子布置图； g）压力释放装置结构及安装图； h）电流互感器安装图； i）电抗器铭牌图（包括三相成组连接的铭牌）； j）电流互感器铭牌图； k）电抗器安装基础图； l）电抗器外部二次线及电源线布置图； m）电抗器接地线路图及端子位置图； n）电抗器本体运输图； o）上节油箱起吊图； p）注有尺寸的套管升高座的横断面图； q）所有供应的组部件外形尺寸图； r）展开图及接线图； s）原理接线图； t）电抗器安装、运行、维修和有关设施设计所需的其他图纸和资料； u）铁心、夹件接地套管布置图及引线支撑详图
5	对于其他未列入合同技术文件清单但却是工程所应的文件和资料及图纸，如设计继电保护、控制操作及与其他设备配合需要相关文件和技术数据等

对表 2 中部分图纸的要求如下：

a）外形尺寸图：

    1）图纸应标明全部所需要的组部件数量、目录号、额定值和型号等技术数据，详细标明运输尺寸和质量、装配总质量和油质量，还应标示出电抗器在运输准备就绪后的电抗器重心和储油柜的位置、尺寸，以及带电部位与邻近接地体的空气净距；

    2）图纸应标明所有组部件的尺寸位置，以及拆卸高压套管时所需要的空间高度，上节油箱起吊高度，还应标明起顶，拖耳位置，各阀门法兰尺寸及位置；

    3）图纸应标明电抗器底座和基础螺栓尺寸。

b）套管及接线端子零件图：图纸应包括套管型号、套管内结构解剖详图、接线端子详图、固定法兰及瓷套伞形详图。套管接线端子的承力及其安全系数、爬电距离、干弧距离及平均直径均应给出。

c）铭牌图：应符合国家相关标准。

d）电抗器身示意图：应标明绕组位置排列及其与套管的连接，包括引线连接装配的说明。

e）上节油箱起吊图：标明起吊重量、起吊高度和吊索、吊点布置方式。

f）注有尺寸的套管升高座的横断面图：应显示出法兰、电流互感器座等。

g）所有供应的组部件外形尺寸图。组部件包括套管、气体继电器、压力释放装置、温度计、电流互感器及升高座、散热器等。

h）展开图及接线图：应包括计量、保护、控制、报警、照明及动力等所需的交流和直流回路的线路原理图。

i) 原理接线图：

    1) 应标示电抗器控制柜和所有电抗器组部件的端子，如电流互感器、报警装置等，以及这些设备在电抗器上的布线和用户电缆连接的接线板的标志；

    2) 位于控制柜内的设备，应以接近其实际位置的方式表示在连接线路图上。位于控制柜外面的器件，例如电流互感器，其在图上的位置，应能简明标示其向接线端子上的引出连线。接线板上的端子间至少应留出一定的空隙，以备买方在向接线板上增加电缆连接时用。

j) 铁心、夹件接地套管及中性点接地套管接地引线布置图：图纸应表明套管、支柱绝缘子、支持钢结构排列、接地导体及钢结构详图。

4.4.3 需随设备提供的资料。卖方应随设备免费提供给买方相关资料见表3，一式6份。

表 3　需随设备提供的资料

序号	内　容
1	安装使用说明书： a) 电抗器的安装使用说明； b) 吸湿器使用说明； c) 套管及其电流互感器保管、安装、使用说明； d) 气体继电器使用说明； e) 绝缘油使用说明； f) 散热器安装和使用说明； g) 电抗器检测装置及控制柜等说明； h) 其他仪表的使用说明； i) 电抗器结构、绕组联结的说明； j) 温度计使用说明； k) 其他组部件的安装使用说明； l) 高海拔修正说明（如果需要）； m) 储油柜安装使用说明
2	有关产品的其他说明： a) 关于结构、连接及铁心、绕组型式等的概述和简图； b) 电抗器有关组部件的图纸和安装维护说明，例如套管、散热器、套管电流互感器及所有保护装置和测量装置等； c) 电抗器励磁特性曲线； d) 包括套管电流互感器的二次电阻、拐点处的磁通密度、铁心截面和铁心平均长度等所有技术数据，套管电流互感器的励磁曲线图等； e) 电抗器用的特殊工具和仪器的清单、专用说明书、样本和手册等； f) 特殊需要的说明
3	安装、维修手册、资料
4	主要设计数据
5	设计、制造所依据的主要标准
6	备品备件图纸、清单
7	电抗器所用主要材料、组部件清单

4.4.4 试验报告。卖方应随设备免费提供给买方试验、检验报告，见表4，一式6份。

表4 卖方向买方提供的试验、检验报告

序号	内 容
1	电抗器整体出厂例行试验报告
2	电抗器型式试验和特殊试验报告
3	组部件试验： a）电抗器油试验报告； b）套管出厂试验、型式试验报告和油色谱分析报告； c）继电器出厂试验和型式试验报告； d）温度控制器出厂试验和型式试验报告； e）压力释放器出厂试验和型式试验报告； f）电流互感器出厂和型式试验报告； g）散热器出厂试验和型式试验报告； h）其他组部件的出厂和型式试验报告
4	主要原材料 a）硅钢片检验报告； b）导线检验报告； c）绝缘材料检验报告； d）绝缘油检验报告

4.5 标准和规范

4.5.1 按有关标准规定的合同设备，包括卖方向其他厂商购买的所有组部件设备，都应符合这些标准的要求。

4.5.2 所有螺栓、双头螺栓、螺纹、管螺纹、螺栓头和螺帽均应遵照 ISO 及 SI 公制标准。

4.5.3 当标准、规范之间存在差异时，应按要求高的指标执行。

4.6 安装、调试、试运行和验收

4.6.1 合同设备的安装、调试，将由买方根据卖方提供的技术文件和安装使用说明书的规定，在卖方技术人员指导下进行。

4.6.2 合同设备试运行和验收，根据本部分规定的标准和规范进行。

4.6.3 完成合同设备安装后，买方和卖方应检查和确认安装工作，并签署安装工作完成证明书，共两份，双方各执一份。

4.6.4 验收时间为安装、调试和试运行完成后并稳定运行 72h 或按买方规定。在此期间，所有的合同设备都应达到各项运行性能指标要求。买卖双方可签署合同设备的验收证明书。该证明书共两份，双方各执一份。

4.6.5 如果在安装、调试、试运行及质保期内，设备发生异常，买卖双方应共同分析原因，分清责任，并按合同相关规定执行。

4.7 应满足的标准

装置至少应满足 GB/T 311.1、GB/T 1094.1、GB/T 1094.2、GB/T 1094.3、GB/T 1094.4、GB/T 1094.6、GB/T 1094.10、GB 2536、GB/T 5273、GB/T 2900.15、GB/T 4109、GB/T 4585、GB/T 7252、GB/T 7354、GB/T 7595、GB/T 16847、GB/T 16927.1、GB/T 16927.2、GB/T 20840.2、GB 50150、DL/T 1094、Q/GDW 1152.1、Q/GDW 1168、IEC 6081 中所列标准的最新版本的要求，但不限于上述所列标准。

4.8 应满足的文件

该类设备技术标准应满足国家电网有限公司标准化成果中相关条款要求。下列文件中相应的条款规定均适用于本文件，其最新版本（包括所有的修改单）适用于本文件。包括：

a）《国家电网有限公司十八项电网重大反事故措施（2018 修订版）》；

b）《国家电网有限公司输变电工程通用设备 35～750kV 变电站分册（2018 年版）》；

c）《国家电网有限公司设备抽检规范》；

d）《电网设备及材料质量管控重点措施》；

e）《国家电网有限公司输变电工程通用设计》。

5 结构及其他要求

5.1 铁心及绕组

5.1.1 铁心应由优质冷轧硅钢片制成。用先进方法进行叠装和紧固，不致因运输和运行的振动而松动。

5.1.2 绕组使用高质量铜线。绕组应有良好的冲击电压波分布；应对绕组的漏磁通进行控制，避免产生局部过热；器身内油流分布应均匀、油路通畅。

5.1.3 绕组引出线焊接应牢固可靠。

5.1.4 与油接触的绝缘材料、胶、漆等与油应有良好的相容性。

5.1.5 电抗器铁心和夹件应与油箱绝缘，通过装在油箱上的套管分别引出，接地线应引至适当位置，便于在运行中监测接地线中是否有环流。

5.2 油箱及外部结构

5.2.1 油箱的外部结构应便于现场安装和运行维护。

5.2.2 油箱应采用高强度钢板，并应有足够的机械强度。并联电抗器油箱、散热器应能承受真空度 133Pa 和正压 0.1MPa 的机械强度试验，不得有损伤和不允许的永久变形。

5.2.3 所有密封面均能有效地防止渗漏，确保密封性能。并联电抗器应能承受在储油柜油面上施加 50kPa 静压力，持续 24h，应无渗漏和损伤。

5.2.4 电抗器的油箱及夹件等结构件，应采取漏磁通引起局部过热的防范措施。

5.2.5 气体继电器的安装位置应便于观察和取气，气体继电器的水平管两端应装有蝶阀。

5.2.6 箱底与基础的固定方式，应经买方认可。

5.2.7 油箱上应有吊攀。总质量大于 15t 时，其油箱下部应设置千斤顶座。

5.2.8 油箱应设有上部注油和下部放油阀门，并成对角布置；并应装有油样阀。

5.2.9 油箱的顶部不应形成积水，油箱内部不应有窝气死角。

5.2.10 油箱上应装有带安全防护的梯子，梯子下部有一个可锁住踏板的挡板，梯子位置应便于对气体继电器的检查。

5.2.11 所有法兰的密封面应平整，密封垫应有合适的限位，防止密封垫过度承压以致龟裂老化后造成渗漏。

5.3 储油柜

5.3.1 储油柜结构应使油与大气隔离，并带有吸湿器，其容积应能满足油温变化的要求，并有油位指示、注油、放气和排污装置。油位指示装置带有油位限定报警触点。

5.3.2 储油柜应进行单独试漏。

5.4 温度测量装置

温度测量装置包括：

a）玻璃温度计管座；

b）信号温度计；

c）远距离测温装置。

5.5 压力释放装置

电抗器应在油箱顶上安装压力释放装置，压力释放装置应带有报警触点。

5.6 套管

5.6.1 套管的性能及试验要求应符合 GB/T 4109 的规定。高压套管的伞裙采用大小伞结构；伞裙的宽度、伞间距应符合 IEC 60815 的规定。套管的爬距与干弧距离之比应小于 4。

5.6.2 套管应无渗漏，套管应有一个可变换方向的接线端子。

5.6.3 供货套管应装在电抗器上随本体进行试验。

5.6.4 瓷套颜色采用棕色。

5.7 套管电流互感器

5.7.1 套管电流互感器应符合 GB/T 20840.2 和 GB/T 16847 的规定。

5.7.2 应提供二次励磁曲线、拐点电压和二次绕组最大抽头的电阻值（75℃时）以及采取的剩磁控制方法的说明等。

5.7.3 所有电流互感器的参数应在电抗器铭牌上列出。

5.8 端子箱和控制柜

每台电抗器应装有端子箱，端子箱材质应满足 DL/T 1424 的要求。套管电流互感器、气体继电器、压力释放器、温度测量装置等二次线均接到端子箱内端子排上。端子排上应留有 15% 的备用端子。二次引线应经金属屏蔽管引到电抗器控制柜的端子板上，引线应采用截面不小于 4mm² 的耐油、耐热的软线。控制柜内设有照明和恒温器控制的加热电阻，以防潮、防蚀、防外界气温影响等。防护等级为 IP54。

5.9 涂漆和防锈

a) 电抗器油箱、储油柜、冷却装置及联管等的外表面均应涂漆。

b) 电抗器油箱内表面、铁心上下夹件等均应涂以浅色漆，并与变压器油有良好的相容性，用漆由卖方决定。所有需要涂漆的表面在涂漆前应进行彻底的表面处理（如采用喷砂处理或喷丸处理）。

c) 喷砂（喷丸）处理后 8h 内，且未生锈之前，应涂一层金属底漆。底漆应具有良好的防腐、防潮和附着性能，漆层厚度不小于 0.04mm，表层面漆与底漆相容，具有良好的耐久性能。

d) 所有外表面至少要涂一道底漆和二道面漆，面漆厚度不小于 0.085mm，表层面漆应有足够弹性以耐受温度变化，耐剥落且不褪色、不粉化。

e) 电抗器出厂时，外表面应油漆一新，并供给适当数量的原用漆，用于安装现场补漆或整体油漆。

f) 油箱外部螺栓等金属件应采用热镀锌等防锈措施。

5.10 电抗器运输

电抗器应满足运输尺寸、质量及公路运输时倾斜 15° 等运输条件的要求，并能承受运输中的冲撞，当冲撞加速度不大于 3g 时，应无任何松动、变形和损坏。

5.11 绝缘油

5.11.1 绝缘油应采用符合 GB 2536 规定的环烷基或中间基、添加抗氧化剂的新油。

5.11.2 卖方应提供合格的新油（包括足量的备用油）。

5.11.3 变压器新油应由厂家提供新油腐蚀性硫、结构簇、糠醛及油中颗粒度报告。

5.11.4 当对环保和防火安全性要求较高时，宜采用满足 DL/T 1811 要求的天然酯绝缘油。

5.12 电抗器的寿命

电抗器在规定的工作条件和负载条件下运行，并按使用说明书进行安装和维护，预期寿命应不少于 40 年。主要主部件的运行寿命（在运行寿命内除预试外无正常检修内容）要求：

a) 电容套管：30 年及以上；

b) 套管互感器：30 年及以上

c) 散热器：30 年及以上；

d) 储油柜：30 年及以上；

e) 吸湿器：30 年及以上；

f) 密封件、胶囊：30 年及以上；

g) 压力释放阀及气体继电器：30 年及以上；

h) 各类阀门的关合次数：在油温 105℃下 100 次以上无渗漏；

i) 端子箱：30 年及以上；

j) 温度计、油位计等测量仪表：15 年及以上。

5.13 铭牌

每台电抗器应提供用不受气候影响的材料制成的铭牌，并安装在明显可见的位置。所示项目应用耐久的方法刻出（如用蚀刻、雕刻和打印法）。铭牌上应标出下述各项：

a) 电抗器名称；

b) 型号；

c) 产品代号；

d) 标准代号；

e) 制造厂名；

f) 出厂序号；

g) 制造年月；

h) 相数；

i) 额定容量；

j) 额定频率；

k) 额定电压；

l) 额定电流；

m) 最高运行电压；

n) 绕组联结；

o) 额定电压时的电抗（实测值）；

p) 损耗（实测值）；

q) 零序电抗；

r) 冷却方式；

s) 绝缘水平；

t) 总质量；

u) 绝缘油质量；

v) 器身质量；

w) 声级水平；

x) 套管电流互感器参数；

y) 运输质量；

z) 绝缘耐热等级（A 级可不给出）；

aa) 温升；

bb) 温度与储油柜油位关系曲线（准确计算后）。

5.14 电气一次接口

35kV 三相油浸式铁心并联电抗器安装平、断面布置图如图 1～图 6 所示。

5.15 土建接口

35kV 三相油浸式并联电抗器土建基础图如图 7～图 12 所示。

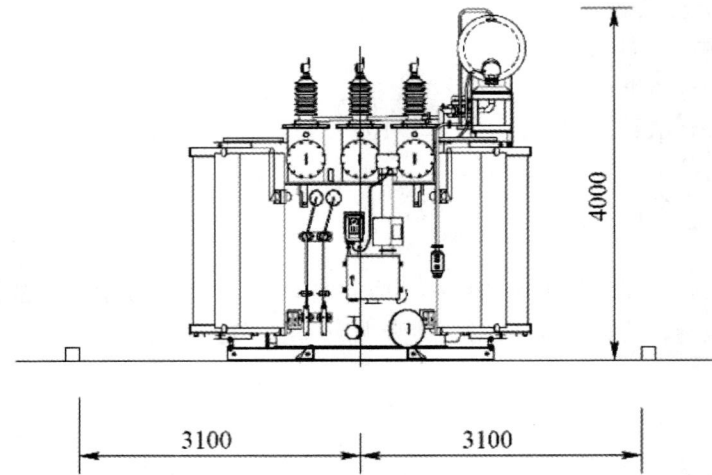

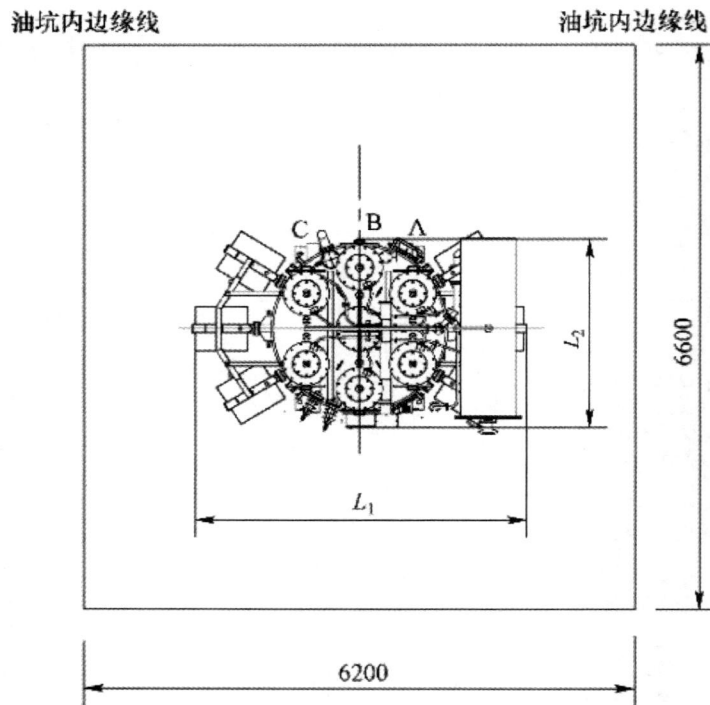

说明：图中标注尺寸表示不同海拔均适用。

与海拔有关的特异性尺寸表			
适用海拔（m）	L_1（mm）	L_2（mm）	套管高度（mm）
$H \leqslant 3000$	$\leqslant 3800$	$\leqslant 4200$	$\leqslant 600$
$3000 < H \leqslant 5000$	$\leqslant 4000$	$\leqslant 4400$	$\leqslant 1300$

图 1　35kV 三相油浸一体式并联电抗器（10Mvar）平、断面布置图

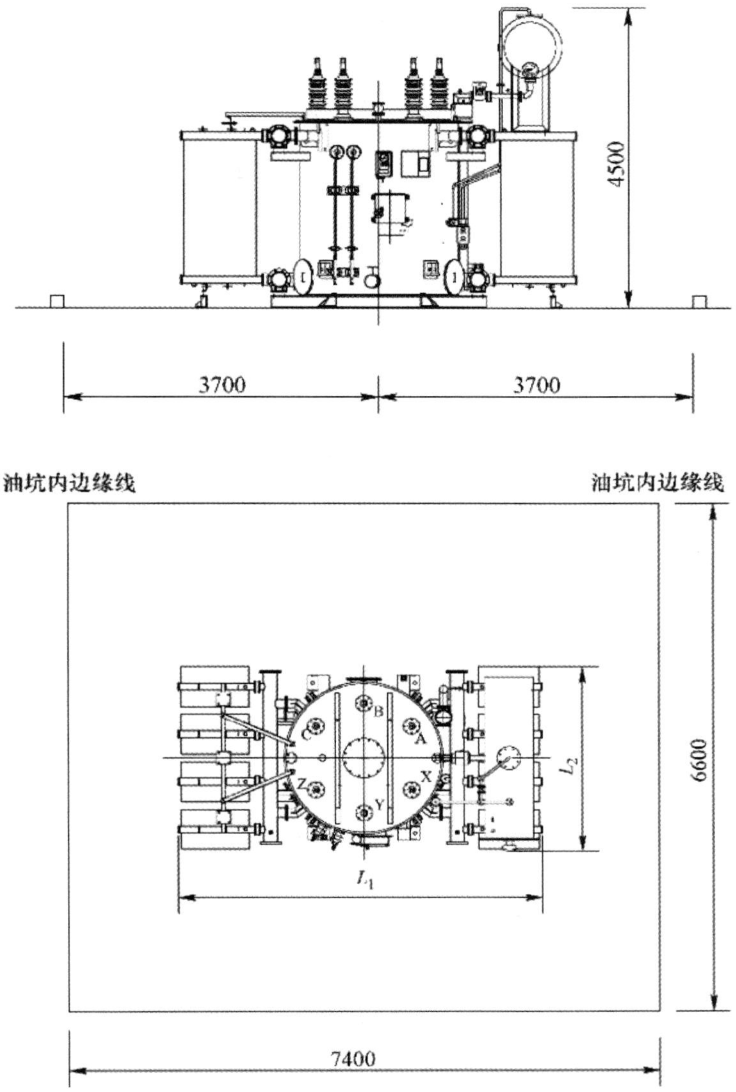

说明：图中标注尺寸表示不同海拔均适用。

与海拔有关的特异性尺寸表			
适用海拔（m）	L_1（mm）	L_2（mm）	套管高度（mm）
$H \leqslant 3000$	$\leqslant 5000$	$\leqslant 4200$	$\leqslant 800$
$3000 < H \leqslant 5000$	$\leqslant 5200$	$\leqslant 4400$	$\leqslant 1000$

图2　35kV 三相油浸一体式并联电抗器（20Mvar）平、断面布置图

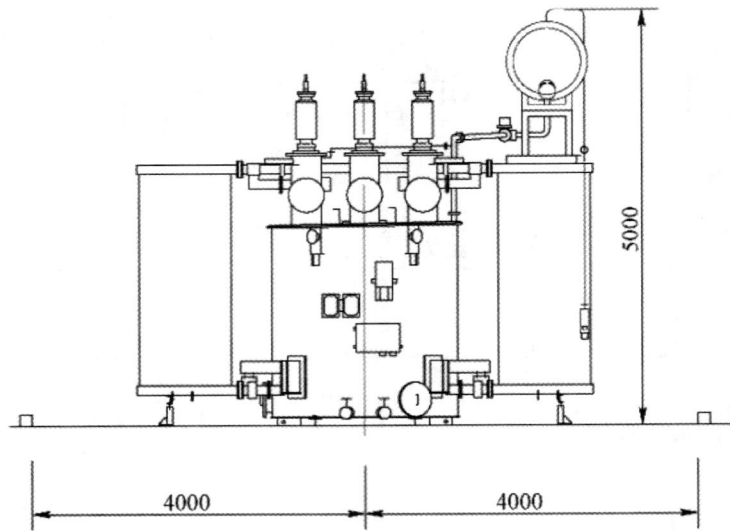

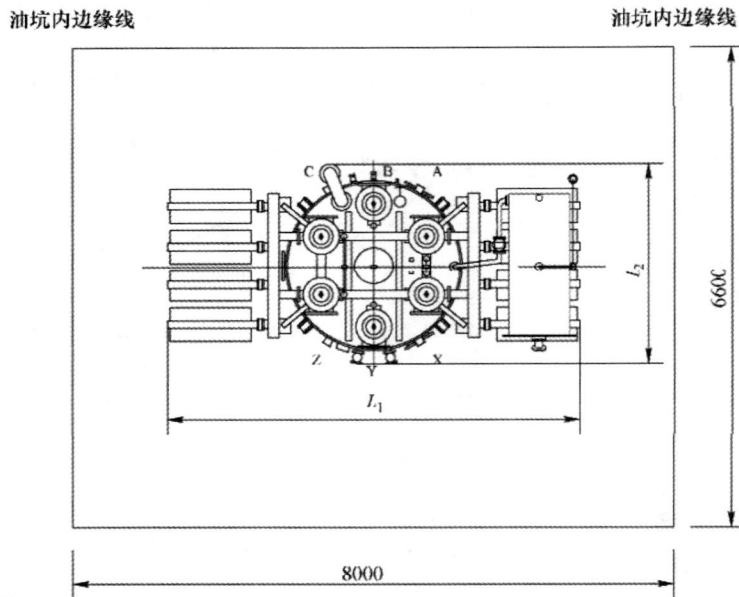

说明：图中标注尺寸表示不同海拔均适用。

与海拔有关的特异性尺寸表			
适用海拔（m）	L_1（mm）	L_2（mm）	套管高度（mm）
$H \leqslant 2000$	$\leqslant 5500$	$\leqslant 4200$	$\leqslant 800$
$2000 < H \leqslant 4000$	$\leqslant 5800$	$\leqslant 4400$	$\leqslant 1000$

图 3　35kV 三相油浸一体式并联电抗器（45Mvar）平、断面布置图

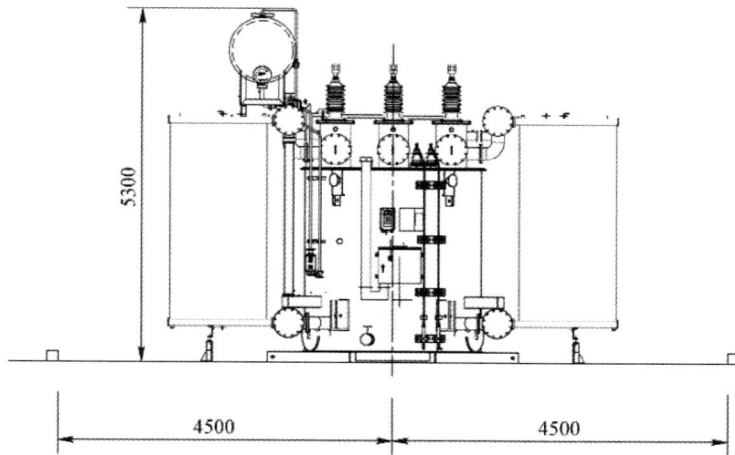

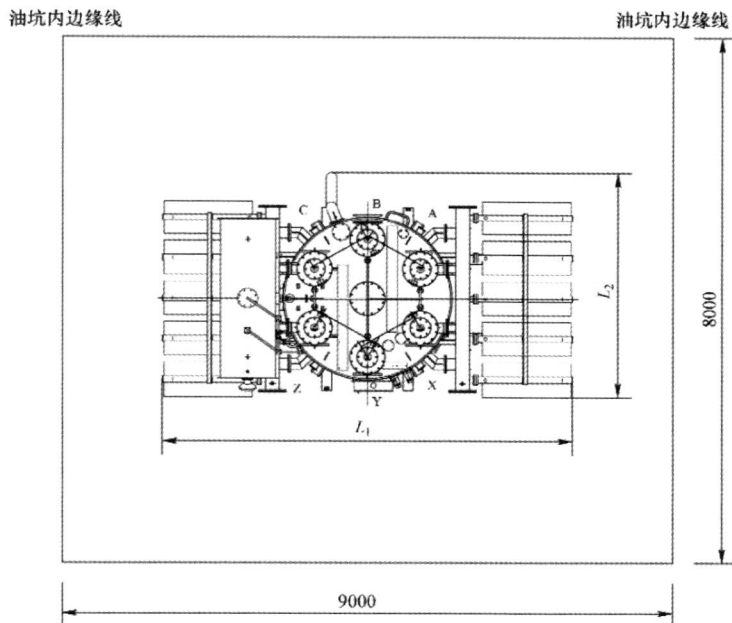

说明：图中标注尺寸表示不同海拔均适用。

与海拔有关的特异性尺寸表			
适用海拔（m）	L_1（mm）	L_2（mm）	套管高度（mm）
$H \leqslant 2000$	$\leqslant 6500$	$\leqslant 5500$	$\leqslant 1000$
$2000 < H \leqslant 4000$	$\leqslant 6700$	$\leqslant 5700$	$\leqslant 1600$

图4　35kV 三相油浸一体式并联电抗器（60Mvar）平、断面布置图

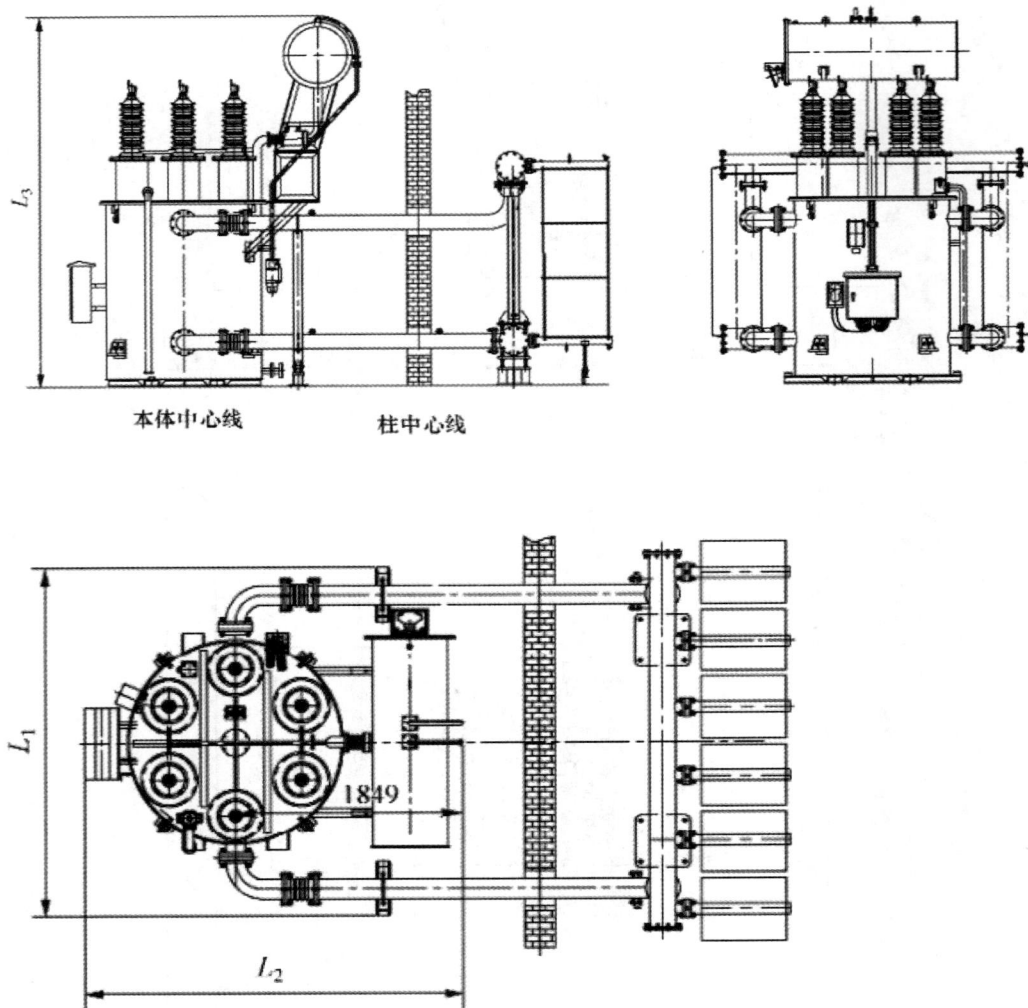

本体中心线   柱中心线

说明：导油管尺寸及其支撑位置根据工程实际调整。

与海拔有关的特异性尺寸表				
适用海拔（m）	L_1（mm）	L_2（mm）	L_3（mm）	散热器穿墙间距（mm）
$H \leqslant 3000$	$\leqslant 3500$	$\leqslant 3500$	$\leqslant 4200$	水平间距2500
$3000 < H \leqslant 5000$	$\leqslant 3800$	$\leqslant 3800$	$\leqslant 4500$	水平间距2500

图5　35kV三相油浸分体式并联电抗器（10Mvar）平、断面布置图

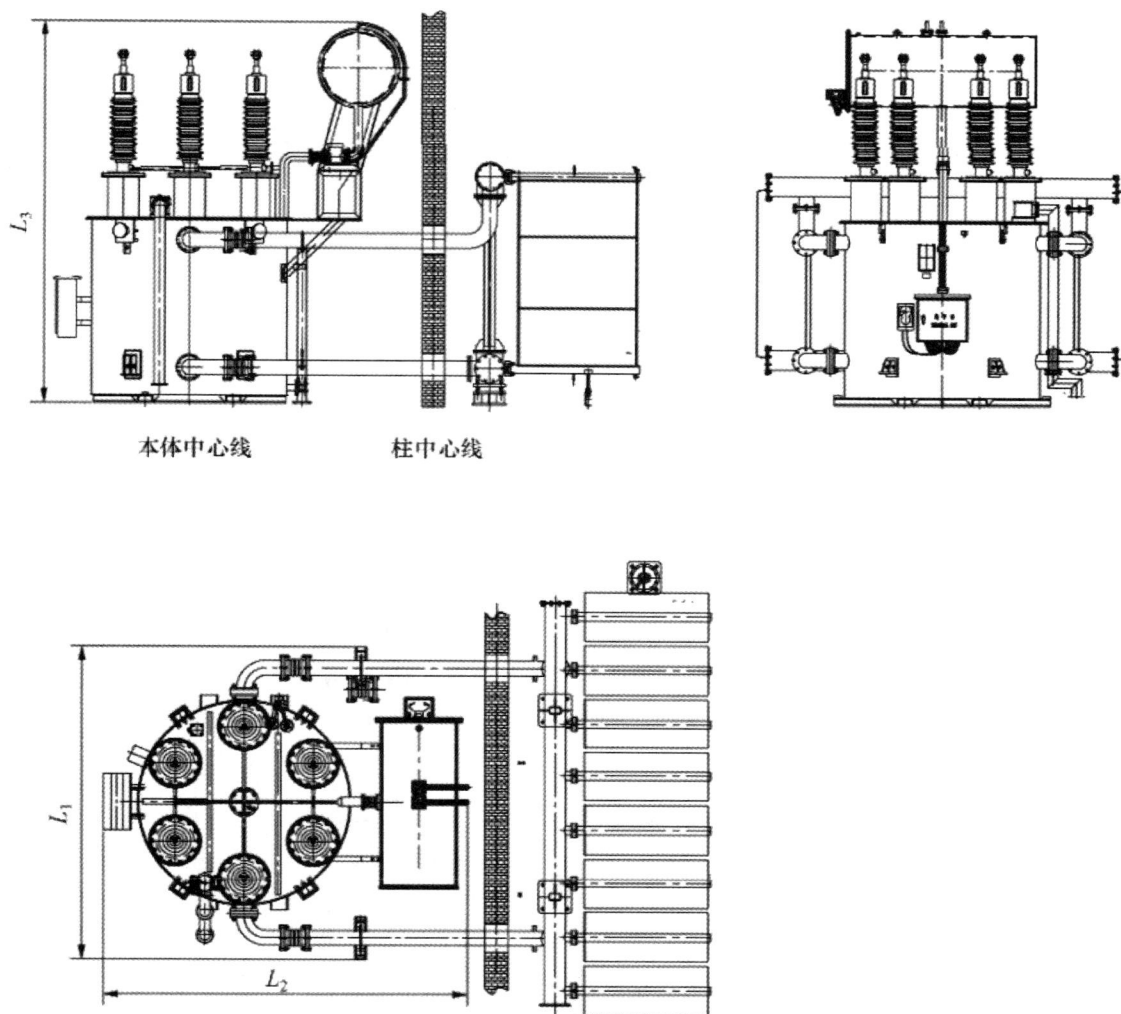

本体中心线　　　柱中心线

说明：导油管尺寸及其支撑位置根据工程实际调整。

与海拔有关的特异性尺寸表			
适用海拔（m）	L_1（mm）	L_2（mm）	L_3（mm）	散热器穿墙间距（mm）
$H \leqslant 3000$	$\leqslant 3600$	$\leqslant 4000$	$\leqslant 4500$	水平间距 2800
$3000 < H \leqslant 5000$	$\leqslant 3700$	$\leqslant 4200$	$\leqslant 4800$	水平间距 2800

图 6　35kV 三相油浸分体式并联电抗器（20Mvar）平、断面布置图

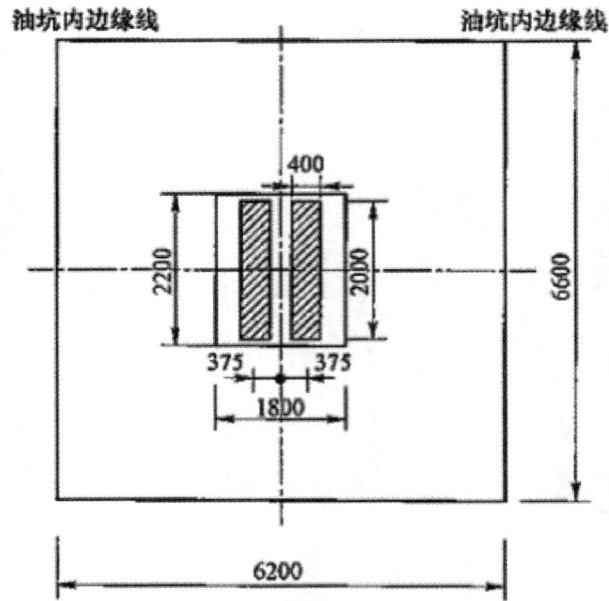

序号	容量（Mvar）	海拔（m）	基础尺寸（mm）	埋件间距（mm）
1	10	H≤5000	1800×2200	750

图 7　35kV 三相油浸一体式并联电抗器（10Mvar）基础图

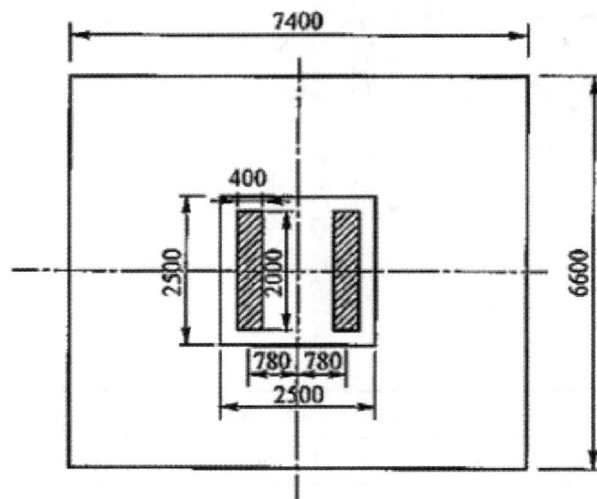

序号	容量（Mvar）	海拔（m）	基础尺寸（mm）	基础间距（mm）
1	20	H≤5000	2500×2500	780

图 8　35kV 三相油浸一体式并联电抗器（20Mvar）基础图

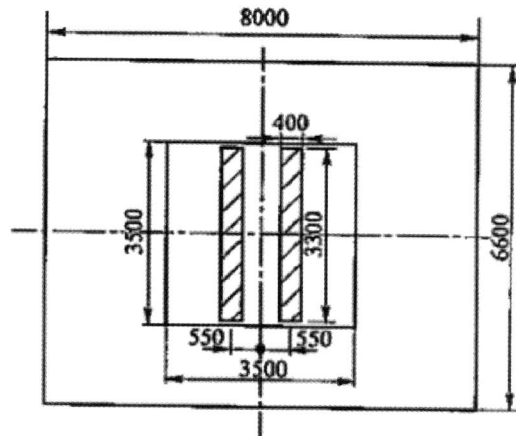

序号	容量（Mvar）	海拔（m）	基础尺寸（mm）	基础间距（mm）
1	45	H≤5000	3500×3500	1100

图 9　35kV 三相油浸一体式并联电抗器（45Mvar）基础图

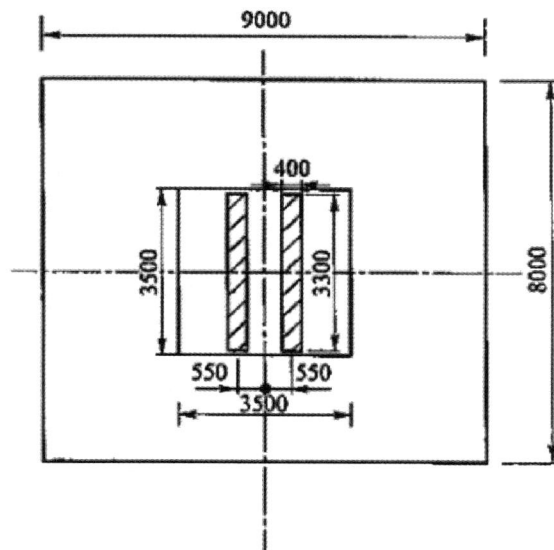

序号	容量（Mvar）	海拔（m）	基础尺寸（mm）	基础间距（mm）
1	60	H≤5000	3500×3500	1100

图 10　35kV 三相油浸一体式并联电抗器（60Mvar）基础图

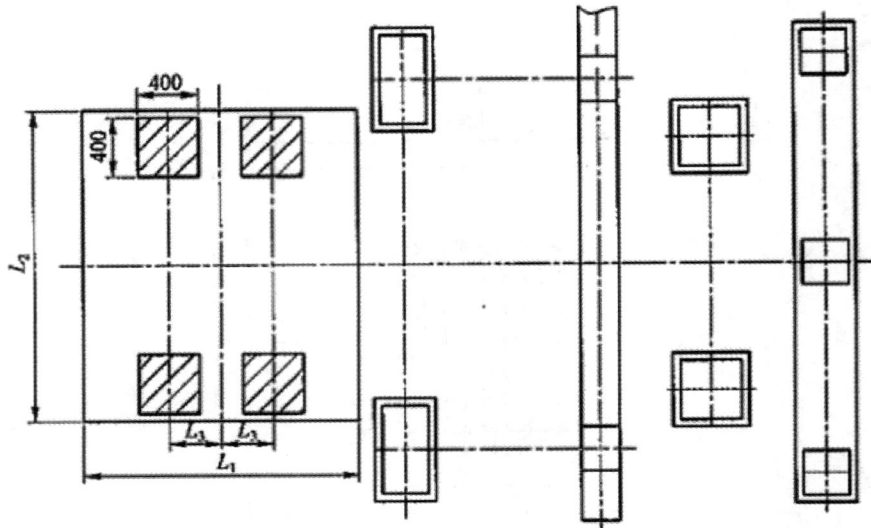

序号	容量（Mvar）	海拔（m）	本体基础尺寸 $L_1 \times L_2$（mm）	埋件距离 L_3（mm）
1	10	$H \leqslant 3000$	1800×2100	340
2	10	$3000 \leqslant H \leqslant 5000$	2000×2300	360

图 11　35kV 三相油浸分体式并联电抗器（10Mvar）基础图

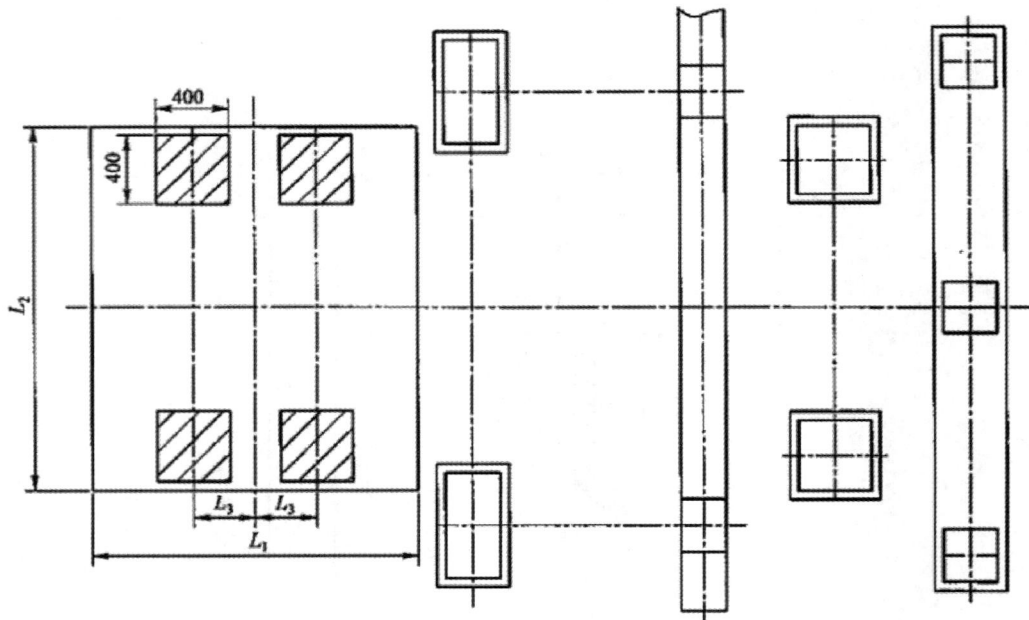

序号	容量（Mvar）	海拔（m）	本体基础尺寸 $L_1 \times L_2$（mm）	埋件距离 L_3（mm）
1	20	$H \leqslant 3000$	2100×2300	380
2	20	$3000 \leqslant H \leqslant 5000$	2200×2400	400

图 12　35kV 三相油浸分体式并联电抗器（20Mvar）基础图

6 试验

6.1 并联电抗器例行、型式试验、特殊试验

6.1.1 例行试验

合同订购的所有电抗器应在制造厂进行出厂试验，试验应符合最新的国家标准和IEC以及本部分的规定，例行试验的主要项目包括：

 a）绕组电阻的测量。

 b）绝缘特性测量（绝缘电阻、吸收比、极化系数、$\tan\delta$ 和电容量）。

 c）电抗测量。

 d）铁心和夹件绝缘电阻测量。

 e）损耗测量。

 f）感应耐压试验。

 g）外施耐压试验。

 h）密封试验。

 i）绝缘油试验。

 j）油中气体分析（试验前后）。

 k）有附加二次绕组的并联电抗器电压比和短路阻抗测量。

 l）套管的绝缘电阻（同时提供套管生产厂的出厂和型式试验报告）。

 m）套管电流互感器校验（变比测量、直流电阻测量、饱和曲线测量、误差测量、二次回路绝缘试验）。

 n）所有组部件如气体继电器、温度计、压力释放器等校验（同时提供生产厂的出厂试验报告）。

 o）油箱振动测量

6.1.2 型式试验

型式试验包括如下内容：

 a）温升试验。

 b）线端雷电全波冲击试验。

 c）线端雷电截波冲击试验。

 d）中性点雷电全波冲击试验。

 e）油箱机械强度试验。

 f）励磁特性测量。

 g）声级测定。

6.1.3 特殊试验

气体继电器集气（有效性）试验。出厂试验完成后，在气体继电器对侧油箱底部注入 500mL 干燥气体，气体继电器应在半小时内收集到不少于 250mL 的气体。

6.2 现场试验

现场试验包括如下内容：

 a）绕组连同套管直流电阻测量。

 b）绕组连同套管的绝缘电阻、吸收比或极化指数测量。

 c）绕组连同套管的 $\tan\delta$、Cx 测量。

 d）绕组连同套管的外施耐压试验。

 e）铁心、夹件绝缘电阻测量。

 f）绝缘油的试验。

 g）密封试验。

h) 额定电压下 5 次冲击合闸试验。

i) 声级测定。

j) 油箱的振动测量。

k) 油箱表面的温度分布测量（红外热成像）。

6.3 抽检试验

6.3.1 买方有权对所有供货电抗器进行随机抽检试验。

6.3.2 抽检试验由买方代表或买方指定的具有国家级检测资质的第三方实施，抽检试验所需试验设备由抽检方自备，试验设备精度应满足要求且抽检试验方案科学严谨，以确保抽检试验的准确性；

6.3.3 抽检项目包括但不限于绝缘电阻、介质损耗、空载损耗、负载损耗（含短路阻抗）、局放、声级、温升、突发短路试验等。

6.3.4 抽检试验通过，则抽检试验相关费用（包括试验费、运费、设备费等）由买方承担；如抽检试验未通过，则抽检试验相关费用（包括试验费、运费、设备费等）由卖方承担，并具有采取进一步措施的权利。

6.3.5 具体抽检要求按照最新的国家电网有限公司变压器（电抗器）抽检规范执行。

7 设计联络、监造和检验、技术服务

7.1 设计联络会

7.1.1 为协调设计及其他方面的接口工作，根据需要，买方与卖方应召开设计联络会。卖方应制订详细的设计联络会日程。签约后的 15 天内，卖方应向买方建议设计联络会方案，在设计联络会上买方有权对合同设备提出进一步改进意见，卖方应高度重视这些意见并做出改进或说明。卖方应负责合同设备的设计和协调工作，承担全部技术责任并做好与买方的设计联络工作，并且由此发生的费用由卖方承担。

7.1.2 设计联络会主题：

a) 决定最终布置尺寸，包括外形、套管引出方向、散热器和其他组部件的布置。

b) 复核电抗器的主要性能和参数，并进行确认。

c) 检查总进度、质量保证程序及质控措施。

d) 决定土建要求，运输尺寸和质量，以及工程设计的各种接口的资料要求。

e) 讨论交货程序。

f) 解决遗留问题。

g) 讨论工厂试验及检验问题。

h) 讨论运输、安装、调试及验收试验。

i) 其他要求讨论的项目。

设计联络会的地点为制造厂所在地。日期、会期、买方参加会议人数在买卖双方签订合同时确定。

7.1.3 除上述规定的联络会议外，必要时经各有关方面同意可另行召开联络会议。

7.1.4 卖方应负责设计联络会的记录，每次会议均应签署会议纪要，该纪要作为合同的组成部分。

7.1.5 除联络会议外，由任一方提出的所有有关合同设备设计的修正或修改都应由对方参与讨论并同意。一方接到任何需批复的文件或图纸 4 周内，应将书面的批复或意见书返还提出问题方。

7.1.6 在合同有效期内，买卖双方应及时回答对方提出的技术文件范围内有关设计和技术的问题。

7.2 监造和检验

7.2.1 买方有权派出专业人员到卖方及其分包商的生产场所，对合同设备的工厂加工制造进行监造和检验。买方以书面形式将为此目的而派遣的代表的身份通知卖方。

7.2.2 如有合同设备经检验或试验不符合本部分的要求，买方可拒收，卖方应更换被拒收的货物，或进行必要的改造使之符合本部分的要求，买方不承担上述的更换或改造的费用。

7.2.3 买方对货物运到买方所在地以后有再次进行检验、试验和拒收（如果必要时）的权利，不得由于

该货物在原产地发运以前，已经由买方或其代表进行过监造和检验并已通过作为理由而受到限制。买方人员参加工厂试验，包括会签任何试验结果，既不免除卖方按合同规定应负的责任，也不能代替合同设备到达安装地点后买方对其进行的检验。

7.2.4 卖方应在开始进行工厂试验前 2 周，通知买方其准确日程安排。根据这个日程安排，买方将确定对合同设备的哪些试验项目和阶段要进行目睹，并将在接到卖方关于安装、试验和检验的日程安排通知后 3 天内通知卖方。然后买方将派出技术人员前往卖方和（或）其分包商生产现场，以观察和了解该合同设备工厂试验的情况及其包装的情况。若发现任一货物的质量不符合合同规定的标准，或包装不满足要求，买方代表有权发表意见，卖方应认真考虑其意见，并采取必要措施以确保待运合同设备的质量，目睹检验程序由双方代表共同协商决定。卖方应积极地配合国家电网公司的监造工作，严格执行国家电网公司的监造办法。

7.2.5 若买方不派代表参加上述试验，卖方应在接到买方关于不派员到卖方和（或）其分包商工厂的通知后，或买方未按时派遣人员参加的情况下，自行组织检验。

7.2.6 买方人员需参加和（或）需目睹的工厂试验项目应在合同中规定。

7.2.7 监造范围如下：

a) 铁心的叠装、硅钢片的牌号、漆的质量，硅钢片毛刺，叠装容差和铁心捆扎的材料等。

b) 绝缘件加工。

c) 线圈的绕制过程，线圈的结构和导线规格、焊接工艺，导线接头等处理，绝缘缺陷修补等。

d) 线圈装配及引线装配。

e) 线圈的绝缘结构、绝缘材料，整个线圈的松紧度、引线的走向及排列，电抗器的组装制造过程中的中间试验。

f) 油箱的压力和真空试验、焊接的质量、对油箱强度的要求、散热器及其他组部件的质量和清洁度。

g) 在厂内的最后总装配、试验项目、标准、方法和实测数据等。

h) 对外协、外购件的质量和数量的检查，提出改进和完善的建议。

7.2.8 监造内容如下：

a) 试验方法、标准和试验项目应与合同的技术要求一致，如制造厂执行的标准更为严格，经买方同意后可遵照制造厂的标准执行。

b) 分包商的外协、外购组部件。外协、外购组部件的质量由卖方负责，组部件应有铭牌或标志、合格证及型式和出厂试验报告，买方人员应知道重要组部件分包商的试验项目和标准、生产能力，并有权到组部件分包厂进行监督和检验。

c) 卖方应根据监造人员的要求提供必要的资料和试验数据。

d) 卖方应提供给监造人员受监造设备的生产进度表。

e) 监造者有权到生产合同设备的车间和部门了解生产信息，卖方应提供合同设备制造过程中出现的质量问题及处理措施。

7.2.9 监造者将不签署任何质量证明文件；买方人员参加工厂检验，既不能解除卖方按合同应承担的责任，也不替代到货后买方的检验。

7.2.10 买方认为必要时，有权指定有资质的第三方检验机构对合同产品进行指定项目的随机抽检，相关运输费用及试验费用不包含在投标总价中。

7.3 技术服务

7.3.1 概述

7.3.1.1 卖方应指定 1 名安装监督人员或 1 名试验工程师兼任卖方工地代表，负责协调与买方、安装承包商之间的工作。还应提供 1 名或多名可胜任的安装监督人员和试验工程师，对安装承包商进行相关业务指导。卖方应对合同设备的安装、调试和现场试验质量负责，并对与合同设备安装质量和现场试验有关的其他事项负责；安装承包商将提供安装所必需的劳动力，以及必要的设备，并负责安装工作进度。安装监督人员应负责所有安装工作的正确实施，除非当发生工作未按照其指示执行的情况，而又立即以书面将此情况通知买方。安装监督人员应对合同设备的启动和试运行负责，并且应在设备运行前作最终调整。

7.3.1.2 买卖双方应根据工地施工的实际工作进展，通过协商决定卖方技术人员的准确专业、人员数量、在中国服务的持续时间以及到达和离开工地的日期。如果安装出现拖期，又不需要安装监督人员或试验工程师的服务，则可根据买方的利益，要求安装监督人员或试验工程师返回本部，或仍留在工地。

7.3.1.3 卖方应编制一份详尽的安装工序和时间表，经买方确认后，作为安装所需时间的依据，并列出安装承包商应提供的人员和工具的类型和数量。

7.3.2 任务和责任

7.3.2.1 卖方指定的工地代表，应在合同范围内全面与买方工地代表充分合作与协商，以解决合同有关的技术和工作问题。双方的工地代表，未经双方授权，无权变更和修改合同。

7.3.2.2 卖方技术人员，代表卖方，应提供技术服务和完成按合同规定有关合同设备的安装、调试和验收试验的任务和责任。

7.3.2.3 卖方技术人员应对买方人员详细地解释技术文件、图纸、运行和维护手册、设备特性、分析方法和有关的注意事项等，以及解答和解决买方在合同范围内提出的技术问题。

7.3.2.4 为保证正确完成在第 7.3.2.2 款和第 7.3.2.3 款中提到的工作，卖方技术人员应在合同范围内，给买方以全面正确的技术服务和必要的示范操作。

7.3.2.5 卖方技术人员应协助买方在现场培训合同设备安装、调试、验收试验、运行和维护的人员，努力提高他们的技术水平。

7.3.2.6 卖方技术人员的技术指导应是正确的，如因错误指导而引起设备和材料的损坏，卖方应负责修复、更换和（或）补充，其费用由卖方承担，费用还包括进行修补期间所发生的服务费。买方的有关技术人员应尊重卖方技术人员的技术指导。

ICS 29.240

Q/GDW

国家电网有限公司企业标准

Q/GDW 13059.2—2018
代替 Q/GDW 13059.2—2014

35kV 油浸式并联电抗器采购标准
第 2 部分：35kV/7.2Mvar 油浸式
并联电抗器专用技术规范

Purchasing standard for 35kV oil-immersed shunt reactors
Part 2: 35kV/7.2Mvar oil-immersed shunt reactors
Special technical specification

2019-06-28发布   2019-06-28实施

国家电网有限公司   发布

目　次

前　言

为规范 35kV 油浸式并联电抗器的采购，制定本部分。

《35kV 油浸式并联电抗器采购标准》分为 6 个部分：

——第 1 部分：通用技术规范；

——第 2 部分：35kV/7.2Mvar 油浸式并联电抗器专用技术规范；

——第 3 部分：35kV/10Mvar 油浸式并联电抗器专用技术规范；

——第 4 部分：35kV/20Mvar 油浸式并联电抗器专用技术规范；

——第 5 部分：35kV/45Mvar 油浸式并联电抗器专用技术规范；

——第 6 部分：35kV/60Mvar 油浸式并联电抗器专用技术规范。

本部分为《35kV 油浸式并联电抗器采购标准》的第 2 部分。

本部分代替 Q/GDW 13059.2－2014，主要技术性差异如下：

——修改了污秽等级、噪声水平等性能要求。

本部分由国家电网有限公司物资部提出并解释。

本部分由国家电网有限公司科技部归口。

本部分起草单位：国网江苏省电力有限公司、中国电力科学研究院有限公司、国网安徽省电力有限公司。

本部分主要起草人：王胜权、蔡胜伟、吴兴旺、林元棣、李建生、郭慧浩、陈程、李征男。

本部分 2014 年 9 月首次发布，2018 年 12 月第一次修订。

本部分在执行过程中的意见或建议反馈至国家电网有限公司科技部。

35kV 油浸式并联电抗器采购标准
第 2 部分：35kV/7.2Mvar 油浸式
并联电抗器专用技术规范

1 范围

本部分规定了 35kV/7.2Mvar 油浸式并联电抗器招标的标准技术参数、项目需求及投标人响应的相关内容。

本部分适用于 35kV/7.2Mvar 油浸式并联电抗器招标。

2 规范性引用文件

下列文件对于本文件的应用是必不可少的。凡是注日期的引用文件，仅注日期的版本适用于本文件。凡是不注日期的引用文件，其最新版本（包括所有的修改单）适用于本文件。

Q/GDW 13059.1　35kV 油浸式并联电抗器采购标准　第 1 部分：通用技术规范

3 术语和定义

下列术语和定义适用于本部分。

3.1

招标人　bidder
提出招标项目，进行招标的法人或其他组织。

3.2

投标人　tenderer
响应招标、参加投标竞争的法人或者其他组织。

3.3

卖方　seller
提供本部分货物和技术服务的法人或其他组织，包括其法定的承继者。

3.4

买方　buyer
购买本部分货物和技术服务的法人或其他组织，包括其法定的承继者和经许可的受让人。

4 标准技术参数

技术参数特性表是国家电网有限公司对采购设备的基础技术参数要求，在招投标过程中，投标人应依据招标文件，对技术参数特性表中标准参数值进行响应。35kV/7.2Mvar 油浸式并联电抗器技术参数特性见表 1。物资应满足 Q/GDW 13059.1 的要求。

表 1　技 术 参 数 特 性 表

序号	项　目	标准参数值
1	型式或型号	三相、油浸

表 1（续）

序号	项　目			标准参数值
2	额定值	额定频率（Hz）		50
		额定电压（kV）		37
		设备最高运行电压（kV）		40.5
		额定容量（Mvar）		7.2
		额定电流（A）		112.3
		额定电抗（Ω）/容许偏差（%）		190.2/−5～+2.5
		三相间阻抗互差（%）		±2
		相数		三相
		三相连接方式		星形
		中性点接地方式		不接地
		冷却方式		ONAN
		雷电冲击全波电压（kV，峰值）	高压端子	200
			中性点端子	200
		雷电冲击截波电压（kV，峰值）	高压端子	220
		短时工频耐受电压（kV，方均根值）	高压端子	85
			中性点端子	85
3	温升极限值（K，在最高运行电压下）	顶层油		50
		绕组（平均）		60
		油箱及金属结构件表面		70
		铁心		70
		绕组热点		73
4	励磁特性	$1.25U_N$ 下的伏安特性		线性
		$1.3U_N$～$1.5U_N$ 之间时，其励磁电流与从较低电压处直线外推的相应励磁电流的偏离不应超过（%）		+15
		过励磁能力（kU_N—t）	$1.40U_N$（s）	8
			$1.30U_N$（s）	15
			$1.25U_N$（min）	2
			$1.20U_N$（min）	5
			$1.15U_N$（min）	20
			$1.10U_N$	连续

表 1（续）

序号	项 目			标准参数值
5	损耗（kW，75℃）			30
6	设计参数	铁心柱磁通密度（T）（额定电压、额定频率时）		（投标人提供）
		电流密度（A/mm²）		（投标人提供）
		绕组电阻（Ω，75℃）		（投标人提供）
7	三相直流电阻不均匀度（%）			1
8	声级水平	声压级［dB（A）］		≤75
9	振动限值（μm，峰—峰）	平均值		≤60
		最大值		≤120
		油箱底部		≤20
10	绕组连同套管的 tanδ（%，20℃）			＜0.5
11	尺寸、质量	安装尺寸（m×m×m，长×宽×高）		（投标人提供）
		运输尺寸（m×m×m，长×宽×高）		（投标人提供）
		重心高度（m）		（投标人提供）
		器身质量（t）		（投标人提供）
		上节油箱质量（t）		（投标人提供）
		油质量（不含备用）（t）		（投标人提供）
		总质量（t）		（投标人提供）
		运输质量（t）		（投标人提供）
12	电抗器运输时允许的最大倾斜度（°）			15
13	片式散热器	散热器型式		（投标人提供）
		散热器组数		（投标人提供）
		每组散热器冷却容量（kW）		（投标人提供）
		散热器质量（t）		（投标人提供）
14	套管	制造厂及型号	高压套管	（投标人提供）
			中性点套管	（投标人提供）
		额定电流（A）	高压套管	≥1.2I_N
			中性点套管	≥1.2I_N
		绝缘水平（kV，LI/AC）	高压套管	200/95
			中性点套管	200/95
		弯曲耐受负荷（kN）	高压套管	2.5
			中性点套管	2.5
		有效爬距（mm）	高压套管	1256
			中性点套管	1256
		干弧距离（应乘以海拔修正系数 K_H，mm）	高压套管	（投标人提供）
			中性点套管	（投标人提供）
		大小伞裙数据	P_1-P_2（mm）	≥15

表1（续）

序号	项 目			标准参数值		
14	套管	大小伞裙数据	高压 S/P_1 比值	>0.9		
			中性点 P_1-P_2（mm）	≥15		
			中性点 S/P_1 比值	>0.9		
15	套管电流互感器	高压侧	绕组数	（项目单位提供）		
			准确级	（项目单位提供）	（项目单位提供）	（项目单位提供）
			电流比	（项目单位提供）		
			二次容量（VA）	（项目单位提供）	（项目单位提供）	（项目单位提供）
			K_{ssc} 或 F_s 或 ALF	（项目单位提供）	（项目单位提供）	（项目单位提供）
		中性点侧	绕组数	（项目单位提供）	（项目单位提供）	（项目单位提供）
			准确级	（项目单位提供）	（项目单位提供）	（项目单位提供）
			电流比	（项目单位提供）		
			二次容量（VA）	（项目单位提供）	（项目单位提供）	（项目单位提供）
			K_{ssc} 或 F_s 或 ALF	（项目单位提供）	（项目单位提供）	（项目单位提供）
16	压力释放装置	型号		（投标人提供）		
		台数		1		
		释放压力（MPa）		（投标人提供）		

注：P_1—大伞裙伸出长度；P_2—小伞裙伸出长度；S—相邻裙间高。

5 组件材料配置

组件材料配置包括元件名称、规格形式参数、单位、数量和产地等信息，具体内容和格式根据招标项目情况进行编制。

6 使用环境条件

35kV/7.2Mvar 油浸式并联电抗器使用环境条件见表2。特殊环境要求根据项目情况进行编制。

表 2　使 用 环 境 条 件 表

环 境 项 目		项目需求值
海拔（m）		≤1000
环境温度（℃）	最高气温	40
	最低气温	−25
	最热月平均气温	30
	最高年平均气温	20
最大月平均相对湿度（%，25℃时）		90
日照强度（W/cm²）		0.1
最大覆冰厚度（mm）		10
最大风速（m/s，离地面高 10m 处，维持 10min）		35
地面水平加速度（m/s²，正弦共振 3 周波，安全系数 1.67 以上）		2
污秽等级		Ⅳ
系统条件	额定频率（Hz）	50
	系统标称电压（kV）	35
	最高运行电压（kV）	40.5
	系统中性点接地方式	不直接接地
与其他设备连接方式		（项目单位填写）
安装场所	户外/户内	（项目单位填写）

ICS 29.240

Q/GDW

国家电网有限公司企业标准

Q／GDW 13059.3—2018
代替 Q／GDW 13059.3—2014

35kV 油浸式并联电抗器采购标准
第 3 部分：35kV/10Mvar 油浸式
并联电抗器专用技术规范

Purchasing standard for 35kV oil-immersed shunt reactors
Part 3: 35kV/10Mvar oil-immersed shunt reactors
Special technical specification

2019-06-28发布 2019-06-28实施

国家电网有限公司 发 布

目　次

前　　言

为规范 35kV 油浸式并联电抗器的采购，制定本部分。

《35kV 油浸式并联电抗器采购标准》分为 6 个部分：

——第 1 部分：通用技术规范；

——第 2 部分：35kV/7.2Mvar 油浸式并联电抗器专用技术规范；

——第 3 部分：35kV/10Mvar 油浸式并联电抗器专用技术规范；

——第 4 部分：35kV/20Mvar 油浸式并联电抗器专用技术规范；

——第 5 部分：35kV/45Mvar 油浸式并联电抗器专用技术规范；

——第 6 部分：35kV/60Mvar 油浸式并联电抗器专用技术规范。

本部分为《35kV 油浸式并联电抗器采购标准》的第 3 部分。

本部分代替 Q/GDW 13059.3—2014，主要技术性差异如下：

——修改了污秽等级、噪声水平等性能要求。

本部分由国家电网有限公司物资部提出并解释。

本部分由国家电网有限公司科技部归口。

本部分起草单位：国网江苏省电力有限公司、中国电力科学研究院有限公司、国网安徽省电力有限公司。

本部分主要起草人：林元棣、蔡胜伟、吴兴旺、郭慧浩、陈程、王胜权、李建生。

本部分 2014 年 9 月首次发布，2018 年 12 月第一次修订。

本部分在执行过程中的意见或建议反馈至国家电网有限公司科技部。

35kV 油浸式并联电抗器采购标准
第 3 部分：35kV/10Mvar 油浸式
并联电抗器专用技术规范

1 范围

本部分规定了 35kV/10Mvar 油浸式并联电抗器招标的标准技术参数、项目需求及投标人响应的相关内容。

本部分适用于 35kV/10Mvar 油浸式并联电抗器招标。

2 规范性引用文件

下列文件对于本文件的应用是必不可少的。凡是注日期的引用文件，仅注日期的版本适用于本文件。凡是不注日期的引用文件，其最新版本（包括所有的修改单）适用于本文件。

Q/GDW 13059.1　35kV 油浸式并联电抗器采购标准　第 1 部分：通用技术规范

3 术语和定义

下列术语和定义适用于本部分。

3.1

招标人　bidder

提出招标项目，进行招标的法人或其他组织。

3.2

投标人　tenderer

响应招标、参加投标竞争的法人或者其他组织。

3.3

卖方　seller

提供本部分货物和技术服务的法人或其他组织，包括其法定的承继者。

3.4

买方　buyer

购买本部分货物和技术服务的法人或其他组织，包括其法定的承继者和经许可的受让人。

4 标准技术参数

技术参数特性表是国家电网有限公司对采购设备的基础技术参数要求，在招投标过程中，投标人应依据招标文件，对技术参数特性表中标准参数值进行响应。35kV/10Mvar 油浸式并联电抗器技术参数特性见表 1。物资应满足 Q/GDW 13059.1 的要求。

表 1　技 术 参 数 特 性 表

序号	项　　　目		标准参数值
1	额定值	型式或型号	三相、油浸

表1（续）

序号	项 目			标准参数值
1	额定值	额定频率（Hz）		50
		额定电压 U_N（kV）		37
		设备最高运行电压（kV）		40.5
		额定容量（Mvar）		10
		额定电流（A）		156.0
		额定电抗（Ω）/容许偏差（%）		136.9/-5～+2.5
		三相间阻抗互差（%）		±2
		相数		三相
		三相连接线方式		星形
		中性点接地方式		不接地
		冷却方式		ONAN
		雷电冲击全波电压（kV，峰值）	高压端子	200
			中性点端子	200
		雷电冲击截波电压（kV，峰值）	高压端子	220
		短时工频耐受电压（kV，方均根值）	高压端子	85
			中性点端子	85
2	温升限值（在最高运行电压下）（K）	顶层油		50
		绕组（平均）		60
		油箱及金属结构件表面		70
		铁心		70
		绕组热点		73
3	励磁特性	$1.25U_N$ 下的伏－安特性		线性
		$1.3U_N$～$1.5U_N$ 之间时，其励磁电流与从较低电压处直线外推的相应励磁电流的偏离不应超过（%）		15
		过励磁能力（kU_N-t）	$1.40U_N$（s）	8
			$1.30U_N$（s）	15
			$1.25U_N$（min）	2
			$1.20U_N$（min）	5
			$1.15U_N$（min）	20
			$1.10U_N$	连续
4	损耗（kW，75℃）			40

表1（续）

序号	项 目			标准参数值
5	设计参数	铁心柱磁通密度（T，额定电压、额定频率）		（投标人提供）
		电流密度（A/mm²）		（投标人提供）
		绕组电阻（Ω，75℃）		（投标人提供）
6	三相直流电阻不均匀度（%）			1
7	声级	声压级［dB（A）］		≤75
8	振动限值（μm，峰—峰）	平均值		≤60
		最大值		≤120
		油箱底部		≤20
9	绕组连同套管的tanδ（%，20℃）			＜0.5
10	尺寸、质量	安装尺寸（m×m×m，长×宽×高）		（投标人提供）
		运输尺寸（m×m×m，长×宽×高）		（投标人提供）
		重心高度（m）		（投标人提供）
		器身质量（t）		（投标人提供）
		上节油箱质量（t）		（投标人提供）
		油质量（不含备用）（t）		（投标人提供）
		总质量（t）		（投标人提供）
		运输质量（t）		（投标人提供）
11	电抗器运输时允许的最大倾斜度（°）			15
12	片式散热器	散热器型式		（投标人提供）
		散热器组数		（投标人提供）
		每组散热器冷却容量（kW）		（投标人提供）
		散热器质量（t）		（投标人提供）
13	套管	制造厂及型号	高压套管	（投标人提供）
			中性点套管	（投标人提供）
		额定电流（A）	高压套管	≥1.2I_N
			中性点套管	≥1.2I_N
		绝缘水平（kV，LI/AC）	高压套管	200/95
			中性点套管	200/95
		弯曲耐受负荷（kN）	高压套管	2.5
			中性点套管	2.5
		有效爬距（mm）	高压套管	1256
			中性点套管	1256

表1（续）

序号	项目			标准参数值		
13	套管	干弧距离（应乘以海拔修正系数 K_{H}，mm）	高压套管	（投标人提供）		
			中性点套管	（投标人提供）		
		大小伞裙数据	高压 P_1–P_2（mm）	≥15		
			高压 S/P_1 比值	＞0.9		
			中性点 P_1–P_2（mm）	≥15		
			中性点 S/P_1 比值	＞0.9		
14	套管电流互感器	高压侧	绕组数	（项目单位提供）		
			准确级	（项目单位提供）	（项目单位提供）	（项目单位提供）
			电流比	（项目单位提供）		
			二次容量（VA）	（项目单位提供）	（项目单位提供）	（项目单位提供）
			K_{ssc} 或 F_{s} 或 ALF	（项目单位提供）	（项目单位提供）	（项目单位提供）
		中性点侧	绕组数	（项目单位提供）	（项目单位提供）	（项目单位提供）
			准确级	（项目单位提供）	（项目单位提供）	（项目单位提供）
			电流比	（项目单位提供）		
			二次容量（VA）	（项目单位提供）	（项目单位提供）	（项目单位提供）
			K_{ssc} 或 F_{s} 或 ALF	（项目单位提供）	（项目单位提供）	（项目单位提供）
15	压力释放装置	型号		（投标人提供）		
		台数		1		
		释放压力（MPa）		（投标人提供）		

注：P_1—大伞裙伸出长度；P_2—小伞裙伸出长度；S—相邻裙间高。

5 组件材料配置

组件材料配置包括元件名称、规格形式参数、单位、数量和产地等信息，具体内容和格式根据招标项目情况进行编制。

6 使用环境

35kV/10Mvar 油浸式并联电抗器使用环境条件见表2。特殊环境要求根据项目情况进行编制。

表 2 使 用 环 境 条 件 表

环 境 项 目		项目需求值
海拔（m）		≤1000
环境温度（℃）	最高气温	40
	最低气温	−25
	最热月平均气温	30
环境温度（℃）	最高年平均气温	20
最大月平均相对湿度（%，25℃时）		90
日照强度（W/cm²）		0.1
最大覆冰厚度（mm）		10
最大风速（m/s，离地面高 10m 处，维持 10min）		35
地面水平加速度（m/s²，正弦共振 3 周波，安全系数 1.67 以上）		2
污秽等级		Ⅳ
系统条件	额定频率（Hz）	50
	系统标称电压（kV）	35
	最高运行电压（kV）	40.5
	系统中性点接地方式	不直接接地
与其他设备连接方式		（项目单位填写）
安装场所	户外/户内	（项目单位填写）

ICS 29.240

Q/GDW

国家电网有限公司企业标准

Q/GDW 13059.4—2018
代替 Q/GDW 13059.4—2014

35kV 油浸式并联电抗器采购标准
第 4 部分：35kV/20Mvar 油浸式
并联电抗器专用技术规范

Purchasing standard for 35kV oil-immersed shunt reactors
Part 4: 35kV/20Mvar oil-immersed shunt reactors
special technical specification

2019-06-28发布　　　　　　　　　　　　　　　　2019-06-28实施

国家电网有限公司　发布

目　次

前　言

为规范 35kV 油浸式并联电抗器的采购，制定本部分。

《35kV 油浸式并联电抗器采购标准》分为 6 个部分：

——第 1 部分：通用技术规范；

——第 2 部分：35kV/7.2Mvar 油浸式并联电抗器专用技术规范；

——第 3 部分：35kV/10Mvar 油浸式并联电抗器专用技术规范；

——第 4 部分：35kV/20Mvar 油浸式并联电抗器专用技术规范；

——第 5 部分：35kV/45Mvar 油浸式并联电抗器专用技术规范；

——第 6 部分：35kV/60Mvar 油浸式并联电抗器专用技术规范。

本部分为《35kV 油浸式并联电抗器采购标准》的第 4 部分。

本部分代替 Q/GDW 13059.4—2014，主要技术性差异如下：

——修改了污秽等级、噪声水平等性能要求。

本部分由国家电网有限公司物资部提出并解释。

本部分由国家电网有限公司科技部归口。

本部分起草单位：国网江苏省电力有限公司、中国电力科学研究院有限公司、国网安徽省电力有限公司。

本部分主要起草人：林元棣、蔡胜伟、吴兴旺、郭慧浩、陈程、王胜权、李建生。

本部分 2014 年 9 月首次发布，2018 年 12 月第一次修订。

本部分在执行过程中的意见或建议反馈至国家电网有限公司科技部。

35kV 油浸式并联电抗器采购标准
第 4 部分：35kV/20Mvar 油浸式
并联电抗器专用技术规范

1 范围

本部分规定了 35kV/20Mvar 油浸式并联电抗器招标的标准技术参数、项目需求及投标人响应的相关内容。

本部分适用于 35kV/20Mvar 油浸式并联电抗器招标。

2 规范性引用文件

下列文件对于本文件的应用是必不可少的。凡是注日期的引用文件，仅注日期的版本适用于本文件。凡是不注日期的引用文件，其最新版本（包括所有的修改单）适用于本文件。

Q/GDW 13059.1 35kV 油浸式并联电抗器采购标准 第 1 部分：通用技术规范

3 术语和定义

下列术语和定义适用于本部分。

3.1

招标人　bidder

提出招标项目，进行招标的法人或其他组织。

3.2

投标人　tenderer

响应招标、参加投标竞争的法人或者其他组织。

3.3

卖方　seller

提供本部分货物和技术服务的法人或其他组织，包括其法定的承继者。

3.4

买方　buyer

购买本部分货物和技术服务的法人或其他组织，包括其法定的承继者和经许可的受让人。

4 标准技术参数

技术参数特性表是国家电网有限公司对采购设备的基础技术参数要求，在招投标过程中，投标人应依据招标文件，对技术参数特性表中标准参数值进行响应。35kV/20Mvar 油浸式并联电抗器技术参数特性见表 1。物资应满足 Q/GDW 13059.1 的要求。

表 1 技 术 参 数 特 性 表

序号	项　　目	标准参数值
1	型式或型号	三相、油浸

表 1（续）

序号	项 目			标准参数值
2	额定值	额定频率（Hz）		50
		额定电压（kV）		37
		设备最高运行电压（kV）		40.5
		额定容量（Mvar）		20
		额定电流（A）		312
		额定电抗（Ω）/容许偏差（%）		68.5/−5～+2.5
		三相间阻抗互差（%）		±2
		相数		三相
		三相联结方式		星形
		中性点接地方式		不接地
		冷却方式		ONAN
		雷电冲击全波电压（kV，峰值）	高压端子	200
			中性点端子	200
		雷电冲击截波电压（kV，峰值）	高压端子	220
		短时工频耐受电压（kV，方均根值）	高压端子	85
			中性点端子	85
3	温升限值（K，在最高运行电压下）	顶层油		50
		绕组（平均）		60
		油箱及金属结构件表面		70
		铁心		70
		绕组热点		73
4	励磁特性	$1.25U_{\text{N}}$ 下的伏安特性		线性
		$1.3U_{\text{N}}$～$1.5U_{\text{N}}$ 之间时，其励磁电流与从较低电压处直线外推的相应励磁电流的偏离不应超过（%）		+15
		过励磁能力（kU_{N}-t）	$1.40U_{\text{N}}$（s）	8
			$1.30U_{\text{N}}$（s）	15
			$1.25U_{\text{N}}$（min）	2
			$1.20U_{\text{N}}$（min）	5
			$1.15U_{\text{N}}$（min）	20
			$1.10U_{\text{N}}$	连续

表1（续）

序号	项 目			标准参数值
5	损耗（kW，75℃）			80
6	设计参数	铁心柱磁通密度（额定电压、额定频率时，T）		（投标人提供）
		电流密度（A/mm²）		（投标人提供）
		绕组电阻（Ω，75℃）		（投标人提供）
7	三相直流电阻不均匀度（%）			1
8	声级	声压级［dB（A）］		≤75
9	振动限值（μm，峰—峰）	平均值		≤60
		最大值		≤120
		油箱底部		≤20
10	绕组连同套管的tanδ（%，20℃）			＜0.5
11	尺寸、质量	安装尺寸（m×m×m，长×宽×高）		（投标人提供）
		运输尺寸（m×m×m，长×宽×高）		（投标人提供）
		重心高度（m）		（投标人提供）
		器身质量（t）		（投标人提供）
		上节油箱质量（t）		（投标人提供）
		油质量（不含备用）（t）		（投标人提供）
		总质量（t）		（投标人提供）
		运输质量（t）		（投标人提供）
12	电抗器运输时允许的最大倾斜度（°）			15
13	片式散热器	散热器型式		（投标人提供）
		散热器组数		（投标人提供）
		每组散热器冷却容量（kW）		（投标人提供）
		散热器质量（t）		（投标人提供）
14	套管	制造厂及型号	高压套管	（投标人提供）
			中性点套管	（投标人提供）
		额定电流（A）	高压套管	≥1.2IN
			中性点套管	≥1.2IN
		绝缘水平（LI/AC，kV）	高压套管	200/95
			中性点套管	200/95
		弯曲耐受负荷（kN）	高压套管	2.5
			中性点套管	2.5
		有效爬距（mm）	高压套管	1256
			中性点套管	1256

表1（续）

序号	项	目		标准参数值		
14	套管	干弧距离（应乘以海拔修正系数 K_H，mm）	高压套管	（投标人提供）		
			中性点套管	（投标人提供）		
		大小伞裙数据	P_1–P_2（mm）	≥15		
			高压 S/P_1 比值	>0.9		
			中性点 P_1–P_2（mm）	≥15		
			中性点 S/P_1 比值	>0.9		
15	套管电流互感器	高压侧	绕组数	（项目单位提供）		
			准确级	（项目单位提供）	（项目单位提供）	（项目单位提供）
			电流比	（项目单位提供）		
			二次容量（VA）	（项目单位提供）	（项目单位提供）	（项目单位提供）
			K_{ssc} 或 F_s 或 ALF	（项目单位提供）	（项目单位提供）	（项目单位提供）
		中性点侧	绕组数	（项目单位提供）	（项目单位提供）	（项目单位提供）
			准确级	（项目单位提供）	（项目单位提供）	（项目单位提供）
			电流比	（项目单位提供）		
			二次容量（VA）	（项目单位提供）	（项目单位提供）	（项目单位提供）
			K_{ssc} 或 F_s 或 ALF	（项目单位提供）	（项目单位提供）	（项目单位提供）
16	压力释放装置	型号		（投标人提供）		
		台数		1		
		释放压力（MPa）		（投标人提供）		

注：P_1—大伞裙伸出长度；P_2—小伞裙伸出长度；S—相邻裙间高。

5 组件材料配置

组件材料配置包括元件名称、规格形式参数、单位、数量和产地等信息，具体内容和格式根据招标项目情况进行编制。

6 使用环境条件

35kV/20Mvar 油浸式并联电抗器使用环境条件见表2。特殊环境要求根据项目情况进行编制。

表 2 使 用 环 境 条 件 表

环　境　项　目		项目需求值
海拔（m）		≤1000
环境温度（℃）	最高气温	40
	最低气温	−25
	最热月平均气温	30
	最高年平均气温	20
最大月平均相对湿度（%，25℃时）		90
日照强度（W/cm²）		0.1
最大覆冰厚度（mm）		10
最大风速（m/s，离地面高 10m 处，维持 10min）		35
地面水平加速度（m/s²，正弦共振 3 周波，安全系数 1.67 以上）		2
污秽等级		Ⅳ
系统条件	额定频率（Hz）	50
	系统标称电压（kV）	35
	最高运行电压（kV）	40.5
	系统中性点接地方式	不直接接地
与其他设备连接方式		（项目单位填写）
安装场所	户外/户内	（项目单位填写）

ICS 29.240

Q/GDW

国家电网有限公司企业标准

Q/GDW 13059.5—2018
代替 Q/GDW 13059.5—2014

35kV 油浸式并联电抗器采购标准 第 5 部分：35kV/45Mvar 油浸式 并联电抗器专用技术规范

Purchasing standard for 35kV oil-immersed shunt reactors
Part 5: 35kV/45Mvar oil-immersed shunt reactors
special technical specification

2019-06-28发布　　　　　　　　　　　　　2019-06-28实施

国家电网有限公司　　发　布

目　次

前　言

为规范 35kV 油浸式并联电抗器的采购，制定本部分。

《35kV 油浸式并联电抗器采购标准》分为 6 个部分：

——第 1 部分：通用技术规范；

——第 2 部分：35kV/7.2Mvar 油浸式并联电抗器专用技术规范；

——第 3 部分：35kV/10Mvar 油浸式并联电抗器专用技术规范；

——第 4 部分：35kV/20Mvar 油浸式并联电抗器专用技术规范；

——第 5 部分：35kV/45Mvar 油浸式并联电抗器专用技术规范；

——第 6 部分：35kV/60Mvar 油浸式并联电抗器专用技术规范。

本部分为《35kV 油浸式并联电抗器采购标准》的第 5 部分。

本部分由国家电网有限公司物资部提出并解释。

本部分由国家电网有限公司科技部归口。

本部分起草单位：国网江苏省电力有限公司、中国电力科学研究院有限公司、国网安徽省电力有限公司。

本部分主要起草人：汪伦、蔡胜伟、吴兴旺、王胜权、林元棣、郭慧浩、陈程、冷雪松。

本部分首次发布。

本部分在执行过程中的意见或建议反馈至国家电网有限公司科技部。

35kV 油浸式并联电抗器采购标准
第 5 部分：35kV/45Mvar 油浸式
并联电抗器专用技术规范

1 范围

本部分规定了 35kV/45Mvar 油浸式并联电抗器招标的标准技术参数、项目需求及投标人响应的相关内容。

本部分适用于 35kV/45Mvar 油浸式并联电抗器招标。

2 规范性引用文件

下列文件对于本文件的应用是必不可少的。凡是注日期的引用文件，仅注日期的版本适用于本文件。凡是不注日期的引用文件，其最新版本（包括所有的修改单）适用于本文件。

Q/GDW 13059.1 35kV 油浸式并联电抗器采购标准 第 1 部分：通用技术规范

3 术语和定义

下列术语和定义适用于本部分。

3.1
招标人 bidder

提出招标项目，进行招标的法人或其他组织。

3.2
投标人 tenderer

响应招标、参加投标竞争的法人或者其他组织。

3.3
卖方 seller

提供本部分货物和技术服务的法人或其他组织，包括其法定的承继者。

3.4
买方 buyer

购买本部分货物和技术服务的法人或其他组织，包括其法定的承继者和经许可的受让人。

4 标准技术参数

技术参数特性表是国家电网有限公司对采购设备的基础技术参数要求，在招投标过程中，投标人应依据招标文件，对技术参数特性表中标准参数值进行响应。35kV/45Mvar 油浸式并联电抗器技术参数特性见表 1。物资应满足 Q/GDW 13059.1 的要求。

表 1 技 术 参 数 特 性 表

序号	项 目		标准参数值
1	额定值	型式或型号	三相、油浸

表1（续）

序号	项 目			标准参数值
1	额定值	额定频率（Hz）		50
		额定电压 U_N（kV）		37
		设备最高运行电压（kV）		40.5
		额定容量（Mvar）		45
		额定电流（A）		702.2
		额定电抗（Ω）/容许偏差（%）		30.4/−5～+2.5
		三相间阻抗互差（%）		±2
		相数		三相
		三相联结		星形
		中性点接地方式		不接地
		冷却方式		ONAN
2	绝缘水平	雷电冲击全波电压（kV，峰值）	高压端子	200
			中性点端子	200
		雷电冲击截波电压（kV，峰值）	高压端子	220
		短时工频耐受电压（kV，方均根值）	高压端子	85
			中性点端子	85
3	温升限值（在最高运行电压下）（K）	顶层油		50
		绕组（平均）		60
		油箱及金属结构件表面		70
		铁心		70
		绕组热点		73
4	励磁特性	$1.25U_N$ 下的伏一安特性		线性
		$1.3U_N$～$1.5U_N$ 之间时，其励磁电流与从较低电压处直线外推的相应励磁电流的偏离不应超过（%）		15
		过励磁能力（kU_N−t）	$1.40U_N$（s）	8
			$1.30U_N$（s）	15
			$1.25U_N$（min）	2
			$1.20U_N$（min）	5
			$1.15U_N$（min）	20
			$1.10U_N$	连续
5	损耗（kW，75℃）			120

表1（续）

序号	项目			标准参数值
6	设计参数	铁心柱磁通密度（T，额定电压、额定频率）		（投标人提供）
		电流密度（A/mm²）		（投标人提供）
		绕组电阻（Ω，75℃）		（投标人提供）
7		三相直流电阻不均匀度（%）		1
8	声级	声压级［dB（A）］		≤75
9	振动限值（μm，峰—峰）	平均值		≤60
		最大值		≤120
		油箱底部		≤20
10		绕组连同套管的 $\tan\delta$（20℃，%）		<0.5
11	尺寸、质量	安装尺寸（m×m×m，长×宽×高）		（投标人提供）
		运输尺寸（m×m×m，长×宽×高）		（投标人提供）
		重心高度（m）		（投标人提供）
		器身质量（t）		（投标人提供）
		上节油箱质量（t）		（投标人提供）
		油质量（不含备用）（t）		（投标人提供）
		总质量（t）		（投标人提供）
		运输质量（t）		（投标人提供）
12		电抗器运输时允许的最大倾斜度（°）		15
13	片式散热器	散热器型式		（投标人提供）
		散热器组数		（投标人提供）
		每组散热器冷却容量（kW）		（投标人提供）
		散热器质量（t）		（投标人提供）
14	套管	制造厂及型号	高压套管	（投标人提供）
			中性点套管	（投标人提供）
		额定电流（A）	高压套管	$\geq 1.2 I_N$
			中性点套管	$\geq 1.2 I_N$
		绝缘水平（kV，LI／AC）	高压套管	200/95
			中性点套管	200/95
		弯曲耐受负荷（kN）	高压套管	2.5
			中性点套管	2.5
		有效爬距（mm）	高压套管	1256
			中性点套管	1256
		干弧距离（应乘以海拔修正系数 K_H，mm）	高压套管	（投标人提供）
			中性点套管	（投标人提供）

表1（续）

序号	项 目			标准参数值		
14	套管	大小伞裙数据	高压 P_1-P_2（mm）	≥15		
			高压 S/P_1 比值	＞0.9		
		大小伞裙数据	中性点 P_1-P_2（mm）	≥15		
			中性点 S/P_1 比值	＞0.9		
15	套管电流互感器	高压侧	绕组数	（项目单位填写）		
			准确级	（项目单位填写）	（项目单位填写）	（项目单位填写）
			电流比	（项目单位填写）		
			二次容量（VA）	（项目单位填写）	（项目单位填写）	（项目单位填写）
			K_{ssc} 或 F_s 或 ALF	（项目单位填写）	（项目单位填写）	（项目单位填写）
		中性点侧	绕组数	（项目单位填写）	（项目单位填写）	（项目单位填写）
			准确级	（项目单位填写）	（项目单位填写）	（项目单位填写）
			电流比	（项目单位填写）		
			二次容量（VA）	（项目单位填写）	（项目单位填写）	（项目单位填写）
			K_{ssc} 或 F_s 或 ALF	（项目单位填写）	（项目单位填写）	（项目单位填写）
16	压力释放装置	型号		（投标人提供）		
		台数		1		
		释放压力（MPa）		（投标人提供）		

注：P_1—大伞裙伸出长度；P_2—小伞裙伸出长度；S—相邻裙间高。

5 组件材料配置

组件材料配置包括元件名称、规格形式参数、单位、数量和产地等信息，具体内容和格式根据招标项目情况进行编制。

6 使用环境条件

35kV/45Mvar 油浸式并联电抗器使用环境条件见表2。特殊环境要求根据项目情况进行编制。

表 2 使 用 环 境 条 件 表

环 境 项 目		项目需求值
海拔（m）		≤1000
环境温度（℃）	最高气温	40
	最低气温	−25
	最热月平均气温	30
	最高年平均气温	20
最大月平均相对湿度（％，25℃时）		90
日照强度（W/cm²）		0.1
最大覆冰厚度（mm）		10
最大风速（m/s，离地面高 10m 处，维持 10min）		35
地面水平加速度（m/s²，正弦共振 3 周波，安全系数 1.67 以上）		2
污秽等级		Ⅳ
系统条件	额定频率（Hz）	50
	系统标称电压（kV）	35
	最高运行电压（kV）	40.5
	系统中性点接地方式	不直接接地
与其他设备连接方式		（项目单位填写）
安装场所	户外/户内	（项目单位填写）

ICS 29.240

Q/GDW

国家电网有限公司企业标准

Q／GDW 13059.6—2018

代替 Q／GDW 13059.5—2014

35kV 油浸式并联电抗器采购标准
第 6 部分：35kV/60Mvar 油浸式
并联电抗器专用技术规范

Purchasing standard for 35kV oil-immersed shunt reactors
Part 6: 35kV/60Mvar oil-immersed shunt reactors
special technical specification

2019-06-28发布

2019-06-28实施

国家电网有限公司   发 布

目　　次

前　　言

为规范 35kV 油浸式并联电抗器的采购，制定本部分。

《35kV 油浸式并联电抗器采购标准》分为 6 个部分：

——第 1 部分：通用技术规范；

——第 2 部分：35kV/7.2Mvar 油浸式并联电抗器专用技术规范；

——第 3 部分：35kV/10Mvar 油浸式并联电抗器专用技术规范；

——第 4 部分：35kV/20Mvar 油浸式并联电抗器专用技术规范；

——第 5 部分：35kV/45Mvar 油浸式并联电抗器专用技术规范；

——第 6 部分：35kV/60Mvar 油浸式并联电抗器专用技术规范。

本部分为《35kV 油浸式并联电抗器采购标准》的第 6 部分。

本部分代替 Q/GDW 13059.5—2014，主要技术性差异如下：

——修改了污秽等级、噪声水平等性能要求。

本部分由国家电网有限公司物资部提出并解释。

本部分由国家电网有限公司科技部归口。

本部分起草单位：国网江苏省电力有限公司、中国电力科学研究院有限公司、国网安徽省电力有限公司。

本部分主要起草人：汪伦、蔡胜伟、吴兴旺、王胜权、林元棣、郭慧浩、陈程、田欣雨。

本部分 2014 年 9 月首次发布，2018 年 12 月第一次修订。

本部分在执行过程中的意见或建议反馈至国家电网有限公司科技部。

35kV 油浸式并联电抗器采购标准
第 6 部分：35kV/60Mvar 油浸式
并联电抗器专用技术规范

1 范围

本部分规定了 35kV/60Mvar 油浸式并联电抗器招标的标准技术参数、项目需求及投标人响应的相关内容。

本部分适用于 35kV/60Mvar 油浸式并联电抗器招标。

2 规范性引用文件

下列文件对于本文件的应用是必不可少的。凡是注日期的引用文件，仅注日期的版本适用于本文件。凡是不注日期的引用文件，其最新版本（包括所有的修改单）适用于本文件。

Q/GDW 13059.1　35kV 油浸式并联电抗器采购标准　第 1 部分：通用技术规范

3 术语和定义

下列术语和定义适用于本部分。

3.1

招标人　bidder

提出招标项目，进行招标的法人或其他组织。

3.2

投标人　tenderer

响应招标、参加投标竞争的法人或者其他组织。

3.3

卖方　seller

提供本部分货物和技术服务的法人或其他组织，包括其法定的承继者。

3.4

买方　buyer

购买本部分货物和技术服务的法人或其他组织，包括其法定的承继者和经许可的受让人。

4 标准技术参数

技术参数特性表是国家电网有限公司对采购设备的基础技术参数要求，在招投标过程中，投标人应依据招标文件，对技术参数特性表中标准参数值进行响应。35kV/60Mvar 油浸式并联电抗器技术参数特性见表 1。物资应满足 Q/GDW 13059.1 的要求。

表 1　技 术 参 数 特 性 表

序号	项 目		标准参数值
1	额定值	型式或型号	三相、油浸

表 1（续）

序号	项 目			标准参数值
1	额定值	额定频率（Hz）		50
		额定电压 U_N（kV）		37
		设备最高运行电压（kV）		40.5
		额定容量（Mvar）		60
		额定电流（A）		936.2
		额定电抗（Ω）/容许偏差（%）		22.8/-5～+2.5
		三相间阻抗互差（%）		±2
		相数		三相
		三相联结		星形
		中性点接地方式		不接地
		冷却方式		ONAN
2	绝缘水平	雷电冲击全波电压（kV，峰值）	高压端子	200
			中性点端子	200
		雷电冲击截波电压（kV，峰值）	高压端子	220
		短时工频耐受电压（kV，方均根值）	高压端子	85
			中性点端子	85
3	温升限值（在最高运行电压下）（K）	顶层油		50
		绕组（平均）		60
		油箱及金属结构件表面		70
		铁心		70
		绕组热点		73
4	励磁特性	$1.25U_N$ 下的伏－安特性		线性
		$1.3U_N$～$1.5U_N$ 之间时，其励磁电流与从较低电压处直线外推的相应励磁电流的偏离不应超过（%）		15
		过励磁能力（kU_N-t）	$1.40U_N$（s）	8
			$1.30U_N$（s）	15
			$1.25U_N$（min）	2
			$1.20U_N$（min）	5
			$1.15U_N$（min）	20
			$1.10U_N$	连续
5	损耗（kW，75℃）			140

表1（续）

序号	项 目			标准参数值
6	设计参数	铁心柱磁通密度（T，额定电压、额定频率）		（投标人提供）
		电流密度（A/mm²）		（投标人提供）
		绕组电阻（Ω，75℃）		（投标人提供）
7		三相直流电阻不均匀度（%）		1
8	声级	声压级［dB（A）］		≤75
9	振动限值（μm，峰—峰）	平均值		≤60
		最大值		≤120
		油箱底部		≤20
10		绕组连同套管的 tanδ（20℃，%）		<0.5
11	尺寸、质量	安装尺寸（m×m×m，长×宽×高）		（投标人提供）
		运输尺寸（m×m×m，长×宽×高）		（投标人提供）
		重心高度（m）		（投标人提供）
		器身质量（t）		（投标人提供）
		上节油箱质量（t）		（投标人提供）
		油质量（不含备用）（t）		（投标人提供）
		总质量（t）		（投标人提供）
		运输质量（t）		（投标人提供）
12		电抗器运输时允许的最大倾斜度（°）		15
13	片式散热器	散热器型式		（投标人提供）
		散热器组数		（投标人提供）
		每组散热器冷却容量（kW）		（投标人提供）
		散热器质量（t）		（投标人提供）
14	套管	制造厂及型号	高压套管	（投标人提供）
			中性点套管	（投标人提供）
		额定电流（A）	高压套管	≥1.2I_N
			中性点套管	≥1.2I_N
		绝缘水平（kV，LI／AC）	高压套管	200/95
			中性点套管	200/95
		弯曲耐受负荷（kN）	高压套管	2.5
			中性点套管	2.5
		有效爬距（mm）	高压套管	1256
			中性点套管	1256
		干弧距离（应乘以海拔修正系数 K_H，mm）	高压套管	（投标人提供）
			中性点套管	（投标人提供）

表1（续）

序号	项目			标准参数值		
14	套管	大小伞裙数据	高压 P_1–P_2（mm）	≥15		
			高压 S/P_1 比值	＞0.9		
			中性点 P_1–P_2（mm）	≥15		
			中性点 S/P_1 比值	＞0.9		
15	套管电流互感器	高压侧	绕组数	（项目单位填写）		
			准确级	（项目单位填写）	（项目单位填写）	（项目单位填写）
			电流比	（项目单位填写）		
			二次容量（VA）	（项目单位填写）	（项目单位填写）	（项目单位填写）
			K_{ssc} 或 F_s 或 ALF	（项目单位填写）	（项目单位填写）	（项目单位填写）
		中性点侧	绕组数	（项目单位填写）	（项目单位填写）	（项目单位填写）
			准确级	（项目单位填写）	（项目单位填写）	（项目单位填写）
			电流比	（项目单位填写）		
			二次容量（VA）	（项目单位填写）	（项目单位填写）	（项目单位填写）
			K_{ssc} 或 F_s 或 ALF	（项目单位填写）	（项目单位填写）	（项目单位填写）
16	压力释放装置	型号		（投标人提供）		
		台数		1		
		释放压力（MPa）		（投标人提供）		

注：P_1—大伞裙伸出长度；P_2—小伞裙伸出长度；S—相邻裙间高。

5 组件材料配置

组件材料配置包括元件名称、规格形式参数、单位、数量和产地等信息，具体内容和格式根据招标项目情况进行编制。

6 使用环境条件

35kV/60Mvar 油浸式并联电抗器使用环境条件见表2。特殊环境要求根据项目情况进行编制。

表 2 　使 用 环 境 条 件 表

环　境　项　目		项目需求值
海拔（m）		≤1000
环境温度（℃）	最高气温	40
	最低气温	−25
	最热月平均气温	30
	最高年平均气温	20
最大月平均相对湿度（%，25℃时）		90
日照强度（W/cm²）		0.1
最大覆冰厚度（mm）		10
最大风速（m/s，离地面高 10m 处，维持 10min）		35
地面水平加速度（m/s²，正弦共振 3 周波，安全系数 1.67 以上）		2
污秽等级		Ⅳ
系统条件	额定频率（Hz）	50
	系统标称电压（kV）	35
	最高运行电压（kV）	40.5
	系统中性点接地方式	不直接接地
与其他设备连接方式		（项目单位填写）
安装场所	户外/户内	（项目单位填写）

ICS 29.240

Q/GDW

国家电网有限公司企业标准

Q/GDW 13060.1—2018
代替 Q/GDW 13060.1—2014

66kV 油浸式并联电抗器采购标准
第1部分：通用技术规范

Purchasing standard for 66kV oil-immersed shunt reactors
Part 1: General technical specification

2019-06-28发布   2019-06-28实施

国家电网有限公司   发 布

目　次

前　　言

为规范 66kV 油浸式并联电抗器的采购，制定本部分。

《66kV 油浸式并联电抗器采购标准》分为 2 个部分：

——第 1 部分：通用技术规范；

——第 2 部分：66kV/60Mvar 油浸式并联电抗器专用技术规范。

本部分为《66kV 油浸式并联电抗器采购标准》的第 1 部分。

本部分代替 Q/GDW 13060.1—2014，主要技术性差异如下：

——增加了《国家电网有限公司十八项电网重大反事故措施（2018 修订版）》的相关要求、抽检试
　　验等要求；

——修改了储油柜、油箱、变压器油等组部件和材料的性能要求；

——例行试验增加了"带局部放电测量的感应电压试验"。

本部分由国家电网有限公司物资部提出并解释。

本部分由国家电网有限公司科技部归口。

本部分起草单位：国网江苏省电力有限公司、中国电力科学研究院有限公司、国网安徽省电力有限
公司。

本部分主要起草人：王胜权、郭慧浩、吴兴旺、李建生、陆云才、蔡胜伟、尹晶。

本部分 2014 年 9 月首次发布，2018 年 12 月第一次修订。

本部分在执行过程中的意见或建议反馈至国家电网有限公司科技部。

66kV 油浸式并联电抗器采购标准
第 1 部分：通用技术规范

1 范围

本部分规定了 66kV 油浸式并联电抗器招标的总则、技术参数和性能要求、试验、包装、运输、交货及工厂检验和监造的一般要求。

本部分适用于 66kV 油浸式并联电抗器招标。

2 规范性引用文件

下列文件对于本文件的应用是必不可少的。凡是注日期的引用文件，仅注日期的版本适用于本文件。凡是不注日期的引用文件，其最新版本（包括所有的修改单）适用于本文件。

GB/T 311.1　高压输变电设备的绝缘配合

GB/T 1094.1　电力变压器　第 1 部分：总则

GB/T 1094.2　电力变压器　第 2 部分：温升

GB/T 1094.3　电力变压器　第 3 部分：绝缘水平、绝缘试验和外绝缘空气间隙

GB/T 1094.4　电力变压器　第 4 部分：电力变压器和电抗器雷电冲击和操作冲击试验导则

GB/T 1094.6　电力变压器　第 6 部分：电抗器

GB/T 1094.10　电力变压器　第 10 部分：声级测定

GB 2536　电工流体变压器和开关用的未使用过的矿物绝缘油

GB/T 2900.15　电工术语　变压器、互感器、调压器和电抗器

GB/T 4109　交流电压高于 1000V 的绝缘套管

GB/T 4585　交流系统用高压绝缘子的人工污秽试验

GB/T 5273　高压电器端子尺寸标准化

GB/T 7252　变压器油中溶解气体分析与判断导则

GB/T 7354　局部放电测量

GB/T 7595　运行中变压器油质量标准

GB/T 16847　保护用电流互感器暂态特性技术要求

GB/T 16927.1　高压试验技术　第 1 部分：一般试验要求

GB/T 16927.2　高压试验技术　第 2 部分：测量系统

GB/T 20840.2　互感器第 2 部分：电流互感器的补充技术要求

GB 50150　电气装置安装工程电气设备交接试验标准

DL/T 1094　电力变压器用绝缘油选用指南

Q/GDW 1152.1　电力系统污区分级与外绝缘选择　第 1 部分：交流系统

Q/GDW 1168　输变电设备状态检修试验规程

IEC 60815　污染环境中所用高压绝缘子的选择和尺寸测定（Selection and dimensioning of high-voltage insulators intended for use in polluted conditions）

3 术语和定义

下列术语和定义适用于本部分。

3.1

招标人 bidder

提出招标项目，进行招标的法人或其他组织。

3.2

投标人 tenderer

响应招标、参加投标竞争的法人或者其他组织。

3.3

卖方 seller

提供本部分货物和技术服务的法人或其他组织，包括其法定的承继者。

3.4

买方 buyer

购买本部分货物和技术服务的法人或其他组织，包括其法定的承继者和经许可的受让人。

4 总则

4.1 一般规定

4.1.1 投标人应具备招标公告所要求的资质，具体资质要求详见招标文件的商务部分。

4.1.2 投标人应满足本部分规范性引用文件中有关标准和文件的要求。投标人提供的电抗器应符合本部分所规定的要求，投标人亦可推荐符合本标准（通用部分和专用部分）要求的类似定型产品，但应提供详细的技术偏差，并在报价书中以"对规范书的意见和同规范书的差异"为标题的专门章节中加以详细描述。

4.1.3 本部分提出了对电抗器的技术参数、性能、结构、试验等方面的技术要求。有关电抗器的包装、标志、运输和保管的要求见招标文件商务部分的规定。

4.1.4 本部分提出的是最低限度的技术要求，并未对一切技术细节作出规定，也未充分引述有关标准的条文，投标人应提供符合本部分引用标准的最新版本标准和本部分技术要求的全新产品，如果所引用的标准之间不一致或本部分所使用的标准与投标人所执行的标准不一致时，按要求较高的标准执行。

4.1.5 本部分将作为订货合同的附件，与合同具有同等的法律效力。本部分未尽事宜，由合同签约双方在合同谈判时协商确定。

4.1.6 本部分中涉及有关商务方面的内容，如与招标文件的商务部分有矛盾时，以招标文件的商务部分为准。

4.1.7 本部分如与专用部分有冲突，以专用部分为准。

4.2 投标人应提供的资质文件

4.2.1 投标人在投标文件中应提供下列有关合格的资质文件，否则视为非响应性投标。

4.2.2 提供相应的最终用户的使用情况证明。

4.2.3 拥有的由权威机构颁发的 ISO 9000 系列的认证证书或等同的质量保证体系认证证书。

4.2.4 具有履行合同所需的独立设计能力、生产技术和生产能力的文件资料。

4.2.5 有能力履行合同设备维护保养、修理及其他服务义务的文件。

4.2.6 由有资质的第三方见证的同类设备的型式试验报告。

4.2.7 所提供的组部件如需向第三方外购时，投标人应详细说明并就其质量做出承诺，并提供分供方相应的例行型式检验报告和投标人的进厂验收证明。

4.3 工作范围和进度要求

4.3.1 本部分仅适用于货物需求一览表中所列的设备。其中，包括电抗器本体及其组部件的功能设计、结构、性能、安装和试验等方面的技术要求，以及供货和现场技术服务。

4.3.2 合同签订后，卖方应在两周内，向买方提出一份详尽的生产进度计划表。

4.3.3 如生产进度有延误，卖方应及时将延误的原因、产生的影响及准备采取的补救措施等，向买方加以解释，并尽可能保证交货的进度。否则应及时向买方通报，以便买方能采取必要的措施。

4.4 对设计图纸、说明书和试验报告的要求

4.4.1 图纸及图纸的认可和交付。

4.4.1.1 所有需经买方确认的图纸和资料（见表1），均应由卖方在合同签订后的两周内提交给买方进行审定认可。买方审定时有权提出修改意见。

表 1　需经买方确认的图纸和资料

序号	内　　容
1	电抗器外形图（包括套管吊装尺寸、二次电缆的安装图等）
2	运输尺寸和运输质量、电抗器装配及注油后的总质量
3	电抗器的质心图
4	电抗器基础图

4.4.1.2 买方在收到需认可图纸两周后，将一套确认的或签有买方校定标记的图纸（买方负责人签字）返还给卖方。买方有权对供货设备的卖方图纸提出修改意见。凡买方认为需要修改且经卖方认可的，不得对买方增加费用。在未经买方对图纸作最后认可前，任何采购或加工的材料损失应由卖方单独承担。

4.4.1.3 卖方在收到买方确认图纸（包括认可方修正意见）后，经修改应于一周内提供最终版的正式图纸和一套供复制用的底图及正式的 CAD 文件电子版，正式图纸应加盖工厂公章或签字。

4.4.1.4 电抗器应按照经确认的最终图纸进行制造，完工后的产品应与最后确认的图纸一致。买方对图纸的认可并不减轻卖方关于其图纸的完整性和正确性的责任。设备在现场安装时，如卖方技术人员进一步修改图纸，卖方应对图纸重新收编成册，正式递交买方，并保证安装后的设备与图纸完全相符。

4.4.1.5 图纸的格式：所有图纸均应有标题栏、全部符号和部件标志"*"，文字均用中文书写，并使用 SI 国际单位制。

4.4.2 卖方应随设备免费提供给买方最终版的图纸（见表2），一式6份。其中，图纸应包括总装配图及安装时设备位置的精确布置图，并且应保证买方可按最终版的图纸资料对所供设备进行维护，以及在运行中便于进行更换组部件等工作。

表 2　需随设备提供的图纸

序号	内　　容
1	买卖双方协商确定的图纸、资料和说明
2	有关设计图纸、资料
3	运输、保管、现场安装调试用图纸、资料

表 2（续）

序号	内　容
4	电抗器主要组部件图表： a）外形尺寸图（包括吊装图及顶起图）； b）梯子及储油柜安装图； c）控制电缆安装图； d）套管及接线端子零件图； e）套管与电抗器引线装配图； f）二次保护、测温、信号、动力电源的端子布置图； g）压力释放装置结构及安装图； h）电流互感器安装图 i）电抗器铭牌图（包括三相成组连接的铭牌）； j）电流互感器铭牌图； k）电抗器安装基础图； l）电抗器外部二次线及电源线布置图； m）电抗器接地线路图及端子位置图； n）电抗器本体运输图； o）上节油箱起吊图； p）注有尺寸的套管升高座的横断面图； q）所有供应的组部件外形尺寸图； r）展开图及接线图； s）原理接线图； t）电抗器安装、运行、维修和有关设施设计所需的其他图纸和资料； u）铁心、夹件接地套管布置图及引线支撑详图
5	对于其他未列入合同技术文件清单但却是工程所必需的文件和资料及图纸，如设计继电保护、控制操作及与其他设备配合需要相关文件和技术数据等

对表 2 中部分图纸的要求如下：

a）　外形尺寸图：

　　1）　图纸应标明全部所需要的组部件数量、目录号、额定值和型号等技术数据，详细标明运输尺寸和质量，装配总质量和油质量；还应标示出电抗器在运输准备就绪后的电抗器重心，储油柜的位置、尺寸，带电部位与邻近接地体的空气净距。

　　2）　图纸应标明所有组部件的尺寸位置，以及拆卸高压套管时所需要的空间高度，上节油箱起吊高度。还应标明起顶、拖耳位置，各阀门法兰尺寸及位置。

　　3）　图纸应标明电抗器底座和基础螺栓尺寸。

b）　套管及其接线端子零件图：图纸应包括套管型号、套管内结构解剖详图、接线端子详图、固定法兰及瓷套伞形详图。套管接线端子的承力及其安全系数、爬电距离、干弧距离及平均直径均应给出。

c）　铭牌图：应符合国家相关标准。

d）　电抗器器身示意图：应标明绕组位置排列及其与套管的连接，包括引线连接装配的说明。

e）　上节油箱起吊图：标明起吊重量、起吊高度和吊索、吊点布置方式。

f）　注有尺寸的套管升高座的横断面图：应显示出法兰、电流互感器座等。

g）　所有供应的组部件外形尺寸图。组部件包括套管、气体继电器、压力释放装置、温度计、电流互感器及升高座、散热器等。

h）　展开图及接线图：应包括计量、保护、控制、报警、照明及动力等所需的交流和直流回路的线路原理图。

i）原理接线图：

1）应标示电抗器控制柜和所有电抗器组部件的端子，如电流互感器、报警装置等，以及这些设备在电抗器上的布线和用户电缆连接的接线板的标志。

2）位于控制柜内的设备，应以接近其实际位置的方式表示在连接线路图上。位于控制柜外面的器件，例如电流互感器，其在图上的位置，应能简明标示其向接线端子上的引出连线，接线板上的端子间至少应留出一定的空隙，以备买方在向接线板上增加电缆连接时用。

j）铁心、夹件接地套管及中性点接地套管接地引线布置图：图纸应表明套管、支柱绝缘子、支持钢结构排列、接地导体及钢结构详图。

4.4.3 需随设备提供的资料。卖方应随设备免费提供给买方相关资料，见表3，一式6份。

表3 需随设备提供的资料

序号	内　　容
1	安装使用说明书： a）电抗器的安装使用说明； b）吸湿器使用说明； c）套管及其电流互感器保管、安装、使用说明； d）气体继电器使用说明； e）绝缘油使用说明； f）散热器安装和使用说明； g）电抗器检测装置及控制柜等说明； h）其他仪表的使用说明； i）电抗器结构、绕组联结的说明； j）温度计使用说明； k）其他组部件的安装使用说明； l）高海拔修正说明（如果需要）； m）储油柜安装使用说明
2	有关产品的其他说明： a）关于结构、连接及铁心、绕组型式等的概述和简图； b）电抗器有关组部件的图纸和安装维护说明，例如套管、散热器、套管电流互感器及所有保护装置和测量装置等； c）电抗器励磁特性曲线； d）包括套管电流互感器的二次电阻、拐点处的磁通密度、铁心截面和铁心平均长度等所有技术数据，套管电流互感器的励磁曲线图等； e）电抗器用的特殊工具和仪器的清单、专用说明书、样本和手册等； f）特殊需要的说明
3	安装、维修手册、资料
4	主要设计数据
5	设计、制造所依据的主要标准
6	备品备件图纸、清单
7	电抗器所用主要材料、组部件清单

4.4.4 试验报告。卖方应随设备免费提供给买方相关试验、检验报告，见表4，一式6份。

表4　卖方向买方提供的试验、检验报告

序号	内　　容
1	电抗器整体出厂例行试验报告
2	电抗器型式试验和特殊试验报告
3	组部件试验： a）电抗器油试验报告； b）套管出厂试验、型式试验报告和油色谱分析报告； c）继电器出厂试验和型式试验报告； d）温度控制器出厂试验和型式试验报告； e）压力释放器出厂试验和型式试验报告； f）电流互感器出厂和型式试验报告； g）散热器出厂试验和型式试验报告； h）其他组部件的出厂和型式试验报告
4	主要原材料 a）硅钢片检验报告； b）导线检验报告； c）绝缘材料检验报告； d）绝缘油检验报告

4.5　标准和规范

4.5.1　按有关标准规定的合同设备，包括卖方向其他厂商购买的所有组部件设备，都应符合这些标准的要求。

4.5.2　所有螺栓、双头螺栓、螺纹、管螺纹、螺栓头和螺帽均应遵照 ISO 及 SI 公制标准。

4.5.3　当标准、规范之间存在差异时，应按要求高的指标执行。

4.6　安装、调试、试运行和验收

4.6.1　合同设备的安装、调试，将由买方根据卖方提供的技术文件和安装使用说明书的规定，在卖方技术人员指导下进行。

4.6.2　合同设备试运行和验收，根据本部分规定的标准、规程、规范进行。

4.6.3　完成合同设备安装后，买方和卖方应检查和确认安装工作，并签署安装工作完成证明书，共两份，双方各执一份。

4.6.4　验收时间为安装、调试和试运行完成后并稳定运行 72h 或按项目单位规定。在此期间，所有的合同设备都应达到各项运行性能指标要求。买卖双方可签署合同设备的验收证明书。该证明书共两份，双方各执一份。

4.6.5　如果在安装、调试、试运行及质保期内，设备发生异常，买卖双方应共同分析原因，分清责任，并按合同相关规定执行。

4.7　应满足的标准

装置至少应满足 GB/T 311.1、GB/T 1094.1、GB/T 1094.2、GB/T 1094.3、GB/T 1094.4、GB/T 1094.6、GB/T 1094.10、GB 2536、GB/T 5273、GB/T 2900.15、GB/T 4109、GB/T 4585、GB/T 7252、GB/T 7354、GB/T 7595、GB/T 16847、GB/T 16927.1、GB/T 16927.2、GB/T 20840.2、GB 50150、DL/T 1094、Q/GDW 1152.1、Q/GDW 1168、IEC 6081 中所列标准的最新版本的要求，但不限于上述所列标准。

4.8 应满足的文件

该类设备技术标准应满足国家电网有限公司标准化成果中相关条款要求。下列文件中相应的条款规定均适用于本文件，其最新版本（包括所有的修改单）适用于本文件。包括：

a) 《国家电网有限公司十八项电网重大反事故措施（2018 修订版）》；

b) 《国家电网有限公司输变电工程通用设备 35～750kV 变电站分册（2018 年版）》；

c) 《国家电网有限公司电力设备（交流部分）监造大纲》；

d) 《国家电网有限公司设备抽检规范》；

e) 《电网设备及材料质量管控重点措施》；

f) 《国家电网有限公司输变电工程通用设计》。

5 结构及其他要求

5.1 铁心及绕组

5.1.1 铁心应由优质冷轧硅钢片制成。用先进方法进行叠装和紧固，不致因运输和运行的振动而松动。

5.1.2 绕组使用高质量铜线。绕组应有良好的冲击电压波分布；应对绕组的漏磁通进行控制，避免产生局部过热；器身内油流分布应均匀、油路通畅。

5.1.3 绕组引出线焊接应牢固可靠。

5.1.4 与油接触的绝缘材料、胶、漆等与油应有良好的相容性。

5.1.5 电抗器铁心和夹件应与油箱绝缘，通过装在油箱上的套管分别引出，接地线应引至适当位置，便于在运行中监测接地线中是否有环流。

5.2 油箱及外部结构

5.2.1 油箱的外部结构应便于现场安装和运行维护。

5.2.2 油箱应采用高强度钢板，并应有足够的机械强度。并联电抗器油箱、散热器应能承受真空度 133Pa 和正压 0.1MPa 的机械强度试验，不得有损伤和不允许的永久变形。

5.2.3 所有密封面均能有效地防止渗漏，确保密封性能。并联电抗器应能承受在储油柜油面上施加 50kPa 静压力，持续 24h，应无渗漏和损伤。

5.2.4 电抗器的油箱及夹件等结构件，应采取漏磁通引起局部过热的防范措施。

5.2.5 气体继电器的安装位置应便于观察和取气，气体继电器的水平管两端应装有蝶阀。

5.2.6 箱底与基础的固定方式，应经买方认可。

5.2.7 油箱上应有吊攀。总质量大于 15t 时，其油箱下部应设置千斤顶座。

5.2.8 油箱应设有上部注油和下部放油阀门，并成对角布置，并应装有油样阀。

5.2.9 油箱的顶部不应形成积水，油箱内部不应有窝气死角。

5.2.10 油箱上应装有带安全防护的梯子，梯子下部有一个可锁住踏板的挡板，梯子位置应便于对气体继电器的检查。

5.2.11 所有法兰的密封面应平整，密封垫应有合适的限位，防止密封垫过度承压以致龟裂老化后造成渗漏。

5.3 储油柜

5.3.1 储油柜结构应使油与大气隔离，并带有吸湿器，其容积应能满足油温变化的要求，并有油位指示、注油、放气和排污装置。油位指示装置带有油位限定报警触点。

5.3.2 储油柜应进行单独试漏。

5.4 温度测量装置

温度测量装置包括：

a) 玻璃温度计管座；

b) 信号温度计；

c） 远距离测温装置。

5.5 压力释放装置

电抗器应在油箱顶上安装压力释放装置，压力释放装置应带有报警触点。

5.6 套管

5.6.1 套管的性能及试验要求应符合 GB/T 4109 规定。高压套管的伞裙采用大小伞结构；伞裙的宽度、伞间距应符合 IEC 60815 规定。套管的爬距与干弧距离之比应小于 4。

5.6.2 套管应无渗漏，套管应有一个可变换方向的接线端子。

5.6.3 供货套管应装在电抗器上随本体进行试验。

5.7 套管电流互感器

5.7.1 套管电流互感器应符合 GB/T 20840.2 和 GB/T 16847 的规定。

5.7.2 应提供二次励磁曲线、拐点电压和二次绕组最大抽头的电阻值（75℃时）以及采取的剩磁控制方法的说明等。

5.7.3 所有电流互感器的参数应在电抗器铭牌上列出。

5.7.4 电流互感器的布置编号。

5.8 端子箱和控制柜

每台电抗器应装有端子箱，端子箱材质应满足 DL/T 1424 的要求。套管电流互感器、气体继电器、压力释放器、温度测量装置等二次线均接到端子箱内端子排上。端子排上应留有 15%的备用端子。二次引线应经金属屏蔽管引到电抗器控制柜的端子板上，引线应采用截面不小于 4mm² 的耐油、耐热的软线。控制柜内设有照明和恒温器控制的加热电阻，以防潮、防蚀、防外界气温影响等。防护等级为 IP54。

5.9 涂漆和防锈

a） 电抗器油箱、储油柜、冷却装置及联管等的外表面均应涂漆。

b） 电抗器油箱内表面、铁心上下夹件等均应涂以浅色漆，并与变压器油有良好的相容性，用漆由卖方决定。所有需要涂漆的表面在涂漆前应进行彻底的表面处理（如采用喷砂处理或喷丸处理）。

c） 喷砂（喷丸）处理后 8h 内，且未生锈之前，应涂一层金属底漆。底漆应具有良好的防腐、防潮和附着性能，漆层厚度不小于 0.04mm，表层面漆与底漆相容，具有良好的耐久性能。

d） 所有外表面至少要涂一道底漆和二道面漆，面漆厚度不小于 0.085mm，表层面漆应有足够弹性以耐受温度变化，耐剥落且不褪色、不粉化。

e） 电抗器出厂时，外表面应油漆一新，并供给适当数量的原用漆，用于安装现场补漆或整体油漆。

f） 油箱外部螺栓等金属件应采用热镀锌等防锈措施。

5.10 电抗器运输

电抗器应满足运输尺寸、质量及公路运输时倾斜不大于 15° 等运输条件的要求，并能承受运输中的冲撞，当冲撞加速度不大于 3g 时，应无任何松动、变形和损坏。运输时应安装三维冲撞记录仪。

5.11 绝缘油

5.11.1 绝缘油应采用符合 GB 2536 规定的环烷基或中间基、添加抗氧化剂的新油。

5.11.2 卖方应提供合格的新油（包括足量的备用油）。

5.11.3 变压器新油应由厂家提供新油腐蚀性硫、结构簇、糠醛及油中颗粒度报告。

5.12 电抗器的寿命

电抗器在规定的工作条件和负载条件下运行，并按使用说明书进行安装和维护，预期寿命应不少于 40 年。主要主部件的运行寿命（在运行寿命内除预试外无正常检修内容）要求：

a） 电容套管：30 年及以上。

　　b）　套管互感器：30 年及以上。

　　c）　散热器：30 年及以上。

　　d）　储油柜：30 年及以上。

　　e）　吸湿器：30 年及以上。

　　f）　密封件、胶囊：30 年及以上。

　　g）　压力释放阀及气体继电器：30 年及以上。

　　h）　各类阀门的关合次数：在油温 105℃下 100 次以上无渗漏。

　　i）　端子箱：30 年及以上。

　　j）　温度计、油位计等测量仪表：15 年及以上。

5.13　铭牌

　　每台电抗器应提供用不受气候影响的材料制成的铭牌，并安装在明显可见的位置。所示项目应用耐久的方法刻出（如用蚀刻、雕刻和打印法）。铭牌上应标出下述各项：

　　a）　电抗器名称；

　　b）　型号；

　　c）　产品代号；

　　d）　标准代号；

　　e）　制造厂名；

　　f）　出厂序号；

　　g）　制造年月；

　　h）　相数；

　　i）　额定容量；

　　j）　额定频率；

　　k）　额定电压；

　　l）　额定电流；

　　m）　最高运行电压；

　　n）　绕组联结；

　　o）　额定电压时的电抗（实测值）；

　　p）　损耗（实测值）；

　　q）　零序电抗；

　　r）　冷却方式；

　　s）　绝缘水平；

　　t）　总质量；

　　u）　绝缘油质量；

　　v）　器身质量；

　　w）　声级测定；

　　x）　套管电流互感器参数；

　　y）　运输质量；

　　z）　绝缘耐热等级（A 级可不给出）；

　　　　aa）温升；

　　　　bb）温度与储油柜油位关系曲线（准确计算后）。

5.14　电气一次接口

5.14.1　66kV 三相油浸式铁心并联电抗器安装示意如图 1 所示。

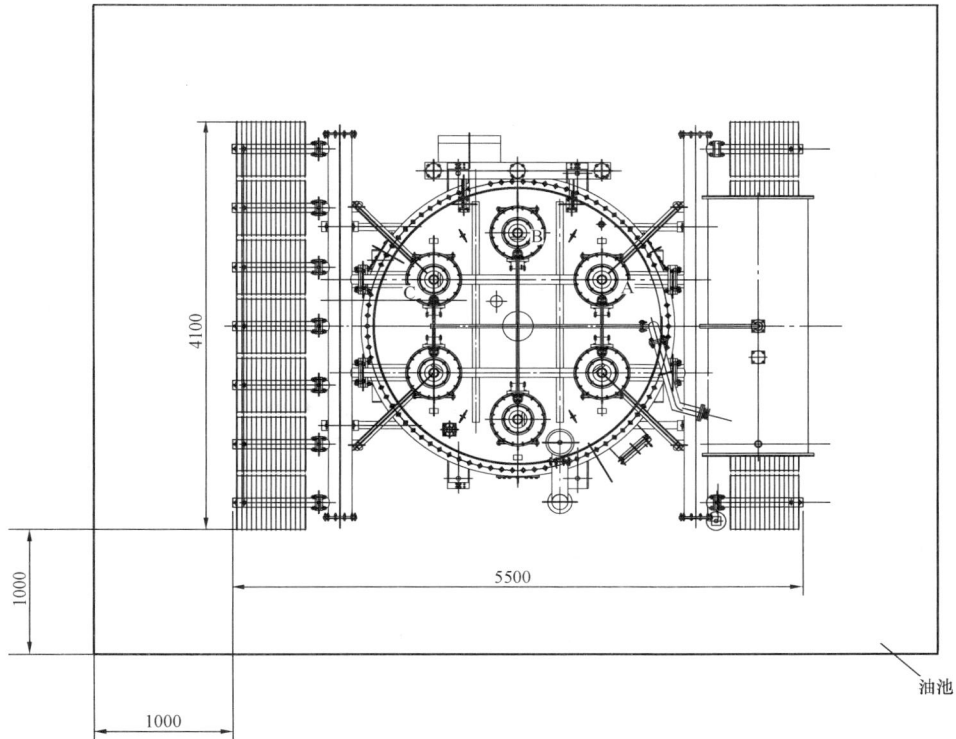

图 1　66kV 三相油浸式铁心并联电抗器（60Mvar）安装示意图（一）

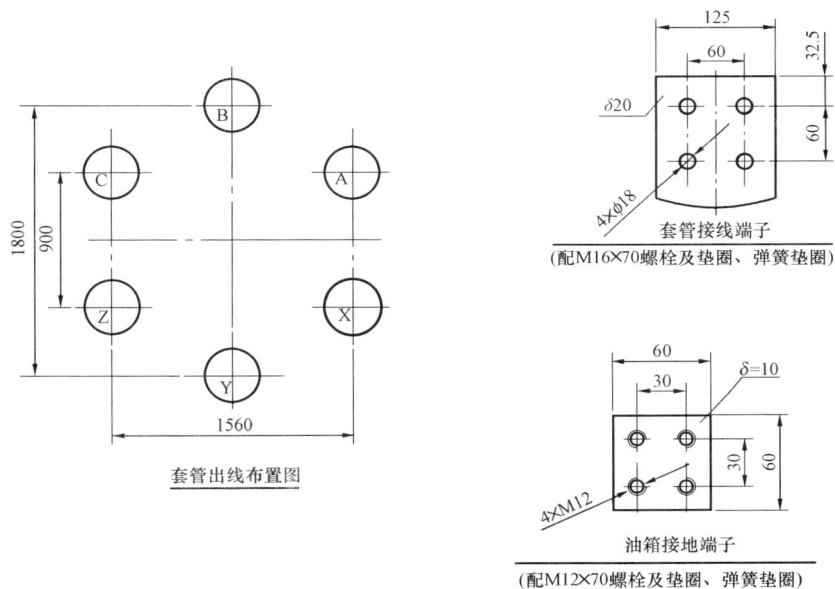

图 1　66kV 三相油浸式铁心并联电抗器（60Mvar）安装示意图（二）

5.14.2　外观颜色。电抗器、油箱、储油柜、散热器及连管等外表面颜色为海灰 B05，瓷套颜色采用棕色。

5.15　土建接口

66kV 三相油浸式铁心并联电抗器土建基础图如图 2 所示。

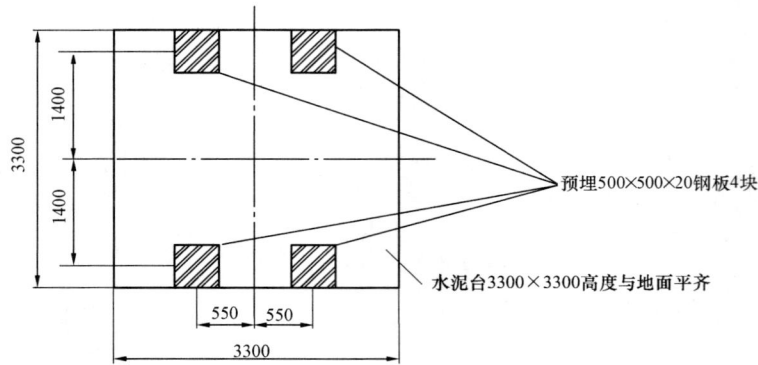

图 2　66kV 三相油浸式铁心并联电抗器（60Mvar）土建基础图

6　试验

6.1　并联电抗器例行、型式试验、特殊试验

6.1.1　例行试验

合同订购的所有电抗器应在制造厂进行出厂试验，试验应符合最新的国家标准和 IEC 以及本部分的规定。例行试验的主要项目包括：

a)　绕组电阻的测量。

b)　绝缘特性测量（绝缘电阻、吸收比、极化系数、tanδ和电容量）。

c)　电抗测量。

d)　铁心和夹件绝缘电阻测量。

e)　损耗测量。

f)　外施耐压试验。

g)　感应耐压试验。

h)　带局部放电测量的感应电压试验。

i)　密封试验。

j)　绝缘油试验。

k)　油中气体分析（试验前后）。

l)　有附加二次绕组的并联电抗器电压比和短路阻抗测量。

m)　套管的绝缘电阻（同时提供套管生产厂的出厂和型式试验报告）。

n)　套管电流互感器校验（变比测量、直流电阻测量、饱和曲线测量、误差测量、二次回路绝缘试验）。

o)　所有组部件如气体继电器、温度计、压力释放器等校验（同时提供生产厂的出厂试验报告）。

p)　油箱振动测量。

6.1.2　型式试验

型式试验包括如下内容：

a)　温升试验。

b)　线端雷电全波冲击试验。

c)　线端雷电截波冲击试验。

d)　中性点雷电全波冲击试验。

e)　油箱机械强度试验。

f)　励磁特性测量。

g)　声级测定。

6.1.3　特殊试验

气体继电器集气（有效性）试验。出厂试验完成后，在气体继电器对侧油箱底部注入 500mL 干燥气体，气体继电器应在半小时内收集到不少于 250mL 的气体。

6.2　现场试验

现场试验包括如下内容：

a)　绕组连同套管直流电阻测量。

b)　绕组连同套管的绝缘电阻、吸收比或极化指数测量。

c)　绕组连同套管的 $\tan\delta$、C_x 测量。

d)　绕组连同套管的外施耐压试验。

e)　铁心、夹件绝缘电阻测量。

f)　绝缘油的试验。

g)　密封试验。

h)　额定电压下 5 次冲击合闸试验。

i)　声级测定。

j)　油箱的振动测量。

k)　油箱表面的温度分布测量（红外热成像）。

6.3　抽检试验

6.3.1　买方有权对所有供货电抗器进行随机抽检试验。

6.3.2　抽检试验由买方代表或买方指定的具有国家级检测资质的第三方实施，抽检试验所需试验设备由抽检方自备，试验设备精度应满足要求且抽检试验方案科学严谨，以确保抽检试验的准确性；

6.3.3　抽检项目包括但不限于绝缘电阻、介质损耗、空载损耗、负载损耗（含短路阻抗）、局放、声级、温升、突发短路试验等。

6.3.4　抽检试验通过，则抽检试验相关费用（包括试验费、运费、设备费等）由买方承担；如抽检试验未通过，则抽检试验相关费用（包括试验费、运费、设备费等）由卖方承担，并具有采取进一步措施的权利。

6.3.5　具体抽检要求按照最新的国家电网有限公司变压器（电抗器）抽检规范执行。

7　设计联络、监造和检验、技术服务

7.1　设计联络会

7.1.1　为协调设计及其他方面的接口工作，根据需要，买方与卖方应召开设计联络会。卖方应制订详细的设计联络会日程。签约后的 15 天内，卖方应向买方建议设计联络会方案，在设计联络会上，买方有权对合同设备提出进一步改进意见，卖方应高度重视这些意见并作出改进或说明。卖方应负责合同设备的设计和协调工作，承担全部技术责任并做好与买方的设计联络工作，并且由此发生的费用由卖方承担。

7.1.2　设计联络会主题：

a)　决定最终布置尺寸，包括外形、套管引出方向、散热器和其他组部件的布置。

b)　复核电抗器的主要性能和参数，并进行确认。

c)　检查总进度、质量保证程序及质控措施。

d)　决定土建要求，运输尺寸和质量，以及工程设计的各种接口的资料要求。

e)　讨论交货程序。

f)　解决遗留问题。

g)　讨论工厂试验及检验问题。

h)　讨论运输、安装、调试及验收试验。

i)　其他要求讨论的项目。

设计联络会的地点为制造厂所在地，日期、会期、买方参加会议人数在买卖双方签订合同时确定。

7.1.3 除上述规定的联络会议外，必要时经各有关方面同意可另行召开联络会议。

7.1.4 卖方应负责设计联络会的记录，每次会议均应签署会议纪要，该纪要作为合同的组成部分。

7.1.5 除联络会议外，由任一方提出的所有有关合同设备设计的修正或修改都应由对方参与讨论并同意。一方接到任何需批复的文件或图纸4周内，应将书面的批复或意见书返还提出问题方。

7.1.6 在合同有效期内，买卖双方应及时回答对方提出的技术文件范围内有关设计和技术的问题。

7.2 监造和检验

7.2.1 买方有权派遣其检验人员到卖方及其分包商的车间场所，对合同设备的加工制造进行检验和监造。买方应将为此目的而派遣的代表人员名单以书面形式通知卖方。

7.2.2 卖方应积极地配合买方的监造工作，并指定1名代表负责监造联系工作，及时向监造人员提供监造工作相关资料（包括但不限于此）：

 a) 重要的原材料的物理、化学特性和型号及必要的工厂检验报告。

 b) 重要外协零部件和附件的验收试验报告及重要零部件和附件的全部出厂例行试验报告。

 c) 设备出厂试验方案、试验报告、半成品试验报告。

 d) 型式试验报告。

 e) 产品改进和完善的技术报告。

 f) 与分包方的合同和分包合同副本。

 g) 设备的生产进度表。

 h) 设备制造过程中出现的质量问题的备忘录。

 i) 设备制造过程中出现有关设备质量和进度变更的文件。

7.2.3 设备的监造范围、监造方式、监造内容等监造具体内容由买方及其派遣的监造人员根据国家电网公司统一下发的设备监造大纲最终确定。

7.2.4 监造人员有权到生产合同设备的车间和部门了解生产信息，并提出监造中发现的问题（如有）。

7.2.5 卖方应在开始进行工厂试验前两周，通知买方及监造人员其试验方案（包括日程安排）。根据这个试验方案，买方有权确定对合同设备的哪些试验项目和阶段进行见证，并将在接到卖方关于安装、试验和检验的日程安排通知后1周内通知卖方。然后买方将派出技术人员前往卖方和（或）其制造商生产现场，以观察和了解该合同设备工厂试验的情况及其运输包装的情况。若发现任一货物的质量不符合合同规定的标准，或包装不满足要求，买方代表有权发表意见，卖方应认真考虑其意见，并采取必要措施以确保待运合同设备的质量，见证检验程序由双方代表共同协商决定。

7.2.6 若买方不派代表参加上述试验，卖方应在接到买方关于不派员到卖方和（或）其分包商工厂的通知后，或买方未按时派遣人员参加的情况下，自行组织检验。

7.2.7 监造人员将不签署任何质量证明文件，买方人员参加工厂检验既不能解除卖方按合同应承担的责任，也不替代到货后买方的检验。

7.2.8 买方有合同货物运到买方目的地以后进行检验、试验和拒收（如果必要时）的权利，卖方不得因该货物在原产地发运以前已经由买方或其代表进行过监造和检验并已通过作为理由而进行限制。

7.2.9 买方人员参加工厂试验，包括会签任何试验结果，既不免除卖方按合同规定应负的责任，也不能代替合同设备到达目的地后买方对其进行的检验。

7.3 技术服务

7.3.1 概述

7.3.1.1 卖方应指定1名安装监督人员或1名试验工程师兼任卖方工地代表，负责协调与买方、安装承包商之间的工作。还应提供1名或多名可胜任的安装监督人员和试验工程师，对安装承包商进行相关业务指导。卖方应对合同设备的安装、调试和现场试验质量负责，并对与合同设备安装质量和现场试验有关的其他事项负责；安装承包商将提供安装所必需的劳动力，以及必要的设备，并将负责安装工作进度。

安装监督人员应负责所有安装工作的正确实施，除非当发生工作未按照他的指示执行的情况，而又立即以书面将此情况通知买方。安装监督人员应对合同设备的启动和试运行负责，并且应在设备运行前作最终调整。

7.3.1.2 买卖双方应根据工地施工的实际工作进展，通过协商决定卖方技术人员的准确专业、人员数量、在中国服务的持续时间，以及到达和离开工地的日期。如果安装出现拖期，又不需要安装监督人员或试验工程师的服务，则可根据买方的利益，要求安装监督人员或试验工程师返回本部，或仍留在工地。

7.3.1.3 卖方应编制一份详尽的安装工序和时间表，经买方确认后，作为安装所需时间的依据，并列出安装承包商应提供的人员和工具的类型和数量。

7.3.2 任务和责任

7.3.2.1 卖方指定的工地代表，应在合同范围内全面与买方工地代表充分合作与协商，以解决合同有关的技术和工作问题。双方的工地代表，未经双方授权，无权变更和修改合同。

7.3.2.2 卖方技术人员，代表卖方，应提供技术服务和完成按合同规定有关合同设备的安装、调试和验收试验的任务和责任。

7.3.2.3 卖方技术人员应对买方人员详细地解释技术文件、图纸、运行和维护手册、设备特性、分析方法和有关的注意事项等，以及解答和解决买方在合同范围内提出的技术问题。

7.3.2.4 为保证正确完成在第 7.3.2.2 款和第 7.3.2.3 款中提到的工作，卖方技术人员应在合同范围内，给买方以全面正确的技术服务和必要的示范操作。

7.3.2.5 卖方技术人员应协助买方在现场培训合同设备安装、调试、验收试验、运行和维护的人员，努力提高他们的技术水平。

7.3.2.6 卖方技术人员的技术指导应是正确的，如因错误指导而引起设备和材料的损坏，卖方应负责修复、更换和（或）补充，其费用由卖方承担，费用还包括进行修补期间所发生的服务费。买方的有关技术人员应尊重卖方技术人员的技术指导。

ICS 29.240

Q/GDW

国家电网有限公司企业标准

Q／GDW 13060.2—2018
代替 Q／GDW 13060.2—2014

66kV 油浸式并联电抗器采购标准
第 2 部分：66kV/60Mvar 油浸式
并联电抗器专用技术规范

Purchasing standard for 66kV oil-immersed shunt reactors
Part 2: 66kV/60Mvar oil-immersed shunt reactors
Special technical specification

2019-06-28发布   2019-06-28实施

国家电网有限公司   发 布

目　次

前　　言

为规范 66kV 油浸式并联电抗器的采购，制定本部分。

《66kV 油浸式并联电抗器采购标准》分为 2 个部分：

——第 1 部分：通用技术规范；

——第 2 部分：66kV/60Mvar 油浸式并联电抗器专用技术规范；

本部分为《66kV 油浸式并联电抗器采购标准》的第 2 部分。

本部分代替 Q/GDW 13060.2—2014，主要技术性差异如下：

——修改了"噪声水平"名称，修改为"声级"；

——增加了局部放电水平的要求；

——修改了使用环境条件表中的污秽等级。

本部分由国家电网有限公司物资部提出并解释。

本部分由国家电网有限公司科技部归口。

本部分起草单位：国网江苏省电力有限公司、中国电力科学研究院有限公司、国网安徽省电力有限公司。

本部分主要起草人：王同磊、郭慧浩、吴兴旺、李建生、陆云才、蔡胜伟、尹晶、郭昂。

本部分 2014 年 9 月首次发布，2018 年 12 月第一次修订。

本部分在执行过程中的意见或建议反馈至国家电网有限公司科技部。

66kV 油浸式并联电抗器采购标准
第 2 部分：66kV/60Mvar 油浸式
并联电抗器专用技术规范

1 范围

本部分规定了 66kV/60Mvar 油浸式并联电抗器招标的标准技术参数、项目需求及投标人响应的相关内容。

本部分适用于 66kV/60Mvar 油浸式并联电抗器招标。

2 规范性引用文件

下列文件对于本文件的应用是必不可少的。凡是注日期的引用文件，仅注日期的版本适用于本文件。凡是不注日期的引用文件，其最新版本（包括所有的修改单）适用于本文件。

Q/GDW 13060.1　66kV 油浸式并联电抗器采购标准　第 1 部分：通用技术规范

3 术语和定义

下列术语和定义适用于本部分。

3.1

招标人　bidder

提出招标项目，进行招标的法人或其他组织。

3.2

投标人　tenderer

响应招标、参加投标竞争的法人或者其他组织。

3.3

卖方　seller

提供本部分货物和技术服务的法人或其他组织，包括其法定的承继者。

3.4

买方　buyer（purchaser）

购买本部分货物和技术服务的法人或其他组织，包括其法定的承继者和经许可的受让人。

4 标准技术参数

技术参数特性表是国家电网有限公司对采购设备的基础技术参数要求，在招投标过程中，投标人应依据招标文件，对技术参数特性表中标准参数值进行响应。66kV/60Mvar 油浸式并联电抗器技术参数特性见表 1。物资应满足 Q/GDW13060.1 的要求。

表 1　技 术 参 数 特 性 表

序号	项　　目		标准参数值
1	额定值	型式或型号	户外、三相、油浸

表1（续）

序号	项 目			标准参数值
1	额定值	额定频率（Hz）		50
		额定电压 U_N（kV）		66
		设备最高工作电压（kV）		72.5
		额定容量（Mvar）		60
		额定电流（A）		524.9
		额定电抗（Ω）/容许偏差（%）		72.6/−5～+2.5
		三相间阻抗互差（%）		±2
		相数		三相
		三相联结方式		星形（6个接线端子经6个套管引出）
		中性点接地方式		不接地
		冷却方式		ONAN
2	绝缘水平	雷电冲击全波电压（kV，峰值）	高压端子	325
			中性点端子	325
		雷电冲击截波电压（kV，峰值）	高压端子	360
		短时工频耐受电压（kV，方均根值）	高压端子	140
			中性点端子	140
3	局部放电水平（pC）	在 $1.58U_N/\sqrt{3}$ 下高压线端的视在放电量		≤100
4	温升限值（K，在最高工作电压下）	顶层油		50
		绕组（平均）		60
		铁心、油箱及金属结构件表面		70
		绕组热点		73
5	主分接同组相间阻抗互差	$1.25U_N$ 下的伏－安特性		线性
		$1.3U_N$～$1.5U_N$ 之间时，其励磁电流与从较低电压处直线外推的相应励磁电流的偏离不应超过（%）		15
		过励磁能力（$kU_N—t$）	$1.40U_N$（s）	8
			$1.30U_N$（s）	15
			$1.25U_N$（min）	2
			$1.20U_N$（min）	5

表 1（续）

序号	项 目			标准参数值
5	主分接同组相间阻抗互差	过励磁能力（kU_N—t）	$1.15U_N$（min）	20
			$1.10U_N$	连续
6	损耗（kW，75℃）			＜130
7	设计参数	铁心柱磁通密度（T，额定电压、额定频率）		（投标人提供）
		电流密度（A/mm²）		（投标人提供）
		绕组电阻（Ω，75℃）		（投标人提供）
8	三相直流电阻不均匀度（%）			1
9	声级	声压级［dB（A）］		≤75
10	振动限值（μm，峰—峰）	平均值		≤60
		最大值		≤120
		油箱底部		≤20
11	绕组连同套管的 tanδ（20℃，%）			＜0.5
12	尺寸、质量	安装尺寸（m×m×m，长×宽×高）		（投标人提供）
		运输尺寸（m×m×m，长×宽×高）		（投标人提供）
		重心高度（m）		（投标人提供）
		器身质量（t）		（投标人提供）
		上节油箱质量（t）		（投标人提供）
		油质量（不含备用）（t）		（投标人提供）
		总质量（t）		（投标人提供）
		运输质量（t）		（投标人提供）
13	电抗器运输时允许的最大倾斜度（°）			15
14	片式散热器	散热器型式		（投标人提供）
		散热器组数		（投标人提供）
		每组散热器冷却容量（kW）		（投标人提供）
		散热器质量（t）		（投标人提供）
15	套管	制造厂及型号	高压套管	（投标人提供）
			中性点套管	（投标人提供）
		额定电流（A）	高压套管	≥$1.2I_N$
			中性点套管	≥$1.2I_N$
		绝缘水平（kV，LI/AC）	高压套管	325/147
			中性点套管	325/147
		弯曲耐受负荷（kN）	高压套管	2.5
			中性点套管	2.5
		有效爬距（mm）	高压套管	2248

表1（续）

序号	项目			标准参数值		
15	套管	有效爬距（mm）	中性点套管	2248		
		干弧距离（mm，应乘以海拔修正系数K_H）	高压套管	（投标人提供）		
			中性点套管	（投标人提供）		
		大小伞裙数据	高压 P_1–P_2（mm）	≥15		
			高压 S/P_1 比值	>0.9		
			中性点 P_1–P_2（mm）	≥15		
			中性点 S/P_1 比值	>0.9		
16	套管式电流互感器	高压侧	绕组数	（项目单位填写）		
			准确级	（项目单位填写）	（项目单位填写）	（项目单位填写）
			电流比	（项目单位填写）		
		高压侧	二次容量（VA）	（项目单位填写）	（项目单位填写）	（项目单位填写）
			K_{ssc} 或 F_s 或 ALF	（项目单位填写）	（项目单位填写）	（项目单位填写）
			绕组数	（项目单位填写）	（项目单位填写）	（项目单位填写）
			准确级	（项目单位填写）	（项目单位填写）	（项目单位填写）
		高压侧	电流比	（项目单位填写）		
			二次容量（VA）	（项目单位填写）	（项目单位填写）	（项目单位填写）
			K_{ssc} 或 F_s 或 ALF	（项目单位填写）	（项目单位填写）	（项目单位填写）
17	压力释放装置	型号		（投标人提供）		
		台数		1		
		释放压力（MPa）		（投标人提供）		

注：P_1—大伞裙伸出长度；P_2—小伞裙伸出长度；S—相邻裙间高。

5 组件材料配置

组件材料配置包括元件名称、规格形式参数、单位、数量和产地等信息，具体内容和格式根据招标项目情况进行编制。

6 使用环境条件

66kV/60Mvar 油浸式并联电抗器使用环境条件见表2。特殊环境要求根据项目情况进行编制。

表 2 使 用 环 境 条 件 表

环 境 项 目		项目需求值
海拔（m）		≤1000
环境温度（℃）	最高气温	40
	最低气温	−25
	最热月平均气温	30
	最高年平均气温	20
最大月平均相对湿度（%，25℃时）		90
日照强度（W/cm²）		0.1
最大覆冰厚度（mm）		10
最大风速（m/s，离地面高 10m 处，维持 10min）		35
地面水平加速度（m/s²，正弦共振 3 周波，安全系数 1.67 以上）		2
污秽等级		Ⅳ
系统条件	额定频率（Hz）	50
	系统标称电压（kV）	66
	最高运行电压（kV）	72.5
	系统中性点接地方式	不直接接地
与其他设备连接方式		（项目单位填写）

ICS 29.240

Q/GDW

国家电网有限公司企业标准

Q/GDW 13061.1—2018

代替 Q/GDW 13061.1—2014

330kV 油浸式并联电抗器采购标准
第1部分：通用技术规范

Purchasing standard for 330kV oil-immersed shunt reactors
Part 1: General technical specification

2019-06-28发布					2019-06-28实施

国家电网有限公司			发 布

目　　次

前　　言

为规范 330kV 油浸式并联电抗器的采购，制定本部分。

《330kV 油浸式并联电抗器采购标准》分为 3 个部分：

——第 1 部分：通用技术规范；

——第 2 部分：330kV/20Mvar 油浸式并联电抗器专用技术规范；

——第 3 部分：330kV/30Mvar 油浸式并联电抗器专用技术规范。

本部分为《330kV 油浸式并联电抗器采购标准》的第 1 部分。

本部分代替 Q/GDW 13061.1—2014，主要技术性差异如下：

——增加了《国家电网有限公司十八项电网重大反事故措施（2018 修订版）》的相关要求、抽检试
　　验等要求；

——修改了储油柜、油箱、变压器油等组部件和材料的性能要求。

本部分由国家电网有限公司物资部提出并解释。

本部分由国家电网有限公司科技部归口。

本部分起草单位：国网江苏省电力有限公司、中国电力科学研究院有限公司、国网安徽省电力有限
公司。

本部分主要起草人：蔚超、郭慧浩、吴兴旺、王胜权、李建生、蔡胜伟、李辉。

本部分 2014 年 9 月首次发布，2018 年 12 月第一次修订。

本部分在执行过程中的意见或建议反馈至国家电网有限公司科技部。

330kV 油浸式并联电抗器采购标准
第 1 部分：通用技术规范

1 范围

本部分规定了 330kV 油浸式并联电抗器招标的总则、技术参数和性能要求、试验、包装、运输、交货及工厂检验和监造的一般要求。

本部分适用于 330kV 油浸式并联电抗器招标。

2 规范性引用文件

GB/T 311.1　高压输变电设备的绝缘配合

GB/T 1094.1　电力变压器　第 1 部分　总则

GB/T 1094.2　电力变压器　第 2 部分：温升

GB/T 1094.3　电力变压器　第 3 部分：绝缘水平、绝缘试验和外绝缘空气间隙

GB/T 1094.4　电力变压器　第 4 部分　电力变压器和电抗器雷电冲击和操作冲击试验导则

GB/T 1094.6　电力变压器　第 6 部分：电抗器

GB/T 1094.10　电力变压器　第 10 部分：声级测定

GB 2536　电工流体变压器和开关用的未使用过的矿物绝缘油

GB/T 2900.15　电工术语　变压器、互感器、调压器和电抗器

GB/T 4109　交流电压高于 1000V 的绝缘套管

GB/T 4585　交流系统用高压绝缘子的人工污秽试验

GB/T 5273　高压电器端子尺寸标准化

GB/T 6451　油浸式电力变压器技术参数和要求

GB/T 7252　变压器油中溶解气体分析与判断导则

GB/T 7354　局部放电测量

GB/T 7595　运行中变压器油质量标准

GB/T 16847　保护用电流互感器暂态特性技术要求

GB/T 16927.1　高压试验技术　第 1 部分：一般试验要求

GB/T 16927.2　高压试验技术　第 2 部分：测量系统

GB/T 20840.2　互感器　第 2 部分：电流互感器的补充技术要求

GB/T 23753　330kV 及 500kV 油浸式并联电抗器技术参数和要求

GB/T 26218（所有部分）　污秽条件下使用的高压绝缘子的选择和尺寸确定

GB 50150　电气装置安装工程电气设备交接试验标准

DL/T 271　330kV～750kV 油浸式并联电抗器使用技术条件

DL/T 1094　电力变压器用绝缘油选用指南

Q/GDW 1152.1　电力系统污区分级与外绝缘选择　第 1 部分：交流系统

Q/GDW 1168　输变电设备状态检修试验规程

IEC 60815　污染环境中所用高压绝缘子的选择和尺寸测定（Selection and dimensioning of high-voltage insulators intended for use in polluted conditions）

3 术语和定义

下列术语和定义适用于本文件。

3.1

招标人　bidder

提出招标项目，进行招标的法人或其他组织。

3.2

投标人　tenderer

响应招标、参加投标竞争的法人或者其他组织。

3.3

卖方　seller

提供本部分货物和技术服务的法人或其他组织，包括其法定的承继者。

3.4

买方　buyer

购买本部分货物和技术服务的法人或其他组织，包括其法定的承继者和经许可的受让人。

4 总则

4.1 一般规定

4.1.1 投标人应具备招标公告所要求的资质，具体资质要求详见招标文件的商务部分。

4.1.2 投标人应满足本部分规范性引用文件中有关标准和文件的要求。投标人提供的电抗器应符合本部分所规定的要求，投标人亦可推荐符合本标准（通用部分和专用部分）要求的类似定型产品，但应提供详细的技术偏差，并在报价书中以"对规范书的意见和同规范书的差异"为标题的专门章节中加以详细描述。

4.1.3 本部分提出的是最低限度的技术要求，并未对一切技术细节作出规定，也未充分引述有关标准的条文，投标人应提供符合本部分引用标准的最新版本标准和本部分技术要求的全新产品，如果所引用的标准之间不一致或本部分所使用的标准与投标人所执行的标准不一致时，按要求较高的标准执行。

4.1.4 本部分将作为订货合同的附件，与合同具有同等的法律效力。本部分未尽事宜，由合同签约双方在合同谈判时协商确定。

4.1.5 本部分中涉及有关商务方面的内容，如与招标文件的商务部分有矛盾时，以招标文件的商务部分为准。

4.1.6 本部分如与专用部分有冲突，以专用部分为准。

4.2 投标人应提供的资质文件

4.2.1 投标人在投标文件中应提供下列资质文件，否则视为非响应性投标。

4.2.2 提供相应的最终用户的使用情况证明。

4.2.3 权威机构颁发的 ISO 9000 系列的认证证书或等同的质量保证体系认证证书。

4.2.4 履行合同所需的独立设计能力、生产技术和生产能力的文件资料。

4.2.5 有能力履行合同设备维护保养、修理及其他服务义务的文件。

4.2.6 由有资质的第三方见证的同类设备的型式试验报告。

4.2.7 所提供的组部件如需向第三方外购时，投标人应详细说明并就其质量做出承诺，并提供分供方相应的例行型式检验报告和投标人的进厂验收证明。

4.3 工作范围和进度要求

4.3.1 本部分仅适用于货物需求一览表中所列的设备。其中，包括电抗器本体及其组部件的功能设计、结构、性能、安装和试验等方面的技术要求，以及供货和现场技术服务。

4.3.2 合同签订时，应确定卖方向买方提交生产进度计划的时限。卖方应在买方要求的时限内向买方提交详尽的生产进度计划。

4.3.3 如生产进度有延误，卖方应及时将延误的原因、产生的影响及准备采取的补救措施等，向买方加以解释，并尽可能保证交货的进度。

4.4 对设计图纸、说明书和试验报告的要求

4.4.1 图纸及图纸的认可和交付

4.4.1.1 所有需经买方确认的图纸和资料（见表1），均应由卖方在合同签订后的4周内提交给买方进行审定认可。买方审定时有权提出修改意见。

表1 需经买方确认的图纸和资料

序号	内　容
1	电抗器外形图（包括套管吊装尺寸、二次电缆的安装图）
2	电抗器的重心图
3	进线电缆布置位置
4	电抗器基础图
5	运输尺寸和运输质量
6	电抗器装配注油后的总质量

4.4.1.2 买方在收到需认可图纸两周后，将一套确认的或签有买方校定标记的图纸（买方负责人签字）返还给卖方。买方有权对供货设备的卖方图纸提出修改意见。凡买方认为需要修改且经卖方认可的，不得对买方增加费用。在未经买方对图纸作最后认可前，任何采购或制造所造成的损失和后果应由卖方单独承担。

4.4.1.3 卖方在收到买方确认图纸（包括认可方的修正意见）后，经修改应于两周内提供最终版的正式图纸和一套供复制用的底图及正式的CAD文件电子版，正式图纸应加盖工厂公章或签字。

4.4.1.4 电抗器应按照经确认的最终图纸进行制造，完工后的产品应与最后确认的图纸一致。买方对图纸的认可并不减轻卖方关于其图纸的完整性和正确性的责任。设备在现场安装时，如卖方技术人员进一步修改图纸，卖方应对图纸重新收编成册，正式递交买方，并保证安装后的设备与图纸完全相符。

4.4.1.5 图纸的格式：所有图纸均应有标题栏、全部符号和部件标志，文字均用中文书写，并使用SI国际单位制。

4.4.2 需随设备提供的图纸

卖方应随设备免费提供给买方最终版的图纸（见表2），一式6份。其中，图纸应包括总装配图及安装时设备位置的精确布置图，并且应保证买方可按最终版的图纸资料对所供设备进行维护，以及在运行中便于进行更换组部件等工作。

表2 需随设备提供的图纸

序号	内　容
1	买卖双方协商确定的图纸、资料和说明
2	有关设计图纸、资料
3	运输、保管、现场安装调试用图纸、资料

Q／GDW 13061.1—2018

表 2（续）

序号	内　容
4	电抗器及主要组部件图表： a）外形尺寸图（包括吊装图及顶起图）； b）梯子及储油柜安装图； c）控制电缆安装图； d）套管及接线端子零件图； e）套管与电抗器引线装配图； f）二次保护、测温、信号、动力电源的端子布置图； g）压力释放装置结构及安装图； h）电流互感器安装图； i）电抗器铭牌图（包括三相成组连接的铭牌）； j）电流互感器铭牌图； k）电抗器安装基础图； l）电抗器外部二次线及电源线布置图； m）电抗器接地线路图及端子位置图； n）电抗器本体运输图； o）展开图及接线图； p）原理接线图； q）电抗器器身示意图； r）上节油箱起吊图； s）注有尺寸的套管升高座的横断面图； t）所有供应的组部件、附件外形尺寸图； u）铁心、夹件接地套管布置图、中性点接地套管引线支撑详图； v）拆卸图； w）电抗器安装、运行、维修和有关设施设计所需的其他图纸和资料

对表 2 中部分图纸的要求如下：
a）外形尺寸图：
1）关于结构、连接及铁心、绕组型式等的概述和简图；
2）变压器有关部件及附件的图纸和安装维护说明，例如套管、冷却器、套管式电流互感器、调压开关，以及所有保护装置和测量装置等；
3）变压器励磁特性曲线。
b）套管及其接线端子零件图：图纸应包括套管型号、套管内结构解剖详图、接线端子详图、固定法兰及瓷套伞形详图，套管接线端子的承力及其安全系数、爬电距离、干弧距离及平均直径均应给出。
c）铭牌图：应符合国家相关标准。
d）电抗器器身示意图：应标明绕组位置排列及其与套管的连接，包括引线连接装配的说明。
e）上节油箱起吊图：标明起吊质量、起吊高度和吊索、吊点布置方式。
f）注有尺寸的套管升高座的横断面图：应显示出法兰、电流互感器座等。
g）所有供应的组部件、附件外形尺寸图。组部件包括套管、气体继电器、压力释放装置、温度控制器、电流互感器及升高座、散热器等。
h）展开图及接线图：应包括计量、保护、控制、报警、照明及动力等所需的交流和直流回路的线路原理图。

i) 原理接线图应满足以下要求：

    1) 应标示电抗器控制柜和所有电抗器组部件的端子，如电流互感器、报警装置等，以及这些设备在电抗器上的布线和用户电缆连接的接线板的标志；

    2) 位于控制柜内的设备，应以接近其实际位置的方式表示在连接线路图上。位于控制柜外面的器件，例如电流互感器，其在图上的位置，应能简明标示其向接线端子上的引出连线，接线板上的端子间至少应留出一定的空隙，以备买方在向接线板上增加电缆连接时用。

j) 铁心、夹件接地套管布置图、中性点接地套管引线支撑图：图纸应表明套管、支柱绝缘子、支持钢结构排列、接地导体及钢结构详图。

k) 拆卸图：套管的拆卸方法，铁心吊环位置，铁心和线圈拆卸方法。

4.4.3 需随设备提供的资料

卖方应随设备免费提供给买方相关资料，见表3，一式6份。

表3 需随设备提供的资料

序号	内　　容
1	说明书： a）电抗器的安装使用说明； b）吸湿器使用说明； c）套管及其电流互感器保管、安装、使用说明； d）气体继电器使用说明； e）绝缘油使用说明； f）散热器安装和使用说明； g）电抗器检测装置及控制柜等说明； h）其他仪表的使用说明； i）电抗器结构、绕组联结的说明； j）温度控制器使用说明； k）其他组部件的安装使用说明； l）高海拔修正说明（如果需要）； m）储油柜安装使用说明
2	有关产品的其他说明： a）关于结构、连接及铁心、绕组型式等的概述和简图； b）电抗器有关组部件的图纸和安装维护说明，例如套管、散热器、套管电流互感器及所有保护装置和测量装置等； c）电抗器励磁特性曲线； d）电抗器用的特殊工具和仪器的清单、专用说明书、样本和手册等； e）套管电流互感器的二次电阻、拐点处的磁通密度、铁心截面和铁心平均长度等所有技术数据，套管电流互感器的励磁曲线图等； f）特殊需要的说明
3	安装、维修手册、资料
4	主要设计数据
5	设计、制造所依据的主要标准
6	备品备件图纸、清单
7	电抗器所用主要材料、组部件清单
8	对于其他未列入合同技术文件清单但却是工程所必需的文件和资料及图纸，如设计继电保护、控制操作及与其他设备配合需要相关文件和技术数据等

4.4.4 试验报告

卖方应随设备免费提供给买方相关试验、检验报告，见表4，一式6份。

表4 卖方向买方提供的试验、检验报告

序号	内　容
1	电抗器整体出厂例行试验报告
2	电抗器型式试验和特殊试验报告
3	组部件试验： a）电抗器油试验报告； b）套管出厂试验、型式试验报告和油色谱分析报告； c）继电器出厂试验和型式试验报告； d）温度控制器出厂试验和型式试验报告； e）压力释放器出厂试验和型式试验报告； f）电流互感器出厂和型式试验报告； g）散热器出厂试验和型式试验报告； h）其他组部件的出厂和型式试验报告
4	主要原材料 a）硅钢片检验报告； b）导线检验报告； c）绝缘材料检验报告； d）绝缘油检验报告

4.5 标准和规范

4.5.1 按有关标准规定的合同设备，包括卖方向其他厂商购买的所有组部件设备，都应符合这些标准要求。

4.5.2 所有螺栓、双头螺栓、螺纹、管螺纹、螺栓头和螺帽均应遵照 ISO 及 SI 公制标准。

4.5.3 当标准、规范之间存在差异时，应按要求高的指标执行。

4.6 安装、调试、试运行和验收

4.6.1 合同设备的安装、调试，将由买方根据卖方提供的技术文件和安装使用说明书的规定，在卖方技术人员指导下进行。产品性能参数、特点和其他需要提供的信息。

4.6.2 合同设备试运行和验收，根据本部分规定的标准、规程、规范进行。

4.6.3 完成合同设备安装后，买方和卖方应检查和确认安装工作，并签署安装工作完成证明书，共两份，双方各执一份。

4.6.4 验收时间为安装、调试完成后并稳定试运行 72h 或按买方规定。在此期间，所有的合同设备都应达到各项运行性能指标要求。买卖双方可签署合同设备的验收证明书，该证明书共两份，双方各执一份。

4.6.5 如果在安装、调试、试运行及质保期内，设备发生异常，买卖双方应共同分析原因，分清责任，并按合同相关规定执行。

4.7 应满足的标准

装置至少应满足 GB/T 311.1、GB/T 1094.1、GB/T 1094.2、GB/T 1094.3、GB/T 1094.4、GB/T 1094.6、GB/T 1094.10、GB 2536、GB/T 4109、GB/T 4585、GB/T 5273、GB/T 6451、GB/T 7252、GB/T 7354、GB/T 7595、GB/T 2900.15、GB/T 16847、GB/T 16927.1、GB/T 16927.2、GB/T 20840.2、GB/T 23753、GB 50150、DL/T 271、DL/T 1094、Q/GDW 1152.1、Q/GDW 1168、IEC 60815 中所列标准的最新版本的要求，但不限于上述所列标准。

4.8 应满足的文件

该类设备技术标准应满足国家电网有限公司标准化成果中相关条款要求。下列文件中相应的条款规定均适用于本文件，其最新版本（包括所有的修改单）适用于本文件。包括：

a）《国家电网有限公司十八项电网重大反事故措施（2018 修订版）》；

b）《国家电网有限公司输变电工程通用设备 35～750kV 变电站分册（2018 年版）》；

c）《国家电网有限公司电力设备（交流部分）监造大纲》；

d）《国家电网有限公司设备抽检规范》；

e）《电网设备及材料质量管控重点措施》；

f）《国家电网有限公司输变电工程通用设计》。

5 结构和其他要求

5.1 铁心及绕组

5.1.1 铁心应由优质冷轧硅钢片制成。用先进方法进行叠装和紧固，不致因运输和运行的振动而松动。

5.1.2 绕组使用高质量铜线。绕组应有良好的冲击电压波分布；应对绕组的漏磁通进行控制，避免产生局部过热；器身内油流分布应均匀，油路通畅。

5.1.3 绕组引出线焊接应牢固可靠。

5.1.4 与油接触的绝缘材料、胶、漆等与油应有良好的相容性。

5.1.5 电抗器铁心和夹件应与油箱绝缘，通过装在油箱上的套管分别引出，接地线应引至适当位置，便于在运行中监测接地线中是否有环流。

5.2 油箱及外部结构

5.2.1 油箱的外部结构应便于现场安装和运行维护。

5.2.2 油箱应采用高强度钢板，并应有足够的机械强度。并联电抗器油箱、散热器应能承受真空 133Pa 和正压 0.1MPa 的机械强度试验，不得有损伤和不允许的永久变形。中性点接地电抗器油箱应能承受正压 0.06MPa 的机械强度试验，不得有损伤和不允许的永久变形。

5.2.3 所有密封面均能有效地防止渗漏，确保密封性能。并联电抗器和中性点接地电抗器均应能承受在储油柜油面上施加 0.03MPa 静压力，持续 24h，应无渗漏及损伤。

5.2.4 电抗器的油箱及夹件等结构件，应采取防范漏磁通引起局部过热措施。

5.2.5 气体继电器的安装位置应便于观察和取气，气体继电器的水平管两端应装有蝶阀。

5.2.6 电抗器油箱应能在纵向、横向作平面滑动或在管子上滚动，并有用于拖动的构件。箱底与基础的固定方式，应经买方认可。

5.2.7 油箱上应有吊攀。总质量大于 15t 时，其油箱下部应设置千斤顶座。

5.2.8 油箱上应装有带安全防护的梯子，梯子下部有一个可锁住踏板的挡板，梯子位置应便于对气体继电器的检查。

5.2.9 油箱应设有上部注油和下部放油阀门，并成对角布置，并应装有油样阀。

5.2.10 根据用户要求可提供油色谱在线监测接口。

5.2.11 油箱的顶部不应形成积水，油箱内部不应有窝气死角。

5.2.12 所有法兰的密封面应平整，密封垫应有合适的限位，防止密封垫过度承压以致龟裂老化后造成渗漏。

5.3 储油柜

5.3.1 储油柜结构应使油与大气隔离，并带有吸湿器（带透明油封和内装环保变色硅胶），其容积应能满足油温变化的要求，并有油位指示，注油、放气和抽真空阀门、排污装置。油位指示装置带有油位限定报警触点。

5.3.2 储油柜应进行单独试漏。

5.4 冷却装置

温度测量装置包括：

a) 玻璃温度计管座；

b) 信号温度计；

c) 远距离测温装置。

5.5 压力释放装置

电抗器应在油箱顶上安装压力释放装置，压力释放装置应带有报警触点。

5.6 套管

5.6.1 套管的性能及试验要求应符合 GB/T 4109 的规定。高压套管的伞裙采用大小伞结构；伞裙的伸出长度、伞间距应符合 IEC 60815 的规定。套管的爬距与干弧距离之比应小于 4。

5.6.2 套管应无渗漏，有易于从地面检查油位的油位指示器。套管应有一个可变换方向的接线端子。

5.6.3 供货套管应装在电抗器上随本体进行试验，并提供 $\tan\delta$ 实测值。套管末屏应能承受 3kV 工频试验电压 1min。

5.6.4 套管宜采用导杆式结构，套管颜色由设计联络会确定。

5.6.5 66kV 及以上电压等级应采用油纸电容型套管，并应有试验用端子。油纸电容型套管在最低环境温度下不应出现负压，生产厂家应明确套管最大取油量，避免因取油样而造成负压。制造厂家应对油纸电容型套管末屏接地方式作充分说明，并保证便于检修试验（包括提供专用工具），且在运行中不会出现末屏开路的故障。电容型套管安装位置和角度应易于从地面检查末屏运行状况。

5.6.6 新型或有特殊运行要求的套管，在首批次生产系列中应至少有一支通过全部型式试验，并提供第三方权威机构的型式试验报告。

5.6.7 套管接线端子（抱箍线夹）应采用 T2 纯铜材质热挤压成型。禁止采用黄铜材质或铸造成型的抱箍线夹。

5.6.8 套管均压环应采用单独的紧固螺栓，禁止紧固螺栓与密封螺栓共用，禁止密封螺栓上、下两道密封共用。

5.7 套管电流互感器

5.7.1 套管电流互感器应符合 GB/T 20840.2 和 GB/T 16847 的规定。

5.7.2 应提供二次励磁曲线、拐点电压和二次绕组最大抽头的电阻值（75℃时）以及采取的剩磁控制方法的说明等。

5.7.3 所有电流互感器的参数应在电抗器铭牌上列出。

5.8 端子箱和控制柜

每台电抗器应装有端子箱，端子箱材质应满足 DL/T 1424 的要求。套管电流互感器、气体继电器、压力释放器、温度测量装置等二次线均接到端子箱内端子排上。端子排上应留有 15% 的备用端子。二次引线应经金属屏蔽管引到电抗器控制柜的端子板上，引线应采用截面不小于 $4mm^2$ 的耐油、耐热的软线。控制柜内设有照明和恒温器控制的加热电阻，以防潮、防蚀、防外界气温影响等。防护等级为 IP55。

5.9 涂漆和防锈

a) 电抗器油箱、储油柜、冷却装置及联管等的外表面均应涂漆。

b) 电抗器油箱内表面、铁心上下夹件等均应涂以浅色漆，并与变压器油有良好的相容性，用漆由卖方决定。所有需要涂漆的表面在涂漆前应进行彻底的表面处理（如采用喷砂处理或喷丸处理）。

c) 喷砂（喷丸）处理后 8h 内，且未生锈之前，应涂一层金属底漆。底漆应具有良好的防腐、防潮和附着性能，漆层厚度不小于 0.04mm，表层面漆与底漆相容，具有良好的耐久性能。

d) 所有外表面至少要涂一道底漆和二道面漆，面漆厚度不小于 0.085mm，表层面漆应有足够弹性以耐受温度变化，耐剥落且不褪色、不粉化。

e) 电抗器出厂时，外表面应油漆一新，并供给适当数量的原用漆，用于安装现场补漆或整体油漆。

f) 油箱外部螺栓、管道阀门等金属件应采用热镀锌等防锈措施。

5.10 电抗器运输

电抗器应满足运输尺寸、质量及公路运输时倾斜 15° 等运输条件的要求，并能承受运输中的冲撞，当冲撞加速度不大于 3g 时，应无任何松动、变形和损坏。运输时应安装三维冲撞记录仪。应保证电抗器到现场后不吊罩检查即可投入运行。

5.11 绝缘油

5.11.1 绝缘油应采用符合 GB 2536 规定的环烷基、添加抗氧化剂、低含硫量的新油。

5.11.2 卖方应提供合格的新油（除包括电抗器运行用油外，还应包括安装消耗用油和所需的备用油）。

5.11.3 变压器新油应由厂家提供新油腐蚀性硫、结构簇、糠醛及油中颗粒度报告。

5.12 中性点接地电抗器的阻抗

中性点接地电抗器的抽头阻抗的最大变化范围应在额定阻抗的±10%以内，在规定的额定短时电流以下，阻抗应为线性。

5.13 电抗器的寿命

电抗器在规定的工作条件和负载条件下运行，并按使用说明书进行安装和维护，预期寿命应不少于 40 年。主要主部件的运行寿命（在运行寿命内除预试外无正常检修内容）要求：

a) 电容套管：30 年及以上。

b) 套管互感器：30 年及以上。

c) 散热器：30 年及以上。

d) 储油柜：30 年及以上。

e) 吸湿器：30 年及以上。

f) 密封件、胶囊：30 年及以上。

g) 压力释放阀及气体继电器：30 年及以上。

h) 各类阀门的关合次数：在油温 105℃下 100 次以上无渗漏。

i) 端子箱：30 年及以上。

j) 温度计、油位计等测量仪表：15 年及以上。

5.14 铭牌

每台电抗器应提供用不受气候影响的材料制成的铭牌，并安装在明显可见的位置。所示项目应用耐久的方法刻出（如用蚀刻、雕刻和打印法）。铭牌上应标出下述各项：

a) 电抗器名称；

b) 型号；

c) 产品代号；

d) 标准代号；

e) 制造厂名；

f) 出厂序号；

g) 制造年月；

h) 相数；

i) 额定容量；

j) 额定频率；

k) 额定电压；

l) 额定电流；

m) 最高运行电压；

n) 绕组联结；

o） 额定电压时的电抗（实测值）；

p） 损耗（实测值）；

q） 冷却方式；

r） 绝缘水平；

s） 总质量；

t） 绝缘油质量；

u） 器身质量；

v） 声级测定；

w） 套管电流互感器参数；

x） 输质量；

y） 绝缘耐热等级（A 级可不给出）；

z） 温升；

aa） 温度与储油柜油位关系曲线（准确计算后）。

5.15 电气一次接口

5.15.1 引接线形式

电抗器每个套管应有一个可变化方向的平板式接线端子，以便于接线安装。套管端子板应能承受引线张力和重力引起的力矩而不发生变形。电抗器各侧引线端子与其他设备连接应采用软过渡，以防止高应力损坏设备。

一次接线端子板应满足回路短路电流及发热要求。端子板材质为铝合金，表面镀银且平滑无划痕，开孔数量需要保证连接可靠。一次接线端子板具体尺寸（适用于额定电流 630A～1600A）要求如图 1 所示。

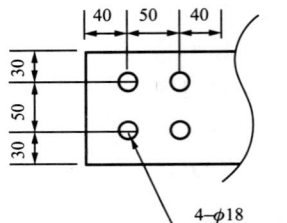

图 1 一次接线端子板尺寸

330kV 高压并联电抗器平面布置示意如图 2 所示。

5.15.2 接地

电抗器铁心、夹件的接地引下线应与油箱绝缘，从装在油箱上的套管引出后应引至适当位置，便于在运行中监测接地线中是否有环流，接地处应有明显的接地符号或"接地"字样。

中性点接地引线至接地网的接地线应采用 2 根至主地网的不同方向。

5.15.3 外观颜色

瓷套颜色采用棕色。电抗器油箱、储油柜、冷却装置及连管等的外表面颜色为海灰 B05。

5.16 电气二次接口

5.16.1 电抗器油温测量

电抗器油温测量装置应满足 GB/T 6451 的要求。在电抗器油箱油温较高点上，安装一套油温测量装置。绕组测温装置能反映绕组的平均温升。上述温度变量除在电抗器本体上可观测外，还应输出 4mA～20mA 模拟量信号。

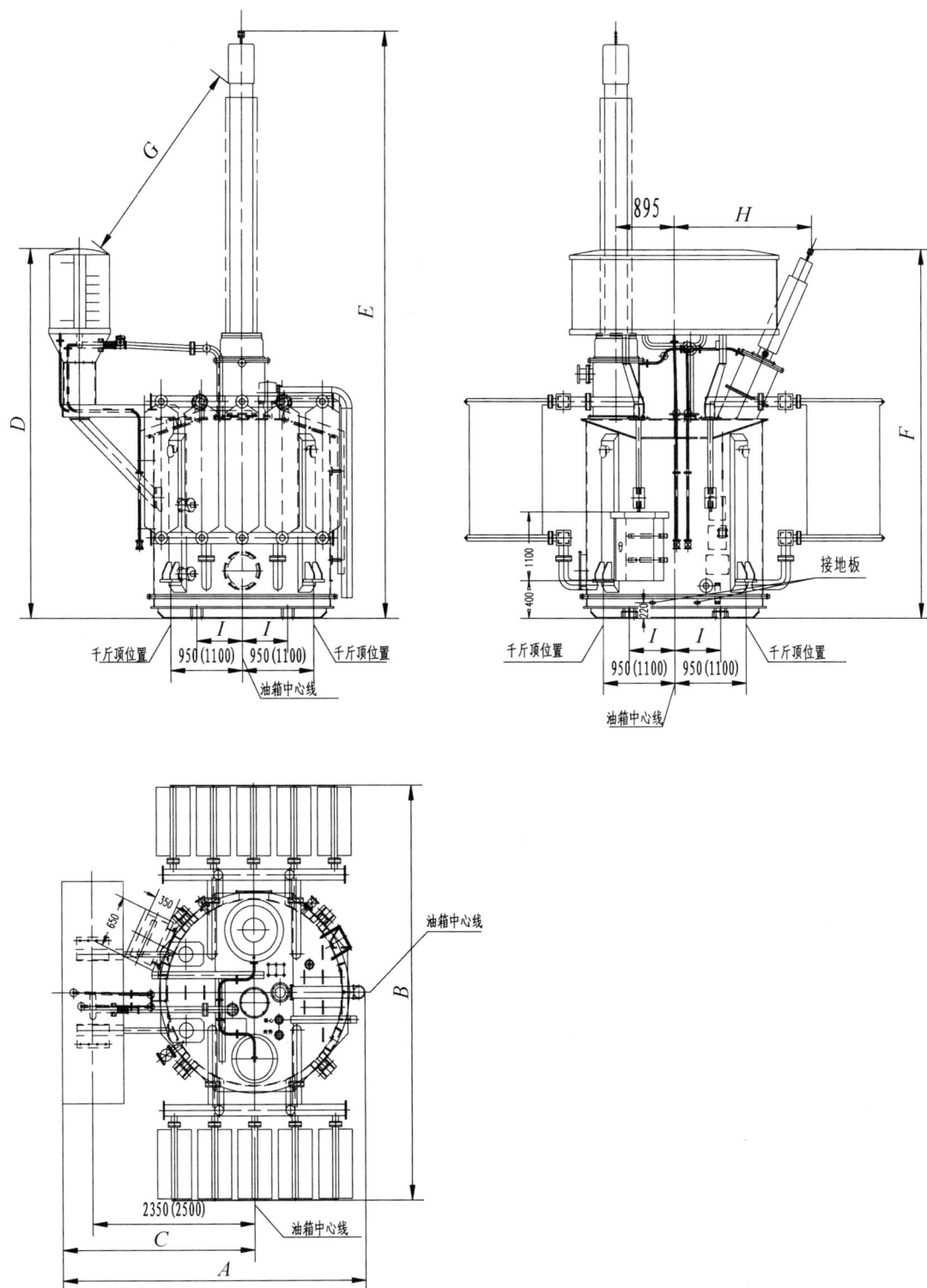

图 2 330kV 高压并联电抗器平面布置示例图

5.16.2 电抗器的本体保护

电抗器的本体保护用于跳闸和报警，电抗器应有本体跳闸和报警保护，其中压力释放装置应为两套。本体保护内容见表 5。

表 5　电 抗 器 本 体 保 护 表

序号	保护名称	接点内容	电源	触点容量	触点数量
1	主油箱气体继电器	重瓦斯跳闸 轻瓦斯报警	DC 220V	≥1A	重瓦斯跳闸 2 对 轻瓦斯报警 1 对
2	主油箱油位计	报警	DC 220V	≥1A	高油位报警 1 对 低油位报警 1 对
3	主油箱压力释放装置	报警	DC 220V	≥1A	跳闸 2 对
4	油温指示控制器 1	报警或跳闸	DC 220V	≥1A	跳闸 1 对 报警 1 对
5	油温指示控制器 2	报警或跳闸	DC 220V	≥1A	跳闸 1 对 报警 1 对
6	绕组温度指示控制器	报警或跳闸	DC 220V	≥1A	跳闸 1 对 报警 1 对

5.16.3　电抗器的端子箱

电抗器的端子箱包括高压并联电抗器分相本体端子箱及中性点电抗器本体端子箱，制造厂应提供包括电抗器所需的全部机械和电气控制部件在内的端子箱及与其相连所需的部件。

5.16.3.1　端子箱的结构

电抗器总端子箱应设计合理，应能防晒、防雨、防潮，并有足够的空间，防护等级为 IP55。控制柜为地面式布置。各单相电抗器本体端子箱安装在各分相主变压器本体上，其性能要求、端子及连接等同电抗器总端子箱的要求。

5.16.3.2　电抗器端子箱内部布线

电抗器端子箱内部布线应满足如下要求：

　　a)　总端子箱内应设有截面积不小于 100mm² 的接地铜排，该铜排应与箱体绝缘，并配有两个接地端子。

　　b)　总端子箱宜提供温湿度控制器（AC 220V、50Hz），以防止柜内发生水汽凝结。总控制箱内应有可开闭的照明设施，箱内设电源插座（单相，10A、AC 220V）。

5.16.3.3　端子箱之间的连接电缆

电抗器端子箱之间的连接电缆应满足如下要求：

　　a)　在电抗器器身上敷设的所有电缆布线，均应通过电缆保护管或槽盒（不锈钢材料）引接到本体端子箱。该电缆线应选用阻燃、耐油、耐温的屏蔽电缆，且该电缆应足够长，由卖方提供。在电抗器的元件与元件、元件与端子箱之间的电缆不应有电缆接头。由总控制箱到各单相电抗器本体箱联系电缆应采用铠装阻燃，由卖方配套提供。

　　b)　所有由卖方提供的电缆应提供电缆清册，电缆清册中应标明电缆编号、电缆起点、电缆终点、电缆型号、电缆芯数、电缆截面、电缆备用芯数及电缆长度。

5.16.4　330kV 高压并联电抗器（简称高抗）端子排接口图

330kV 高压并联电抗器电流回路端子排如图 3 所示，330kV 高压并联电抗器信号回路端子排如图 4、5 所示，330kV 高压并联电抗器交流电源端子排如图 6 所示，330kV 高压并联电抗器跳闸回路端子排如图 7 所示，本体智能终端光口示意图如图 8 所示。

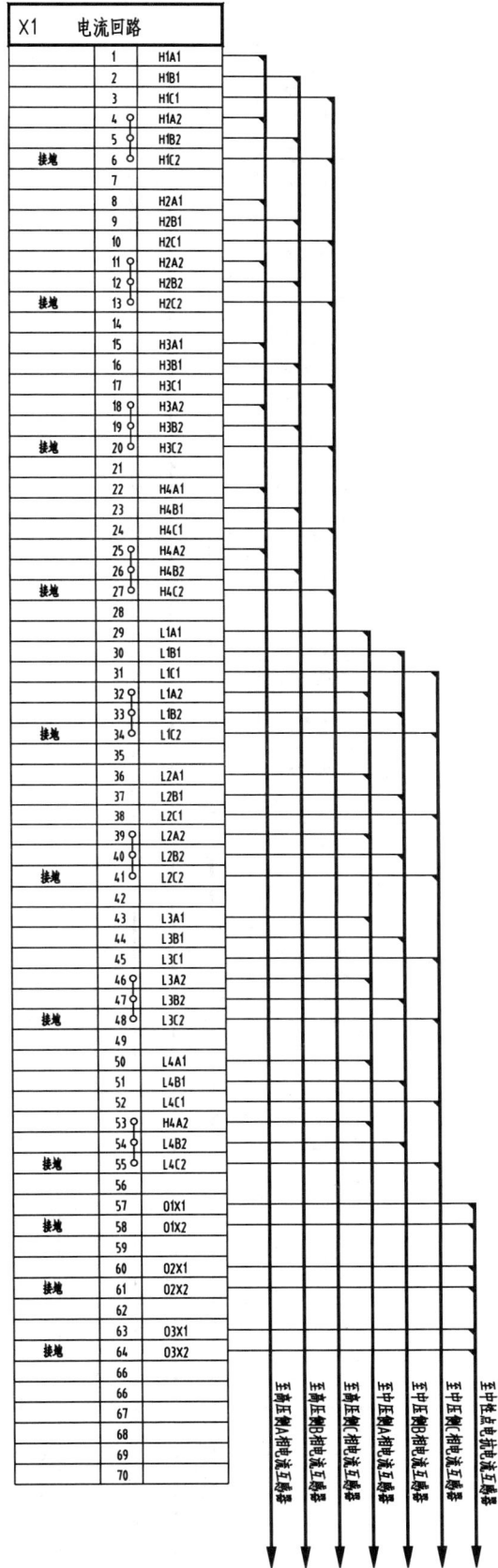

图3 二次接口：330kV 高压并联电抗器电流回路端子排

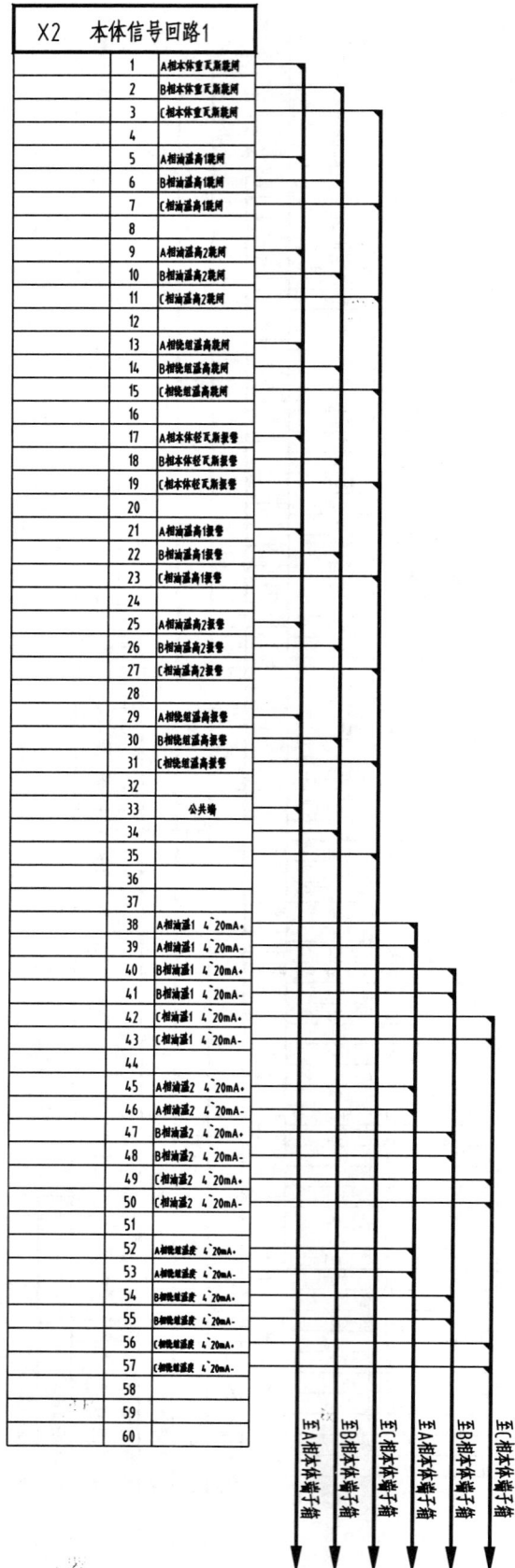

图4 二次接口：330kV 高压并联电抗器信号回路端子排1

信号回路	3X	
	1	
	2	小电抗重瓦斯跳闸
	3	
	4	小电抗油温高跳闸
	5	
	6	小电抗轻瓦斯跳闸
	7	
	8	小电抗油温高报警
	9	
	10	小电抗油位异常报警
	11	
	12	公共端
	13	
	14	
	15	
	16	4～20mA（油温度测量＋）
	17	4～20mA（油温度测量－）
	18	
	19	
	20	
	21	
	22	

至本体智能终端

至中性点本体接线箱

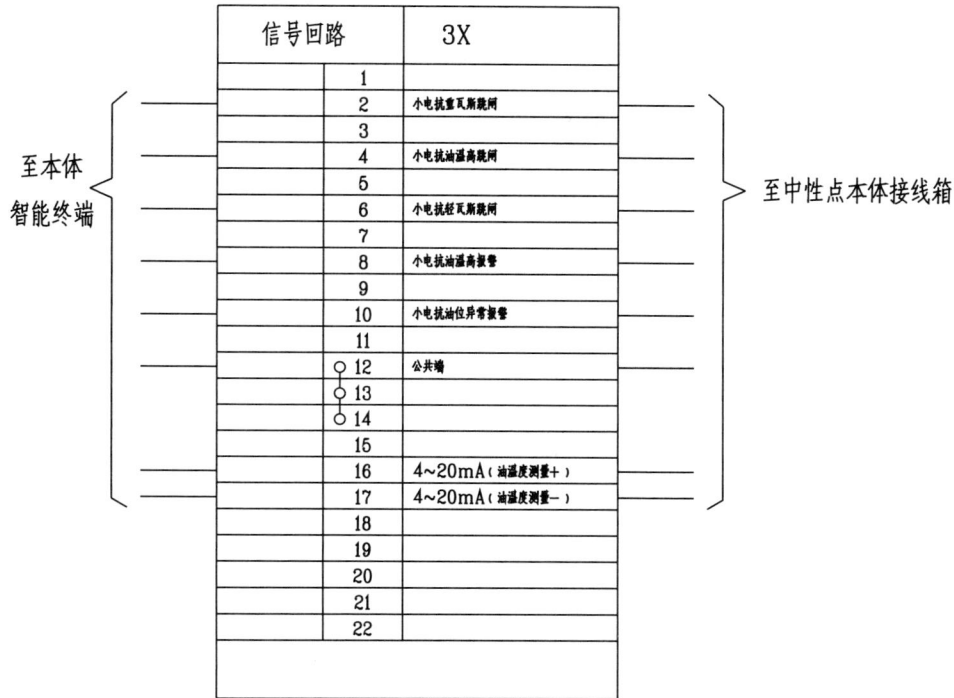

图 5　二次接口：330kV 高压并联电抗器信号回路端子排 2

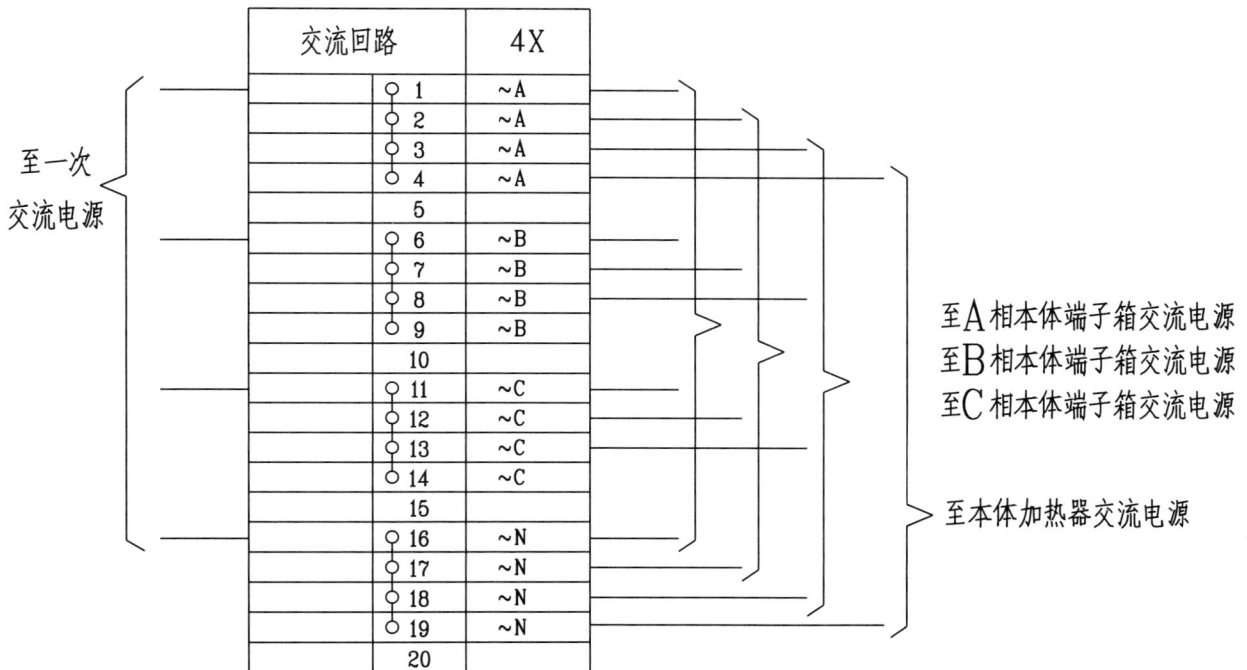

交流回路	4X	
	1	～A
	2	～A
	3	～A
	4	～A
	5	
	6	～B
	7	～B
	8	～B
	9	～B
	10	
	11	～C
	12	～C
	13	～C
	14	～C
	15	
	16	～N
	17	～N
	18	～N
	19	～N
	20	

至一次交流电源

至A相本体端子箱交流电源
至B相本体端子箱交流电源
至C相本体端子箱交流电源

至本体加热器交流电源

图 6　二次接口：330kV 高压并联电抗器交流电源端子排

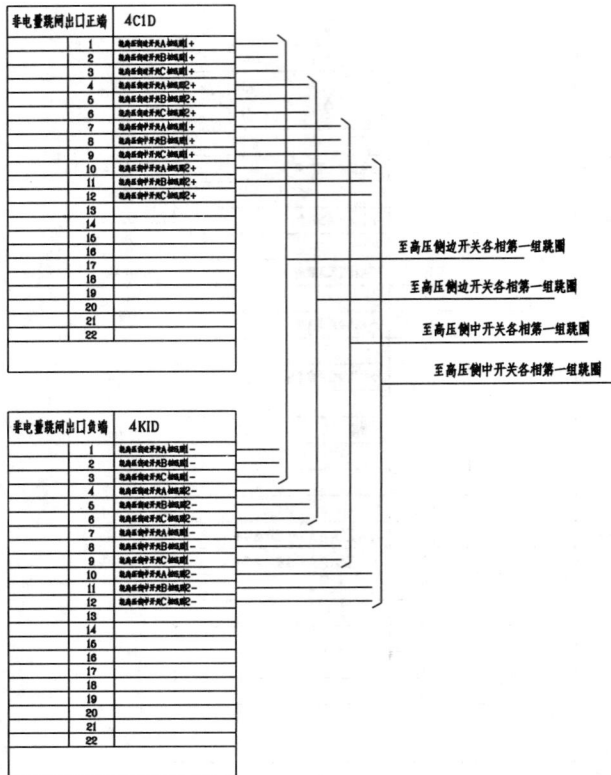

图7 二次接口：330kV高压并联电抗器跳闸回路端子排

图8 二次接口：本体智能终端光口示意图

5.17 土建接口

各制造厂同容量电抗器外形差异较大，考虑基础通用要求，电抗器油箱基础采用钢筋混凝土板形基础，散热器不考虑专用独立基础。

330kV 高压并联电抗器基础布置图如图 9 所示。

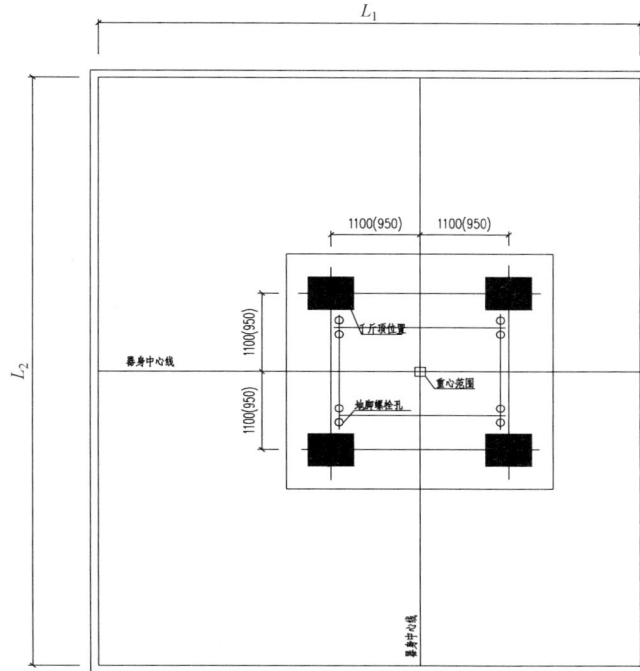

图 9　330kV 高压并联电抗器基础布置图

电抗器底座固定建议采用就位后直接焊接或螺栓连接，基础上预留的连接条件（预留钢板或螺栓孔）应根据实际情况确定。

330kV 高压并联电抗器固定参考方式图如图 10 所示。

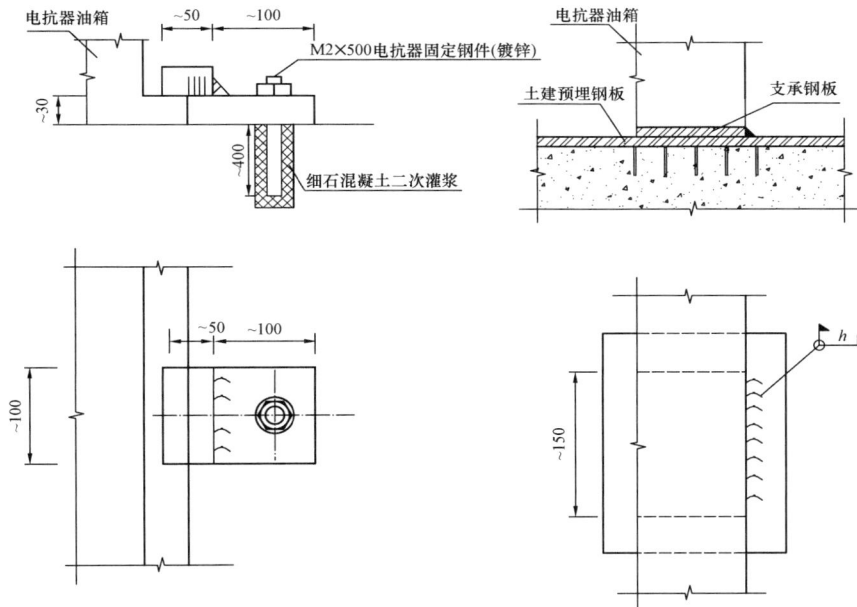

图 10　330kV 高压并联电抗器固定参考方式图

6 试验

6.1 并联电抗器例行、型式试验例行试验

6.1.1 例行试验

合同订购的所有电抗器应在制造厂进行出厂试验，试验应符合最新的国家标准和 IEC 以及本部分的规定，例行试验的主要项目包括：

a) 绕组电阻的测量。

b) 绝缘特性测量（绝缘电阻、吸收比、极化系数、$\tan\delta$ 和电容量）。

c) 电抗测量。

d) 铁心和夹件绝缘电阻测量。

e) 损耗测量。

f) 绝缘耐受试验：

　　1) 外施耐压试验；

　　2) 线端雷电全波冲击试验；

　　3) 线端操作冲击试验；

　　4) 带局部放电测量的感应电压试验。

g) 密封试验。

h) 绝缘油试验。

i) 油中气体分析（绝缘试验前后）。

j) 有附加二次绕组的并联电抗器电压比和短路阻抗测量。

k) 套管的绝缘电阻、$\tan\delta$、电容量、局部放电测量（同时提供套管生产厂的出厂和型式试验报告）。

l) 套管电流互感器校验。变比测量、直流电阻测量、饱和曲线测量、误差测量、二次回路绝缘试验。

m) 所有组部件（如气体继电器、温度控制器、压力释放器等）校验（同时提供生产厂的出厂试验报告）。

n) 油箱振动测量。

6.1.2 型式试验

型式试验包括如下内容：

a) 温升试验。

b) 线端雷电截波冲击试验。

c) 中性点雷电全波冲击试验。

d) 线端感应耐压试验。

e) 无线电干扰测量。

f) 油箱机械强度试验。

g) 励磁特性测量。

h) 声级测定。

i) 电流的谐波测量。

6.2 中性点接地电抗器例行、型式试验

6.2.1 例行试验

例行试验包括如下内容：

a) 绕组电阻测量。

b) 绝缘电阻及吸收比和 $\tan\delta$、电容量测量。

c) 电抗测量。

d) 损耗测量。

e) 绝缘试验
1) 线端雷电全波冲击试验；
2) 外施耐压试验；
3) 感应耐压试验；
4) 带局部放电测量的感应电压试验；
5) 线端交流耐压试验。

f) 绝缘油试验。

g) 套管的绝缘电阻、$\tan\delta$、电容量、局部放电测量（同时提供套管生产厂的出厂和型式试验报告）。

h) 密封试验。

i) 油中气体分析（试验前后）。

j) 套管电流互感器校验。变比测量、直流电阻测量、饱和曲线测量、误差测量、二次回路绝缘试验。

6.2.2 型式试验

型式试验包括如下内容：

a) 温升试验。

b) 线端雷电截波冲击试验；

c) 中性点雷电全波冲击试验。

d) 短时电流试验及短时电流时电抗测量。

e) 声级测定。

f) 振动测量。

6.3 现场试验

现场试验包括如下内容：

a) 绕组连同套管直流电阻测量。

b) 绕组连同套管的绝缘电阻、吸收比或极化指数测量。

c) 绕组连同套管的 $\tan\delta$、C_x 测量。

d) 绕组连同套管的外施耐压试验。

e) 铁心、夹件绝缘电阻测量。

f) 绝缘油的试验。

g) 密封试验。

h) 非纯瓷套管的试验（指用正接法测量油纸电容套管的介质损耗和电容量）。

i) 额定电压下 5 次冲击合闸试验（带线路）。

j) 声级测定。

k) 油箱的振动测量。

l) 油箱表面的温度分布测量。

6.4 抽检试验

6.4.1 买方有权对所有供货电抗器进行随机抽检试验。

6.4.2 抽检试验由买方代表或买方指定的具有国家级检测资质的第三方实施，抽检试验所需试验设备由抽检方自备，试验设备精度应满足要求且抽检试验方案科学严谨，以确保抽检试验的准确性；

6.4.3 抽检项目包括但不限于绝缘电阻、介质损耗、空载损耗、负载损耗（含短路阻抗）、局放、声级、温升、突发短路试验等。

6.4.4 抽检试验通过，则抽检试验相关费用（包括试验费、运费、设备费等）由买方承担；如抽检试验未通过，则抽检试验相关费用（包括试验费、运费、设备费等）由卖方承担，并具有采取进一步措施的权利。套管式电流互感器的暂态特性试验

6.4.5 具体抽检要求按照最新的国家电网有限公司变压器（电抗器）抽检规范执行。

7 设计联络、监造和检验、技术服务

7.1 设计联络会

7.1.1 为协调设计及其他方面的接口工作，根据需要，买方与卖方应召开设计联络会。卖方应制订详细的设计联络会日程。签约后的 15 天内，卖方应向买方建议设计联络会方案，在设计联络会上买方有权对合同设备提出进一步改进意见，卖方应高度重视这些意见并作出改进或说明。卖方应负责合同设备的设计和协调工作，承担全部技术责任并做好与买方的设计联络工作，并且由此发生的费用由卖方承担。

7.1.2 设计联络会主题：

    a) 决定最终布置尺寸，包括外形、套管引出方向、散热器和其他组部件的布置。

    b) 复核电抗器的主要性能和参数，并进行确认。

    c) 检查总进度、质量保证程序及质量控制措施。

    d) 决定土建要求、运输尺寸和质量，以及工程设计的各种接口的资料要求。

    e) 讨论交货程序。

    f) 解决遗留问题。

    g) 讨论工厂试验及检验问题。

    h) 讨论运输、安装、调试及验收试验。

    i) 卖方应介绍拟选主要外购材料及部件的性能、结构，如矽钢片、套管、冷却器等。

    j) 其他要求讨论的项目。

    设计联络会的地点为制造厂所在地。日期、会期、买方参加会议人数在买卖双方签订合同时确定。

7.1.3 除上述规定的联络会议外，必要时经各有关方面同意可另行召开联络会议。

7.1.4 卖方应负责设计联络会的记录，每次会议均应签署会议纪要，该纪要作为合同的组成部分。

7.1.5 除联络会议外，由任一方提出的所有有关合同设备设计的修正或修改都应由对方参与讨论并同意。一方接到任何需批复的文件或图纸 4 周内，应将书面的批复或意见书返还提出问题方。

7.1.6 在合同有效期内，买卖双方应及时回答对方提出的技术文件范围内有关设计和技术的问题。

7.2 监造和检验

7.2.1 买方有权派遣其检验人员到卖方及其分包商的车间场所，对合同设备的加工制造进行检验和监造。买方应将为此目的而派遣的代表人员名单以书面形式通知卖方。

7.2.2 卖方应积极地配合买方的监造工作，并指定 1 名代表负责监造联系工作，及时向监造人员提供监造工作相关资料（包括但不限于此）：

    a) 重要的原材料的物理、化学特性和型号及必要的工厂检验报告。

    b) 重要外协零部件和附件的验收试验报告及重要零部件和附件的全部出厂例行试验报告。

    c) 设备出厂试验方案、试验报告、半成品试验报告。

    d) 型式试验报告。

    e) 产品改进和完善的技术报告。

    f) 与分包方的合同和分包合同副本。

    g) 设备的生产进度表。

    h) 设备制造过程中出现的质量问题的备忘录。

    i) 设备制造过程中出现有关设备质量和进度变更的文件。

7.2.3 设备的监造范围、监造方式等监造具体内容由买方及其派遣的监造人员根据国家电网公司统一下发的设备监造大纲最终确定。

7.2.4 监造人员有权到生产合同设备的车间和部门了解生产信息，并提出监造中发现的问题（如有）。

7.2.5 卖方应在开始进行工厂试验前两周，通知买方及监造人员其试验方案（包括日程安排）。根据这

个试验方案，买方有权确定对合同设备的哪些试验项目和阶段进行见证，并将在接到卖方关于安装、试验和检验的日程安排通知后 1 周内通知卖方。然后买方将派出技术人员前往卖方和（或）其制造商生产现场，以观察和了解该合同设备工厂试验的情况及其运输包装的情况。若发现任一货物的质量不符合合同规定的标准，或包装不满足要求，买方代表有权发表意见，卖方应认真考虑其意见，并采取必要措施以确保待运合同设备的质量，见证检验程序由双方代表共同协商决定。

7.2.6 若买方不派代表参加上述试验，卖方应在接到买方关于不派员到卖方和（或）其分包商工厂的通知后，或买方未按时派遣人员参加的情况下，自行组织检验。

7.2.7 监造人员将不签署任何质量证明文件，买方人员参加工厂检验，既不能解除卖方按合同应承担的责任，也不替代到货后买方的检验。

7.2.8 买方有合同货物运到买方目的地以后进行检验、试验和拒收（如果必要时）的权利，卖方不得因该货物在原产地发运以前已经由买方或其代表进行过监造和检验并已通过作为理由而进行限制。

7.2.9 买方人员参加工厂试验，包括会签任何试验结果，既不免除卖方按合同规定应负的责任，也不能代替合同设备到达目的地后买方对其进行的检验。

7.3 技术服务

7.3.1 概述

7.3.1.1 卖方应指定一名安装监督人员或一名试验工程师兼任卖方工地代表，负责协调与买方、安装承包商之间的工作。还应提供一名或多名可胜任的安装监督人员和试验工程师，对安装承包商进行相关业务指导。卖方应对合同设备的安装、调试和现场试验质量负责，并对与合同设备安装质量和现场试验有关的其他事项负责；安装承包商将提供安装所必需的劳动力以及必要的设备，并将负责安装工作进度。安装监督人员应负责所有安装工作的正确实施，除非当发生工作未按照他的指示执行的情况，而又立即以书面将此情况通知买方。安装监督人员应对合同设备的启动和试运行负责，并且应在设备运行前作最终调整。

7.3.1.2 买卖双方应根据工地施工的实际工作进展，通过协商决定卖方技术人员的准确专业、人员数量、服务的持续时间以及到达和离开工地的日期。如果安装出现拖期，又不需要安装监督人员或试验工程师的服务，则可根据买方的利益，要求安装监督人员或试验工程师返回本部，或仍留在工地。

7.3.1.3 卖方应编制一份详尽的安装工序和时间表，经买方确认后，作为安装所需时间的依据，并列出安装承包商应提供的人员和工具的类型和数量。

7.3.2 任务和责任

7.3.2.1 卖方指定的工地代表，应在合同范围内全面与买方工地代表充分合作与协商，以解决合同有关的技术和工作问题。双方的工地代表，未经双方授权，无权变更和修改合同。

7.3.2.2 卖方技术人员，代表卖方，应提供技术服务和完成按合同规定有关合同设备的安装、调试和验收试验的任务和责任。

7.3.2.3 卖方技术人员应对买方人员详细地解释技术文件、图纸、运行和维护手册、设备特性、分析方法和有关的注意事项等，以及解答和解决买方在合同范围内提出的技术问题。

7.3.2.4 为保证正确完成在第 7.3.2.2 款和第 7.3.2.3 款中提到的工作，卖方技术人员应在合同范围内，给买方以全面正确的技术服务和必要的示范操作。

7.3.2.5 卖方技术人员应协助买方在现场培训合同设备安装、调试、验收试验、运行和维护的人员，努力提高他们的技术水平。

7.3.2.6 卖方技术人员的技术指导应是正确的，如因错误指导而引起设备和材料的损坏，卖方应负责修复、更换和（或）补充，其费用由卖方承担，费用还包括进行修补期间所发生的服务费。买方的有关技术人员应尊重卖方技术人员的技术指导。

ICS 29.240

Q/GDW

国家电网有限公司企业标准

Q/GDW 13061.2—2018
代替 Q/GDW 13061.2—2014

330kV 油浸式并联电抗器采购标准
第 2 部分：330kV/20Mvar 油浸式
并联电抗器专用技术规范

Purchasing standard for 330kV oil-immersed shunt reactors
Part 2: 330kV/20Mvar oil-immersed shunt reactors
Special technical specification

2019-06-28发布　　　　　　　　　　　　　　2019-06-28实施

国家电网有限公司　　发　布

目　次

前　　言

为规范 330kV 油浸式并联电抗器的采购，制定本部分。

《330kV 油浸式并联电抗器采购标准》分为 3 个部分：

——第 1 部分：通用技术规范；

——第 2 部分：330kV/20Mvar 油浸式并联电抗器专用技术规范；

——第 3 部分：330kV/30Mvar 油浸式并联电抗器专用技术规范。

本部分为《330kV 油浸式并联电抗器采购标准》的第 2 部分。

本部分代替 Q/GDW 13061.2—2014，主要技术性差异如下：

——修改了"噪声水平"名称为"声级"；

——修改了局部放电试验电压要求值；

——修改了套管的有效爬距要求值；

——修改了套管式电流互感器的参数要求；

——修改了新油（包括所需的备用油）的击穿电压、介质损耗要求值；

——修改了使用环境条件表中的污秽等级。

本部分由国家电网有限公司物资部提出并解释。

本部分由国家电网有限公司科技部归口。

本部分起草单位：国网江苏省电力有限公司、中国电力科学研究院有限公司、国网安徽省电力有限公司。

本部分主要起草人：蔚超、郭慧浩、吴兴旺、王胜权、廖才波、蔡胜伟、李辉、李英楠。

本部分 2014 年 9 月首次发布，2018 年 12 月第一次修订。

本部分在执行过程中的意见或建议反馈至国家电网有限公司科技部。

330kV 油浸式并联电抗器采购标准
第 2 部分：330kV/20Mvar 油浸式
并联电抗器专用技术规范

1 范围

本部分规定了 330kV/20Mvar 油浸式并联电抗器招标的标准技术参数、项目需求及投标人响应的相关内容。

本部分适用于 330kV/20Mvar 油浸式并联电抗器招标。

2 规范性引用文件

下列文件对于本文件的应用是必不可少的。凡是注日期的引用文件，仅注日期的版本适用于本文件。凡是不注日期的引用文件，其最新版本（包括所有的修改单）适用于本文件。

Q/GDW 13061.1   330kV 油浸式并联电抗器采购标准   第 1 部分：通用技术规范

3 术语和定义

下列术语和定义适用于本文件。

3.1

招标人   bidder

提出招标项目，进行招标的法人或其他组织。

3.2

投标人   tenderer

响应招标、参加投标竞争的法人或者其他组织。

3.3

买方   buyer

购买本部分货物和技术服务的法人或其他组织，包括其法定的承继者和经许可的受让人。

3.4

买方   buyer（purchaser）

购买本部分货物和技术服务的法人或其他组织，包括其法定的承继者和经许可的受让人。

4 标准技术参数

技术参数特性表是国家电网有限公司对采购设备的基础技术参数要求，在招投标过程中，投标人应依据招标文件，对技术参数特性表中标准参数值进行响应。330kV/20Mvar 油浸式并联电抗器技术参数特性见表 1，配套用中性点接地电抗器技术参数见表 2。物资应满足 Q/GDW 13061.1 的要求。

表 1 技 术 参 数 特 性 表

序号	项 目		标准参数值
1	额定值	变压器型式或型号	户外、单相、油浸

表 1（续）

序号	项 目			标准参数值
1	额定值	额定频率（Hz）		50
		额定电压 U_N（kV）		$363/\sqrt{3}$
		额定容量（Mvar）		20
		额定电流（A）		95.4
		额定电抗（Ω）/容许偏差（%）		2196.9/±5
		三相间阻抗互差（%）		±2
		相数		单相
		三相联结方式		YN
		冷却方式		ONAN
2	绝缘水平	雷电冲击全波电压（kV，峰值）	高压端子	1175
			中性点端子	480
		雷电冲击截波电压（kV，峰值）	高压端子	1300
		操作冲击电压（kV，峰值）	高压端子（对地）	950
		短时工频耐受电压（kV，方均根值）	高压端子	510
			中性点端子	200
3	温升限值（K，在 $1.05U_N$ 下）	顶层油		50
		绕组（平均）		60
		油箱及金属结构件表面		70
		铁心		70
		绕组热点		73
4	主分接同组相间阻抗互差	$1.4U_N$ 下的电流不大于 $1.4I_N$ 的百分数（%）		3
		$1.4U_N$ 和 $1.7U_N$ 的连线平均斜率不小于初始斜率的百分数（%）		50
		过励磁能力（kU_N—t）	$1.50U_N$（s）	8
			$1.40U_N$（s）	20
			$1.30U_N$（min）	3
			$1.25U_N$（min）	10
			$1.20U_N$（min）	20
			$1.15U_N$（min）	60
			$1.10U_N$	连续

表 1（续）

序号	项　目			标准参数值
5	损耗（kW，75℃）			≤60
6	设计参数	电流密度（A/mm²）		（投标人提供）
		绕组电阻（Ω，75℃）		（投标人提供）
		铁心主磁通密度（T，额定电压、额定频率时）		（投标人提供）
7	声级	声压级，距离 0.3m［dB（A）］		≤70
8	振动限值（μm，峰—峰）	平均值		≤60
		最大值		≤100
		油箱底部		≤20
9	局部放电水平（pC）	在 1.58U_r 下高压线端的视在放电量		≤100
10	绕组连同套管的 tanδ（%，20℃）			≤0.5
11	无线电干扰水平（μV）	在 1.1 倍最高相电压下		≤500 晴天夜间无可见电晕
12	尺寸、质量）	安装尺寸（m×m×m，长×宽×高）		（投标人提供）
		运输尺寸（m×m×m，长×宽×高）		（投标人提供）
		重心高度（m）		（投标人提供）
		器身质量（t）		（投标人提供）
		上节油箱质量（t）		（投标人提供）
		油质量（不含备用，t）		（投标人提供）
		总质量（t）		（投标人提供）
		运输质量（t）		（投标人提供）
13	电抗器运输时允许的最大倾斜度（°）			15
14	片式散热器	散热器型式		（投标人提供）
		散热器组数		（投标人提供）
		每组散热器冷却容量（kW）		（投标人提供）
		散热器质量（t）		（投标人提供）
15	套管	制造厂及型号	高压套管	（投标人提供）
			中性点套管	（投标人提供）
		额定电流（A）	高压套管	≥1.2I_N
			中性点套管	≥1.2I_N
		绝缘水平（kV，LI/SI/AC）	高压套管	1175/950/570
			中性点套管	550/—/255

表1（续）

序号	项 目			标准参数值		
15	套管	局部放电水平（pC）	高压套管	≤5		
			中性点套管	≤10		
		tanδ（%）/C（pF）	高压套管	0.4/（投标人提供）		
			中性点套管	0.4/（投标人提供）		
		弯曲耐受负荷（kN）	高压套管	2.5		
			中性点套管	1.25		
		套管有效爬距（mm，等于有效爬距乘以直径系数 K_d）	高压套管	≥11 253		
			中性点套管	≥3906		
		干弧距离	高压套管	（投标人提供）		
			中性点套管	（投标人提供）		
		套管爬距/干弧距离	高压套管	≤4		
			中性点套管	≤4		
		大小伞裙数据	高压 P_1-P_2（mm）	≥15		
			高压 S/P_1 比值	>0.9		
			中性点 P_1-P_2（mm）	≥15		
			中性点 S/P_1 比值	>0.9		
		平均直径（mm）	高压套管	（投标人提供）		
			中性点套管	（投标人提供）		
16	套管式电流互感器	高压侧	绕组数	3		
			准确级	0.5	5P20	5P20
			电流比	150-300/1		
			二次容量（VA）	15	15	15
			$K_{ssc}/F_s/ALF$	≤5/20/20		
		中性点侧	绕组数	3		
			准确级	5P20	5P20	0.5
			电流比	150-300/1		
			二次容量（VA）	15	15	15
			$K_{ssc}/F_s/ALF$	20/20/≤5		
17	压力释放装置	型号		（投标人提供）		
		台数		（投标人提供）		
		释放压力（MPa）		（投标人提供）		
18	绝缘油	提供的新油（包括所需的备用油）		—		
		过滤后应达到油的击穿电压（kV）		60		
		tanδ（%，90℃）		0.2		

表 1（续）

序号	项 目		标准参数值
18	绝缘油	含水量（mg/L）	10
		含气量（%，V/V）	1

注 1：P_1—大伞裙伸出长度；P_2—小伞裙伸出长度；S—相邻裙间高。

注 2：表 2 是本表的补充部分。

表 2 中性点接地电抗器技术参数特性表

序号	项 目			标准参数值
1	额定值	型式或型号		户外、单相、油浸
		额定频率（Hz）		50
		电压等级（kV）		110（66）
		额定持续电流（A）		30
		10s 最大电流（A）		300
		额定电抗（Ω）/容许偏差（%）		（项目单位提供）/±5
		相数		单相
		中性点接地方式		直接接地
		冷却方式		ONAN
2	绝缘水平	雷电冲击全波电压（kV，峰值）	高压端子	480（325）
			中性点端子	200
		雷电冲击截波电压（kV，峰值）	高压端子	530（360）
		短时工频耐受电压（kV，方均根值）	高压端子	200（140）
			中性点端子	85
3	温升限值（K）	顶层油（额定持续电流时）		65
		绕组（平均）	额定持续电流时	（投标人提供）
			10s 最大电流时	（投标人提供）
4	局部放电水平	在 $1.58U_r$ 下高压线端的视在放电量（pC）		≤100
5	损耗（kW，75℃）	额定持续电流时		≤额定容量的 3%
6	额定持续电流下噪声水平［dB（A）］			≤65
7	绕组连同套管的 $\tan\delta$（20℃，%）			<0.5
8	尺寸、质量	安装尺寸（m×m×m，长×宽×高）		（投标人提供）
		运输尺寸（m×m×m，长×宽×高）		（投标人提供）
		油质量（含备用）（t）		（投标人提供）
		总质量（t）		（投标人提供）

表2（续）

序号	项	目		标准参数值
8	尺寸、质量	运输质量（t）		（投标人提供）
9	套管	制造厂及型号	高压套管	（投标人提供）
			中性点套管	（投标人提供）
		额定电流（A）	高压套管	（投标人提供）
			中性点套管	（投标人提供）
		绝缘水平 （kV，LI/AC）	高压套管	550/255 （325/155）
			中性点套管	200/95
		局部放电水平（pC）	高压套管	＜10
		tanδ（%）/C（pF）	高压套管	0.4/（投标人提供）
		弯曲耐受负荷（kN）	高压套管	1.25（1.0）
			中性点套管	1.0
		有效爬距（mm）	高压套管	≥3906（2248）
			中性点套管	1256
		干弧距离（mm，应乘以海拔修 正系数 K_H	高压套管	（投标人提供）
			中性点套管	（投标人提供）
10	套管电流 互感器	高压侧	绕组数	2
			准确级	5P20	5P20
			电流比	100/1
			二次容量（VA）	15	15
			F_s/ALF	20/≤5
11	压力释放装置	型号		（投标人提供）
		台数		（投标人提供）
		释放压力（MPa）		（投标人提供）
注：中性点电抗器的高压端子绝缘水平分为110kV级或66kV级，项目单位应根据实际需要选择其一。				

5 组件材料配置

组件材料配置包括元件名称、规格形式参数、单位、数量和产地等信息，具体内容和格式根据招标项目情况进行编制。

6 使用环境条件

330kV/20Mvar 油浸式并联电抗器使用环境条件见表3。特殊环境要求根据项目情况进行编制。

表 3　使 用 环 境 条 件 表

环　境　项　目		项目需求值
海拔（m）		≤1000
环境温度（℃）	最高气温	40
	最低气温	−25
	最热月平均气温	30
	最高年平均气温	20
最大月平均相对湿度（%，25℃时）		90
日照强度（W/cm²）		0.1
最大覆冰厚度（mm）		10
最大风速（m/s，离地面高 10m 处，维持 10min）		35
地面水平加速度（m/s²，正弦共振 3 周波，安全系数 1.67 以上）		2
污秽等级		Ⅳ
系统条件	额定频率（Hz）	50
	系统标称电压（kV）	330
	最高运行电压（kV）	363
	系统中性点接地方式	直接接地
与其他设备连接方式		（项目单位填写）

ICS 29.240

Q/GDW

国家电网有限公司企业标准

Q/GDW 13061.3—2018
代替 Q/GDW 13061.3—2014

330kV 油浸式并联电抗器采购标准
第 3 部分：330kV/30Mvar 油浸式
并联电抗器专用技术规范

Purchasing standard for 330kV oil-immersed shunt reactors
Part 3: 330kV/30Mvar oil-immersed shunt reactors
Special technical specification

2019-06-28发布   2019-06-28实施

国家电网有限公司   发 布

目　次

前　　言

为规范 330kV 油浸式并联电抗器的采购，制定本部分。

《330kV 油浸式并联电抗器采购标准》分为 3 个部分：

——第 1 部分：通用技术规范；

——第 2 部分：330kV/20Mvar 油浸式并联电抗器专用技术规范；

——第 3 部分：330kV/30Mvar 油浸式并联电抗器专用技术规范。

本部分为《330kV 油浸式并联电抗器采购标准》的第 3 部分。

本部分代替 Q/GDW 13061.3—2014，主要技术性差异如下：

——修改了"噪声水平"名称为"声级"；

——修改了局部放电试验电压要求值；

——修改了套管的有效爬距要求值；

——修改了套管式电流互感器的参数要求；

——修改了新油（包括所需的备用油）的击穿电压、介质损耗要求值；

——修改了使用环境条件表中的污秽等级。

本部分由国家电网有限公司物资部提出并解释。

本部分由国家电网有限公司科技部归口。

本部分起草单位：国网江苏省电力有限公司、中国电力科学研究院有限公司、国网安徽省电力有限公司。

本部分主要起草人：蔚超、郭慧浩、吴兴旺、王胜权、廖才波、蔡胜伟、李辉。

本部分 2014 年 9 月首次发布，2018 年 12 月第一次修订。

本部分在执行过程中的意见或建议反馈至国家电网有限公司科技部。

330kV 油浸式并联电抗器采购标准
第 3 部分：330kV/30Mvar 油浸式
并联电抗器专用技术规范

1 范围

本部分规定了 330kV/20Mvar 油浸式并联电抗器招标的标准技术参数、项目需求及投标人响应的相关内容。

本部分适用于 330kV/20Mvar 油浸式并联电抗器招标。

2 规范性引用文件

下列文件对于本文件的应用是必不可少的。凡是注日期的引用文件，仅注日期的版本适用于本文件。凡是不注日期的引用文件，其最新版本（包括所有的修改单）适用于本文件。

Q/GDW 13061.1 330kV 油浸式并联电抗器采购标准 第 1 部分：通用技术规范

3 术语和定义

下列术语和定义适用于本文件。

3.1

招标人 bidder

提出招标项目，进行招标的法人或其他组织。

3.2

投标人 tenderer

响应招标、参加投标竞争的法人或者其他组织。

3.3

买方 buyer

购买本部分货物和技术服务的法人或其他组织，包括其法定的承继者和经许可的受让人。

3.4

买方 buyer（purchaser）

购买本部分货物和技术服务的法人或其他组织，包括其法定的承继者和经许可的受让人。

4 标准技术参数

技术参数特性表是国家电网有限公司对采购设备的基础技术参数要求，在招投标过程中，投标人应依据招标文件，对技术参数特性表中标准参数值进行响应。330kV/20Mvar 油浸式并联电抗器技术参数特性见表 1，配套用中性点接地电抗器技术参数见表 2。物资应满足 Q/GDW 13061.1 的要求。

表 1 技 术 参 数 特 性 表

序号	名称	项 目	标准参数值
1	额定值	型式或型号	户外、单相、油浸

表 1（续）

序号	名称	项目		标准参数值
1	额定值	额定频率（Hz）		50
		额定电压 U_N（kV）		$363/\sqrt{3}$
		额定容量（Mvar）		20
		额定电流（A）		143.1
		额定电抗（Ω）/容许偏差（%）		1464.1/±5
		三相间阻抗互差（%）		±2
		相数		单相
		三相联结方式		YN
		冷却方式		ONAN
2	绝缘水平	雷电冲击全波电压（kV，峰值）	高压端子	1175
			中性点端子	480
		雷电冲击截波电压（kV，峰值）	高压端子	1300
		操作冲击电压（kV，峰值）	高压端子（对地）	950
		短时工频耐受电压（kV，方均根值）	高压端子	510
			中性点端子	200
3	温升限值（K，在 $1.05U_N$ 下）	顶层油		50
		绕组（平均）		60
		油箱及金属结构件表面		70
		铁心		70
		绕组热点		73
4	励磁特性	$1.4U_N$ 下的电流不大于 $1.4I_N$ 的百分数（%）		3
		$1.4U_N$ 和 $1.7U_N$ 的连线平均斜率不小于初始斜率的百分数（%）		50
		过励磁能力（kU_N—t）	$1.50U_N$（s）	8
			$1.40U_N$（s）	20
			$1.30U_N$（min）	3
			$1.25U_N$（min）	10
			$1.20U_N$（min）	20
			$1.15U_N$（min）	60
			$1.10U_N$	连续
5		损耗（kW，75℃）		＜75
6	设计参数	电流密度（A/mm²）		（投标人提供）
		绕组电阻（Ω，75℃）		（投标人提供）
		铁心主磁通密度（T，额定电压、额定频率时）		（投标人提供）
7	声级	声压级［dB（A）］		≤75

表1（续）

序号	名称	项　　目		标准参数值
8	振动限值 （μm，峰—峰）	平均值		≤60
		最大值		≤100
		油箱底部		≤20
9	局部放电水平 （pC）	在1.58U_r下高压线端的视在放电量		＜100
10		绕组连同套管的tanδ（%，20℃）		≤0.5
11	无线电干扰 水平（μV）	在1.1倍最高相电压下		≤500 晴天夜间无可见电晕
12	尺寸、质量）	安装尺寸（m×m×m，长×宽×高）		（投标人提供）
		运输尺寸（m×m×m，长×宽×高）		（投标人提供）
		重心高度（m）		（投标人提供）
		器身质量（t）		（投标人提供）
		上节油箱质量（t）		（投标人提供）
		油质量（不含备用，t）		（投标人提供）
		总质量（t）		（投标人提供）
		运输质量（t）		（投标人提供）
13		电抗器运输时允许的最大倾斜度（°）		15
14	片式散热器	散热器型式		（投标人提供）
		散热器组数		（投标人提供）
		每组散热器冷却容量（kW）		（投标人提供）
		散热器质量（t）		（投标人提供）
15	套管	制造厂及型号	高压套管	（投标人提供）
			中性点套管	（投标人提供）
		额定电流（A）	高压套管	≥1.2I_N
			中性点套管	≥1.2I_N
		绝缘水平 （kV，LI/SI/AC）	高压套管	1175/950/570
		绝缘水平 （kV，LI/SI/AC）	中性点套管	550/—/255
		局部放电水平（pC）	高压套管	＜5
			中性点套管	＜10
		tanδ（%）/C（pF）	高压套管	0.4/（投标人提供）
			中性点套管	0.4/（投标人提供）
		弯曲耐受负荷（kN）	高压套管	2.5
			中性点套管	1.25

表1（续）

序号	名称	项	目	标准参数值		
15	套管	套管有效爬距（mm，等于有效爬距乘以直径系数 K_d）	高压套管	≥11 253		
			中性点套管	≥3906		
		干弧距离（mm）	高压套管	（投标人提供）		
			中性点套管	（投标人提供）		
		套管爬距/干弧距离	高压套管	≤4		
			中性点套管	≤4		
		大小伞裙数据	高压 P_1-P_2（mm）	≥15		
			高压 S/P_1 比值	>0.9		
			中性点 P_1-P_2（mm）	≥15		
			中性点 S/P_1 比值	>0.9		
		平均直径（mm）	高压套管	（投标人提供）		
			中性点套管	（投标人提供）		
16	套管式电流互感器	高压侧	绕组数	3		
			准确级	0.5	0.5	5P20
			电流比	150-300/1		
			二次容量（VA）	15	15	15
			$K_{ssc}/F_s/ALF$	≤5/20/20		
		中性点侧	绕组数	3		
			准确级	5P20	5P20	0.5
			电流比	150-300/1		
			二次容量（VA）	15	15	15
			$K_{ssc}/F_s/ALF$	20/20/≤5		
17	压力释放装置	型号		（投标人提供）		
		台数		（投标人提供）		
		释放压力（MPa）		（投标人提供）		
18	绝缘油	提供的新油（包括所需的备用油）		—		
		过滤后应达到油的击穿电压（kV）		60		
		tanδ（%，90℃）		0.2		
		含水量（mg/L）		10		
		含气量（%，V/V）		1		

注1：P_1—大伞裙伸出长度；P_2—小伞裙伸出长度；S—相邻裙间高。

注2：表2是本表的补充部分。

表 2　中性点接地电抗器技术参数特性表

序号	项 目			标准参数值
1	额定值	型式或型号		户外、单相、油浸
		额定频率（Hz）		50
		电压等级（kV）		110（66）
		额定持续电流（A）		30
		10s 最大电流（A）		300
		额定电抗（Ω）/容许偏差（%）		（项目单位提供）/±5
		相数		单相
		中性点接地方式		直接接地
		冷却方式		ONAN
2	绝缘水平	雷电冲击全波电压（kV，峰值）	高压端子	480（325）
			中性点端子	200
		雷电冲击截波电压（kV，峰值）	高压端子	530（360）
		短时工频耐受电压（kV，方均根值）	高压端子	200（140）
			中性点端子	85
3	温升限值（K）	顶层油（额定持续电流时）		65
		绕组（平均）	额定持续电流时	（投标人提供）
			10s 最大电流时	（投标人提供）
4	局部放电水平	在 1.58U_r 下高压线端的视在放电量（pC）		≤100
5	损耗（kW，75℃）	额定持续电流时		≤额定容量的 3%
6	额定持续电流下噪声水平［dB（A）］			≤65
7	绕组连同套管的 tanδ（%，20℃）			＜0.5
8	尺寸、质量	安装尺寸（m×m×m，长×宽×高）		（投标人提供）
		运输尺寸（m×m×m，长×宽×高）		（投标人提供）
		油质量（t，含备用）		（投标人提供）
		总质量（t）		（投标人提供）
		运输质量（t）		（投标人提供）
9	套管	制造厂及型号	高压套管	（投标人提供）
			中性点套管	（投标人提供）

表 2（续）

序号	项目			标准参数值	
9	套管	额定电流（A）	高压套管	（投标人提供）	
			中性点套管	（投标人提供）	
		绝缘水平（kV，LI/AC）	高压套管	550/255（325/155）	
			中性点套管	200/95	
		局部放电水平（pC）	高压套管	<10	
		tanδ（%）/C（pF）	高压套管	0.4/（投标人提供）	
		弯曲耐受负荷（kN）	高压套管	1.25（1.0）	
			中性点套管	1.0	
		有效爬距（mm）	高压套管	≥3906（2248）	
			中性点套管	1256	
		干弧距离（mm，应乘以海拔修正系数 K_H）	高压套管	（投标人提供）	
			中性点套管	（投标人提供）	
10	套管电流互感器	高压侧	绕组数	2	
			准确级	5P20	5P20
			电流比	100/1	
			二次容量（VA）	15	15
			F_s/ALF	20/≤5	
11	压力释放装置	型号		（投标人提供）	
		台数		（投标人提供）	
		释放压力（MPa）		（投标人提供）	

注：中性点电抗器的高压端子绝缘水平分为 110kV 级或 66kV 级，项目单位应根据实际需要选择其一。

5 组件材料配置

组件材料配置包括元件名称、规格形式参数、单位、数量和产地等信息，具体内容和格式根据招标项目情况进行编制。

6 使用环境条件

330kV/30Mvar 油浸式并联电抗器使用环境条件见表 3。特殊环境要求根据项目情况进行编制。

表 3　使用环境条件表

环　境　项　目		项目需求值
海拔（m）		≤1000
环境温度（℃）	最高气温	40
	最低气温	−25
	最热月平均气温	30
	最高年平均气温	20
最大月平均相对湿度（%，25℃时）		90
日照强度（W/cm²）		0.1
最大覆冰厚度（mm）		10
最大风速（m/s，离地面高 10m 处，维持 10min）		35
地面水平加速度（m/s²，正弦共振 3 周波，安全系数 1.67 以上）		2
污秽等级		Ⅳ
系统条件	额定频率（Hz）	50
	系统标称电压（kV）	330
	最高运行电压（kV）	363
	系统中性点接地方式	直接接地
与其他设备连接方式		（项目单位填写）

ICS 29.240

Q/GDW

国家电网有限公司企业标准

Q/GDW 13062.1 — 2018
代替 Q/GDW 13062.1 — 2014

500kV 油浸式并联电抗器采购标准
第1部分：通用技术规范

Purchasing standard for 500kV oil-immersed shunt reactors
Part 1: General technical specification

2019-06-28发布   2019-06-28实施

国家电网有限公司   发 布

目　次

前　言

为规范 500kV 油浸式并联电抗器的采购，制定本部分。

《500kV 油浸式并联电抗器采购标准》分为 4 个部分：

——第 1 部分：通用技术规范；

——第 2 部分：500kV/40Mvar 油浸式并联电抗器专用技术规范；

——第 3 部分：500kV/50Mvar 油浸式并联电抗器专用技术规范；

——第 4 部分：500kV/60Mvar 油浸式并联电抗器专用技术规范。

本部分为《500kV 油浸式并联电抗器采购标准》的第 1 部分。

本部分代替 Q/GDW 13062.1—2014，主要技术性差异如下：

——增加了《国家电网有限公司十八项电网重大反事故措施（2018 修订版）》的相关要求、抽检试验等要求；

——修改了储油柜、油箱、变压器油等组部件和材料的性能要求。

本部分由国家电网有限公司物资部提出并解释。

本部分由国家电网有限公司科技部归口。

本部分起草单位：国网江苏省电力有限公司、中国电力科学研究院有限公司、国网安徽省电力有限公司。

本部分主要起草人：李建生、郭慧浩、吴兴旺、蔡胜伟、邵茛峰、王胜权、林元棣。

本部分 2014 年 9 月首次发布，2018 年 12 月第一次修订。

本部分在执行过程中的意见或建议反馈至国家电网有限公司科技部。

500kV 油浸式并联电抗器采购标准
第 1 部分：通用技术规范

1 范围

本部分规定了 500kV 油浸式并联电抗器招标的总则、技术参数和性能要求、试验、包装、运输、交货及工厂检验和监造的一般要求。

本部分适用于 500kV 油浸式并联电抗器招标。

2 规范性引用文件

下列文件对于本文件的应用是必不可少的。凡是注日期的引用文件，仅注日期的版本适用于本文件。凡是不注日期的引用文件，其最新版本（包括所有的修改单）适用于本文件。

GB/T 311.1　高压输变电设备的绝缘配合

GB/T 1094.1　电力变压器　第 1 部分：总则

GB/T 1094.2　电力变压器　第 2 部分：温升

GB/T 1094.3　电力变压器　第 3 部分：绝缘水平、绝缘试验和外绝缘空气间隙

GB/T1094.4　电力变压器　第 4 部分：电力变压器和电抗器雷电冲击和操作冲击试验导则

GB/T 1094.6　电力变压器　第 6 部分：电抗器

GB/T 1094.10　电力变压器　第 10 部分：声级测定

GB 2536　电工流体变压器和开关用的未使用过的矿物绝缘油

GB/T 2900.95　电工术语　变压器、调压器和电抗器

GB/T 4109　交流电压高于 1000V 的绝缘套管

GB/T 4585　交流系统用高压绝缘子的人工污秽试验

GB/T 5273　高压电器端子尺寸标准化

GB/T 6451　油浸式电力变压器技术参数和要求

GB/T 7354　局部放电测量

GB/T 7595　运行中变压器油质量标准

GB/T 16847　保护用电流互感器暂态特性技术要求

GB/T 16927.1　高压试验技术　第 1 部分：一般试验要求

GB/T 16927.2　高压试验技术　第 2 部分：测量系统

GB/T 20840.2　互感器　第 2 部分：电流互感器的补充技术要求

GB/T 23753　330kV 及 500kV 油浸式并联电抗器技术参数和要求

GB/T 26218（所有部分）　污秽条件下使用的高压绝缘子的选择和尺寸确定

GB 50150　电气装置安装工程电气设备交接试验标准

DL/T 271　330kV～750kV 油浸式并联电抗器使用技术条件

DL/T 722　变压器油中溶解气体分析和判断导则

DL/T 1094　电力变压器用绝缘油选用指南

Q/GDW 1152.1　电力系统污区分级与外绝缘选择　第 1 部分：交流系统

Q/GDW 1168　输变电设备状态检修试验规程

IEC 60815 污染环境中所用高压绝缘子的选择和尺寸测定（Selection and dimensioning of high-voltage insulators intended for use in polluted conditions）

3 术语和定义

下列术语和定义适用于本文件。

3.1

招标人 bidder

提出招标项目，进行招标的法人或其他组织。

3.2

投标人 tenderer

响应招标、参加投标竞争的法人或者其他组织。

3.3

卖方 seller

提供本部分货物和技术服务的法人或其他组织，包括其法定的承继者。

3.4

买方 buyer

购买本部分货物和技术服务的法人或其他组织，包括其法定的承继者和经许可的受让人。

4 总则

4.1 一般规定

4.1.1 投标人应具备招标公告所要求的资质，具体资质要求详见招标文件的商务部分。

4.1.2 投标人应满足本部分规范性引用文件中有关标准和文件的要求。投标人提供的电抗器应符合本部分所规定的要求，投标人亦可推荐符合本标准（通用部分和专用部分）要求的类似定型产品，但应提供详细的技术偏差，并在报价书中以"对规范书的意见和同规范书的差异"为标题的专门章节中加以详细描述。

4.1.3 本部分提出了对电抗器的技术参数、性能、结构、试验等方面的技术要求。有关电抗器的包装、标志、运输和保管的要求见招标文件商务部分的规定。

4.1.4 本部分提出的是最低限度的技术要求，并未对一切技术细节作出规定，也未充分引述有关标准的条文，投标人应提供符合本部分引用标准的最新版本标准和本部分技术要求的全新产品，如果所引用的标准之间不一致或本部分所使用的标准与投标人所执行的标准不一致时，按要求较高的标准执行。

4.1.5 本部分将作为订货合同的附件，与合同具有同等的法律效力。本部分未尽事宜，由合同签约双方在合同谈判时协商确定。

4.1.6 本部分中涉及有关商务方面的内容，如与招标文件的商务部分有矛盾时，以招标文件的商务部分为准。

4.1.7 本部分如与专用部分有冲突，以专用部分为准。

4.2 投标人应提供的资质文件

4.2.1 投标人在投标文件中应提供下列资质文件，否则视为非响应性投标。

4.2.2 提供相应的最终用户的使用情况证明。

4.2.3 权威机构颁发的 ISO 9000 系列的认证证书或等同的质量保证体系认证证书。

4.2.4 履行合同所需的独立设计能力、生产技术和生产能力的文件资料。

4.2.5 有能力履行合同设备维护保养、修理及其他服务义务的文件。

4.2.6 由有资质的第三方见证的同类设备的型式试验报告。

4.2.7 所提供的组部件如需向第三方外购时，投标人应详细说明并就其质量做出承诺，并提供分供方相应的例行型式检验报告和投标人的进厂验收证明。

4.3 工作范围和进度要求

4.3.1 本部分仅适用于货物需求一览表中所列的设备。其中，包括电抗器本体及其组部件的功能设计、结构、性能、安装和试验等方面的技术要求，以及供货和现场技术服务。

4.3.2 合同签订时，应确定卖方向买方提交生产进度计划的时限。卖方应在买方要求的时限内向买方提交详尽的生产进度计划。

4.3.3 如生产进度有延误，卖方应及时将延误的原因、产生的影响及准备采取的补救措施等，向买方加以解释，并尽可能保证交货的进度。

4.4 对设计图纸、说明书和试验报告的要求

4.4.1 图纸及图纸的认可和交付

4.4.1.1 所有需经买方确认的图纸和资料（见表 1），均应由卖方在合同签订后的 4 周内提交给买方进行审定认可。买方审定时有权提出修改意见。

表 1 需经买方确认的图纸和资料

序号	内　　容
1	电抗器外形图（包括套管吊装尺寸、二次电缆的安装图）
2	电抗器的质心图
3	进线电缆布置位置
4	电抗器基础图
5	运输尺寸和运输质量
6	电抗器装配注油后的总质量

4.4.1.2 买方在收到需认可图纸两周后，将一套确认的或签有买方校定标记的图纸（买方负责人签字）返还给卖方。买方有权对供货设备的卖方图纸提出修改意见。凡买方认为需要修改且经卖方认可的，不得对买方增加费用。在未经买方对图纸作最后认可前，任何采购或制造所造成的损失和后果应由卖方单独承担。

4.4.1.3 卖方在收到买方确认图纸（包括认可方的修正意见）后，经修改应于两周内提供最终版的正式图纸和一套供复制用的底图及正式的 CAD 文件电子版，正式图纸应加盖工厂公章或签字。

4.4.1.4 电抗器应按照经确认的最终图纸进行制造，完工后的产品应与最后确认的图纸一致。买方对图纸的认可并不减轻卖方关于其图纸的完整性和正确性的责任。设备在现场安装时，如卖方技术人员进一步修改图纸，卖方应对图纸重新收编成册，正式递交买方，并保证安装后的设备与图纸完全相符。

4.4.1.5 图纸的格式：所有图纸均应有标题栏、全部符号和部件标志，文字均用中文书写，并使用 SI 国际单位制。

4.4.2 需随设备提供的图纸

卖方应随设备免费提供给买方最终版的图纸（见表 2），一式 6 份。其中，图纸应包括总装配图及安装时设备位置的精确布置图，并且应保证买方可按最终版的图纸资料对所供设备进行维护，以及在运行中便于进行更换组部件等工作。

表 2 需随设备提供的图纸

序号	内　　容
1	买卖双方协商确定的图纸、资料和说明
2	有关设计图纸、资料
3	运输、保管、现场安装调试用图纸、资料

表 2（续）

序号	内 容
4	电抗器及主要组部件图表： a）外形尺寸图（包括吊装图及顶起图）； b）梯子及储油柜安装图； c）控制电缆安装图； d）套管及接线端子零件图； e）套管与电抗器引线装配图； f）二次保护、测温、信号、动力电源的端子布置图； g）压力释放装置结构及安装图； h）电流互感器安装图； i）电抗器铭牌图（包括三相成组连接的铭牌）； j）电流互感器铭牌图； k）电抗器安装基础图； l）电抗器外部二次线及电源线布置图； m）电抗器接地线路图及端子位置图； n）电抗器本体运输图； o）展开图及接线图； p）电抗器器身示意图； q）上节油箱起吊图； r）注有尺寸的套管升高座的横断面图； s）所有供应的组部件、附件外形尺寸图； t）铁心、夹件接地套管布置图、中性点接地套管引线支撑详图； u）拆卸图； v）电抗器安装、运行、维修和有关设施设计所需的其他图纸和资料； w）原理接线图

对表 2 中部分图纸的要求如下：

a) 外形尺寸图：

   1) 图纸应标明全部所需要的组部件数量、目录号、额定值和型号等技术数据，详细标明运输尺寸和质量，装配总质量和油质量；它还应标示出电抗器在运输准备就绪后的电抗器重心，储油柜的位置、尺寸，带电部位与邻近接地体的空气净距。

   2) 图纸应标明所有组部件的尺寸位置，以及拆卸高压套管时所需要的空间高度，上节油箱起吊高度。还应标明起顶、拖耳位置，各阀门法兰尺寸及位置。

   3) 图纸应标明电抗器底座和基础螺栓尺寸。

b) 套管及其接线端子零件图：图纸应包括套管型号、套管内结构解剖详图、接线端子详图、固定法兰及瓷套伞形详图。套管接线端子的承力及其安全系数、爬电距离、干弧距离及平均直径均应给出。

c) 铭牌图：应符合国家相关标准。

d) 电抗器器身示意图：应标明绕组位置排列及其与套管的连接，包括引线连接装配的说明。

e) 上节油箱起吊图：标明起吊质量、起吊高度和吊索、吊点布置方式。

f) 注有尺寸的套管升高座的横断面图：应显示出法兰、电流互感器座等。

g) 所有供应的组部件外形尺寸图。组部件包括套管、气体继电器、压力释放装置、温度控制器、电流互感器及升高座、散热器等。

h) 展开图及接线图：应包括计量、保护、控制、报警、照明及动力等所需的交流和直流回路的线路原理图。

i) 原理接线图：应标示电抗器控制柜和所有电抗器组部件的端子，如电流互感器、报警装置等，以及这些设备在电抗器上的布线和用户电缆连接的接线板的标志。位于控制柜内的设备，应以接近其实际位置的方式表示在连接线路图上。位于控制柜外面的器件，例如电流互感器，其在图上的位置，应能简明标示其向接线端子上的引出连线，接线板上的端子间至少应留出一定的空隙，以备买方在向接线板上增加电缆连接时用。

j) 铁心、夹件接地套管及中性点接地套管接地引线布置图：图纸应表明套管、支柱绝缘子、支持钢结构排列、接地导体及钢结构详图。

k) 拆卸图：套管的拆卸方法，铁心吊环位置，铁心和线圈拆卸方法。

4.4.3 需随设备提供的资料

卖方应随设备免费提供给买方相关资料，见表3，一式6份。

表3 需随设备提供的资料

序号	内　　容
1	说明书： a) 电抗器的安装使用说明； b) 吸湿器使用说明； c) 套管及其电流互感器保管、安装、使用说明； d) 气体继电器使用说明； e) 绝缘油使用说明； f) 散热器安装和使用说明； g) 电抗器检测装置及控制柜等说明； h) 其他仪表的使用说明； i) 电抗器结构、绕组联结的说明； j) 温度控制器使用说明； k) 其他组部件的安装使用说明； l) 高海拔修正说明（如果需要）； m) 储油柜安装使用说明
2	有关产品的其他说明： a) 关于结构、连接及铁心、绕组型式等的概述和简图； b) 电抗器有关组部件的图纸和安装维护说明，例如套管、散热器、套管电流互感器以及所有保护装置和测量装置等； c) 电抗器励磁特性曲线； d) 电抗器用的特殊工具和仪器的清单、专用说明书、样本和手册等； e) 套管电流互感器的二次电阻、拐点处的磁通密度、铁心截面和铁心平均长度等所有技术数据，套管电流互感器的励磁曲线图等； f) 特殊需要的说明
3	安装、维修手册、资料
4	主要设计数据
5	设计、制造所依据的主要标准
6	备品备件图纸、清单
7	电抗器所用主要材料、组部件清单
8	对于其他未列入合同技术文件清单但却是工程所必需的文件和资料及图纸，如设计继电保护、控制操作及与其他设备配合需要的相关文件和技术数据等

4.4.4 试验报告

卖方应随设备免费提供给买方相关试验报告，见表4，一式6份。

表4　卖方向买方提供的试验、检验报告

序号	内　　容
1	电抗器整体出厂例行试验报告
2	电抗器型式试验和特殊试验报告
3	组部件试验： a）电抗器油试验报告； b）套管出厂试验、型式试验报告和油色谱分析报告； c）继电器出厂试验和型式试验报告； d）温度控制器出厂试验和型式试验报告； e）压力释放装置出厂试验和型式试验报告； f）电流互感器出厂和型式试验报告； g）散热器出厂试验和型式试验报告； h）其他组部件的出厂和型式试验报告
4	主要原材料： a）硅钢片检验报告； b）导线检验报告； c）绝缘材料检验报告； d）绝缘油检验报告

4.5　标准和规范

4.5.1　按有关标准规定的合同设备，包括卖方向其他厂商购买的所有组部件设备，都应符合这些标准的要求。

4.5.2　所有螺栓、双头螺栓、螺纹、管螺纹、螺栓头和螺帽均应遵照 ISO 及 SI 公制标准。

4.5.3　当标准、规范之间存在差异时，应按要求高的指标执行。

4.6　安装、调试、试运行和验收

4.6.1　合同设备的安装、调试，将由买方根据卖方提供的技术文件和安装使用说明书的规定，在卖方技术人员指导下进行。

4.6.2　合同设备试运行和验收，根据本部分规定的标准、规程、规范进行。

4.6.3　完成合同设备安装后，买方和卖方应检查和确认安装工作，并签署安装工作完成证明书，共两份，双方各执一份。

4.6.4　验收时间为安装、调试完成后并稳定试运行 72h 或按买方规定。在此期间，所有的合同设备都应达到各项运行性能指标要求。买卖双方可签署合同设备的验收证明书。该证明书共两份，双方各执一份。

4.6.5　如果在安装、调试、试运行及质保期内，设备发生异常，买卖双方应共同分析原因、分清责任，并按合同相关规定执行。

4.7　应满足的标准

装置至少应满足 GB/T 311.1、GB/T 1094.1、GB/T 1094.2、GB/T 1094.3、GB/T 1094.4、GB/T 1094.6、GB/T 1094.10、GB 2536、GB/T 4109、GB/T 4585、GB/T 5273、GB/T 6451、GB/T 7354、GB/T 7595、GB/T 2900.15、GB/T 16847、GB/T 16927.1、GB/T 16927.2、GB/T 20840.2、GB/T 23753、GB 50150、DL/T 271、DL/T 722、DL/T 1094、Q/GDW 1152.1、Q/GDW 1168、IEC 60815 中所列标准的最新版本的要求，但不限于上述所列标准。

4.8　应满足的文件

该类设备技术标准应满足国家电网有限公司标准化成果中相关条款要求。下列文件中相应的条款规定均适用于本文件，其最新版本（包括所有的修改单）适用于本文件。包括：

    a）《国家电网有限公司十八项电网重大反事故措施（2018 修订版）》；

    b）《国家电网有限公司输变电工程通用设备 35～750kV 变电站分册（2018 年版）》；

c)《国家电网有限公司电力设备（交流部分）监造大纲》；

d)《国家电网有限公司设备抽检规范》；

e)《电网设备及材料质量管控重点措施》；

f)《国家电网有限公司输变电工程通用设计》。

5 结构及其他要求

5.1 铁心及绕组

5.1.1 铁心应由优质冷轧硅钢片制成。用先进方法进行叠装和紧固，不致因运输和运行的振动而松动。

5.1.2 绕组使用高质量铜线。绕组应有良好的冲击电压波分布；应对绕组的漏磁通进行控制，避免产生局部过热；器身内油流分布应均匀、油路通畅。

5.1.3 绕组引出线焊接应牢固可靠。

5.1.4 与油接触的绝缘材料、胶、漆等与油应有良好的相容性。

5.1.5 电抗器铁心和夹件应与油箱绝缘，通过装在油箱上的套管分别引出，接地线应引至适当位置，便于在运行中监测接地线中是否有环流。

5.2 油箱及外部结构

5.2.1 油箱的外部结构应便于现场安装和运行维护。

5.2.2 油箱应采用高强度钢板，并应有足够的机械强度。并联电抗器油箱、散热器应能承受真空 133Pa 和正压 0.1MPa 的机械强度试验，不得有损伤和不允许的永久变形。中性点接地电抗器油箱应能承受正压 0.06MPa 的机械强度试验，不得有损伤和不允许的永久变形。

5.2.3 所有密封面均能有效地防止渗漏，确保密封性能。并联电抗器和中性点接地电抗器均应能承受在储油柜油面上施加 0.03MPa 静压力，持续 24h，应无渗漏及损伤。

5.2.4 电抗器的油箱及夹件等结构件，应采取防范漏磁通引起局部过热措施。

5.2.5 气体继电器的安装位置应便于观察和取气，气体继电器的水平管两端应装有蝶阀。

5.2.6 电抗器油箱应能在纵向、横向作平面滑动或在管子上滚动，并有用于拖动的构件。箱底与基础的固定方式，应经买方认可。

5.2.7 油箱上应有吊攀。总质量大于 15t 时，其油箱下部应设置千斤顶座。

5.2.8 油箱上应装有带安全防护的梯子，梯子下部有一个可锁住踏板的挡板，梯子位置应便于对气体继电器的检查。

5.2.9 油箱应设有上部注油和下部放油阀门，并成对角布置，并应装有油样阀。

5.2.10 根据用户要求可提供油色谱在线监测接口。

5.2.11 油箱的顶部不应形成积水，油箱内部不应有窝气死角。

5.2.12 所有法兰的密封面应平整，密封垫应有合适的限位，防止密封垫过度承压以致龟裂老化后造成渗漏。

5.3 储油柜

5.3.1 储油柜结构应使油与大气隔离，并带有吸湿器（带透明油封和内装环保变色硅胶），其容积应能满足油温变化的要求，并有油位指示、注油、放气和抽真空阀门、排污装置。油位指示装置带有油位限定报警触点。

5.3.2 储油柜应进行单独试漏。

5.4 温度测量装置

温度测量装置包括：

a) 玻璃温度计管座；

b) 信号温度计；

c) 远距离测温装置。

5.5 压力释放装置

电抗器应在油箱顶上安装压力释放装置，压力释放装置应带有报警触点。

5.6 套管

5.6.1 套管的性能及试验要求应符合 GB/T 4109 的规定。高压套管的伞裙采用大小伞结构，伞裙的伸出长度、伞间距应符合 IEC 60815 的规定。套管的爬距与干弧距离之比应小于 4。

5.6.2 套管应无渗漏，有易于从地面检查油位的油位指示器。

5.6.3 供货套管应装在电抗器上随本体进行试验，并提供 tanδ 实测值。套管末屏应能承受 3kV 工频试验电压 1min。

5.6.4 套管宜采用导杆式结构，套管颜色由设计联络会确定。

5.6.5 66kV 及以上电压等级应采用油纸电容型套管，并应有试验用端子。油纸电容型套管在最低环境温度下不应出现负压，生产厂家应明确套管最大取油量，避免因取油样而造成负压。制造厂家应对油纸电容型套管末屏接地方式作充分说明，并保证便于检修试验（包括提供专用工具），且在运行中不会出现末屏开路的故障。电容型套管安装位置和角度应易于从地面检查末屏运行状况。

5.6.6 新型或有特殊运行要求的套管，在首批次生产系列中应至少有一支通过全部型式试验，并提供第三方权威机构的型式试验报告。

5.6.7 套管接线端子（抱箍线夹）应采用 T2 纯铜材质热挤压成型。禁止采用黄铜材质或铸造成型的抱箍线夹。

5.6.8 套管均压环应采用单独的紧固螺栓，禁止紧固螺栓与密封螺栓共用，禁止密封螺栓上、下两道密封共用。

5.7 套管电流互感器

5.7.1 套管电流互感器应符合 GB/T 20840.2 和 GB/T 16847 的规定。

5.7.2 应提供二次励磁曲线、拐点电压和二次绕组最大抽头的电阻值（75℃时）以及采取的剩磁控制方法的说明等。

5.7.3 所有电流互感器的参数应在电抗器铭牌上列出。

5.8 端子箱和控制柜

每台电抗器应装有端子箱，端子箱材质应满足 DL/T 1424 的要求。套管电流互感器、气体继电器、压力释放器、温度测量装置等二次线均接到端子箱内端子排上。端子排上应留有 20% 的备用端子。二次引线应经金属屏蔽管引到电抗器控制柜的端子板上，引线应采用截面不小于 $4mm^2$ 的耐油、耐热的软线。控制柜内设有照明和恒温器控制的加热电阻，以防潮、防蚀、防外界气温影响等。防护等级为 IP54。

5.9 涂漆和防锈

a) 电抗器油箱、储油柜、冷却装置及联管等的外表面均应涂漆。

b) 电抗器油箱内表面、铁心上下夹件等均应涂以浅色漆，并与变压器油有良好的相容性，用漆由卖方决定。所有需要涂漆的表面在涂漆前应进行彻底的表面处理（如采用喷砂处理或喷丸处理）。

c) 喷砂（喷丸）处理后 8h 内，且未生锈之前，应涂一层金属底漆。底漆应具有良好的防腐、防潮和附着性能，漆层厚度不小于 0.04mm，表层面漆与底漆相容，具有良好的耐久性能。

d) 所有外表面至少要涂一道底漆和二道面漆，面漆厚度不小于 0.085mm，表层面漆应有足够弹性以耐受温度变化，耐剥落且不褪色、不粉化。

e) 电抗器出厂时，外表面应油漆一新，并供给适当数量的原用漆，用于安装现场补漆或整体油漆。

f) 油箱外部螺栓、管道阀门等金属件应采用热镀锌等防锈措施。

5.10 电抗器运输

电抗器应满足运输尺寸、质量及公路运输时倾斜 15° 等运输条件的要求，并能承受运输中的冲撞，当冲撞加速度不大于 3g 时，应无任何松动、变形和损坏。运输时应安装三维冲撞记录仪。应保证电抗器到现场后不吊罩检查即可投入运行。

5.11 绝缘油

5.11.1 绝缘油应采用符合 GB 2536 规定的环烷基、添加抗氧化剂、低含硫量的新油。

5.11.2 卖方应提供合格的新油（除包括电抗器运行用油外，还应包括安装消耗用油和所需的备用油）。

5.11.3 变压器新油应由厂家提供新油腐蚀性硫、结构簇、糠醛、T501 及油中颗粒度报告。

5.12 中性点接地电抗器的阻抗

中性点接地电抗器的抽头阻抗的最大变化范围应在额定阻抗的±10%以内，在规定的额定短时电流以下，阻抗应为线性。

5.13 电抗器的寿命

电抗器在规定的工作条件和负载条件下运行，并按使用说明书进行安装和维护，预期寿命应不少于40 年。主要主部件的运行寿命（在运行寿命内除预试外无正常检修内容）要求：

a) 电容套管：30 年及以上。

b) 套管互感器：30 年及以上。

c) 散热器：30 年及以上。

d) 储油柜：30 年及以上。

e) 吸湿器：30 年及以上。

f) 密封件、胶囊：30 年及以上。

g) 压力释放阀及气体继电器：30 年及以上。

h) 各类阀门的关合次数：在油温 105℃下 100 次以上无渗漏。

i) 端子箱：30 年及以上。

j) 温度计、油位计等测量仪表：15 年及以上。

5.14 铭牌

每台电抗器应提供用不受气候影响的材料制成的铭牌，并安装在明显可见的位置。所示项目应用耐久的方法刻出（如用蚀刻、雕刻和打印法）。铭牌上应标出下述各项：

a) 电抗器名称；

b) 型号；

c) 产品代号；

d) 标准代号；

e) 制造厂名；

f) 出厂序号；

g) 制造年月；

h) 相数；

i) 额定容量；

j) 额定频率；

k) 额定电压；

l) 额定电流；

m) 最高运行电压；

n) 绕组联结；

o) 额定电压时的电抗（实测值）；

p) 损耗（实测值）；

q) 冷却方式；

r) 绝缘水平；

s) 总质量；

t） 绝缘油质量；

u） 器身质量；

v） 声级水平；

w） 套管电流互感器参数；

x） 运输质量；

y） 绝缘耐热等级（A 级可不给出）；

z） 温升；

aa） 温度与储油柜油位关系曲线（准确计算后）。

5.15 电气一次接口

5.15.1 引接线形式

电抗器每个套管应有一个可变化方向的平板式接线端子，以便于接线安装。套管端子板应能承受引线张力和重力引起的力矩而不发生变形。电抗器各侧引线端子与其他设备连接应采用软过渡，以防止高应力损坏设备。

一次接线端子板应满足回路短路电流及发热要求。端子板材质为铜，表面镀银且平滑无划痕，开孔数量需要保证连接可靠。

500kV 高压并联电抗器安装纵断面及俯视示意图如图 1 所示。

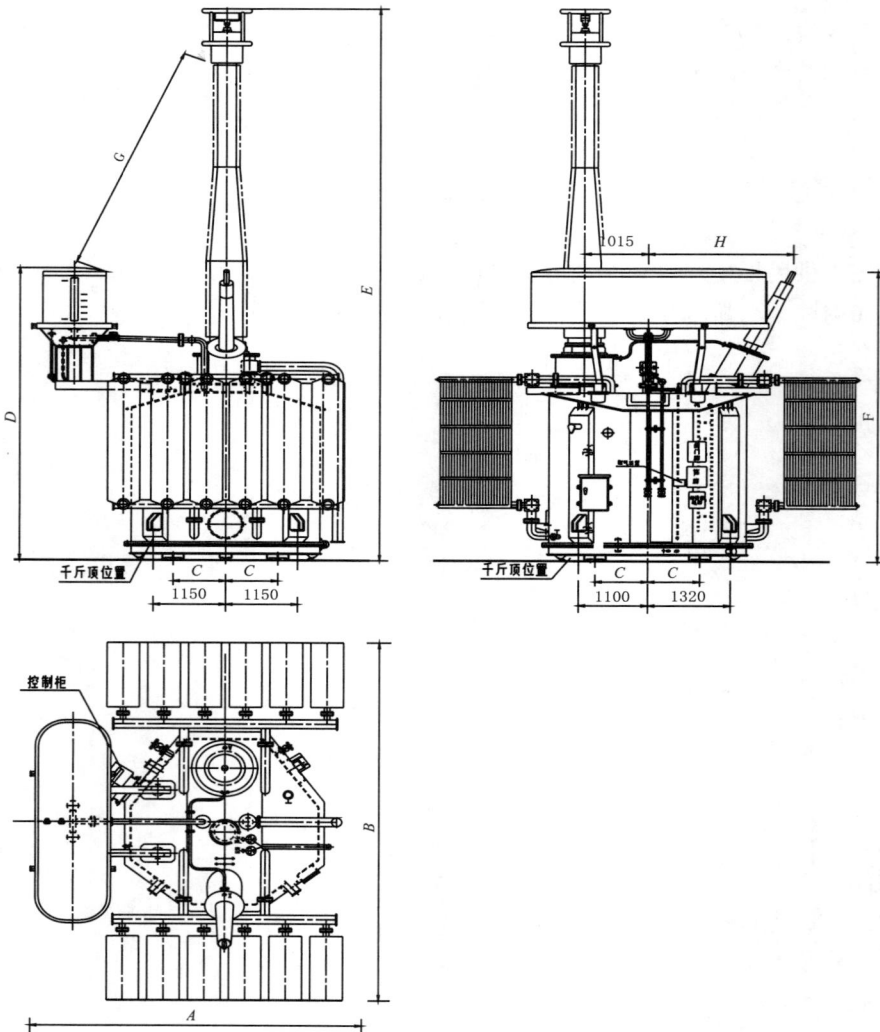

图 1 电气接口：500kV 高压并联电抗器安装纵断面及俯视示意图

5.15.2 接地

电抗器铁心、夹件的接地引下线应与油箱绝缘，从装在油箱上的套管引出后应引至适当位置，便于在运行中监测接地线中是否有环流，接地处应有明显的接地符号或"接地"字样。

中性点接地引线至接地网的接地线应采用 2 根至接地网的不同方向。

5.15.3 外观颜色

瓷套颜色一般采用棕色。

电抗器油箱、储油柜、冷却装置及连管等的外表面颜色建议为海灰 B05。

5.16 电气二次接口

5.16.1 电抗器油温测量

电抗器油温测量装置应满足 GB/T 6451 的要求。在电抗器油箱油温较高点上，安装两套油温测量装置。上述温度变量除在电抗器本体上可观测外，还应输出 4mA～20mA 模拟量信号。

5.16.2 电抗器的本体保护

高压并联电抗器的本体保护用于跳闸和报警，电抗器应有下列本体跳闸和报警保护，其中压力释放装置应为两套本体保护内容见表 5。

表 5 电 抗 器 本 体 保 护 表

序号	保护名称	触点内容	电源	触点容量	触点数量
1	主油箱气体继电器	重瓦斯跳闸 轻瓦斯报警	DC 220V	≥1A	重瓦斯跳闸 2 对 轻瓦斯报警 1 对
2	主油箱油位计	报警	DC 220V	≥1A	高油位报警 1 对 低油位报警 1 对
3	主油箱压力释放装置	报警	DC 220V	≥1A	跳闸 2 对
4	油温指示控制器 1	报警或跳闸	DC 220V	≥1A	跳闸 1 对 报警 1 对
5	油温指示控制器 2	报警或跳闸	DC 220V	≥1A	跳闸 1 对 报警 1 对
6	绕组温度指示控制器	报警或跳闸	DC 220V	≥1A	跳闸 1 对 报警 1 对

5.16.3 电抗器的端子箱

电抗器的端子箱包括电抗器总端子箱及各单相电抗器本体端子箱，制造厂家应提供包括电抗器所需的全部机械和电气控制部件在内的端子箱及与其相连所需的部件。电抗器总端子箱用于汇总各单相电抗器本体箱中 TA 绕组、本体保护和交、直流电源等的对外联系接口。

5.16.3.1 端子箱的结构

电抗器总端子箱应设计合理，应能防晒、防雨、防潮，并有足够的空间，控制柜为地面式布置。各单相电抗器本体端子箱安装在各分相主变压器本体上，其性能要求、端子及连接等同电抗器总端子箱的要求。500kV 高压并联电抗器电流回路端子排如图 2 所示，500kV 高压并联电抗器信号回路端子排如图 3、图 4 所示，500kV 高压并联电抗器交流电源端子排如图 5 所示，500kV 高压并联电抗器跳闸回路端子排如图 6 所示，本体智能终端光口示意图如图 7 所示。

×1		电流回路	
	1	H1A1	
	2	H1B1	
	3	H1C1	
	4	H1A2	
	5	H1B2	
接地	6	H1C2	
	7		
	8	H2A1	
	9	H2B1	
	10	H2C1	
	11	H2A2	
	12	H2B2	
接地	13	H2C2	
	14		
	15	H3A1	
	16	H3B1	
	17	H3C1	
	18	H3A2	
	19	H3B2	
接地	20	H3C2	
	21		
	22	H4A1	
	23	H4B1	
	24	H4C1	
	25	H4A2	
	26	H4B2	
接地	27	H4C2	
	28		
	29	L1A1	
	30	L1B1	
	31	L1C1	
	32	L1A2	
	33	L1B2	
接地	34	L1C2	
	35		
	36	L2A1	
	37	L2B1	
	38	L2C1	
	39	L2A2	
	40	L2B2	
接地	41	L2C2	
	42		
	43	L3A1	
	44	L3B1	
	45	L3C1	
	46	L3A2	
	47	L3B2	
接地	48	L3C2	
	49		
	50	L4A1	
	51	L4B1	
	52	L4C1	
	53	H4A2	
	54	L4B2	
接地	55	L4C2	
	56		
	57	O1X1	
接地	58	O1X2	
	59		
	60	O2X1	
接地	61	O2X2	
	62		
	63	O3X1	
接地	64	O3X2	
	66		
	66		
	67		
	68		
	69		
	70		

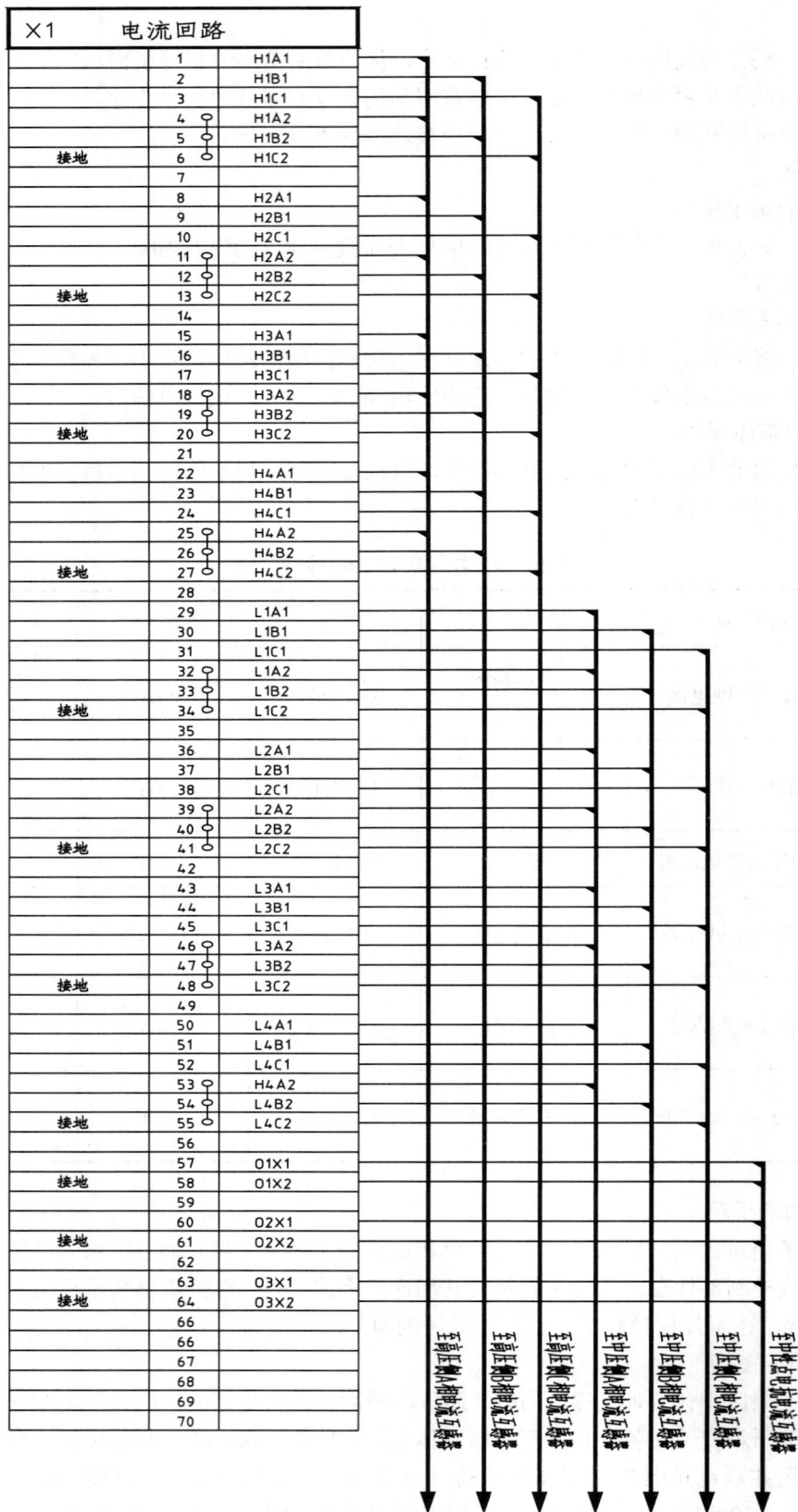

图 2　二次接口：500kV高压并联电抗器电流回路端子排

X2		本体信号回路1
	1	A相本体重瓦斯跳闸
	2	B相本体重瓦斯跳闸
	3	C相本体重瓦斯跳闸
	4	
	5	A相油温高1跳闸
	6	B相油温高1跳闸
	7	C相油温高1跳闸
	8	
	9	A相油温高2跳闸
	10	B相油温高2跳闸
	11	C相油温高2跳闸
	12	
	13	A相绕组温高跳闸
	14	B相绕组温高跳闸
	15	C相绕组温高跳闸
	16	
	17	A相本体轻瓦斯报警
	18	B相本体轻瓦斯报警
	19	C相本体轻瓦斯报警
	20	
	21	A相油温高1报警
	22	B相油温高1报警
	23	C相油温高1报警
	24	
	25	A相油温高2报警
	26	B相油温高2报警
	27	C相油温高2报警
	28	
	29	A相绕组温高报警
	30	B相绕组温高报警
	31	C相绕组温高报警
	32	
	33	公共端
	34	
	35	
	36	
	37	
	38	A相油温1 4~20mA+
	39	A相油温1 4~20mA-
	40	B相油温1 4~20mA+
	41	B相油温1 4~20mA-
	42	C相油温1 4~20mA+
	43	C相油温1 4~20mA-
	44	
	45	A相油温2 4~20mA+
	46	A相油温2 4~20mA-
	47	B相油温2 4~20mA+
	48	B相油温2 4~20mA-
	49	C相油温2 4~20mA+
	50	C相油温2 4~20mA-
	51	
	52	A相绕组温度 4~20mA+
	53	A相绕组温度 4~20mA-
	54	B相绕组温度 4~20mA+
	55	B相绕组温度 4~20mA-
	56	C相绕组温度 4~20mA+
	57	C相绕组温度 4~20mA-
	58	
	59	
	60	

至A相本体端子排
至B相本体端子排
至C相本体端子排
至A相本体端子排
至B相本体端子排
至C相本体端子排

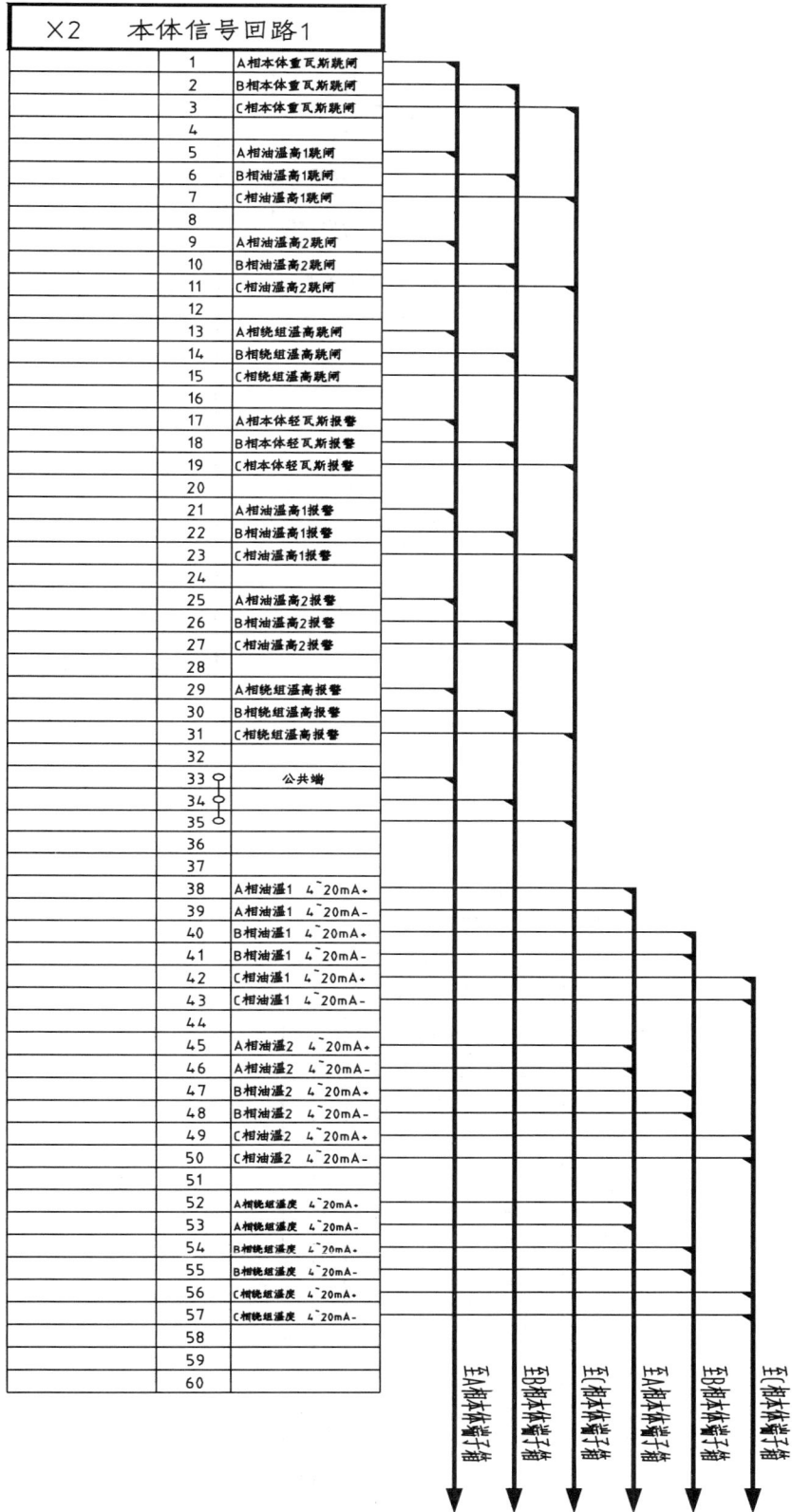

图3　二次接口：**500kV** 高压并联电抗器信号回路端子排1

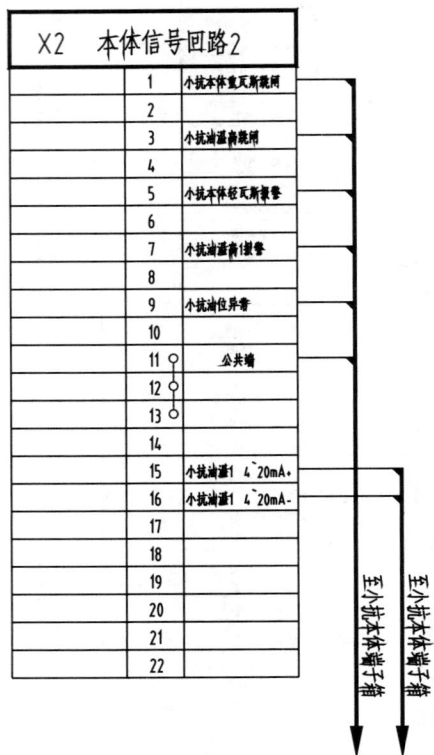

图 4   二次接口：**500kV** 高压并联电抗器信号回路端子排 **2**

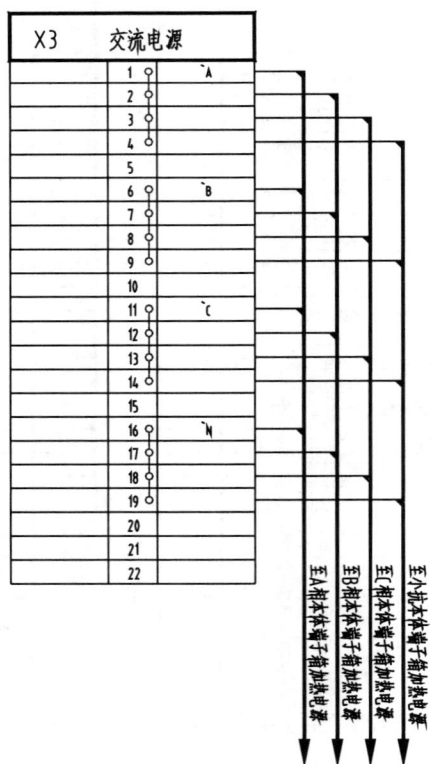

图 5   二次接口：**500kV** 高压并联电抗器交流电源端子排

X4-1 非电量跳闸出口+

序号	说明
1	高压侧边开关A相跳闸线圈1+
2	高压侧边开关B相跳闸线圈1+
3	高压侧边开关C相跳闸线圈1+
4	高压侧中开关A相跳闸线圈1+
5	高压侧中开关B相跳闸线圈1+
6	高压侧中开关C相跳闸线圈1+
7	高压侧边开关A相跳闸线圈2+
8	高压侧边开关B相跳闸线圈2+
9	高压侧边开关C相跳闸线圈2+
10	高压侧中开关A相跳闸线圈2+
11	高压侧中开关B相跳闸线圈2+
12	高压侧中开关C相跳闸线圈2+
13	
14	
15	
16	
17	
18	
19	
20	
21	
22	

X4-2 非电量跳闸出口-

序号	说明
1	高压侧边开关A相跳闸线圈1-
2	高压侧边开关B相跳闸线圈1-
3	高压侧边开关C相跳闸线圈1-
4	高压侧中开关A相跳闸线圈1-
5	高压侧中开关B相跳闸线圈1-
6	高压侧中开关C相跳闸线圈1-
7	高压侧边开关A相跳闸线圈2-
8	高压侧边开关B相跳闸线圈2-
9	高压侧边开关C相跳闸线圈2-
10	高压侧中开关A相跳闸线圈2-
11	高压侧中开关B相跳闸线圈2-
12	高压侧中开关C相跳闸线圈2-
13	
14	
15	
16	
17	
18	
19	
20	
21	
22	

至高压侧边开关第一组跳闸线圈　至高压侧中开关第一组跳闸线圈　至高压侧边开关第二组跳闸线圈　至高压侧中开关第二组跳闸线圈

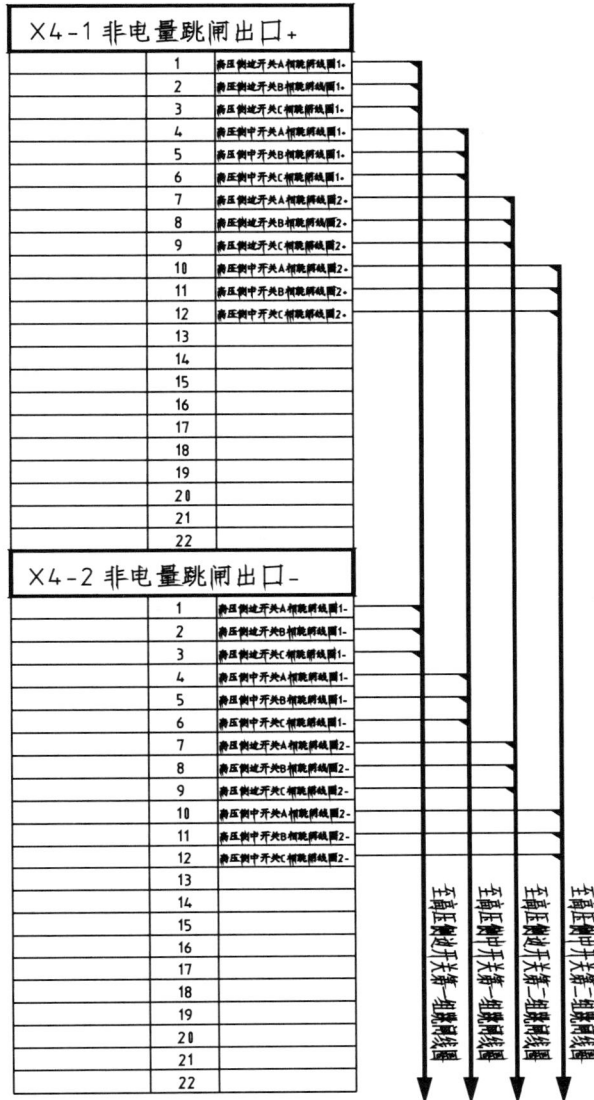

图 6　二次接口：500kV 高压并联电抗器跳闸回路端子排

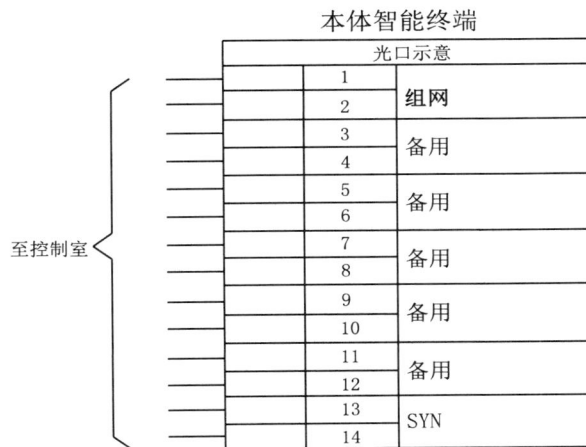

本体智能终端

	光口示意	
至控制室	1	组网
	2	
	3	备用
	4	
	5	备用
	6	
	7	备用
	8	
	9	备用
	10	
	11	备用
	12	
	13	SYN
	14	

图 7　二次接口：本体智能终端光口示意图

5.16.3.2 端子箱内部布线

端子箱内部布线应满足以下要求：

a) 端子箱应有足够的端子用于内部布线及其端头连接，并应提供 20% 的备用端子，所有用于外部连接的端子，包括备用端子在内全部采用压接型端子。端子排组应有端子排编号予以标识。要求所有的电缆及接头应有防进水措施，电缆布置应由下往上接入。

交、直流端子排应分区布置，交流回路、直流回路电缆应分开绑扎。电缆号头按双重编号。交、直流回路不得共用一根电缆。

b) 总端子箱内应设有截面积不小于 $100mm^2$ 的接地铜排，该铜排应与箱体绝缘，并配有两个接地端子。

c) 总端子箱宜提供带温湿度控制器（AC 220V、50Hz）的除湿装置。总控制箱内应有可开闭的照明设施。

5.16.3.3 端子箱之间的连接电缆

端子箱之间的连接电缆应满足以下要求：

a) 在电抗器上敷设的所有电缆布线，均应通过电缆保护管或槽盒（不锈钢材料）引接到本体端子箱。该电缆线应选用阻燃、耐油、耐温的屏蔽电缆，且该电缆应足够长，由制造厂配套提供。在电抗器的元件与元件、元件与端子箱之间的电缆不允许有电缆接头。由总控制箱到各单相电抗器本体箱联系电缆应采用铠装阻燃，由制造厂配套提供。

b) 所有由制造厂提供的电缆应提供电缆清册，电缆清册中应标明电缆编号、电缆起点、电缆终点、电缆型号、电缆芯数、电缆截面、电缆备用芯数及电缆长度。

5.17 土建接口

5.17.1 各制造厂同容量电抗器外形差异较大，考虑基础通用要求，电抗器油箱基础采用钢筋混凝土板形基础，散热器不考虑专用独立基础，参见图 8，实际工程应根据电抗器实际尺寸、重量，经校验土建确认无问题后方可采用。

电抗器底座固定建议采用就位后直接焊接或螺栓连接，参见图 9，基础上预留的连接条件（预留钢板或螺栓孔）应根据实际情况确定。

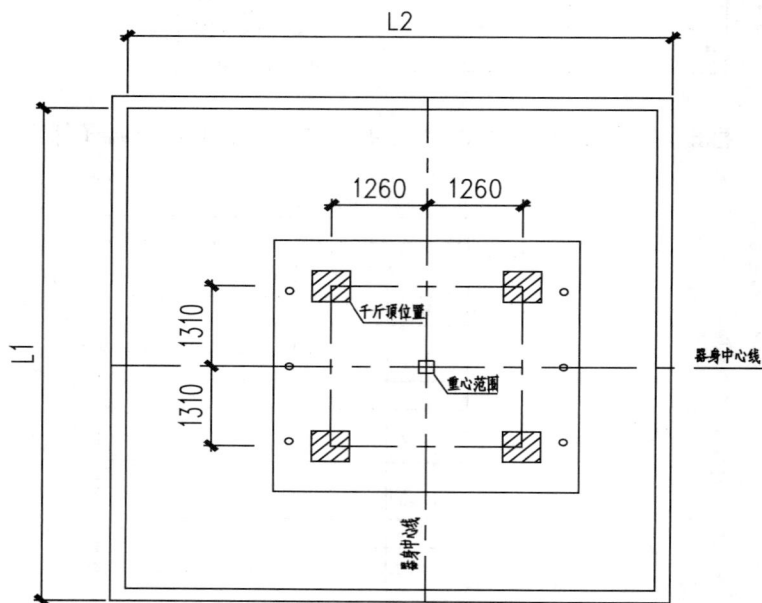

图 8 土建接口：500kV 高压并联电抗器基础图

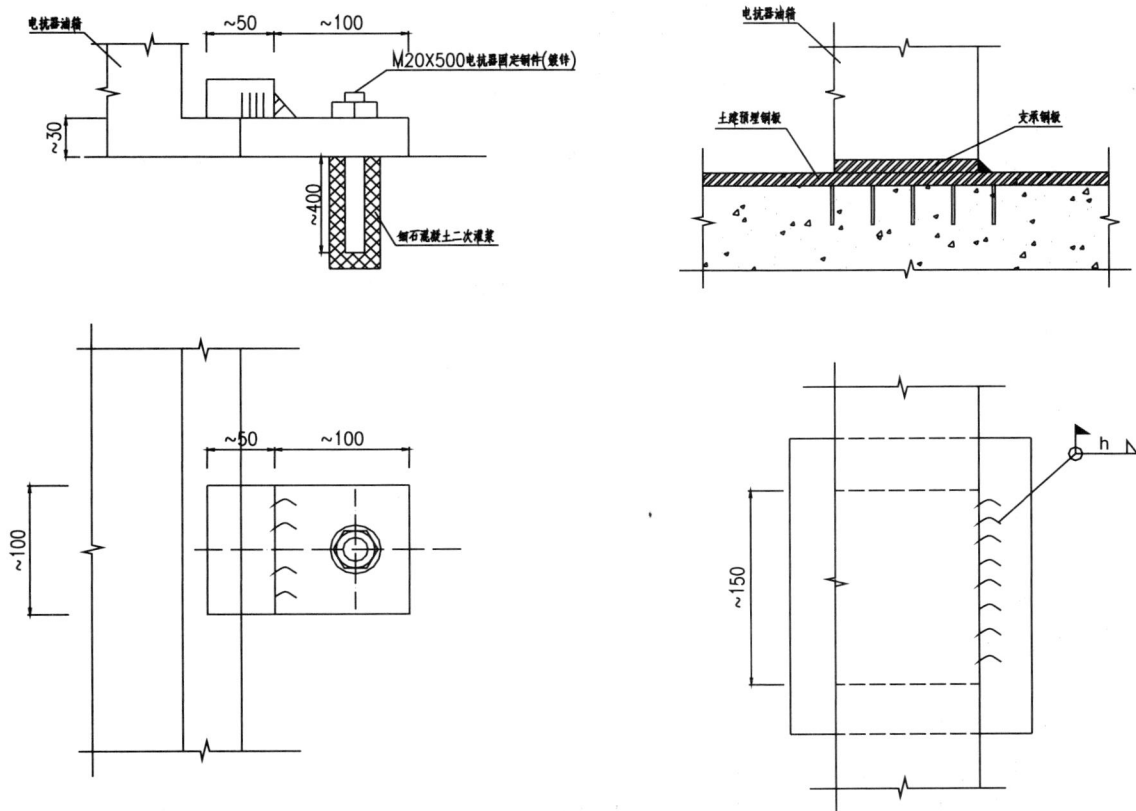

图 9　土建接口：500kV 高压并联电抗器身固定方式参考图

5.17.2　基础下设置电抗器储油池，储油池长、宽尺寸应比电抗器外廓尺寸每边大 1m。

5.17.3　智能控制柜（汇控柜）尺寸为 1600（宽度）×800（深度）×2260（高度）（见图 10）。智能控制柜（汇控柜）与电缆沟之间设置电缆支沟或埋管。

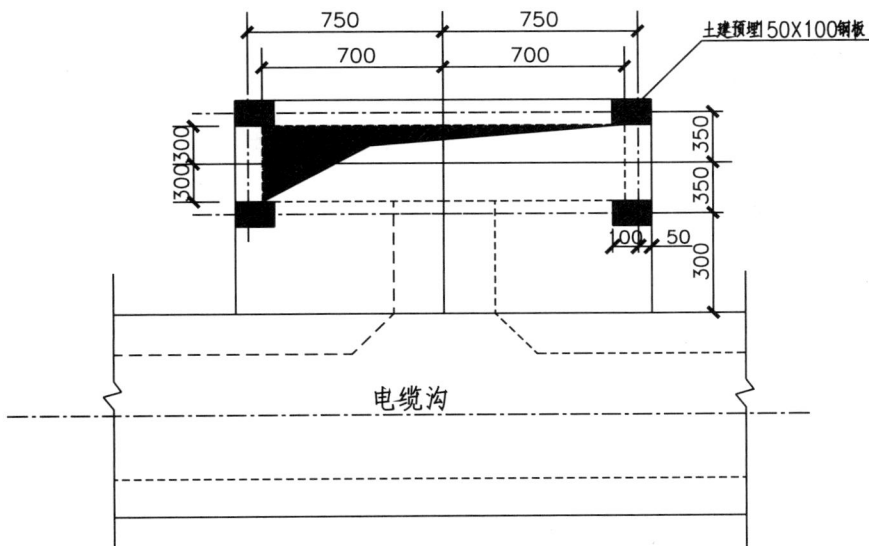

图 10　土建接口：智能控制柜（汇控柜）参考基础图

6 试验

6.1 并联电抗器例行、型式试验

6.1.1 例行试验

合同订购的所有电抗器应在制造厂进行出厂试验，试验应符合最新的国家标准和 IEC 以及本部分的规定，例行试验的主要项目包括：

a) 绕组电阻的测量。

b) 绝缘特性测量（绝缘电阻、吸收比、极化系数、$\tan\delta$ 和电容量）。

c) 电抗测量。

d) 铁心和夹件绝缘电阻测量。

e) 损耗测量。

f) 绝缘耐受试验：

　　1) 外施耐压试验；

　　2) 线端雷电全波冲击试验；

　　3) 线端操作冲击试验；

　　4) 带局部放电测量的感应电压试验。

g) 密封试验。

h) 绝缘油试验。

i) 油中气体分析（绝缘试验前后）。

j) 有附加二次绕组的并联电抗器电压比和短路阻抗测量。

k) 套管的绝缘电阻、$\tan\delta$、电容量、局部放电测量（同时提供套管生产厂的出厂和型式试验报告）。

l) 套管电流互感器校验。变比测量、直流电阻测量、饱和曲线测量、误差测量、二次回路绝缘试验。

m) 所有组部件如气体继电器、温度控制器、压力释放器等校验（同时提供生产厂的出厂试验报告）。

n) 油箱振动测量。

6.1.2 型式试验

型式试验包括如下内容：

a) 温升试验。

b) 线端雷电截波冲击试验。

c) 中性点雷电全波冲击试验。

d) 线端感应耐压试验。

e) 无线电干扰测量。

f) 油箱机械强度试验。

g) 励磁特性测量。

h) 声级测定。

i) 电流的谐波测量。

6.2 中性点接地电抗器例行、型式试验

6.2.1 例行试验

例行试验包括如下内容：

a) 绕组电阻测量。

b) 绝缘电阻及吸收比和 $\tan\delta$、电容量测量。

c) 电抗测量。

d) 损耗测量。

e) 绝缘试验
　　1) 线端雷电全波冲击试验；
　　2) 外施耐压试验；
　　3) 感应耐压试验；
　　4) 带局部放电测量的感应电压试验；
　　5) 线端交流耐压试验。
f) 绝缘油试验。
g) 套管的绝缘电阻、tanδ、电容量、局部放电测量（同时提供套管生产厂的出厂和型式试验报告）。
h) 密封试验。
i) 油中气体分析（试验前后）。
j) 套管电流互感器校验。变比测量、直流电阻测量、饱和曲线测量、误差测量、二次回路绝缘试验。

6.2.2 型式试验

型式试验包括如下内容：
a) 温升试验。
b) 线端雷电截波冲击试验。
c) 中性点雷电全波冲击试验。
d) 短时电流试验及短时电流时电抗测量。
e) 声级测定。
f) 振动测量。

6.3 现场试验

现场试验包括如下内容：
a) 绕组连同套管直流电阻测量。
b) 绕组连同套管的绝缘电阻、吸收比或极化指数测量。
c) 绕组连同套管的 tanδ、Cx 测量。
d) 绕组连同套管的外施耐压试验。
e) 铁心、夹件绝缘电阻测量。
f) 绝缘油的试验。
g) 密封试验。
h) 非纯瓷套管的试验（指用正接法测量油纸电容套管的介质损耗和电容量）。
i) 额定电压下 5 次冲击合闸试验（带线路）。
j) 噪声测量。
k) 油箱的振动测量。
l) 油箱表面的温度分布测量。

6.4 抽检试验

6.4.1 买方有权对所有供货电抗器进行随机抽检试验。

6.4.2 抽检试验由买方代表或买方指定的具有国家级检测资质的第三方实施，抽检试验所需试验设备由抽检方自备，试验设备精度应满足要求且抽检试验方案科学严谨，以确保抽检试验的准确性；

6.4.3 抽检项目包括但不限于绝缘电阻、介质损耗、空载损耗、负载损耗（含短路阻抗）、局放、声级、温升、突发短路试验等。

6.4.4 抽检试验通过，则抽检试验相关费用（包括试验费、运费、设备费等）由买方承担；如抽检试验未通过，则抽检试验相关费用（包括试验费、运费、设备费等）由卖方承担，并具有采取进一步措施的权利。

6.4.5　具体抽检要求按照最新的国家电网有限公司变压器（电抗器）抽检规范执行。

7　设计联络、监造和检验、技术服务

7.1　设计联络会

7.1.1　为协调设计及其他方面的接口工作，根据需要，买方与卖方应召开设计联络会。卖方应制订详细的设计联络会日程。签约后的 15 日内，卖方应向买方建议设计联络会方案，在设计联络会上买方有权对合同设备提出进一步改进意见，卖方应高度重视这些意见并作出改进或说明。卖方应负责合同设备的设计和协调工作，承担全部技术责任并做好与买方的设计联络工作，并且由此发生的费用由卖方承担。

7.1.2　设计联络会主题：

  a）　决定最终布置尺寸，包括外形、套管引出方向、散热器和其他组部件的布置。

  b）　复核电抗器的主要性能和参数，并进行确认。

  c）　检查总进度、质量保证程序及质控措施。

  d）　决定土建要求，运输尺寸和质量，以及工程设计的各种接口的资料要求。

  e）　讨论交货程序。

  f）　解决遗留问题。

  g）　讨论工厂试验及检验问题。

  h）　讨论运输、安装、调试及验收试验。

  i）　卖方应介绍拟选主要外购材料及部件的性能、结构，如矽钢片、套管、冷却器等。

  j）　其他要求讨论的项目。

  设计联络会的地点为制造厂所在地。日期、会期、买方参加会议人数在买卖双方签订合同时确定。

7.1.3　除上述规定的联络会议外，必要时经各有关方面同意可另行召开联络会议。

7.1.4　卖方应负责设计联络会的记录，每次会议均应签署会议纪要，该纪要作为合同的组成部分。

7.1.5　除联络会议外，由任一方提出的所有有关合同设备设计的修正或修改都应由对方参与讨论并同意。一方接到任何需批复的文件或图纸 4 周内，应将书面的批复或意见书返还提出问题方。

7.1.6　在合同有效期内，买卖双方应及时回答对方提出的技术文件范围内有关设计和技术的问题。

7.2　在卖方工厂的检验和监造

7.2.1　买方有权派遣其检验人员到卖方及其分包商的车间场所，对合同设备的加工制造进行检验和监造。买方应将为此目的而派遣的代表人员名单以书面形式通知卖方。

7.2.2　卖方应积极地配合买方的监造工作，并指定 1 名代表负责监造联系工作，及时向监造人员提供监造工作相关资料（包括但不限于此）：

  a）　重要的原材料的物理、化学特性和型号及必要的工厂检验报告。

  b）　重要外协零部件和附件的验收试验报告及重要零部件和附件的全部出厂例行试验报告。

  c）　设备出厂试验方案、试验报告、半成品试验报告。

  d）　型式试验报告。

  e）　产品改进和完善的技术报告。

  f）　与分包方的合同和分包合同副本。

  g）　设备的生产进度表。

  h）　设备制造过程中出现的质量问题的备忘录。

  i）　设备制造过程中出现有关设备质量和进度变更的文件。

7.2.3　设备的监造范围、监造方式等监造具体内容由买方及其派遣的监造人员根据国家电网有限公司统一下发的设备监造大纲最终确定。

7.2.4　监造人员有权到生产合同设备的车间和部门了解生产信息，并提出监造中发现的问题（如有）。

7.2.5　卖方应在开始进行工厂试验前两周，通知买方及监造人员其试验方案（包括日程安排）。根据这

个试验方案，买方有权确定对合同设备的哪些试验项目和阶段进行见证，并将在接到卖方关于安装、试验和检验的日程安排通知后 1 周内通知卖方。然后买方将派出技术人员前往卖方和（或）其制造商生产现场，以观察和了解该合同设备工厂试验的情况及其运输包装的情况。若发现任一货物的质量不符合合同规定的标准，或包装不满足要求，买方代表有权发表意见，卖方应认真考虑其意见，并采取必要措施以确保待运合同设备的质量，见证检验程序由双方代表共同协商决定。

7.2.6 若买方不派代表参加上述试验，卖方应在接到买方关于不派员到卖方和（或）其分包商工厂的通知后，或买方未按时派遣人员参加的情况下，自行组织检验。

7.2.7 监造人员将不签署任何质量证明文件，买方人员参加工厂检验，既不能解除卖方按合同应承担的责任，也不替代到货后买方的检验。

7.2.8 买方有合同货物运到买方目的地以后进行检验、试验和拒收（如果必要时）的权利，卖方不得因该货物在原产地发运以前已经由买方或其代表进行过监造和检验并已通过作为理由而进行限制。

7.2.9 买方人员参加工厂试验，包括会签任何试验结果，既不免除卖方按合同规定应负的责任，也不能代替合同设备到达目的地后买方对其进行的检验。

7.3 技术服务

7.3.1 概述

7.3.1.1 卖方应指定一名安装监督人员或一名试验工程师兼任卖方工地代表，负责协调与买方、安装承包商之间的工作。还应提供一名或多名可胜任的安装监督人员和试验工程师，对安装承包商进行相关业务指导。卖方应对合同设备的安装、调试和现场试验质量负责，并对与合同设备安装质量和现场试验有关的其他事项负责；安装承包商将提供安装所必需的劳动力以及必要的设备，并将负责安装工作进度。安装监督人员应负责所有安装工作的正确实施，除非当发生工作未按照他的指示执行的情况，而又立即以书面将此情况通知买方。安装监督人员应对合同设备的启动和试运行负责，并且应在设备运行前作最终调整。

7.3.1.2 买卖双方应根据工地施工的实际工作进展，通过协商决定卖方技术人员的准确专业、人员数量、服务的持续时间以及到达和离开工地的日期。如果安装出现拖期，又不需要安装监督人员或试验工程师的服务，则可根据买方的利益，要求安装监督人员或试验工程师返回本部，或仍留在工地。

7.3.1.3 卖方应编制一份详尽的安装工序和时间表经买方确认后，作为安装所需时间的依据，并列出安装承包商应提供的人员和工具的类型和数量。

7.3.2 任务和责任

7.3.2.1 卖方指定的工地代表，应在合同范围内全面与买方工地代表充分合作与协商，以解决合同有关的技术和工作问题。双方的工地代表，未经双方授权，无权变更和修改合同。

7.3.2.2 卖方技术人员，代表卖方，应提供技术服务和完成按合同规定有关合同设备的安装、调试和验收试验的任务和责任。

7.3.2.3 卖方技术人员应对买方人员详细地解释技术文件、图纸、运行和维护手册、设备特性、分析方法和有关的注意事项等，以及解答和解决买方在合同范围内提出的技术问题。

7.3.2.4 为保证正确完成在第 7.3.2.2 款和第 7.3.2.3 款中提到的工作，卖方技术人员应在合同范围内，给买方以全面正确的技术服务和必要的示范操作。

7.3.2.5 卖方技术人员应协助买方在现场培训合同设备安装、调试、验收试验、运行和维护的人员，努力提高他们的技术水平。

7.3.2.6 卖方技术人员的技术指导应是正确的，如因错误指导而引起设备和材料的损坏。卖方应负责修复、更换和（或）补充，其费用由卖方承担，费用还包括进行修补期间所发生的服务费。买方的有关技术人员应尊重卖方技术人员的技术指导。

ICS 29.240

Q/GDW

国家电网有限公司企业标准

Q/GDW 13062.2 — 2018
代替 Q/GDW 13062.2 — 2014

500kV 油浸式并联电抗器采购标准 第 2 部分：500kV/40Mvar 油浸式 并联电抗器专用技术规范

Purchasing standard for 500kV oil-immersed shunt reactors
Part 2: 500kV/40Mvar oil-immersed shunt reactors
special technical specification

2019-06-28发布   2019-06-28实施

国家电网有限公司   发 布

目　次

前　言

为规范 500kV 油浸式并联电抗器的采购，制定本部分。

《500kV 油浸式并联电抗器采购标准》分为 4 个部分：

——第 1 部分：通用技术规范；

——第 2 部分：500kV/40Mvar 油浸式并联电抗器专用技术规范；

——第 3 部分：500kV/50Mvar 油浸式并联电抗器专用技术规范；

——第 4 部分：500kV/60Mvar 油浸式并联电抗器专用技术规范。

本部分为《500kV 油浸式并联电抗器采购标准》的第 2 部分。

本部分代替 Q/GDW 13062.2—2014，主要技术性差异如下：

——修改了"噪声水平"名称为"声级"；

——修改了局部放电试验电压要求值；

——修改了套管的有效爬距要求值；

——修改了套管式电流互感器的参数要求；

——修改了新油（包括所需的备用油）的击穿电压、介质损耗要求值；

——修改了使用环境条件表中的污秽等级。

本部分由国家电网有限公司物资部提出并解释。

本部分由国家电网有限公司科技部归口。

本部分起草单位：国网江苏省电力有限公司、中国电力科学研究院有限公司、国网安徽省电力有限公司。

本部分主要起草人：吴鹏、郭慧浩、吴兴旺、蔡胜伟、邵苠峰、王胜权、林元棣、时薇薇。

本部分 2014 年 9 月首次发布，2018 年 12 月第一次修订。

本部分在执行过程中的意见或建议反馈至国家电网有限公司科技部。

500kV 油浸式并联电抗器采购标准
第 2 部分：500kV/40Mvar 油浸式
并联电抗器专用技术规范

1 范围

本部分规定了 500kV/40Mvar 油浸式并联电抗器专用技术规范招标的标准技术参数、项目需求及投标人响应的相关内容。

本部分适用于 500kV/40Mvar 油浸式并联电抗器专用技术规范招标。

2 规范性引用文件

下列文件对于本文件的应用是必不可少的。凡是注日期的引用文件，仅注日期的版本适用于本文件。凡是不注日期的引用文件，其最新版本（包括所有的修改单）适用于本文件。

Q/GDW 13062.1 500kV 油浸式并联电抗器采购标准 第 1 部分：通用技术规范

3 术语和定义

下列术语和定义适用于本文件。

3.1

招标人 bidder

提出招标项目，进行招标的法人或其他组织。

3.2

投标人 tenderer

响应招标、参加投标竞争的法人或者其他组织。

3.3

卖方 seller

提供本部分货物和技术服务的法人或其他组织，包括其法定的承继者。

3.4

买方 buyer

购买本部分货物和技术服务的法人或其他组织，包括其法定的承继者和经许可的受让人。

4 标准技术参数

技术参数特性表是国家电网有限公司对采购设备的基础技术参数要求，在招投标过程中，投标人应依据招标文件，对技术参数特性表中标准参数值进行响应。500kV/40Mvar 油浸式并联电抗器技术参数特性见表 1，配套用中性点接地电抗器技术参数见表 2。物资应满足 Q/GDW 13062.1 的要求。

表 1 技 术 参 数 特 性 表

序号	项 目		标准参数值
1	额定值	型式或型号	户外、单相、油浸

表 1（续）

序号	项　目			标准参数值	
1	额定值	额定频率（Hz）		50	
		额定电压 U_N（kV）		$525/\sqrt{3}$（$550/\sqrt{3}$）	
		额定容量 SN（Mvar）		40	
		额定电流（A）		131.96（125.96）	
		额定电抗（Ω）及容许偏差（%）		2297（2521）	±5
		三相间阻抗互差（%）		±2	
		相数		单相	
		三相联结方式		YN	
		冷却方式		ONAN	
2	绝缘水平	雷电冲击全波电压（kV，峰值）	高压端子	1550	
			中性点端子	480	
		雷电冲击截波电压（kV，峰值）	高压端子	1675	
		操作冲击电压（kV，峰值）	高压端子	1175	
		短时工频耐受电压（kV，方均根值）	高压端子	680	
			中性点端子	200	
3	$1.05U_N$ 下温升限值（K）	顶层油		50	
		绕组（平均）		60	
		铁心、油箱及金属结构件表面		70	
		绕组热点		73	
4	励磁特性	$1.5U_N$ 下的电流不大于 $1.5I_N$ 的百分数（%）		3	
		$1.4U_N$ 和 $1.7U_N$ 的连线平均斜率不小于初始斜率的百分数（%）		50	
		过励磁能力（kU_N-t）	$1.50U_N$（s）	8	
			$1.40U_N$（s）	20	
			$1.30U_N$（min）	3	
			$1.25U_N$（min）	10	
			$1.20U_N$（min）	20	
			$1.15U_N$（min）	60	
			$1.10U_N$	连续	
5	损耗（kW，75℃）			＜85	
6	设计参数	电流密度（A/mm²）		（投标人提供）	
		绕组电阻（Ω，75℃）		（投标人提供）	
		铁心柱磁通密度（T，额定电压、额定频率时）		（投标人提供）	
7	声级	声压级，距离0.3m［dB（A）］		≤70	

表 1（续）

序号	项　目		标准参数值
8	振动限值 （μm，峰—峰）	平均值	≤60
		最大值	≤100
		油箱底部	≤20
9	局部放电水平 （pC）	在 1.58U_r 下高压线端的视在放电量	≤100
10	绕组连同套管的 tanδ（%，20℃）		＜0.5
11	无线电干扰水平 （μV）	在 1.1 倍最高相电压下	≤500 （晴天夜间无可见电晕）
12	尺寸、质量	安装尺寸（m×m×m，长×宽×高）	（项目单位提供）
		运输尺寸（m×m×m，长×宽×高）	（投标人提供）
		重心高度（m）	（投标人提供）
		器身质量（t）	（投标人提供）
		上节油箱质量（t）	（投标人提供）
		油质量（t，不含备用）	（投标人提供）
		总质量（t）	（投标人提供）
		运输质量（t）	（投标人提供）
13	电抗器运输时允许的最大倾斜度（°）		（投标人提供）
14	片式散热器	散热器型式	（投标人提供）
		散热器组数	（投标人提供）
		每组散热器冷却容量（kW）	（投标人提供）
		散热器质量（t）	（投标人提供）
15	套管	制造厂及型号	高压套管	（投标人提供）
			中性点套管	（投标人提供）
		额定电流（A）	高压套管	630
			中性点套管	630
		绝缘水平 （kV，LI/SI/AC）	高压套管	1675/1300/740
			中性点套管	550/—/255
		局部放电水平（pC）	高压套管	＜5
			中性点套管	＜10
		tanδ（%）/C（pF）	高压套管	0.4/（投标人提供）
			中性点套管	0.4/（投标人提供）
		弯曲 耐受负荷（kN）	高压套管	2.5
			中性点套管	1.25
		套管爬距（mm，等于 有效爬距应乘以 直径系数 K_d）	高压套管	≥17 050
			中性点套管	≥3906

表1（续）

序号	项 目			标准参数值			
15	套管	干弧距离（mm，应乘以海拔修正系数 K_H）	高压套管	（投标人提供）			
			中性点套管	（投标人提供）			
		套管爬距/干弧距离	高压套管	≤4			
			中性点套管	≤4			
		大小伞裙数据	高压 P_1–P_2（mm）	≥15			
			高压 S/P_1 比值	>0.9			
			中性点 P_1–P_2（mm）	≥15			
			中性点 S/P_1 比值	>0.9			
		平均直径（mm）	高压套管	（投标人提供）			
			中性点套管	（投标人提供）			
16	套管电流互感器	高压侧	绕组数	4			
			准确级	5P20	5P20	0.2S	0.2S
			电流比	300/1			
			二次容量（VA）	15	15	15	
			$K_{ssc}/F_s/ALF$	20/20/≤5			
		中性点侧	绕组数	3			
			准确级	0.5S	5P20	5P20	
			电流比	300/1			
			二次容量（VA）	15	15	15	
			$K_{ssc}/F_s/ALF$	≤5/20/20			
17	压力释放装置	型号		（投标人提供）			
		台数		（投标人提供）			
		释放压力（MPa）		（投标人提供）			
18	绝缘油	提供的新油（包括所需的备用油）		—			
		过滤后应达到油的击穿电压（kV）		70			
		$\tan\delta$（%，90℃）		0.2			
		含水量（mg/L）		10			
		含气量（%，V/V）		1			

注1：P_1—大伞裙伸出长度；P_2—小伞裙伸出长度；S—相邻裙间高。
注2：表2是本表的补充部分。

表 2　中性点接地电抗器技术参数特性表

序号	项 目			标准参数值
1	额定值	型式或型号		户外、单相、油浸
		额定频率（Hz）		50
		电压等级（kV）		110（66）
		额定持续电流（A）		30
		10s 最大电流（A）		300
		额定电抗（Ω）/容许偏差（%）		（项目单位提供）/±5
		相数		单相
		中性点接地方式		直接接地
		冷却方式		ONAN
2	绝缘水平	雷电冲击全波电压（kV，峰值）	高压端子	480（325）
			中性点端子	200
		雷电冲击截波电压（kV，峰值）	高压端子	530（360）
		短时工频耐受电压（kV，方均根值）	高压端子	200（140）
			中性点端子	85
3	温升限值（K）	顶层油（额定持续电流时）		65
		绕组（平均）	额定持续电流时	（投标人提供）
			10s 最大电流时	（投标人提供）
4	局部放电水平	在 1.58U_r 下高压线端的视在放电量（pC）		≤100
5	损耗（kW，75℃）	额定持续电流时		≤额定容量的 3%
6	额定持续电流下噪声水平 dB（A）			≤65
7	绕组连同套管的 tanδ（%，20℃）			＜0.5
8	尺寸、质量	安装尺寸（m×m×m，长×宽×高）		项目单位提供，特殊情况由投标人提供
		运输尺寸（m×m×m，长×宽×高）		（投标人提供）
		油质量（不含备用，t）		（投标人提供）
		总质量（t）		（投标人提供）
		运输质量（t）		（投标人提供）
9	套管	制造厂及型号	高压套管	（投标人提供）
			中性点套管	（投标人提供）
		额定电流（A）	高压套管	630
			中性点套管	630
		绝缘水平（kV，LI/AC）	高压套管	550/255（325/155）
			中性点套管	200/95
		局部放电水平（pC）	高压套管	＜10
		tanδ（%）/C（pF）	高压套管	0.4/（投标人提供）

表2（续）

序号	项目			标准参数值	
9	套管	弯曲耐受负荷（kN）	高压套管	1.25（1.0）	
			中性点套管	1.0	
		有效爬距（mm）	高压套管	≥3906（2248）	
			中性点套管	1256	
		干弧距离（mm，应乘以海拔修正系数 K_H）	高压套管	（投标人提供）	
			中性点套管	（投标人提供）	
10	套管电流互感器	高压侧	绕组数	2	
			准确级	5P20	5P20
			电流比	100/1	
			二次容量（VA）	15	15
			F_s/ALF	20/20	
11	压力释放装置	型号		（投标人提供）	
		台数		（投标人提供）	
		释放压力（MPa）		（投标人提供）	

注：中性点电抗器的高压端子绝缘水平分为110kV级或66kV级，项目单位应根据实际需要选择其一。

5 组件材料配置

组件材料配置包括元件名称、规格形式参数、单位、数量和产地等信息，具体内容和格式根据招标项目情况进行编制。

6 使用环境条件

500kV/40Mvar 油浸式并联电抗器使用环境条件见表3。特殊环境要求根据项目情况进行编制。

表3 使 用 环 境 条 件 表

环 境 项 目		项目需求值
海拔（m）		≤1000
环境温度（℃）	最高气温	40
	最低气温	−25
	最热月平均气温	30
	最高年平均气温	20
最大月平均相对湿度（%，25℃时）		90
日照强度（W/cm²）		0.1
最大覆冰厚度（mm）		10
最大风速（m/s，离地面高10m处，维持10min）		35

表 3（续）

环 境 项 目		项目需求值
地面水平加速度（m/s²，正弦共振 3 周波，安全系数 1.67 以上）		2
污秽等级		Ⅳ
系统条件	额定频率（Hz）	50
	系统标称电压（kV）	500
	最高运行电压（kV）	550
	系统中性点接地方式	直接接地
与其他设备连接方式		（项目单位填写）

ICS 29.240

Q/GDW

国家电网有限公司企业标准

Q／GDW 13062.3 — 2018

代替 Q／GDW 13062.3 — 2014

500kV 油浸式并联电抗器采购标准

第 3 部分：500kV/50Mvar 油浸式

并联电抗器专用技术规范

Purchasing standard for 500kV oil-immersed shunt reactors

Part 3: 500kV/50Mvar oil-immersed shunt reactors

special technical specification

2019-06-28发布 　　　　　　　　　　　　2019-06-28实施

国家电网有限公司　　发 布

目　次

前　言

为规范 500kV 油浸式并联电抗器的采购，制定本部分。

《500kV 油浸式并联电抗器采购标准》分为 4 个部分：

——第 1 部分：通用技术规范；

——第 2 部分：500kV/40Mvar 油浸式并联电抗器专用技术规范；

——第 3 部分：500kV/50Mvar 油浸式并联电抗器专用技术规范；

——第 4 部分：500kV/60Mvar 油浸式并联电抗器专用技术规范。

本部分为《500kV 油浸式并联电抗器采购标准》的第 3 部分。

本部分代替 Q/GDW 13062.3—2014，主要技术性差异如下：

——修改了"噪声水平"名称为"声级"；

——修改了局部放电试验电压要求值；

——修改了套管的有效爬距要求值；

——修改了套管式电流互感器的参数要求；

——修改了新油（包括所需的备用油）的击穿电压、介质损耗要求值；

——修改了使用环境条件表中的污秽等级。

本部分由国家电网有限公司物资部提出并解释。

本部分由国家电网有限公司科技部归口。

本部分起草单位：国网江苏省电力有限公司、中国电力科学研究院有限公司、国网安徽省电力有限公司。

本部分主要起草人：吴鹏、郭慧浩、吴兴旺、蔡胜伟、邵芪峰、王胜权、林元棣、冷雪松。

本部分 2014 年 9 月首次发布，2018 年 12 月第一次修订。

本部分在执行过程中的意见或建议反馈至国家电网有限公司科技部。

500kV 油浸式并联电抗器采购标准

第 3 部分：500kV/50Mvar 油浸式

并联电抗器专用技术规范

1 范围

本部分规定了 500kV/50Mvar 油浸式并联电抗器招标的标准技术参数、项目需求及投标人响应的相关内容。

本部分适用于 500kV/50Mvar 油浸式并联电抗器招标。

2 规范性引用文件

下列文件对于本文件的应用是必不可少的。凡是注日期的引用文件，仅注日期的版本适用于本文件。凡是不注日期的引用文件，其最新版本（包括所有的修改单）适用于本文件。

Q/GDW 13062.1　500kV 油浸式并联电抗器采购标准　第 1 部分：通用技术规范

3 术语和定义

下列术语和定义适用于本文件。

3.1

招标人　bidder

提出招标项目，进行招标的法人或其他组织。

3.2

投标人　tenderer

响应招标、参加投标竞争的法人或者其他组织。

3.3

卖方　seller

提供本部分货物和技术服务的法人或其他组织，包括其法定的承继者。

3.4

买方　buyer

购买本部分货物和技术服务的法人或其他组织，包括其法定的承继者和经许可的受让人。

4 标准技术参数

技术参数特性表是国家电网公司对采购设备的基础技术参数要求，在招投标过程中，投标人应依据招标文件，对技术参数特性表中标准参数值进行响应。500kV/50Mvar 油浸式并联电抗器技术参数特性见表 1，配套用中性点接地电抗器技术参数见表 2。物资应满足 Q/GDW 13062.1 的要求。

表 1　技 术 参 数 特 性 表

序号	项　　目		标准参数值
1	额定值	型式或型号	户外、单相、油浸

表1（续）

序号	项目			标准参数值
1	额定值	额定频率（Hz）		50
		额定电压 U_N（kV）		525/√3 （550/√3）
		额定容量 S_N（Mvar）		50
		额定电流（A）		164.96（157.46）
		额定电抗（Ω）/容许偏差（%）		1837.5（2016.7）/±5
		三相间阻抗互差（%）		±2
		相数		单相
		三相联结方式		YN
		冷却方式		ONAN
2	绝缘水平	雷电冲击全波电压 （kV，峰值）	高压端子	1550
			中性点端子	480
		雷电冲击截波电压 （kV，峰值）	高压端子	1675
		操作冲击电压 （kV，峰值）	高压端子	1175
		短时工频耐受电压 （kV，方均根值）	高压端子	680
			中性点端子	200
3	$1.05U_N$下温升 限值（K）	顶层油		50
		绕组（平均）		60
		铁心、油箱及金属结构件表面		70
		绕组热点		73
4	励磁特性	$1.5U_N$下的电流不大于$1.5I_N$的百分数（%）		3
		$1.4U_N$和$1.7U_N$的连线平均斜率不小于 初始斜率的百分数（%）		50
		过励磁能力 （kU_N—t）	$1.50U_N$（s）	8
			$1.40U_N$（s）	20
			$1.30U_N$（min）	3
			$1.25U_N$（min）	10
			$1.20U_N$（min）	20
			$1.15U_N$（min）	60
		$1.10U_N$		连续
5	损耗（kW，75℃）			≤100
6	设计参数	电流密度（A/mm²）		（投标人提供）
		绕组电阻（Ω，75℃）		（投标人提供）
		铁心柱磁通密度 （T，额定电压、额定频率时）		（投标人提供）

表 1（续）

序号	项 目			标准参数值
7	声级	声压级，距离 0.3m［dB（A）］		≤70
8	振动限值 （μm，峰—峰）	平均值		≤60
		最大值		≤100
		油箱底部		≤20
9	局部放电水平（pC）	在 1.58U_r 下高压线端的 视在放电量		≤100
10	绕组连同套管的 tanδ（%，20℃）			<0.5
11	无线电干扰水平（μV）	在 1.1 倍最高相电压下		≤500 （晴天夜间无可见电晕）
12	尺寸、质量	安装尺寸（m×m×m，长×宽×高）		（项目单位提供）
		运输尺寸（m×m×m，长×宽×高）		（投标人提供）
		重心高度（m）		（投标人提供）
		器身质量（t）		（投标人提供）
		上节油箱质量（t）		（投标人提供）
		油质量（不含备用）（t）		（投标人提供）
		总质量（t）		（投标人提供）
		运输质量（t）		（投标人提供）
13	电抗器运输时允许的最大倾斜度（°）			（投标人提供）
14	片式散热器	散热器型式		（投标人提供）
		散热器组数		（投标人提供）
		每组散热器冷却容量（kW）		（投标人提供）
		散热器质量（t）		（投标人提供）
15	套管	制造厂及型号	高压套管	（投标人提供）
			中性点套管	（投标人提供）
		额定电流（A）	高压套管	630
			中性点套管	630
		绝缘水平 （kV，LI/SI/AC）	高压套管	1675/1300/740
			中性点套管	550/—/255
		局部放电水平（pC）	高压套管	<5
			中性点套管	<10

表1（续）

序号	项　目			标准参数值			
15	套管	tanδ（%）/C（pF）	高压套管	0.4/（投标人提供）			
			中性点套管	0.4/（投标人提供）			
		弯曲耐受负荷（kN）	高压套管	2.5			
			中性点套管	1.25			
		套管爬距（mm，等于有效爬距应乘以直径系数K_d）	高压套管	≥17 050			
			中性点套管	≥3906			
		干弧距离（mm，应乘以海拔修正系数K_H）	高压套管	＞3800			
			中性点套管	＞900			
		套管爬距/干弧距离	高压套管	≤4			
			中性点套管	≤4			
		大小伞裙数据	高压P_1-P_2（mm）	≥15			
			高压S/P_1比值	＞0.9			
			中性点P_1-P_2（mm）	≥15			
			中性点S/P_1比值	＞0.9			
		平均直径（mm）	高压套管	（投标人提供）			
			中性点套管	（投标人提供）			
16	套管电流互感器	高压侧	绕组数	4			
			准确级	5P20	5P20	0.2S	0.2S
			电流比	300/1			
			二次容量（VA）	15	15	15	
			$K_{ssc}/F_s/ALF$	20/20/≤5			
		中性点侧	绕组数	3			
			准确级	0.5S	5P20	5P20	
			电流比	300/1			
			二次容量（VA）	15	15	15	
			$K_{ssc}/F_s/ALF$	≤5/20/20			
17	压力释放装置	型号		（投标人提供）			
		台数		（投标人提供）			
		释放压力（MPa）		（投标人提供）			
18	绝缘油	提供的新油（包括所需的备用油）		—			
		过滤后应达到油的击穿电压（kV）		70			
		tanδ（%，90℃）		0.2			
		含水量（mg/L）		10			
		含气量（%，V/V）		1			

注1：P_1—大伞裙伸出长度；P_2—小伞裙伸出长度；S—相邻裙间高。

注2：表2是本表的补充部分。

表 2　中性点接地电抗器技术参数特性表

序号	名称	项　目		标准参数值
1	额定值	型式或型号		户外、单相、油浸
		额定频率（Hz）		50
		电压等级（kV）		110（66）
		额定持续电流（A）		30
		10s 最大电流（A）		300
		额定电抗（Ω）/容许偏差（%）		（项目单位提供）/±5
		相数		单相
		中性点接地方式		直接接地
		冷却方式		ONAN
2	绝缘水平	雷电冲击全波电压（kV，峰值）	高压端子	480（325）
			中性点端子	200
		雷电冲击截波电压（kV，峰值）	高压端子	530（360）
		短时工频耐受电压（kV，方均根值）	高压端子	200（140）
			中性点端子	85
3	温升限值（K）	顶层油（额定持续电流时）		65
		绕组（平均）	额定持续电流时	（投标人提供）
			10s 最大电流时	（投标人提供）
4	局部放电水平	在 1.58U_r 下高压线端的视在放电量（pC）		≤100
5	损耗（kW，75℃）	额定持续电流时		≤额定容量的 3%
6	额定持续电流下噪声水平［dB（A）］			≤65
7	绕组连同套管的 tanδ（%，20℃）			<0.5
8	尺寸、质量	安装尺寸（m×m×m，长×宽×高）		（项目单位提供，特殊情况由投标人提供）
		运输尺寸（m×m×m，长×宽×高）		（投标人提供）
		油质量（t，含备用）		（投标人提供）
		总质量（t）		（投标人提供）
		运输质量（t）		（投标人提供）
9	套管	制造厂及型号	高压套管	（投标人提供）
			中性点套管	（投标人提供）

表 2（续）

序号	名称	项 目		标准参数值
9	套管	额定电流（A）	高压套管	630
			中性点套管	630
		绝缘水平 （kV，LI/AC）	高压套管	550/255 （325/155）
			中性点套管	200/95
		局部放电水平（pC）	高压套管	＜10
		tanδ（%）/C（pF）	高压套管	0.4/（投标人提供）
		弯曲耐受负荷（kN）	高压套管	1.25（1.0）
			中性点套管	1.0
		有效爬距（mm）	高压套管	≥3906（2248）
			中性点套管	1256
		干弧距离（mm，应乘以 海拔修正系数 KH）	高压套管	（投标人提供）
			中性点套管	（投标人提供）
10	套管电流互感器	高压侧	绕组数	2
			准确级	5P20	5P20
			电流比	100/1
			二次容量（VA）	15	15
			F_s 或 ALF	20	20
11	压力释放装置	型号		（投标人提供）
		台数		（投标人提供）
		释放压力（MPa）		（投标人提供）

注：中性点电抗器的高压端子绝缘水平分为 110kV 级和 66kV 级，项目单位应根据实际需要选择其一。

5　组件材料配置

组件材料配置包括元件名称、规格形式参数、单位、数量和产地等信息，具体内容和格式根据招标项目情况进行编制。

6　使用环境条件

500kV/50Mvar 油浸式并联电抗器使用环境条件见表 3。特殊环境要求根据项目情况进行编制。

表 3　使 用 环 境 条 件 表

环 境 项 目		项目需求值
海拔（m）		≤1000
环境温度（℃）	最高气温	40
	最低气温	−25

表 3（续）

环 境 项 目		项目需求值
环境温度（℃）	最热月平均气温	30
	最高年平均气温	20
最大月平均相对湿度（%，25℃时）		90
日照强度（W/cm²）		0.1
最大覆冰厚度（mm）		10
最大风速（m/s，离地面高 10m 处，维持 10min）		35
地面水平加速度（m/s2，正弦共振 3 周波，安全系数 1.67 以上）		2
污秽等级		IV
系统条件	额定频率（Hz）	50
	系统标称电压（kV）	500
	最高运行电压（kV）	550
	系统中性点接地方式	直接接地
与其他设备连接方式		（项目单位填写）

ICS 29.240

Q/GDW

国家电网有限公司企业标准

Q／GDW 13062.4 — 2018
代替 Q／GDW 13062.4 — 2014

500kV 油浸式并联电抗器采购标准 第 4 部分：500kV/60Mvar 油浸式 并联电抗器专用技术规范

Purchasing standard for 500kV oil-immersed shunt reactors
Part 4: 500kV/60Mvar oil-immersed shunt reactors
special technical specification

2019-06-28发布　　　　　　　　　　　2019-06-28实施

国家电网有限公司　　发　布

目　　次

前　言

为规范 500kV 油浸式并联电抗器的采购，制定本部分。

《500kV 油浸式并联电抗器采购标准》分为 4 个部分：

——第 1 部分：通用技术规范；

——第 2 部分：500kV/40Mvar 油浸式并联电抗器专用技术规范；

——第 3 部分：500kV/50Mvar 油浸式并联电抗器专用技术规范；

——第 4 部分：500kV/60Mvar 油浸式并联电抗器专用技术规范。

本部分为《500kV 油浸式并联电抗器采购标准》的第 4 部分。

本部分代替 Q/GDW 13062.3—2014，主要技术性差异如下：

——修改了"噪声水平"名称为"声级"；

——修改了局部放电试验电压要求值；

——修改了套管的有效爬距要求值；

——修改了套管式电流互感器的参数要求；

——修改了新油（包括所需的备用油）的击穿电压、介质损耗要求值；

——修改了使用环境条件表中的污秽等级。

本部分由国家电网有限公司物资部提出并解释。

本部分由国家电网有限公司科技部归口。

本部分起草单位：国网江苏省电力有限公司、中国电力科学研究院有限公司、国网安徽省电力有限公司。

本部分主要起草人：孙磊、郭慧浩、吴兴旺、蔡胜伟、邵芪峰、王胜权、林元棣、冷雪松。

本部分 2014 年 9 月首次发布，2018 年 12 月第一次修订。

本部分在执行过程中的意见或建议反馈至国家电网有限公司科技部。

500kV 油浸式并联电抗器采购标准
第 4 部分：500kV/60Mvar 油浸式
并联电抗器专用技术规范

1 范围

本部分规定了 500kV/60Mvar 油浸式并联电抗器招标的标准技术参数、项目需求及投标人响应的相关内容。

本部分适用于 500kV/60Mvar 油浸式并联电抗器招标。

2 规范性引用文件

下列文件对于本文件的应用是必不可少的。凡是注日期的引用文件，仅注日期的版本适用于本文件。凡是不注日期的引用文件，其最新版本（包括所有的修改单）适用于本文件。

Q/GDW 13062.1 500kV 油浸式并联电抗器采购标准 第 1 部分：通用技术规范

3 术语和定义

下列术语和定义适用于本文件。

3.1

招标人 bidder

提出招标项目，进行招标的法人或其他组织。

3.2

投标人 tenderer

响应招标、参加投标竞争的法人或者其他组织。

3.3

卖方 seller

提供本部分货物和技术服务的法人或其他组织，包括其法定的承继者。

3.4

买方 buyer

购买本部分货物和技术服务的法人或其他组织，包括其法定的承继者和经许可的受让人。

4 标准技术参数

技术参数特性表是国家电网有限公司对采购设备的基础技术参数要求，在招投标过程中，投标人应依据招标文件，对技术参数特性表中标准参数值进行响应。500kV/60Mvar 油浸式并联电抗器技术参数特性见表 1，配套用中性点接地电抗器技术参数见表 2。物资应满足 Q/GDW 13062.1 的要求。

表1 技 术 参 数 特 性 表

序号	项　　目		标准参数值
1	额定值	型式或型号	户外、单相、油浸

表1（续）

序号	项目			标准参数值
1	额定值	额定频率（Hz）		50
		额定电压 U_N（kV）		$525/\sqrt{3}$（$550/\sqrt{3}$）
		额定容量 SN（Mvar）		60
		额定电流（A）		197.94（188.95）
		额定电抗（Ω）/容许偏差（%）		1531.4（1680.6）/±5
		三相间阻抗互差（%）		±2
		相数		单相
		三相联结方式		YN
		冷却方式		ONAN
2	绝缘水平	雷电冲击全波电压（kV，峰值）	高压端子	1550
			中性点端子	480
		雷电冲击截波电压（kV，峰值）	高压端子	1675
		操作冲击电压（kV，峰值）	高压端子	1175
		短时工频耐受电压（kV，方均根值）	高压端子	680
			中性点端子	200
3	$1.05 U_N$下温升限值（K）	顶层油		50
		绕组（平均）		60
		铁心、油箱及金属结构件表面		70
		绕组热点		73
4	励磁特性	$1.5 U_N$下的电流不大于1.5倍额定电流的百分数（%）		3
		$1.4 U_N$和$1.7 U_N$的连线平均斜率不小于初始斜率的百分数（%）		50
		过励磁能力（$k U_N$—t）	$1.50 U_N$（s）	8
			$1.40 U_N$（s）	20
			$1.30 U_N$（min）	3
			$1.25 U_N$（min）	10
			$1.20 U_N$（min）	20
			$1.15 U_N$（min）	60
			$1.10 U_N$	连续
5	损耗（kW，75℃）			≤120
6	设计参数	电流密度（A/mm²）		（投标人提供）
		绕组电阻（Ω，75℃）		（投标人提供）
		铁心柱磁通密度（T，额定电压、额定频率时）		（投标人提供）

表 1（续）

序号	项　目		标准参数值
7	声级	声压级，距离 0.3m［dB（A）］	≤70
8	振动限值 （μm，峰—峰）	平均值	≤60
		最大值	≤100
		油箱底部	≤20
9	局部放电水平（pC）	在 1.58U_r 下高压线端的视在放电量	≤100
10	绕组连同套管的 tanδ（%，20℃）		<0.5
11	无线电干扰水平 （μV）	在 1.1 倍最高相电压下	≤500 （晴天夜间无可见电晕）
12	尺寸、质量	安装尺寸（m×m×m，长×宽×高）	（项目单位提供）
		运输尺寸（m×m×m，长×宽×高）	（投标人提供）
		重心高度（m）	（投标人提供）
		器身质量（t）	（投标人提供）
		上节油箱质量（t）	（投标人提供）
		油质量（不含备用，t）	（投标人提供）
		总质量（t）	（投标人提供）
		运输质量（t）	（投标人提供）
13	电抗器运输时允许的最大倾斜度（°）		（投标人提供）
14	片式散热器	散热器型式	（投标人提供）
		散热器组数	（投标人提供）
		每组散热器冷却容量（kW）	（投标人提供）
		散热器质量（t）	（投标人提供）
15	套管	制造厂及型号	高压套管	（投标人提供）
			中性点套管	（投标人提供）
		额定电流（A）	高压套管	630
			中性点套管	630
		绝缘水平 （kV，LI/SI/AC）	高压套管	1675/1300/740
			中性点套管	550/–/255
		局部放电水平（pC）	高压套管	<5
			中性点套管	<10
		tanδ（%）/C（pF）	高压套管	0.4/（投标人提供）
			中性点套管	0.4/（投标人提供）
		弯曲耐受负荷（kN）	高压套管	2.5
			中性点套管	1.25
		套管爬距（mm，等于 有效爬距应乘以 直径系数 K_d）	高压套管	≥17 050
			中性点套管	≥3906

表 1（续）

序号	项 目			标准参数值			
15	套管	干弧距离（mm，应乘以海拔修正系数 K_H）	高压套管	＞3800			
			中性点套管	＞900			
		套管爬距/干弧距离	高压套管	≤4			
			中性点套管	≤4			
		大小伞裙数据	P_1-P_2（mm）	≥15			
			高压 S/P_1 比值	＞0.9			
			中性点 P_1-P_2（mm）	≥15			
			中性点 S/P_1 比值	＞0.9			
		平均直径（mm）	高压套管	（投标人提供）			
			中性点套管	（投标人提供）			
16	套管电流互感器	高压侧	绕组数	4			
			准确级	5P20	5P20	0.2S	0.2S
			电流比	300/1			
			二次容量（VA）	15	15	15	
			$K_{ssc}/F_s/ALF$	20/20/≤5			
		中性点侧	绕组数	3			
			准确级	0.5S	5P20	5P20	
			电流比	300/1			
			二次容量（VA）	15	15	15	
			$K_{ssc}/F_s/ALF$	≤5/20/20			
17	压力释放装置	型号		（投标人提供）			
		台数		（投标人提供）			
		释放压力（MPa）		（投标人提供）			
18	绝缘油	提供的新油（包括所需的备用油）		—			
		过滤后应达到油的击穿电压（kV）		70			
		$\tan\delta$（%，90℃）		0.2			
		含水量（mg/L）		10			
		含气量（%，V/V）		1			

注 1：P_1—大伞裙伸出长度；P_2—小伞裙伸出长度；S—相邻裙间高。

注 2：表 2 是本表的补充部分。

表2 中性点接地电抗器技术参数特性表

序号	名称	项 目		标准参数值
1	额定值	型式或型号		户外、单相、油浸
		额定频率（Hz）		50
		电压等级（kV）		110（66）
		额定持续电流（A）		30
		10s 最大电流（A）		300
		额定电抗（Ω）/容许偏差（%）		（项目单位提供）/±5
		相数		单相
		中性点接地方式		直接接地
		冷却方式		ONAN
2	绝缘水平	雷电冲击全波电压（kV，峰值）	高压端子	480（325）
			中性点端子	200
		雷电冲击截波电压（kV，峰值）	高压端子	530（360）
		短时工频耐受电压（kV，方均根值）	高压端子	200（140）
			中性点端子	85
3	温升限值（K）	顶层油（额定持续电流时）		65
		绕组（平均）	额定持续电流时	投标人提供
			10s 最大电流时	投标人提供
4	局部放电水平	在 1.58U_r 下高压线端的视在放电量（pC）		≤100
5	损耗（kW，75℃）	额定持续电流时		≤容量的 3%
6	额定持续电流下噪声水平［dB（A）］			≤65
7	绕组连同套管的 $\tan\delta$（%）			0.5
8	尺寸、质量	安装尺寸（m×m×m，长×宽×高）		（项目单位提供，特殊情况由投标人提供）
		运输尺寸（m×m×m，长×宽×高）		（投标人提供）
		油量（含备用，t）		（投标人提供）
		总质量（t）		（投标人提供）
		运输质量（t）		（投标人提供）
9	套管	制造厂及型号	高压套管	（投标人提供）
			中性点套管	（投标人提供）
		额定电流（A）	高压套管	630
			中性点套管	630
		绝缘水平（LI/AC，kV）	高压套管	550/255（325/155）
			中性点套管	200/95
		局部放电水平（pC）	高压套管	＜10

表 2（续）

序号	名称	项目		标准参数值	
9	套管	tan δ （%）/C（pF）	高压套管	0.4/（投标人提供）	
		弯曲耐受负荷（kN）	高压套管	1.25（1.0）	
			中性点套管	1.0	
		有效爬距（mm）	高压套管	≥3906（2248）	
			中性点套管	1256	
		干弧距离（mm，应乘以海拔修正系数 K_H）	高压套管	（投标人提供）	
			中性点套管	（投标人提供）	
10	套管电流互感器	高压侧	绕组数	2	
			准确级	5P20	5P20
			电流比	100/1A	
			二次容量（VA）	15	15
			F_s/ALF	20/20	
11	压力释放装置	型号		（投标人提供）	
		台数		（投标人提供）	
		释放压力（MPa）		（投标人提供）	

注：中性点电抗器的高压端子绝缘水平分为 110kV 级和 66kV 级，项目单位应根据实际需要选择其一。

5 组件材料配置

组件材料配置包括元件名称、规格形式参数、单位、数量和产地等信息，具体内容和格式根据招标项目情况进行编制。

6 使用环境条件

500kV/60Mvar 油浸式并联电抗器使用环境条件见表 3。特殊环境要求根据项目情况进行编制。

表 3　使 用 环 境 条 件 表

环 境 项 目		项目需求值
海拔（m）		≤1000
环境温度（℃）	最高气温	40
	最低气温	−25
	最热月平均气温	30
	最高年平均气温	20
最大月平均相对湿度（%，25℃时）		90
最大月平均相对湿度（%，25℃时）		90
日照强度（W/cm²）		0.1
最大覆冰厚度（mm）		10
最大风速（m/s，离地面高 10m 处，维持 10min）		35

表 3（续）

环　境　项　目		项目需求值
抗地震能力（正弦共振 3 周波，安全系数 1.67 以上）	地面水平加速度（m/s²）	3
	地面垂直加速度（m/s²）	1.5
污秽等级		IV
系统条件	额定频率（Hz）	50
	系统标称电压（kV）	500
	最高运行电压（kV）	550
	系统中性点接地方式	直接接地
与其他设备连接方式		（项目单位填写）

ICS 29.240

Q/GDW

国家电网有限公司企业标准

Q/GDW 13063.1—2018

代替 Q/GDW 13063.1—2014

750kV 油浸式并联电抗器采购标准
第1部分：通用技术规范

Purchasing standard for 750kV oil-immersed shunt reactors
Part 1: General technical specification

2019-06-28发布　　　　　　　　　　　　　　2019-06-28实施

国家电网有限公司　　发　布

目　次

前　　言

为规范 750kV 油浸式并联电抗器的采购，制定本部分。

《750kV 油浸式并联电抗器采购标准》分为 4 个部分：

——第 1 部分：通用技术规范；

——第 2 部分：750kV/70Mvar 油浸式并联电抗器专用技术规范；

——第 3 部分：750kV/100Mvar 油浸式并联电抗器专用技术规范；

——第 4 部分：750kV/120Mvar 油浸式并联电抗器专用技术规范。

本部分为《750kV 油浸式并联电抗器采购标准》的第 1 部分。

本部分代替 Q/GDW 13063.1—2014，主要技术性差异如下：

——增加了《国家电网有限公司十八项电网重大反事故措施（2018 修订版）》的相关要求、抽检试验等要求；

——修改了储油柜、油箱、变压器油等组部件和材料的性能要求。

本部分由国家电网有限公司物资部提出并解释。

本部分由国家电网有限公司科技部归口。

本部分起草单位：国网江苏省电力有限公司、中国电力科学研究院有限公司、国网安徽省电力有限公司。

本部分主要起草人：王胜权、郭慧浩、吴兴旺、蔡胜伟、陈江波、林元棣、陆云才。

本部分 2014 年 9 月首次发布，2018 年 12 月第一次修订。

本部分在执行过程中的意见或建议反馈至国家电网有限公司科技部。

750kV 油浸式并联电抗器采购标准
第 1 部分：通用技术规范

1 范围

本部分规定了 750kV 油浸式并联电抗器招标的总则、技术参数和性能要求、试验、包装、运输、交货及工厂检验和监造的一般要求。

本部分适用于 750kV 油浸式并联电抗器招标。

2 规范性引用文件

下列文件对于本文件的应用是必不可少的。凡是注日期的引用文件，仅注日期的版本适用于本文件。凡是不注日期的引用文件，其最新版本（包括所有的修改单）适用于本文件。

GB/T 311.1　高压输变电设备的绝缘配合

GB/T 1094.1　电力变压器　第 1 部分：总则

GB/T 1094.2　电力变压器　第 2 部分：温升

GB/T 1094.3　电力变压器　第 3 部分：绝缘水平、绝缘试验和外绝缘空气间隙

GB/T 1094.4　电力变压器　第 4 部分：电力变压器和电抗器雷电冲击和操作冲击试验导则

GB/T 1094.6　电力变压器　第 6 部分：电抗器

GB/T 1094.10　电力变压器　第 10 部分：声级测定

GB 2536　电工流体变压器和开关用的未使用过的矿物绝缘油

GB/T 2900.95　电工术语　变压器、调压器和电抗器

GB/T 4109　交流电压高于 1000V 的绝缘套管

GB/T 4585　交流系统用高压绝缘子的人工污秽试验

GB/T 5273　高压电器端子尺寸标准化

GB/T 6451　油浸式电力变压器技术参数和要求

GB/T 7354　局部放电测量

GB/T 7595　运行中变压器油质量标准

GB/T 16847　保护用电流互感器暂态特性技术要求

GB/T 16927.1　高压试验技术　第 1 部分：一般试验要求

GB/T 16927.2　高压试验技术　第 2 部分：测量系统

GB/T 20840.2　互感器　第 2 部分：电流互感器的补充技术要求

GB/T 23753　330kV 及 500kV 油浸式并联电抗器技术参数和要求

GB/T 26218（所有部分）　污秽条件下使用的高压绝缘子的选择和尺寸确定

GB 50150　电气装置安装工程电气设备交接试验标准

DL/T 271　330kV～750kV 油浸式并联电抗器使用技术条件

DL/T 722　变压器油中溶解气体分析和判断导则

DL/T 1094　电力变压器用绝缘油选用指南

Q/GDW 1152.1　电力系统污区分级与外绝缘选择　第 1 部分：交流系统

Q/GDW 1168　输变电设备状态检修试验规程

GB/T 5582　高压电力设备外绝缘污秽等级

GB/T 11604　高压电气设备无线电干扰测试方法

JB/T 10779　750kV 油浸式并联电抗器技术参数和要求

Q/GDW 104　750kV 系统用油浸式并联电抗器技术规范（2003 年标准）

Q/GDW 1157　750kV 电力设备交接试验规程

IEC 60815　污染环境中所用高压绝缘子的选择和尺寸测定（Selection and dimensioning of high-voltage insulators intended for use in polluted conditions）

Q/GDW 13001—2014　高海拔外绝缘配置技术规范

3　术语和定义

下列术语和定义适用于本文件。

3.1

招标人　bidder

提出招标项目，进行招标的法人或其他组织。

3.2

投标人　tenderer

响应招标、参加投标竞争的法人或者其他组织。

3.3

卖方　seller

提供本部分货物和技术服务的法人或其他组织，包括其法定的承继者。

3.4

买方　buyer

购买本部分货物和技术服务的法人或其他组织，包括其法定的承继者和经许可的受让人。

4　总则

4.1　一般性要求

4.1.1　投标人应具备招标公告所要求的资质，具体资质要求详见招标文件的商务部分。

4.1.2　投标人应满足本部分规范性引用文件中有关标准和文件的要求。投标人提供的电抗器应符合本部分规定的要求，投标人亦可推荐符合本标准（通用部分和专用部分）要求的类似定型产品，但应提供详细的技术偏差，并在报价书中以"对规范书的意见和同规范书的差异"为标题的专门章节中加以详细描述。

4.1.3　本部分提出了对电抗器的技术参数、性能、结构、试验等方面的技术要求。有关电抗器的包装、标志、运输和保管的要求见招标文件商务部分的规定。

4.1.4　本部分提出的是最低限度的技术要求，并未对一切技术细节作出规定，也未充分引述有关标准的条文，投标人应提供符合本部分引用标准的最新版本部分和本部分技术要求的全新产品，如果所引用的标准之间不一致或本部分所使用的标准与投标人所执行的标准不一致时，按要求较高的标准执行。

4.1.5　本部分将作为订货合同的附件，与合同具有同等的法律效力。本部分未尽事宜，由合同签约双方在合同谈判时协商确定。

4.1.6　本部分中涉及有关商务方面的内容，如与招标文件的商务部分有矛盾时，以招标文件的商务部分为准。

4.1.7　本部分如与专用部分有冲突，以专用部分为准。

4.2　投标人应提供的资质文件

投标人在投标文件中应提供下列资质文件，否则视为非响应性投标。

4.2.1　同类设备的销售记录，并提供相应的最终用户的使用情况证明。

4.2.2　权威机构颁发的 ISO 9000 系列的认证证书或等同的质量保证体系认证证书。

4.2.3　履行合同所需的独立设计能力、生产技术和生产能力的文件资料。

4.2.4　有能力履行合同设备维护保养、修理及其他服务义务的文件。

4.2.5　同类设备的型式和例行试验报告。所提供的组部件如需向第三方外购时，投标人也应就其质量做出承诺，并提供第三方相应的例行检验报告和投标人的进厂验收证明。

4.3　工作范围和进度要求

4.3.1　本部分仅适用于货物需求一览表中所列的设备。其中，包括电抗器本体及其组部件的功能设计、结构、性能、安装和试验等方面的技术要求，以及供货和现场技术服务。

4.3.2　合同签订后，卖方应在两周内，向买方提出一份详尽的生产进度计划表。

4.3.3　如生产进度有延误，卖方应及时将延误的原因、产生的影响及准备采取的补救措施等，向买方加以解释，并尽可能保证交货的进度。

4.4　对设计图纸、说明书和试验报告的要求

4.4.1　图纸及图纸的认可和交付

4.4.1.1　所有需经买方确认的图纸和说明文件，均应由卖方在合同签订后的 4 周内提交给买方进行审定认可。这些图纸资料包括电抗器外形图（包括套管吊装尺寸、二次电缆的安装图）、运输尺寸和运输质量、电抗器的重心图、电抗器基础图、电抗器装配及注油后的总质量和进线电缆布置位置等。买方审定时有权提出修改意见。

4.4.1.2　买方在收到需认可图纸两周后，将一套确认的或签有买方校定标记的图纸（买方负责人签字）返还给卖方。买方有权对供货设备的卖方图纸提出修改意见。凡买方认为需要修改且经卖方认可的，不得对买方增加费用。在未经买方对图纸作最后认可前，任何采购或制造所造成的损失和后果应由卖方单独承担。

4.4.1.3　卖方在收到买方确认图纸（包括认可方修正意见）后，经修改应于 1 周内提供最终版的正式图纸和一套供复制用的底图及正式的 CAD 文件电子版，正式图纸应加盖工厂公章或签字。

4.4.1.4　电抗器应按照经确认的最终图纸进行制造，完工后的产品应与最后确认的图纸一致。买方对图纸的认可并不减轻卖方关于其图纸的完整性和正确性的责任。设备在现场安装时，如卖方技术人员进一步修改图纸，卖方应对图纸重新收编成册，正式递交买方，并保证安装后的设备与图纸完全相符。

4.4.1.5　图纸的格式：所有图纸均应有标题栏、全部符号和部件标志，文字均用中文书写，并使用 SI 国际单位制。

4.4.1.6　卖方应免费提供给买方全部最终版的图纸、资料及说明书。其中，图纸应包括总装配图及安装时设备位置的精确布置图，并且应保证买方可按最终版的图纸资料对所供设备进行维护，并在运行中便于进行更换组部件等工作。

4.4.1.7　电抗器所需图纸明细见表 1。

　a）　外形尺寸图：

　　　1）　图纸应标明全部所需的组部件数量、目录号、额定值和型号等技术数据，详细标明运输尺寸和质量，装配总质量和油量；它还应标示出电抗器在运输准备就绪后的电抗器重心、储油柜的位置、尺寸，带电部位与邻近接地体的空气净距。

　　　2）　图纸应标明所有组部件的尺寸位置，以及拆卸高压套管时所需要的空间高度。上节油箱起吊高度。起顶，拖耳位置，各阀门法兰尺寸及位置。

　　　3）　图纸应标明电抗器底座和基础螺栓尺寸。

　b）　套管及其接线端子图：图纸应包括套管型号、套管内结构解剖详图、接线端子详图、固定法兰及瓷套伞型详图，套管接线端子承力及其安全系数、爬电距离、干弧距离及平均直径均应给出。

　c）　铭牌图：应符合国家相关标准。

d） 电抗器器身示意图：绕组位置排列及其与套管的连接，包括引线连接装配的说明。

e） 上节油箱起吊图：标明起吊质量、起吊高度和吊索、吊点布置方式。

f） 注有尺寸的套管升高座的横断面图：应显示出法兰、电流互感器座等。

g） 所有供应的组部件外形尺寸图：包括套管、气体继电器、压力释放装置、温度计、电流互感器及升高座、散热器等。

h） 展开图及接线图：包括计量、保护、控制、报警、照明及动力等所需的交流和直流回路的线路原理图。

i） 原理接线图：应表示电抗器控制柜和所有电抗器组部件的端子，如电流互感器、报警装置等，以及这些设备在电抗器上的布线和用户电缆连接的接线板的标志。

位于控制柜内的设备，应以接近其实际位置的方式表示在连接线路图上。位于控制柜外面的器件，例如电流互感器，其在图上的位置，应能简明标示其向接线端子上的引出连线，接线板上的端子间至少应留出一定的空隙，以备买方在向接线板上增加电缆连接时用。

j） 电抗器安装、运行、维修和有关设施设计所需的其他图纸和资料。

k） 套管电流互感器包括套管式电流互感器的二次电阻、拐点处的磁通密度、铁心截面和铁心平均长度等所有技术数据，套管式电流互感器的励磁曲线图等。

l） 铁心、夹件接地套管及中性点接地套管接地引线布置图：图纸应表明套管、支柱绝缘子、支持钢结构排列、接地导体及钢结构详图。

m） 拆卸图：套管的拆卸方法，铁心吊环位置，铁心和线圈拆卸方法。

4.4.2 产品说明书

卖方向买方提供的资料和图纸见表 1。

4.4.2.1 安装使用说明书。

4.4.2.2 产品说明书还应包括下列各项：

a） 关于结构、连接及铁心、绕组型式等的概述和简图。

b） 电抗器有关组部件的图纸和安装维护说明，例如套管、散热器、套管式电流互感器以及所有保护装置和测量装置等。

c） 电抗器励磁特性曲线。

d） 电抗器用的特殊工具和仪器的清单、专用说明书、样本和手册等。

e） 特殊需要的说明。

表 1 卖方向买方提供的资料和图纸

序号	内　　容
1	买卖双方协商确定的图纸、资料和说明
2	有关设计图纸、资料
3	运输、保管、现场安装调试用图纸、资料： a）电抗器的安装使用说明； b）吸湿器使用说明； c）套管及其电流互感器保管、安装、使用说明； d）气体继电器使用说明； e）绝缘油使用说明； f）散热器安装和使用说明； g）电抗器检测装置及控制柜等说明； h）其他仪表的使用说明； i）电抗器结构、绕组联结的说明； j）温度计使用说明； k）其他组部件的安装使用说明； l）高海拔修正说明（如果需要）； m）储油柜安装使用说明

表 1（续）

序号	内　　容
4	安装、维修手册、资料
5	主要设计数据
6	设计、制造所依据的主要标准
7	备品备件图纸、清单
8	电抗器所用主要材料、组部件清单
9	电抗器主要组部件图表： a）外形尺寸图（包括吊装图及顶起图）； b）梯子及储油柜安装图； c）控制电缆安装图； d）套管及接线端子零件图； e）套管与电抗器引线装配图； f）二次保护、测温、信号、动力电源的端子布置图； g）压力释放装置结构及安装图； h）电流互感器安装图； i）电抗器铭牌（包括三相成组连接的铭牌）； j）电流互感器铭牌图； k）电抗器安装基础图； l）电抗器外部二次线及电源线布置图； m）电抗器接地线路图及端子位置图； n）电抗器本体运输图
10	对于其他未列入合同技术文件清单但却是工程所必需的文件和资料及图纸，如设计继电保护、控制操作及与其他设备配合需要相关文件和技术数据等

4.4.3　试验报告

卖方应随设备免费提供给买方相关试验、检验报告，见表 2，一式 6 份。

表 2　卖方向买方提供的试验、检验报告

序号	内　　容
1	电抗器整体出厂例行试验报告
2	电抗器型式试验和特殊试验报告
3	组部件试验： a）电抗器油试验报告； b）套管出厂试验、型式试验报告和油色谱分析报告； c）继电器出厂试验和型式试验报告； d）温度控制器出厂试验和型式试验报告； e）压力释放器出厂试验和型式试验报告； f）电流互感器出厂和型式试验报告； g）散热器出厂试验和型式试验报告； h）其他组部件的出厂和型式试验报告
4	主要原材料： a）硅钢片检验报告； b）导线检验报告； c）绝缘材料检验报告； d）绝缘油检验报告

4.4.3.1 电抗器全部试验报告，包括例行、型式和特殊试验报告。

4.4.3.2 主要部件（包括套管、散热器、套管式电流互感器、气体继电器、压力释放器、温度计等）出厂和型式试验报告。

4.4.3.3 主要材料，如硅钢片、油、各类导线、绝缘纸板等的检验报告。

4.5 标准和规范

4.5.1 按有关标准规定的合同设备，包括卖方向其他厂商购买的所有组部件设备，都应符合这些标准的要求。

4.5.2 所有螺栓、双头螺栓、螺纹、管螺纹、螺栓头和螺帽均应遵照 ISO 及 SI 公制标准。

4.5.3 当标准、规范之间存在差异时，应按要求高的指标执行。

4.6 安装、调试、试运行和验收

4.6.1 合同设备的安装、调试，将由买方根据卖方提供的技术文件和安装使用说明书的规定，在卖方技术人员指导下进行。

4.6.2 合同设备试运行和验收，根据本部分规定的标准、规程、规范进行。

4.6.3 完成合同设备安装后，买方和卖方应检查和确认安装工作，并签署安装工作完成证明书，共两份，双方各执一份。

4.6.4 验收时间为安装、调试和试运行完成后并稳定运行 72h 或按项目单位规定。在此期间，所有的合同设备都应达到各项运行性能指标要求。买卖双方可签署合同设备的验收证明书。该证明书共两份，双方各执一份。

4.6.5 如果在安装、调试、试运行及质保期内，设备发生异常，买卖双方应共同分析原因、分清责任，并按合同相关规定执行。

4.7 应满足的标准

装置至少应满足 GB/T 311.1、GB/T 1094.1、GB/T 1094.2、GB/T 1094.3、GB/T 1094.4、GB/T 1094.6、GB/T 1094.10、GB 2536、GB/T 4109、GB/T 4585、GB/T 5273、GB/T 6451、GB/T 7252、GB/T 7354、GB/T 7595、GB/T 2900.95、GB/T 16847、GB/T 16927.1、GB/T 16927.2、GB/T 20840.2、GB/T 23753、GB 50150、DL/T 271、DL/T 722、DL/T 1094、Q/GDW 1152.1、Q/GDW 1168、GB/T 5582、GB/T 11604、GB/T 26218、JB/T 10779、Q/GDW 104、Q/GDW 1157、IEC 60815。

4.8 应满足的文件

该类设备技术标准应满足国家电网有限公司标准化成果中相关条款要求。下列文件中相应的条款规定均适用于本文件，其最新版本（包括所有的修改单）适用于本文件。包括：

    a）《国家电网有限公司十八项电网重大反事故措施（2018 修订版）》；

    b）《国家电网有限公司输变电工程通用设备 35～750kV 变电站分册（2018 年版）》；

    c）《国家电网有限公司电力设备（交流部分）监造大纲》；

    d）《国家电网有限公司设备抽检规范》；

    e）《电网设备及材料质量管控重点措施》；

    f）《国家电网有限公司输变电工程通用设计》。

5 结构及其他要求

5.1 铁心及绕组

5.1.1 铁心应由优质冷轧硅钢片制成。用先进方法叠装和紧固，不致因运输和运行的振动而松动。

5.1.2 绕组使用高质量铜线。绕组应有良好的冲击电压波分布；应对绕组的漏磁通进行控制，避免产生局部过热；器身内油流分布应均匀、油路通畅。

5.1.3 绕组引出线焊接应牢固可靠。

5.1.4 与油接触的绝缘材料、胶、漆等与油应有良好的相容性。

5.1.5 电抗器铁心和夹件应与油箱绝缘，通过装在油箱上的套管分别引出，接地线应引至适当位置，便于在运行中监测接地线中是否有环流。

5.2 油箱及外部结构

5.2.1 油箱的外部结构应便于现场安装和运行维护。

5.2.2 油箱应采用高强度钢板，应有足够的机械强度。并联电抗器油箱的气密性检查按真空残压 13.3Pa 考核；并联电抗器油箱应能承受真空残压 133Pa 和正压 0.12MPa 的机械强度试验，不得有损伤和不允许的永久变形。中性点接地电抗器油箱应能承受正压 0.06MPa 的机械强度试验，不得有损伤和不允许的永久变形。

5.2.3 电抗器整体（包括所有充油附件）应能承受 13.3Pa 的真空度。

5.2.4 所有密封面均能有效地防止渗漏，确保密封性能。并联电抗器和中性点接地电抗器均应能承受在储油柜油面上施加 0.03MPa 静压力，持续 24h，应无渗漏及损伤。

5.2.5 电抗器的油箱及夹件等结构件，应采取防范漏磁通引起局部过热措施。

5.2.6 气体继电器的安装位置应便于观察和取气；气体继电器的水平管两端应装有蝶阀。

5.2.7 一般不装小车，底座应能在纵向、横向作平面滑动或在管子上滚动，并有用于拖动的构件。箱底与基础的固定方式，应经买方认可。

5.2.8 油箱上应有吊攀。总质量大于 15t 时，其油箱下部应设置千斤顶座。

5.2.9 油箱上应装有带安全防护的梯子，梯子下部有一个可锁住踏板的挡板，梯子位置应便于对气体继电器的检查。

5.2.10 油箱应设有上部注油和下部放油阀门，并成对角布置；并应装有油样阀。

5.2.11 根据用户要求可提供油色谱在线监测接口。

5.2.12 油箱的顶部不应形成积水，油箱内部不应有窝气死角。

5.2.13 所有法兰的密封面应平整，密封垫应有合适的限位，防止密封垫过度承压以致龟裂老化后造成渗漏。

5.3 储油柜

5.3.1 储油柜结构应使油与大气隔离，并带有吸湿器，其容积应能满足油温变化的要求，并有油位指示、注油、放气和排污装置。油位指示装置带有油位限定报警触点。

5.3.2 储油柜应进行单独试漏。

5.4 温度测量装置

温度测量装置包括：

a) 玻璃温度计管座；

b) 信号温度计；

c) 远距离测温装置。

5.5 压力释放装置

电抗器应在油箱顶上安装压力释放装置，压力释放装置应带有报警触点。

5.6 套管

5.6.1 套管的性能及试验要求应符合 GB/T 4109 规定。高压套管的伞裙采用大小伞结构；伞裙的伸出长度、伞间距应符合 IEC 60815 规定。

5.6.2 套管应无渗漏，有易于从地面检查油位的油位指示器。套管应有一个可变换方向的接线端子。

5.6.3 供货套管应装在电抗器上随本体进行试验，并提供 $\tan\delta$ 实测值。套管末屏应能承受 3kV 工频试验电压 1min。

5.6.4 套管宜采用导杆式结构；套管颜色由设计联络会确定。

5.6.5 66kV 及以上电压等级应采用油纸电容型套管，并应有试验用端子。油纸电容型套管在最低环境温度下不应出现负压，生产厂家应明确套管最大取油量，避免因取油样而造成负压。制造厂家应对油纸电容型套管末屏接地方式作充分说明，并保证便于检修试验（包括提供专用工具），且在运行中不会出现末屏开路的故障。电容型套管安装位置和角度应易于从地面检查末屏运行状况。

5.6.6 新型或有特殊运行要求的套管，在首批次生产系列中应至少有一支通过全部型式试验，并提供第三方权威机构的型式试验报告。

5.6.7 套管接线端子（抱箍线夹）应采用 T2 纯铜材质热挤压成型。禁止采用黄铜材质或铸造成型的抱箍线夹。

5.6.8 套管均压环应采用单独的紧固螺栓，禁止紧固螺栓与密封螺栓共用，禁止密封螺栓上、下两道密封共用。

5.6.9 使用在海拔高于 1000m 地区的变压器套管，其外绝缘水平、干弧距离、温升等应根据地点的海拔高度进行海拔修正。

5.7 套管式电流互感器

5.7.1 套管式电流互感器应符合 GB/T 20840.2 和 GB/T 16847 现行标准的规定。

5.7.2 应提供二次励磁曲线、拐点电压和二次绕组最大抽头的电阻值（75℃时）以及采取的剩磁控制方法的说明等。

5.7.3 所有电流互感器的参数应在电抗器铭牌上列出。

5.7.4 电流互感器的布置编号，见技术规范专用部分。

5.8 端子箱和控制柜

每台电抗器应装有端子箱，端子箱材质应满足 DL/T 1424 的要求。套管式电流互感器、气体继电器、压力释放器、温度测量装置等二次线均接到端子箱内端子排上。端子排上应留有 15% 的备用端子。二次引线应经金属屏蔽管引到电抗器控制柜的端子板上，引线应采用截面不小于 4mm² 的耐油、耐热的软线。控制柜内设有照明和恒温器控制的加热电阻，以防潮、防蚀、防外界气温影响等。防护等级为 IP54 以上。

5.9 涂漆和防锈

a） 电抗器油箱、储油柜、冷却装置及联管等的外表面均应涂漆。

b） 电抗器油箱内表面、铁心上下夹件等均应涂以浅色漆，并与变压器油有良好的相容性，用漆由卖方决定。所有需要涂漆的表面在涂漆前应进行彻底的表面处理（如采用喷砂处理或喷丸处理）。

c） 喷砂（喷丸）处理后 8h 内，且未生锈之前，应涂一层金属底漆。底漆应具有良好的防腐、防潮和附着性能，漆层厚度不小于 0.04mm，表层面漆与底漆相容，具有良好的耐久性能。

d） 所有外表面至少要涂一道底漆和二道面漆，面漆厚度不小于 0.085mm，表层面漆应有足够弹性以耐受温度变化，耐剥落且不褪色、不粉化。

e） 电抗器出厂时，外表面应油漆一新，并供给适当数量的原用漆，用于安装现场补漆或整体油漆。

f） 油箱外部螺栓等金属件应采用热镀锌等防锈措施。

5.10 电抗器运输

电抗器应满足运输尺寸、质量及公路运输时倾斜 15° 等运输条件的要求，并能承受运输中的冲撞，当冲撞加速度不大于 3g 时，应无任何松动、变形和损坏。运输时应安装三维冲撞记录仪。应保证电抗器到现场后不吊罩检查即可投入运行。

5.11 绝缘油油

5.11.1 应采用符合 GB 2536 规定的环烷基、添加抗氧化剂的新绝缘油。

5.11.2 卖方应提供合格的新绝缘油（包括足量的备用油）。

5.11.3 应由厂家提供新油腐蚀性硫、结构簇、糠醛、T501 及油中颗粒度报告。

5.12 中性点接地电抗器的阻抗

中性点接地电抗器的抽头阻抗的最大变化范围应在额定阻抗的±10%以内，在规定的额定短时电流以下，阻抗应为线性。

5.13 电抗器的寿命

电抗器在规定的工作条件和负载条件下运行，并按使用说明书进行安装和维护，预期寿命应不少于40 年。主要主部件的运行寿命（在运行寿命内除预试外无正常检修内容）要求：

a) 电容套管：30 年及以上。

b) 套管互感器：30 年及以上。

c) 散热器：30 年及以上。

d) 储油柜：30 年及以上。

e) 吸湿器：30 年及以上。

f) 密封件、胶囊：30 年及以上。

g) 压力释放阀及气体继电器：30 年及以上。

h) 各类阀门的关合次数：在油温 105℃下 100 次以上无渗漏。

i) 端子箱：30 年及以上。

j) 温度计、油位计等测量仪表：15 年及以上。

5.14 铭牌

每台电抗器应提供用不受气候影响的材料制成的铭牌，并安装在明显可见的位置。所示项目应用耐久的方法刻出（如用蚀刻、雕刻和打印法）。铭牌上应标出下述各项：

a) 电抗器名称；

b) 型号；

c) 产品代号；

d) 标准代号；

e) 制造厂名；

f) 出厂序号；

g) 制造年月；

h) 相数；

i) 额定容量；

j) 额定频率；

k) 额定电压；

l) 额定电流；

m) 最高运行电压；

n) 绕组联结；

o) 额定电压时的电抗（实测值）；

p) 零序电抗；

q) 冷却方式；

r) 绝缘水平；

s) 总质量；

t) 绝缘油质量；

u) 器身质量；

v) 声级水平；

w) 套管式电流互感器参数；

x) 运输质量；

y) 绝缘耐热等级（A 级可不给出）；

z) 温升；

aa) 温度与储油柜油位关系曲线（准确计算后）。

6   试验

6.1   并联电抗器例行、型式试验

6.1.1   例行试验

合同订购的所有电抗器应在制造厂进行出厂试验，试验应符合最新的国家标准和 IEC 以及本部分的规定，例行试验的主要项目包括：

a)   绕组电阻的测量。

b)   绝缘特性测量（包括绝缘电阻、吸收比、极化系数、$\tan\delta$ 和电容量）。

c)   电抗测量。

d)   铁心和夹件绝缘电阻测量。

e)   损耗测量。

f)   绝缘耐受试验：

    1)   外施耐压试验；

    2)   线端雷电全波冲击试验；

    3)   线端操作冲击试验；

    4)   带局部放电测量的感应电压试验；

g)   长时过电流试验（做过温升试验的电抗器可不进行）：在 1.1 倍额定电压下，持续运行 4h，试验前后取样进行油中气体分析，应无异常变化。

h)   密封试验。

i)   绝缘油试验。

j)   油中气体分析（试验前后）。

k)   有附加二次绕组的并联电抗器电压比和短路阻抗测量。

l)   套管安装到电抗器上后，还应用正接法测量 10kV 电压下套管的 $\tan\delta$ 和电容量。

m)   套管的绝缘电阻、$\tan\delta$、电容量、局部放电测量（同时提供套管生产厂的出厂和型式试验报告）。

n)   套管式电流互感器校验。变比测量、直流电阻测量、饱和曲线测量、误差测量、二次回路绝缘试验。

o)   所有组部件如气体继电器、温度计、压力释放器等校验（同时提供生产厂的出厂试验报告）。

p)   油箱振动测量。

q)   声级测定。

6.1.2   型式试验

型式试验的主要项目包括：

a)   温升试验。

b)   线端雷电截波冲击试验。

c)   中性点雷电全波冲击试验。

d)   线端感应耐压试验。

e)   无线电干扰测量。

f)   油箱机械强度试验。

g)   励磁特性测量。

6.2   中性点接地电抗器例行、型式试验

6.2.1   例行试验

例行试验的主要项目包括：

a)   绕组电阻测量。

b)   绝缘电阻及吸收比和 $\tan\delta$、电容量测量。

c) 电抗测量。

d) 损耗测量。

e) 绝缘试验

    1) 线端雷电全波冲击试验；

    2) 外施耐压试验；

    3) 感应耐压试验；

    4) 带局部放电测量的感应电压试验；

    5) 线端交流耐压试验。

f) 绝缘油试验。

g) 套管的绝缘电阻、$\tan\delta$、电容量、局部放电测量（同时提供套管生产厂的出厂和型式试验报告）。

h) 密封试验。

i) 油中气体分析（试验前后）。

j) 套管式电流互感器校验：变比测量、直流电阻测量、饱和曲线测量、误差测量、二次回路绝缘试验。

6.2.2 型式试验

型式试验的主要项目包括：

a) 温升试验；

b) 线端雷电截波冲击试验；

c) 中性点雷电全波冲击试验。

d) 短时电流试验及短时电流时电抗测量；

e) 声级测定。

6.3 现场试验

现场试验的主要项目包括：

a) 绕组连同套管直流电阻测量；

b) 绕组连同套管的绝缘电阻、吸收比或极化指数测量；

c) 绕组连同套管的 $\tan\delta$、C_x 测量；

d) 绕组连同套管的外施耐压试验；

e) 铁心、夹件绝缘电阻测量；

f) 绝缘油的试验；

g) 密封试验；

h) 非纯瓷套管的试验（指套管安装到电抗器上后，用正接法测量 10kV 电压下套管的 $\tan\delta$ 和电容量）；

i) 额定电压下 5 次冲击合闸试验（带线路）；

j) 噪声测量；

k) 油箱的振动测量；

l) 油箱表面的温度分布测量。

6.4 抽检试验

6.4.1 买方有权对所有供货电抗器进行随机抽检试验。

6.4.2 抽检试验由买方代表或买方指定的具有国家级检测资质的第三方实施，抽检试验所需试验设备由抽检方自备，试验设备精度应满足要求且抽检试验方案科学严谨，以确保抽检试验的准确性；

6.4.3 抽检项目包括但不限于绝缘电阻、介质损耗、空载损耗、负载损耗（含短路阻抗）、局放、声级、温升、突发短路试验等。

6.4.4 抽检试验通过，则抽检试验相关费用（包括试验费、运费、设备费等）由买方承担；如抽检试验未通过，则抽检试验相关费用（包括试验费、运费、设备费等）由卖方承担，并具有采取进一步措施的权利。

6.4.5 具体抽检要求按照最新的国家电网有限公司变压器（电抗器）抽检规范执行。

7 技术服务、设计联络、工厂检验和监造

7.1 技术服务

7.1.1 概述

7.1.1.1 卖方应指定一名安装监督人员或一名试验工程师兼任卖方工地代表，负责协调与买方、安装承包商之间的工作。还应提供一名或多名可胜任的安装监督人员和试验工程师，对安装承包商进行相关业务指导。卖方应对合同设备的安装、调试和现场试验质量负责，并对与合同设备安装质量和现场试验有关的其他事项负责；安装承包商将提供安装所必需的劳动力，以及必要的设备，并负责安装工作进度。安装监督人员应负责所有安装工作的正确实施，除非当发生工作未按照他的指示执行的情况，而又立即以书面将此情况通知买方。安装监督人员应对合同设备的启动和试运行负责，并且应在设备运行前作最终调整。

7.1.1.2 买卖双方应根据工地施工的实际工作进展，通过协商决定卖方技术人员的准确专业、人员数量、在中国服务的持续时间以及到达和离开工地的日期。如果安装出现拖期，又不需要安装监督人员或试验工程师的服务，则可根据买方的利益，要求安装监督人员或试验工程师返回本部，或仍留在工地。

7.1.1.3 卖方应编制一份详尽的安装工序和时间表经买方确认后，作为安装所需时间的依据，并列出安装承包商应提供的人员和工具的类型和数量。

7.1.2 任务和责任

7.1.2.1 卖方指定的工地代表，应在合同范围内全面与买方工地代表充分合作与协商，以解决合同有关的技术和工作问题。双方的工地代表，未经双方授权，无权变更和修改合同。

7.1.2.2 卖方技术人员，代表卖方，应提供技术服务和完成按合同规定有关合同设备的安装、调试和验收试验的任务和责任。

7.1.2.3 卖方技术人员应对买方人员详细地解释技术文件、图纸、运行和维护手册、设备特性、分析方法和有关的注意事项等，以及解答和解决买方在合同范围内提出的技术问题。

7.1.2.4 为保证正确完成在第 7.1.2.2 款和第 7.1.2.3 款中提到的工作，卖方技术人员应在合同范围内，给买方以全面正确的技术服务和必要的示范操作。

7.1.2.5 卖方技术人员应协助买方在现场培训合同设备安装、调试、验收试验、运行和维护的人员，努力提高他们的技术水平。

7.1.2.6 卖方技术人员的技术指导应是正确的，如因错误指导而引起设备和材料的损坏。卖方应负责修复、更换和（或）补充，其费用由卖方承担，费用还包括进行修补期间所发生的服务费。买方的有关技术人员应尊重卖方技术人员的技术指导。

7.2 设计联络会

7.2.1 本部分详细规定了合同范围内设备的设计、材料、加工、制造和试验，安装工作由卖方负责指导。

7.2.2 签约后 15 天内，卖方应向买方建议设计联络会方案，卖方应制定详细的设计联络会日程，以协调不同时期设计及其他方面的接口工作。在设计联络会上买方有权对合同设备提出修改意见，卖方应高度重视这些意见并做出修改。

7.2.3 设计联络会议题：

    a) 决定最终布置尺寸，包括外形、套管引出方向、散热器和其他组部件的布置；

    b) 复核电抗器的主要性能和参数，并进行确认；

    c) 检查总进度、质量保证程序及质量控制措施；

    d) 决定土建要求，运输尺寸和质量，以及工程设计的各种接口的资料要求；

e) 讨论交货程序；

f) 解决遗留问题；

g) 讨论工厂试验及检验问题；

h) 讨论运输、安装、调试及验收试验；

i) 其他要求讨论的项目。

设计联络会的地点为制造厂所在地。日期、会期、买方参加会议人数在买卖双方签订合同时确定。

7.2.4 除上述规定的联络会议外，必要时经各有关方面同意可另行召开联络会议。

7.2.5 卖方应负责设计联络会的记录，每次会议均应签署会议纪要，该纪要作为合同的组成部分。

7.2.6 除联络会议外，由任一方提出的所有有关合同设备设计的修正或修改都应由对方参与讨论并同意。一方接到任何需批复的文件或图纸 4 周内，应将书面的批复或意见书返还提出问题方。

7.2.7 在合同有效期内，买卖双方应及时回答对方提出的技术文件范围内有关设计和技术的问题。

7.3 在卖方工厂的检验和监造

7.3.1 买方有权派出专业人员到卖方及其分包商的生产场所，对合同设备的工厂加工制造进行检验和监造。买方将以书面形式将为此目的而派遣的代表的身份通知卖方。

7.3.2 如有合同设备经检验或试验不符合技术规范的要求，买方可拒收，卖方应更换被拒收的货物，或进行必要的改造使之符合技术规范的要求，买方不承担上述的更换或改造的费用。

7.3.3 买方对货物运到买方所在地以后有再次进行检验、试验和拒收（如果必要时）的权利，不得由于该货物在原产地发运以前，已经由买方或其代表进行过监造和检验并已通过作为理由而受到限制。买方人员参加工厂试验，包括会签任何试验结果，既不免除卖方按合同规定应负的责任，也不能代替合同设备到达安装地点后买方对其进行的检验。

7.3.4 卖方应在开始进行工厂试验前 2 周，通知买方其准确日程安排。根据这个日程安排，买方将确定对合同设备的哪些试验项目和阶段要进行目睹，并将在接到卖方关于安装、试验和检验的日程安排通知后 3 天内通知卖方。然后买方将派出技术人员前往卖方和（或）其分包商生产现场，以观察和了解该合同设备工厂试验的情况及其包装的情况。若发现任一货物的质量不符合合同规定的标准，或包装不满足要求，买方代表有权发表意见，卖方应认真考虑其意见，并采取必要措施以确保待运合同设备的质量，目睹检验程序由双方代表共同协商决定。

7.3.5 若买方不派代表参加上述试验，卖方应在接到买方关于不派员到卖方和（或）其分包商工厂的通知后，或买方未按时派遣人员参加的情况下，自行组织检验。

7.3.6 买方人员需参加和（或）需目睹的工厂试验项目应在合同中规定。

7.3.7 监造范围：

a) 铁心的叠装、硅钢片的牌号、漆的质量，硅钢片毛刺、迭装容差和铁心捆扎的材料等。

b) 线圈的绕制过程、线圈的结构和导线规格、焊接工艺、导线接头等处理、绝缘缺陷修补等。

c) 线圈装配及引线装配：

   1) 线圈的绝缘结构、绝缘材料、整个线圈的松紧度、引线的走向及排列，电抗器的组装制造过程中的中间试验。

   2) 油箱的压力和真空试验、焊接的质量、对油箱强度的要求、散热器及其他组部件的质量和清洁度。

d) 在厂内的最后总装配、试验项目、标准、方法和实测数据等。

e) 对外协、外购件的质量和数量的检查，提出改进和完善的建议。

7.3.8 监造内容：

a) 试验方法、标准和试验项目应与合同的技术要求一致，如制造厂执行的标准更为严格，经买方同意后可遵照制造厂的标准执行。

b) 分包商的外协、外购组部件。外协、外购组部件的质量由卖方负责，组部件应有铭牌或标志、合格证及型式和出厂试验报告，买方人员应知道重要组部件分包商的试验项目和标准、生产能力，并有权到组部件分包厂进行监督和检验。

c）卖方应根据监造人员的要求提供必要的资料和试验数据。

d）卖方应提供给监造人员受监造设备的生产进度表。

e）监造者有权到生产合同设备的车间和部门了解生产信息；卖方应提供合同设备制造过程中出现的质量问题及处理措施。

7.3.9 监造者将不签署任何质量证明文件；买方人员参加工厂检验，既不能解除卖方按合同应承担的责任，也不替代到货后买方的检验。

8 一次、二次及土建接口

8.1 电气一次接口

8.1.1 引接线形式

电抗器每个套管应有一个可变化方向的平板式接线端子，以便于接线安装。套管端子板应能承受引线张力和重力引起的力矩而不发生变形。电抗器各侧引线端子与其他设备连接应采用软过渡，以防止高应力损坏设备。

一次接线端子板应满足回路短路电流及发热要求。端子板材质为铜镀锡或铜镀银，表面平滑无划痕，开孔数量需要保证连接可靠。

750kV 高压并联电抗器安装断面示例图参见图 1、图 2。

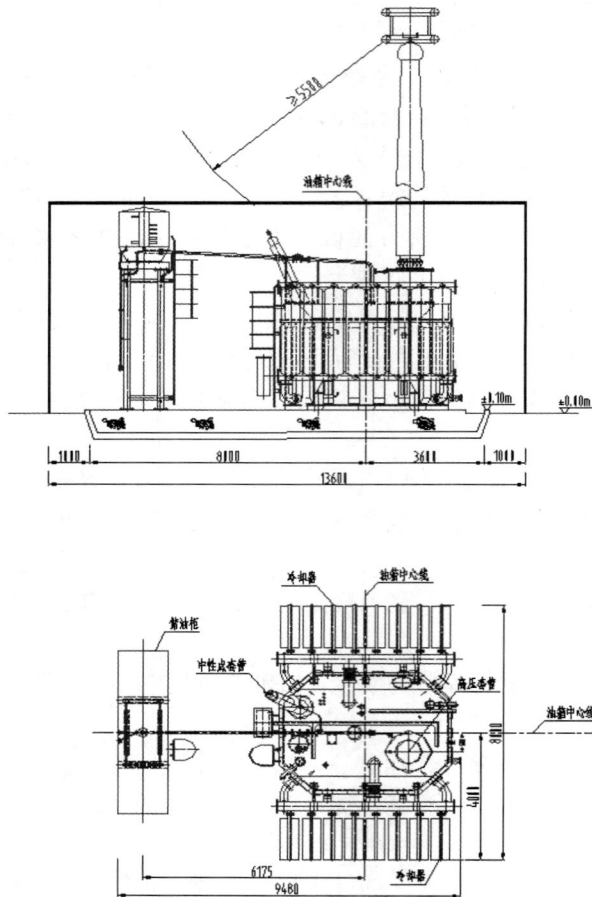

图 1 电气接口 1：750kV 高压并联电抗器安装纵断面及俯视示意图（海拔高度 1000m 及以下）

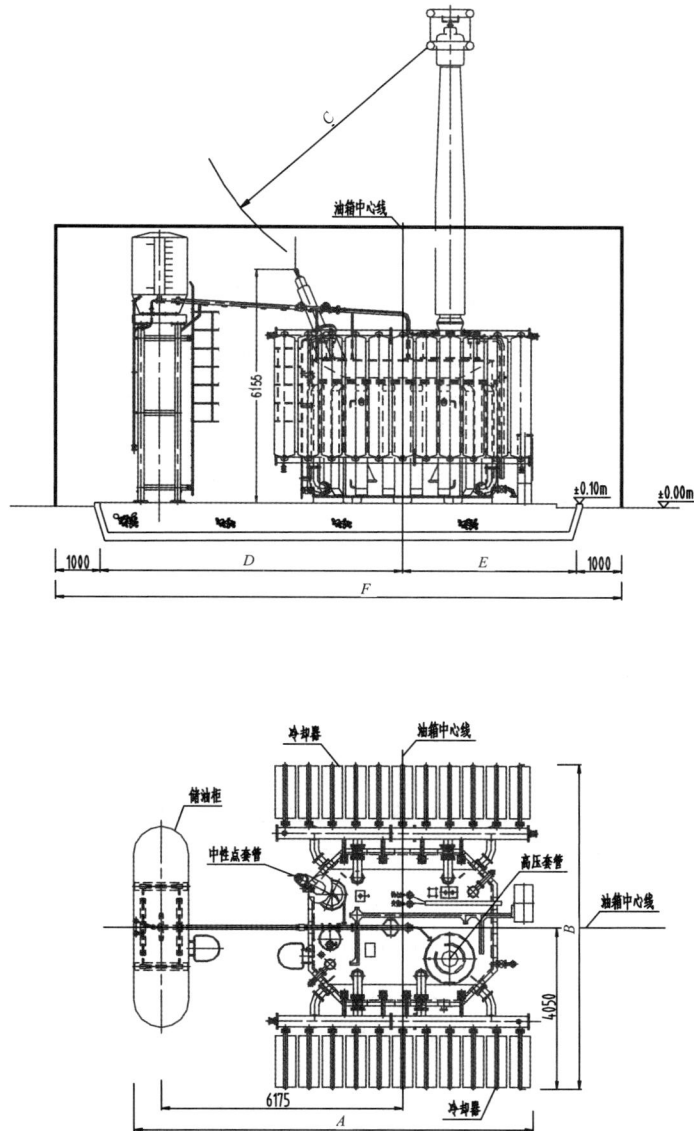

图 2 电气接口 2：750kV 高压并联电抗器安装纵断面及俯视示意图（≤3000m）

8.1.2 接地

电抗器铁心、夹件的接地引下线应与油箱绝缘，分别从装在油箱上的套管引至油箱下部与油箱连接接地，接地处应有明显的"⏚"接地符号或"接地"字样。

8.1.3 外观颜色

外观颜色应符合以下要求：

a) 瓷套颜色采用棕色。

b) 电抗器油箱、储油柜、冷却装置及连管等的外表面颜色建议为海灰 B05。

8.2 电气二次接口

8.2.1 测量装置

电抗器油温测量装置应满足 GB/T 6451 的要求。在电抗器油箱油温较高点安装一个油温测量装置。另设一个绕组测温装置，应能反映绕组的平均温升。上述温度变量除在电抗器本体上可观测外，还应输出（4mA～20mA 模拟量信号）。

8.2.2 电抗器的本体保护

电抗器的本体保护用于跳闸和报警，电抗器应有下列本体跳闸和报警保护，其中压力释放装置应为两套。本体保护见表3。

表 3 电抗器的本体保护表

序号	保护名称	触点内容	电源	触点容量	触点数量
1	气体继电器	重瓦斯跳闸 轻瓦斯报警	DC 220V 或 110V	66VA	重瓦斯跳闸 2 对 轻瓦斯报警 1 对
2	油位计	报警	DC 220V 或 110V	66VA	高油位 1 对 低油位 1 对
3	压力释放装置	报警或跳闸	DC 220V 或 110V	66VA	2 对跳闸
4	油温指示控制器	报警或跳闸	DC 220V 或 110V	66VA	报警 1 对 跳闸 1 对
5	绕组温度指示控制器	报警或跳闸	DC 220V 或 110V	66VA	报警 1 对 跳闸 1 对
6	中性点小电抗器气体继电器	重瓦斯跳闸 轻瓦斯报警	DC 220V 或 110V	66VA	重瓦斯跳闸 2 对 轻瓦斯报警 1 对
7	中性点小电抗器压力释放装置	报警或跳闸	DC 220V 或 110V	66VA	2 对跳闸
8	中性点小电抗器油位计	报警	DC 220V 或 110V	66VA	1 对报警
9	中性点小电抗油温指示控制器	报警或跳闸	DC 220V 或 110V	66VA	报警 1 对 跳闸 1 对

8.2.3 电抗器的端子箱

电抗器的端子箱包括电抗器总端子箱及各单元电抗器本体端子箱，制造厂应提供包括电抗器所需的全部机械和电气控制部件在内的端子箱及其相连所需部件。电抗器总端子箱用于汇总各单相电抗器本体端子箱中 TA 绕组、本体保护和交、直流电源等的对外联系接口。

8.2.3.1 端子箱的结构

电抗器总端子箱应设计合理，应防晒，防雨，防潮，并应有足够的空间。控制柜为地面式布置。各单相电抗器本体端子箱安装在本体上，其性能要求、端子及连接等同电抗器总端子箱的要求。

8.2.3.2 电抗器端子内部布线：

a) 端子箱应有足够的端子用于内部布线及其端头连接，并应提供 20% 的备用端子，所有用于外部连接的端子，包括备用端子在内全部采用压接型端子。端子排应有端子排编号予以标识。要求所有的电缆及接头应有防水措施，电缆布置应由下往上接入。
交、直流端子排应分区布置，交流回路、直流回路电缆应分开绑扎。电缆头按双重编号。交、直流回路不得共用一根电缆。

b) 总端子箱内应设有截面不小于 $100mm^2$ 的接地铜排，该接地铜排应于箱体绝缘，并配有两个接地端子。

c) 总端子箱宜提供带温湿度控制器（AC 220V、50Hz）的除湿装置。总端子箱内应有开闭的照明设施，箱内设电源插座（单相，10A，220V，AC）。制造厂应考虑用于绝缘油在线检测装置的接口。

8.2.3.3 端子箱之间的连接电缆：

a) 在电抗器上敷设的所有电缆布线，均应通过保护管或槽盒（用不锈钢材料）引接到本体端子箱。该电缆线应选用阻燃、耐油、耐温的屏蔽电缆，且电缆应足够长，由制造厂提供。电抗器元件与元件、元件与端子箱之间的电缆不允许有电缆接头。由总控制箱到各分相电抗器本体箱联系电缆应采用铠装阻燃，由制造厂配套提供。

b）　所有由制造厂提供的电缆应提供电缆清册，电缆清册中应标明电缆编号、电缆起点、电缆终点、电缆型号、电缆芯数、电缆截面、电缆备用芯数及电缆长度。

8.2.4　750kV 高压并联电抗器（简称高抗）总控制箱端子排接口

750kV 高压并联电抗器总控制箱端子排接口见图 3～图 7。

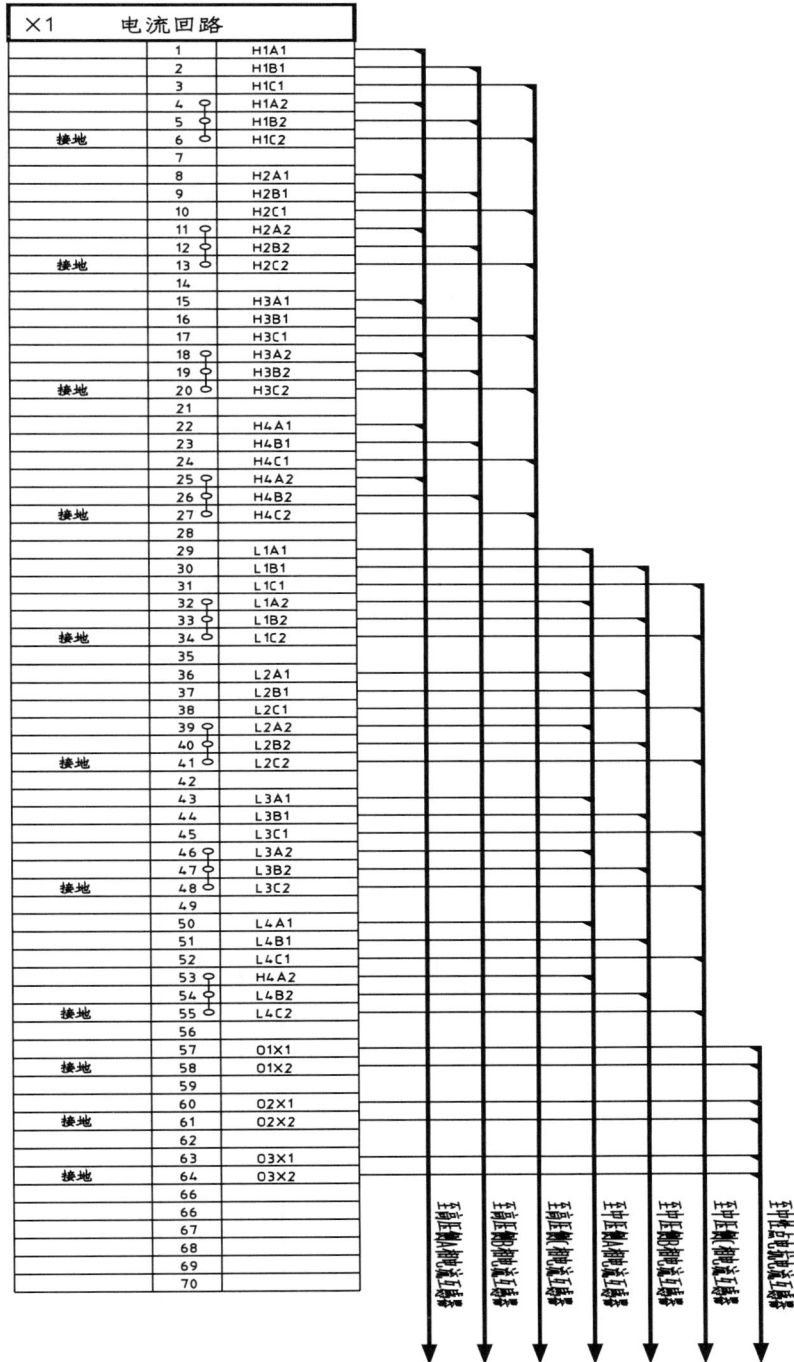

图 3　高压电抗器总控制箱端子排接口图（一）

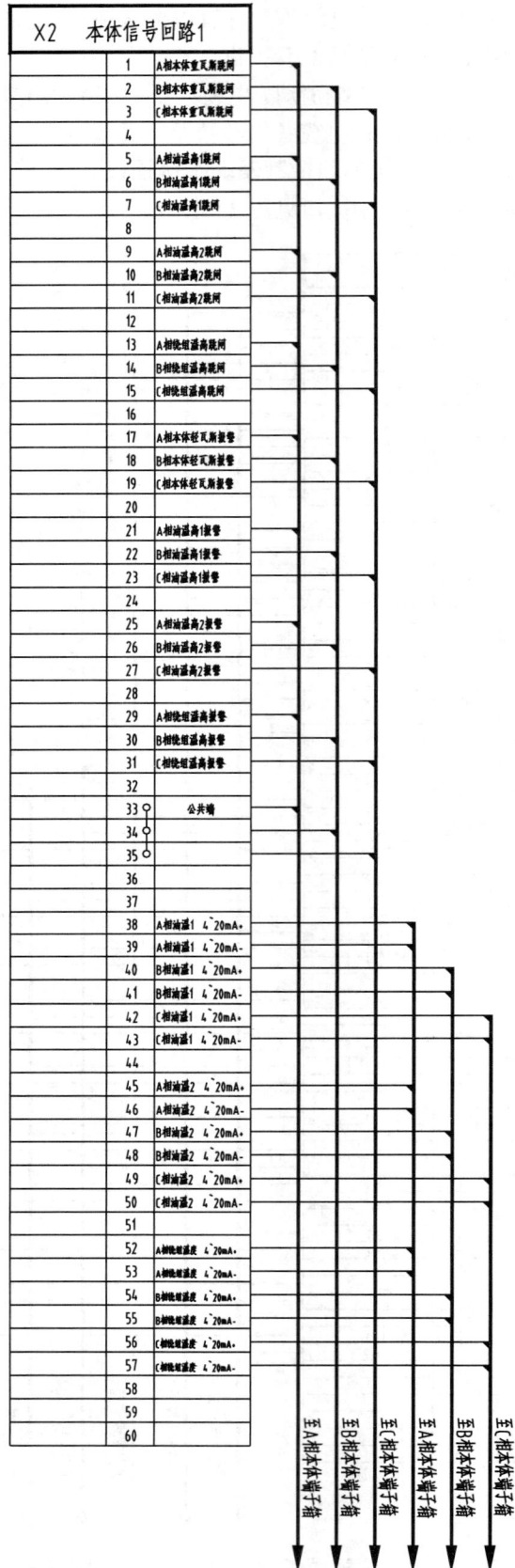

图4 高压电抗器总控制箱端子排接口图（二）

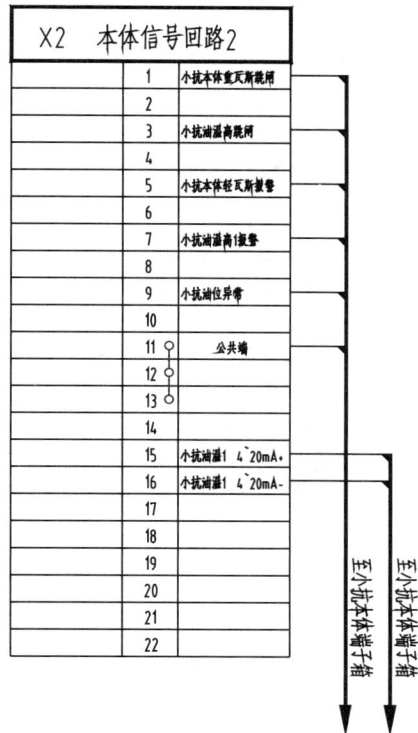

图5 高压电抗器总控制箱端子排接口图（三）

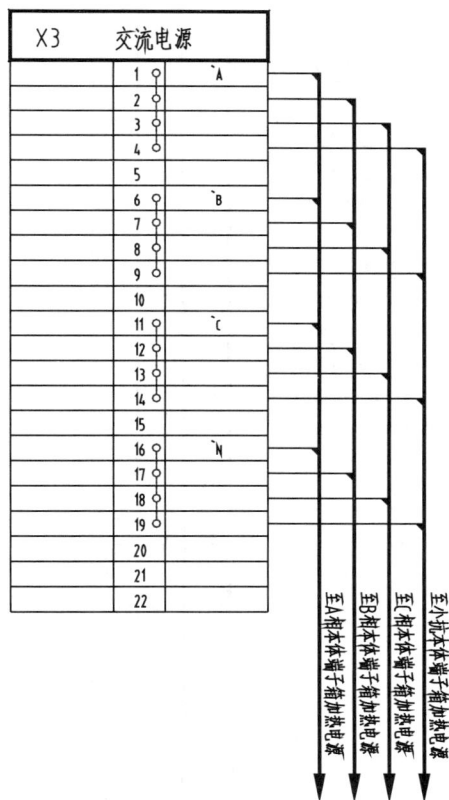

图6 高压电抗器总控制箱端子排接口图（四）

X4-1 非电量跳闸出口+		
	1	高压侧边开关A相跳闸线圈1+
	2	高压侧边开关B相跳闸线圈1+
	3	高压侧边开关C相跳闸线圈1+
	4	高压侧中开关A相跳闸线圈1+
	5	高压侧中开关B相跳闸线圈1+
	6	高压侧中开关C相跳闸线圈1+
	7	高压侧边开关A相跳闸线圈2+
	8	高压侧边开关B相跳闸线圈2+
	9	高压侧边开关C相跳闸线圈2+
	10	高压侧中开关A相跳闸线圈2+
	11	高压侧中开关B相跳闸线圈2+
	12	高压侧中开关C相跳闸线圈2+
	13	
	14	
	15	
	16	
	17	
	18	
	19	
	20	
	21	
	22	

X4-2 非电量跳闸出口-		
	1	高压侧边开关A相跳闸线圈1-
	2	高压侧边开关B相跳闸线圈1-
	3	高压侧边开关C相跳闸线圈1-
	4	高压侧中开关A相跳闸线圈1-
	5	高压侧中开关B相跳闸线圈1-
	6	高压侧中开关C相跳闸线圈1-
	7	高压侧边开关A相跳闸线圈2-
	8	高压侧边开关B相跳闸线圈2-
	9	高压侧边开关C相跳闸线圈2-
	10	高压侧中开关A相跳闸线圈2-
	11	高压侧中开关B相跳闸线圈2-
	12	高压侧中开关C相跳闸线圈2-
	13	
	14	
	15	
	16	
	17	
	18	
	19	
	20	
	21	
	22	

至高压侧边开关第一组跳闸线圈
至高压侧中开关第一组跳闸线圈
至高压侧边开关第二组跳闸线圈
至高压侧中开关第二组跳闸线圈

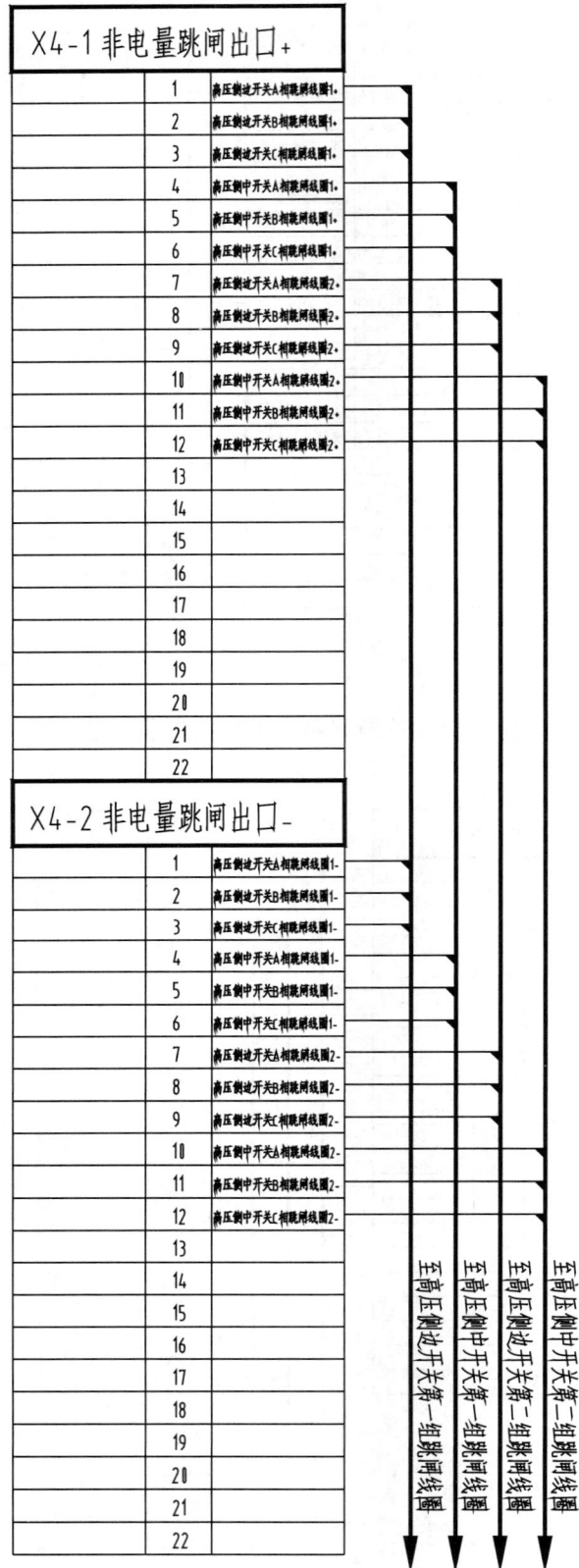

图 7　高压电抗器总控制箱端子排接口图（五）

8.3　土建接口

8.3.1　油箱

油箱上应有吊攀，其下部应设置千斤顶座。电抗器应能沿主轴线和短轴线方向在平面上滑动或在管子上滚动，油箱上应有用于双向拖动的拖耳。

8.3.2　基础及埋件

8.3.2.1　各制造厂同容量电抗器以及同制造厂不同容量电抗器应尽可能统一基础要求，考虑此点，电抗器基础采用钢筋混凝土大块式基础。基础表面平整度误差不应大于 2mm，倾斜度不应大于 0.1grads，参见图 8，实际工程应根据电抗器的实际尺寸、重量，经校核无误后方可采用。

8.3.2.2　基础上预埋钢板或预留二次灌浆孔，电抗器固定建议采用就位后直接焊接或螺栓连接。具体工程应根据实际情况确定。

8.3.3　储油池

基础下设置电抗器储油池，储油池长、宽尺寸应比电抗器外轮廓尺寸每边大 1m。

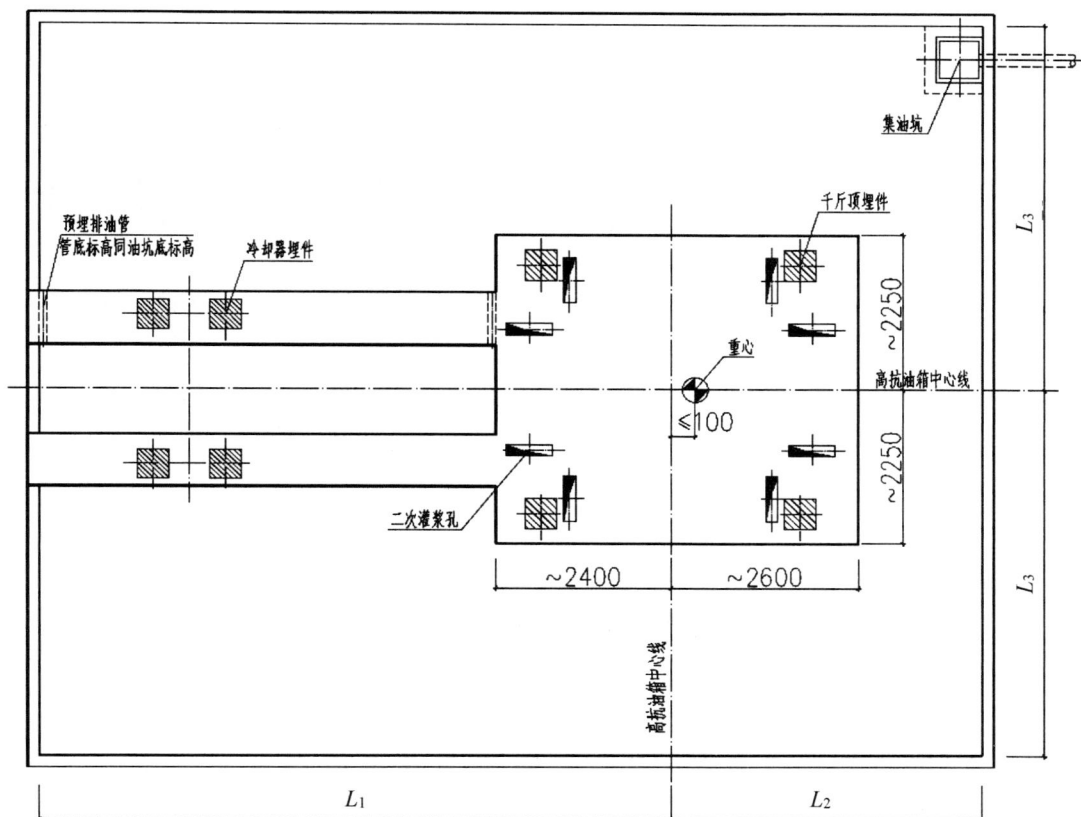

图 8　750kV 高压并联电抗器基础平面图

ICS 29.240

Q/GDW

国家电网有限公司企业标准

Q/GDW 13063.2 — 2018
代替 Q/GDW 13063.2 — 2014

750kV 油浸式并联电抗器采购标准
第 2 部分：750kV/70Mvar 油浸式
并联电抗器专用技术规范

Purchasing standard for 750kV oil-immersed shunt reactors
Part 2: 750kV/70Mvar oil-immersed shunt reactors
special technical specification

2019-06-28发布 2019-06-28实施

国家电网有限公司 发 布

目　次

前　言

为规范 750kV 油浸式并联电抗器的采购，制定本部分。

《750kV 油浸式并联电抗器采购标准》分为 4 个部分：

——第 1 部分：通用技术规范；

——第 2 部分：750kV/70Mvar 油浸式并联电抗器专用技术规范；

——第 3 部分：750kV/100Mvar 油浸式并联电抗器专用技术规范；

——第 4 部分：750kV/120Mvar 油浸式并联电抗器专用技术规范。

本部分为《750kV 油浸式并联电抗器采购标准》的第 2 部分。

本部分代替 Q/GDW 13063.2—2014，主要技术性差异如下：

——根据 GB/T 1094.10 的定义，把"噪声水平"名称修改为"声级"；

——根据最新修订版 GB/T 1094.3，把局部放电试验电压要求值由 $1.5U_m/\sqrt{3}$ 修改为 $1.58U_r$；

——修改了套管的有效爬距要求值，按Ⅳ（爬电比距 31kV/mm）级进行修正；

——根据 2018 版通用设备要求，修改了套管式电流互感器的参数要求；

——把新油（包括所需的备用油）的击穿电压由≥50kV 提高到≥70kV、介质损耗要求值由≤0.5%
修改为≤0.2%；

——修改了使用环境条件表中的污秽等级，污秽等级由Ⅲ级提高到Ⅳ级。

本部分由国家电网有限公司物资部提出并解释。

本部分由国家电网有限公司科技部归口。

本部分起草单位：国网江苏省电力有限公司、中国电力科学研究院有限公司、国网安徽省电力有限
公司。

本部分主要起草人：吴益明、郭慧浩、吴兴旺、蔡胜伟、陈江波、王胜权、林元棣。

本部分 2014 年 9 月首次发布，2018 年 12 月第一次修订。

本部分在执行过程中的意见或建议反馈至国家电网有限公司科技部。

750kV 油浸式并联电抗器采购标准
第 2 部分：750kV/70Mvar 油浸式
并联电抗器专用技术规范

1 范围

本部分规定了 750kV/70Mvar 油浸式并联电抗器专用技术规范招标的标准技术参数、项目需求及投标人响应的相关内容。

本部分适用于 750kV/70Mvar 油浸式并联电抗器专用技术规范招标。

2 规范性引用文件

下列文件对于本文件的应用是必不可少的。凡是注日期的引用文件，仅注日期的版本适用于本文件。凡是不注日期的引用文件，其最新版本（包括所有的修改单）适用于本文件。

Q/GDW 13063.1 750kV 油浸式并联电抗器采购标准 第 1 部分：通用技术规范

3 术语和定义

下列术语和定义适用于本文件。

3.1

招标人 bidder

提出招标项目，进行招标的法人或其他组织。

3.2

投标人 tenderer

响应招标、参加投标竞争的法人或者其他组织。

3.3

卖方 seller

提供本部分货物和技术服务的法人或其他组织，包括其法定的承继者。

3.4

买方 buyer

购买本部分货物和技术服务的法人或其他组织，包括其法定的承继者和经许可的受让人。

4 标准技术参数

技术参数特性表是国家电网有限公司对采购设备的基础技术参数要求，在招投标过程中，投标人应依据招标文件，对技术参数特性表中标准参数值进行响应。750kV/70Mvar 油浸式并联电抗器技术参数特性见表 1，配套用中性点接地电抗器技术参数见表 2。物资应满足 Q/GDW 13063.1 的要求。

表 1 技 术 参 数 特 性 表

序号	参 数 名 称		标准参数值
1	额定值	设备型号	投标人提供

表1（续）

序号	参 数 名 称			标准参数值
1	额定值	设备型式		户外、单相、油浸、间隙铁心
		额定频率（Hz）		50
		额定电压 U_N（kV）		$800/\sqrt{3}$
		额定容量 S_N（Mvar）		70
		额定电流（A）		151.6
		额定电抗（Ω）		3047.6
		额定电抗容许偏差（%）		±5
		三相间阻抗互差（%）		±2
		相数		单相
		三相联结方式		YN
		中性点接地方式		经中性点电抗器接地
		冷却方式		ONAN
2	绝缘水平	雷电冲击全波电压（kV，峰值）	高压端子	2100
			中性点端子	480
		雷电冲击截波电压（kV，峰值）	高压端子	2250
		操作冲击电压（kV，峰值）	高压端子	1550
		短时工频耐受电压（kV，方均根值）	高压端子	960
			中性点端子	200
3	$1.05U_N$温升限值（K）	顶层油		55
		绕组（平均）		65
		铁心及油箱内的其他金属结构件		80
		油箱表面		70
		绕组热点		78
4	励磁特性	$1.4U_N$下的电流不大于1.4倍额定电流的百分数（%）		3
		$1.4U_N$和$1.7U_N$的连线平均斜率不小于初始斜率的百分数（%）		66.7
		过励磁能力（kU_N—t）	$1.50U_N$（s）	8
			$1.40U_N$（s）	20
			$1.30U_N$（min）	3
			$1.25U_N$（min）	10
			$1.20U_N$（min）	20
			$1.15U_N$（min）	60
			$1.10U_N$（min）	连续

表 1（续）

序号	参 数 名 称			标准参数值
5	损耗（kW，75℃）			≤145
6	设计参数	电流密度（A/mm²）		（投标人提供）
		绕组电阻（Ω，75℃）		（投标人提供）
		铁心柱磁通密度（T，额定电压、额定频率时）		（投标人提供）
7	声级	声压级，距离 0.3m［dB（A）］		＜80
8	振动限值（峰—峰）（μm）	平均值		≤60
		最大值		≤100
		油箱底部		≤20
9	局部放电水平（pC）	在 1.58U_r 下高压线端的视在放电量		≤100
10	绕组连同套管的 tanδ（%，20℃）			＜0.5
11	无线电干扰水平（μV）	在 1.1 倍最高相电压下		≤500（晴好天气夜间无可见电晕）
12	尺寸、质量	安装尺寸（m×m×m，长×宽×高）		（项目单位提供）
		运输尺寸（m×m×m，长×宽×高）		（投标人提供）
		重心高度（m）		（投标人提供）
		器身质量（t）		（投标人提供）
		上节油箱质量（t）		（投标人提供）
		油量（含备用）（t）		（投标人提供）
		总质量（t）		（投标人提供）
		运输质量（t）		（投标人提供）
13	电抗器运输时允许的最大倾斜度（°）			（投标人提供）
14	片式散热器	散热器型式		（投标人提供）
		散热器组数		（投标人提供）
		每组散热器冷却容量（kW）		（投标人提供）
		散热器质量（t）		（投标人提供）
15	套管	制造厂及型号	高压套管	（投标人提供）
			中性点套管	（投标人提供）
		额定电流（A）	高压套管	800
			中性点套管	630
		绝缘水平（kV，LI/SI/AC）	高压套管	2100/1550/960
			中性点套管	550/–/255
		局部放电水平（pC）	高压套管	＜5
			中性点套管	＜10
		高压套管	tanδ（%）	≤0.4
			电容量（pF）	（投标人提供）

表 1（续）

序号	参 数 名 称			标准参数值		
15	套管	中性点套管	tanδ（%）	≤0.4		
			电容量（pF）	（投标人提供）		
		弯曲耐受负荷（kN）	高压套管	4		
			中性点套管	3.15		
		爬距（mm，等于有效爬距乘以直径系数 K_d）	高压套管	≥24 800×K_d		
			中性点套管	≥3906×K_d		
		干弧距离（mm）	高压套管	≥5500		
			中性点套管	≥1000		
		套管爬距/干弧距离	高压套管	≤4		
			中性点套管	≤4		
		大小伞裙数据	P_1–P_2（mm）	≥15		
			高压 S/P_1 比值	>0.9		
			中性点 P_1–P_2（mm）	≥15		
			中性点 S/P_1 比值	>0.9		
		平均直径（mm）	高压套管	（投标人提供）		
			中性点套管	（投标人提供）		
16	套管式电流互感器	高压侧	绕组数	1	1	2
			准确级	0.2S	0.5	5P20
			电流比	400/1A		
			二次容量（VA）	15	15	15
			K_{ssc} 或 F_s 或 ALF	F_s≤5	F_s≤5	ALF=20
		中性点侧	绕组数	3		1
			准确级	5P20		0.5
			电流比	400/1A		
		中性点侧	二次容量（VA）	15		
			K_{ssc} 或 F_s 或 ALF	ALF=20		
17	压力释放装置	型号		（投标人提供）		
		台数		（投标人提供）		
		释放压力（MPa）		（投标人提供）		
18	绝缘油	绝缘油型号		（投标人提供）		
		过滤后应达到击穿电压（kV）		≥70		
		tanδ（%，90℃）		≤0.2		
		含水量（μL/L）		≤10		
		100mL 大于 5μm 的油中颗粒不多于（个）		2000		
		含气量（%）		1		

注 1：P_1—大伞裙伸出长度；P_2—小伞裙伸出长度；S—相邻裙间高。
注 2：表 2 是本表的补充部分。

表 2 中性点接地电抗器技术参数特性表

序号	参 数 名 称			标准参数值
1	额定值	设备型号		（投标人提供）
		设备型式		户外、单相、油浸
		额定频率（Hz）		50
		电压等级（kV）		110
		额定持续电流（A）		30
		10s 最大电流（A）		300
		额定电抗（Ω）/抽头（%）		（项目单位填写）/（项目单位填写）
		额定电抗容许偏差（%）		±5
		相数		单相
		中性点接地方式		直接接地
		冷却方式		ONAN
2	绝缘水平	雷电冲击全波电压（kV，峰值）	高压端子	480
			中性点端子	200
		雷电冲击截波电压（kV，峰值）	高压端子	530
		短时工频耐受电压（kV，方均根值）	高压端子	200
			中性点端子	85
3	局部放电水平（pC）	在 1.58U_r 下高压线端的视在放电量		≤100
4	温升限值（K）	顶层油	额定持续电流时	55
			10s 最大电流时	65
		绕组（平均）	额定持续电流时	60
			10s 最大电流时	85
5	损耗（kW，75℃）	额定持续电流时		≤额定容量的 3%
6	额定持续电流下噪声水平［dB（A）］			≤65
7	绕组连同套管的 tanδ（%）			<0.5
8	尺寸、质量	安装尺寸（m×m×m，长×宽×高）		（项目单位提供，特殊情况由投标人提供）
		运输尺寸（m×m×m，长×宽×高）		（投标人提供）
		油量（t，含备用）		（投标人提供）
		总质量（t）		（投标人提供）
		运输质量（t）		（投标人提供）
9	套管	制造厂及型号	高压套管	（投标人提供）
			中性点套管	（投标人提供）
		额定电流（A）	高压套管	630
			中性点套管	630

表 2（续）

序号	参 数 名 称			标准参数值	
9	套管	绝缘水平 （LI/AC，kV）	高压套管	550/255	
			中性点套管	200/95	
		局部放电水平（pC）	高压套管	＜10	
		高压套管	tanδ（%）	≤0.4	
			电容量（pF）	（投标人提供）	
		弯曲耐受负荷 （kN）	高压套管	3.15	
			中性点套管	1.25	
		爬距（mm，等于 有效爬距乘以直径 系数 K_d）	高压套管	≥3906×K_d	
			中性点套管	（投标人提供）	
		干弧距离（mm）	高压套管	≥1000	
			中性点套管	（投标人提供）	
10	套管式电流 互感器	高压侧	绕组数	2	1
			准确级	5P20	0.5
			电流比	100～200/1A	
			二次容量（VA）	15	
			F_s 或 ALF	20	
11	压力释放 装置	型号		（投标人提供）	
		台数		（投标人提供）	
		释放压力（MPa）		（投标人提供）	
12	绝缘油	绝缘油型号		（投标人提供）	
		过滤后应达到击穿电压（kV）		≥50	
		tanδ（%，90℃）		≤0.3	
		含水量（μL/L）		≤10	

5 组件材料配置

组件材料配置包括元件名称、规格形式参数、单位、数量和产地等信息，具体内容和格式根据招标项目情况进行编制。

6 使用环境条件

750kV/70Mvar 油浸式并联电抗器使用环境条件见表 3。特殊环境要求根据项目情况进行编制。

表 3 使 用 环 境 条 件 表

环 境 项 目	项目需求值
系统标称电压（kV）	750
系统最高运行电压（kV）	800
系统中性点接地方式	直接接地

表 3（续）

环 境 项 目		项目需求值
与其他设备连接方式		（项目单位提供）
额定频率（Hz）		50
污秽等级		Ⅳ
系统短路电流（kA）		50
环境温度（℃）	最高日温度	40
	最低日温度	−25
	最大日温差	25
	最热月平均温度	30
	最高年平均温度	20
湿度（%）	日相对湿度平均值	≤95
	月相对湿度平均值	≤90
海拔（m）		≤1000
太阳辐射强度（W/cm²）		0.11
最大覆冰厚度（mm）		10
离地面高 10m 处，维持 10min 的平均最大风速（m/s）		35
抗地震能力（正弦共振 3 周波，安全系数 1.67 以上）	地面水平加速度（m/s²）	2
	地面垂直加速度（m/s²）	1.5

———————————

ICS 29.240

Q/GDW

国家电网有限公司企业标准

Q/GDW 13063.3—2018

代替 Q/GDW 13063.3—2014

750kV 油浸式并联电抗器采购标准
第 3 部分：750kV/100Mvar 油浸式
并联电抗器专用技术规范

Purchasing standard for 750kV oil-immersed shunt reactors
Part 3: 750kV/100Mvar oil-immersed shunt reactors
special technical specification

2019-06-28发布　　　　　　　　　　　　2019-06-28实施

国家电网有限公司　　发　布

目　次

前　言

为规范 750kV 油浸式并联电抗器的采购，制定本部分。

《750kV 油浸式并联电抗器采购标准》分为 4 个部分：

——第 1 部分：通用技术规范；

——第 2 部分：750kV/70Mvar 油浸式并联电抗器专用技术规范；

——第 3 部分：750kV/100Mvar 油浸式并联电抗器专用技术规范；

——第 4 部分：750kV/120Mvar 油浸式并联电抗器专用技术规范。

本部分为《750kV 油浸式并联电抗器采购标准》的第 3 部分。

本部分代替 Q/GDW 13063.3—2014，主要技术性差异如下：

——修改了"噪声水平"名称为"声级"；

——修改了局部放电试验电压要求值；

——修改了套管的有效爬距要求值；

——修改了套管式电流互感器的参数要求；

——修改了新油（包括所需的备用油）的击穿电压、介质损耗要求值；

——修改了使用环境条件表中的污秽等级。

本部分由国家电网有限公司物资部提出并解释。

本部分由国家电网有限公司科技部归口。

本部分起草单位：国网江苏省电力有限公司、中国电力科学研究院有限公司、国网安徽省电力有限公司。

本部分主要起草人：王胜权、郭慧浩、吴兴旺、蔡胜伟、陈江波、林元棣、陆云才。

本部分 2014 年 9 月首次发布，2018 年 12 月第一次修订。

本部分在执行过程中的意见或建议反馈至国家电网有限公司科技部。

750kV 油浸式并联电抗器采购标准 第 3 部分：750kV/100Mvar 油浸式 并联电抗器专用技术规范

1 范围

本部分规定了 750kV/100Mvar 油浸式并联电抗器招标的标准技术参数、项目需求及投标人响应的相关内容。

本部分适用于 750kV/100Mvar 油浸式并联电抗器招标。

2 规范性引用文件

下列文件对于本文件的应用是必不可少的。凡是注日期的引用文件，仅注日期的版本适用于本文件。凡是不注日期的引用文件，其最新版本（包括所有的修改单）适用于本文件。

Q/GDW 13063.1　750kV 油浸式并联电抗器采购标准　第 1 部分：通用技术规范

3 术语和定义

下列术语和定义适用于本文件。

3.1

招标人　bidder

提出招标项目，进行招标的法人或其他组织。

3.2

投标人　tenderer

响应招标、参加投标竞争的法人或者其他组织。

3.3

卖方　seller

提供本部分货物和技术服务的法人或其他组织，包括其法定的承继者。

3.4

买方　buyer

购买本部分货物和技术服务的法人或其他组织，包括其法定的承继者和经许可的受让人。

4 标准技术参数

技术参数特性表是国家电网有限公司对采购设备的基础技术参数要求，在招投标过程中，投标人应依据招标文件，对技术参数特性表中标准参数值进行响应。750kV/100Mvar 油浸式并联电抗器技术参数特性见表 1，配套用中性点接地电抗器技术参数见表 2。物资应满足 Q/GDW 13063.1 的要求。

表 1　技 术 参 数 特 性 表

序号	参 数 名 称		标准参数值
1	额定值	设备型号	投标人提供

表1（续）

序号	参数名称			标准参数值
1	额定值	设备型式		户外、单相、油浸、间隙铁心
		额定频率（Hz）		50
		额定电压 U_N（kV）		$800/\sqrt{3}$
		额定容量 S_N（Mvar）		100
		额定电流（A）		216.5
		额定电抗（Ω）		2133.3
		额定电抗容许偏差（%）		±5
		三相间阻抗互差（%）		±2
		相数		单相
		三相联结方式		YN
		中性点接地方式		经中性点电抗器接地
		冷却方式		ONAN
2	绝缘水平	雷电冲击全波电压（kV，峰值）	高压端子	2100
			中性点端子	480
		雷电冲击截波电压（kV，峰值）	高压端子	2250
		操作冲击电压（kV，峰值）	高压端子	1550
		短时工频耐受电压（kV，方均根值）	高压端子	960
			中性点端子	200
3	$1.05U_N$温升限值（K）	顶层油		55
		绕组（平均）		65
		铁心及油箱内的其他金属结构件		80
		油箱表面		70
		绕组热点		78
4	励磁特性	$1.4U_N$下的电流不大于1.4倍额定电流的百分数（%）		3
		$1.4U_N$和$1.7U_N$的连线平均斜率不小于初始斜率的百分数（%）		66.7
		过励磁能力（kU_N—t）	$1.50U_N$（s）	8
			$1.40U_N$（s）	20
			$1.30U_N$（min）	3
			$1.25U_N$（min）	10
			$1.20U_N$（min）	20
			$1.15U_N$（min）	60
			$1.10U_N$（min）	连续
5	损耗（kW，75℃）			≤190

表1（续）

序号	参数名称			标准参数值
6	设计参数	电流密度（A/mm²）		（投标人提供）
		绕组电阻（Ω，75℃）		（投标人提供）
		铁心柱磁通密度 （T，额定电压、额定频率时）		（投标人提供）
7	声级	声压级，距离0.3m［dB（A）］		＜80
8	振动限值 （峰—峰） （μm）	平均值		≤60
		最大值		≤100
		油箱底部		≤20
9	局部放电 水平（pC）	在1.58U_r下高压线端的视在放电量		≤100
10		绕组连同套管的tanδ（%，20℃）		＜0.5
11	无线电干扰水平 （μV）	在1.1倍最高相电压下		≤500 （晴好天气夜间无可见电晕）
12	尺寸、质量	安装尺寸（m×m×m，长×宽×高）		（项目单位提供）
		运输尺寸（m×m×m，长×宽×高）		（投标人提供）
		重心高度（m）		（投标人提供）
		器身质量（t）		（投标人提供）
		上节油箱质量（t）		（投标人提供）
		油量（含备用）（t）		（投标人提供）
		总质量（t）		（投标人提供）
		运输质量（t）		（投标人提供）
13		电抗器运输时允许的最大倾斜度（°）		（投标人提供）
14	片式散热器	散热器型式		（投标人提供）
		散热器组数		（投标人提供）
		每组散热器冷却容量（kW）		（投标人提供）
		散热器质量（t）		（投标人提供）
15	套管	制造厂及型号	高压套管	（投标人提供）
			中性点套管	（投标人提供）
		额定电流（A）	高压套管	800
			中性点套管	630
		绝缘水平 （kV，LI/SI/AC）	高压套管	2100/1550/960
			中性点套管	550/–/255
		局部放电水平 （pC）	高压套管	＜5
			中性点套管	＜10
		高压套管	tanδ（%）	≤0.4
			电容量（pF）	（投标人提供）

表1（续）

序号	参 数 名 称			标准参数值		
15	套管	中性点套管	tanδ（%）	≤0.4		
			电容量（pF）	（投标人提供）		
		弯曲耐受负荷（kN）	高压套管	4		
			中性点套管	3.15		
		爬距（mm，等于有效爬距乘以直径系数 K_d）	高压套管	≥24 800×K_d		
			中性点套管	≥3906×K_d		
		干弧距离（mm）	高压套管	≥5500		
			中性点套管	≥1000		
		套管爬距/干弧距离	高压套管	≤4		
			中性点套管	≤4		
		大小伞裙数据	P_1–P_2（mm）	≥15		
			高压 S/P_1 比值	>0.9		
			中性点 P_1–P_2（mm）	≥15		
			中性点 S/P_1 比值	>0.9		
		平均直径（mm）	高压套管	（投标人提供）		
			中性点套管	（投标人提供）		
16	套管式电流互感器	高压侧	绕组数	1	1	2
			准确级	0.2S	0.5	5P20
			电流比	400/1A		
			二次容量（VA）	15	15	15
			K_{ssc} 或 F_s 或 ALF	F_s≤5	F_s≤5	ALF=20
		中性点侧	绕组数	3		1
			准确级	5P20		0.5
			电流比	400/1A		
		中性点侧	二次容量（VA）	15		
			K_{ssc} 或 F_s 或 ALF	ALF=20		
17	压力释放装置	型号		（投标人提供）		
		台数		（投标人提供）		
		释放压力（MPa）		（投标人提供）		
18	绝缘油	绝缘油型号		（投标人提供）		
		过滤后应达到击穿电压（kV）		≥70		
		tanδ（%，90℃）		≤0.2		
		含水量（μL/L）		≤10		
		100mL 大于 5μm 的油中颗粒不多于（个）		2000		
		含气量（%，V/V）		1		

注1：P_1—大伞裙伸出长度；P_2—小伞裙伸出长度；S—相邻裙间高。

注2：表2是本表的补充部分。

表2 中性点接地电抗器技术参数特性表

序号	参 数 名 称			标准参数值
1	额定值	设备型号		（投标人提供）
		设备型式		户外、单相、油浸
		额定频率（Hz）		50
		电压等级（kV）		（项目单位填写）
		额定持续电流（A）		30
		10s 最大电流（A）		300
		额定电抗（Ω）/抽头（%）		（项目单位填写）/（项目单位填写）
		额定电抗容许偏差（%）		±5
		相数		单相
		中性点接地方式		直接接地
		冷却方式		ONAN
2	绝缘水平	雷电冲击全波电压（kV，峰值）	高压端子	480
			中性点端子	200
		雷电冲击截波电压（kV，峰值）	高压端子	530
		短时工频耐受电压（kV，方均根值）	高压端子	200
			中性点端子	85
3	局部放电水平（pC）	在 $1.58U_r$ 下高压线端的视在放电量		≤100
4	温升限值（K）	顶层油	额定持续电流时	55
			10s 最大电流时	65
		绕组（平均）	额定持续电流时	60
			10s 最大电流时	85
5	损耗（kW，75℃）	额定持续电流时		≤额定容量的3%
6	额定持续电流下噪声水平 dB（A）			≤65
7	绕组连同套管的 tanδ（%）			<0.5
8	尺寸、质量	安装尺寸（m×m×m，长×宽×高）		（项目单位提供，特殊情况由投标人提供）
		运输尺寸（m×m×m，长×宽×高）		（投标人提供）
		油量（含备用）（t）		（投标人提供）
		总质量（t）		（投标人提供）
		运输质量（t）		（投标人提供）
9	套管	制造厂及型号	高压套管	（投标人提供）
			中性点套管	（投标人提供）
		额定电流（A）	高压套管	630
			中性点套管	630

表 2（续）

序号	参 数 名 称			标准参数值
9	套管	绝缘水平 （kV，LI/AC）	高压套管	550/255
			中性点套管	200/95
		局部放电水平（pC）	高压套管	＜10
		高压套管	tanδ（%）	≤0.4
			电容量（pF）	（投标人提供）
		弯曲耐受负荷 （kN）	高压套管	3.15
			中性点套管	1.25
		爬距（mm，等于有效 爬距乘以直径系数 K_d）	高压套管	≥3906×K_d
			中性点套管	（投标人提供）
		干弧距离（mm）	高压套管	≥1000
			中性点套管	（投标人提供）
10	套管式电流 互感器	高压侧	绕组数	2	1
			准确级	5P20	0.5
			电流比	100～200/1A
			二次容量（VA）	15
			F_s 或 ALF	20
11	压力释放 装置	型号		（投标人提供）
		台数		（投标人提供）
		释放压力（MPa）		（投标人提供）
12	绝缘油	绝缘油型号		（投标人提供）
		过滤后应达到击穿电压（kV）		≥50
		tanδ（%，90℃）		≤0.5
		含水量（μL/L）		≤10

5 组件材料配置

组件材料配置包括元件名称、规格形式参数、单位、数量和产地等信息，具体内容和格式根据招标项目情况进行编制。

6 使用环境条件

750kV/100Mvar 油浸式并联电抗器使用环境条件见表 3。特殊环境要求根据项目情况进行编制。

表 3 使 用 环 境 条 件 表

环 境 项 目	项目需求值
系统标称电压（kV）	750
系统最高运行电压（kV）	800
系统中性点接地方式	直接接地

表 3（续）

环 境 项 目		项目需求值
与其他设备连接方式		（项目单位提供）
额定频率（Hz）		50
污秽等级		IV
系统短路电流（kA）		50
环境温度（℃）	最高日温度	40
	最低日温度	−25
	最大日温差	25
	最热月平均温度	30
	最高年平均温度	20
湿度（%）	日相对湿度平均值	≤95
	月相对湿度平均值	≤90
海拔（m）		≤1000
太阳辐射强度（W/cm²）		0.11
最大覆冰厚度（mm）		10
离地面高 10m 处，维持 10min 的平均最大风速（m/s）		35
抗地震能力（正弦共振 3 周波，安全系数 1.67 以上）	地面水平加速度（m/s²）	2
	地面垂直加速度（m/s²）	1.5

ICS 29.240

Q/GDW

国家电网有限公司企业标准

Q/GDW 13063.4—2018
代替 Q/GDW 13063.4—2014

750kV 油浸式并联电抗器采购标准
第 4 部分：750kV/120Mvar 油浸式
并联电抗器专用技术规范

Purchasing standard for 750kV oil-immersed shunt reactors
Part 4: 750kV/120Mvar oil-immersed shunt reactors
special technical specification

2019-06-28发布   2019-06-28实施

国家电网有限公司   发布

目　次

前　言

为规范 750kV 油浸式并联电抗器的采购，制定本部分。

《750kV 油浸式并联电抗器采购标准》分为 4 个部分：

——第 1 部分：通用技术规范；

——第 2 部分：750kV/70Mvar 油浸式并联电抗器专用技术规范；

——第 3 部分：750kV/100Mvar 油浸式并联电抗器专用技术规范；

——第 4 部分：750kV/120Mvar 油浸式并联电抗器专用技术规范。

本部分为《750kV 油浸式并联电抗器采购标准》的第 4 部分。

本部分代替 Q/GDW 13063.4—2014，主要技术性差异如下：

——修改了"噪声水平"名称为"声级"；

——修改了局部放电试验电压要求值；

——修改了套管的有效爬距要求值；

——修改了套管式电流互感器的参数要求；

——修改了新油（包括所需的备用油）的击穿电压、介质损耗要求值；

——修改了使用环境条件表中的污秽等级。

本部分由国家电网有限公司物资部提出并解释。

本部分由国家电网有限公司科技部归口。

本部分起草单位：国网江苏省电力有限公司、中国电力科学研究院有限公司、国网安徽省电力有限公司。

本部分主要起草人：王胜权、郭慧浩、吴兴旺、蔡胜伟、陈江波、林元棣、陆云才、赵凤霞。

本部分 2014 年 9 月首次发布，2018 年 12 月第一次修订。

本部分在执行过程中的意见或建议反馈至国家电网有限公司科技部。

750kV 油浸式并联电抗器采购标准
第 4 部分：750kV/120Mvar 油浸式
并联电抗器专用技术规范

1 范围

本部分规定了 750kV/120Mvar 油浸式并联电抗器招标的标准技术参数、项目需求及投标人响应的相关内容。

本部分适用于 750kV/120Mvar 油浸式并联电抗器招标。

2 规范性引用文件

下列文件对于本文件的应用是必不可少的。凡是注日期的引用文件，仅注日期的版本适用于本文件。凡是不注日期的引用文件，其最新版本（包括所有的修改单）适用于本文件。

Q/GDW 13063.1 750kV 油浸式并联电抗器采购标准 第 1 部分：通用技术规范

3 术语和定义

下列术语和定义适用于本文件。

3.1

招标人 bidder

提出招标项目，进行招标的法人或其他组织。

3.2

投标人 tenderer

响应招标、参加投标竞争的法人或者其他组织。

3.3

卖方 seller

提供本部分货物和技术服务的法人或其他组织，包括其法定的承继者。

3.4

买方 buyer

购买本部分货物和技术服务的法人或其他组织，包括其法定的承继者和经许可的受让人。

4 标准技术参数

技术参数特性表是国家电网有限公司对采购设备的基础技术参数要求，在招投标过程中，投标人应依据招标文件，对技术参数特性表中标准参数值进行响应。750kV/120Mvar 油浸式并联电抗器技术参数特性见表 1，配套用中性点接地电抗器技术参数见表 2。物资应满足 Q/GDW 13063.1 的要求。

表 1 技 术 参 数 特 性 表

序号	参 数 名 称		标准参数值
1	额定值	设备型号	投标人提供

表1（续）

序号	参 数 名 称			标准参数值
1	额定值	设备型式		户外、单相、油浸、间隙铁心
		额定频率（Hz）		50
		额定电压 U_N（kV）		$800/\sqrt{3}$
		额定容量 S_N（Mvar）		120
		额定电流（A）		259.8
		额定电抗（Ω）		1777.8
		额定电抗容许偏差（%）		±5
		三相间阻抗互差（%）		±2
		相数		单相
		三相联结方式		YN
		中性点接地方式		经中性点电抗器接地
		冷却方式		ONAN
2	绝缘水平	雷电冲击全波电压（kV，峰值）	高压端子	2100
			中性点端子	480
		雷电冲击截波电压（kV，峰值）	高压端子	2250
		操作冲击电压（kV，峰值）	高压端子	1550
		短时工频耐受电压（kV，方均根值）	高压端子	960
			中性点端子	200
3	$1.05U_N$ 温升限值（K）	顶层油		55
		绕组（平均）		65
		铁心及油箱内的其他金属结构件		80
		油箱表面		70
		绕组热点		78
4	励磁特性	$1.4U_N$ 下的电流不大于1.4倍额定电流的百分数（%）		3
		$1.4U_N$ 和 $1.7U_N$ 的连线平均斜率不小于初始斜率的百分数（%）		66.7
		过励磁能力（kU_N—t）	$1.50U_N$（s）	8
			$1.40U_N$（s）	20
			$1.30U_N$（min）	3
			$1.25U_N$（min）	10
			$1.20U_N$（min）	20
			$1.15U_N$（min）	60
			$1.10U_N$（min）	连续
5	损耗（kW，75℃）			≤220

表1（续）

序号	参 数 名 称			标准参数值
6	设计参数	电流密度（A/mm²）		（投标人提供）
		绕组电阻（Ω，75℃）		（投标人提供）
		铁心柱磁通密度 （T，额定电压、额定频率时）		（投标人提供）
7	声级	声压级［dB（A）］		＜80
8	振动限值 （峰—峰） （μm）	平均值		≤60
		最大值		≤100
		油箱底部		≤20
9	局部放电 水平（pC）	在1.58U_r下高压线端的视在放电量不大于		≤100
10	绕组连同套管的tanδ（20℃，%）			＜0.5
11	无线电干扰水平 （μV）	在1.1倍最高相电压下		≤500 （晴好天气夜间无可见电晕）
12	尺寸、质量	安装尺寸（m×m×m，长×宽×高）		（项目单位提供）
		运输尺寸（m×m×m，长×宽×高）		（投标人提供）
		重心高度（m）		（投标人提供）
		器身质量（t）		（投标人提供）
		上节油箱质量（t）		（投标人提供）
		油量（含备用）（t）		（投标人提供）
		总质量（t）		（投标人提供）
		运输质量（t）		（投标人提供）
13	电抗器运输时允许的最大倾斜度（°）			（投标人提供）
14	片式散热器	散热器型式		（投标人提供）
		散热器组数		（投标人提供）
		每组散热器冷却容量（kW）		（投标人提供）
		散热器质量（t）		（投标人提供）
15	套管	制造厂及型号	高压套管	（投标人提供）
			中性点套管	（投标人提供）
		额定电流（A）	高压套管	800
			中性点套管	630
		绝缘水平 （kV，LI/SI/AC）	高压套管	2100/1550/960
			中性点套管	550/－/255
		局部放电水平 （pC）	高压套管	＜5
			中性点套管	＜10
		高压套管	tanδ（%）	≤0.4
			电容量（pF）	（投标人提供）
		中性点套管	tanδ（%）	≤0.4
			电容量（pF）	（投标人提供）

表1（续）

序号	参 数 名 称			标准参数值		
15	套管	弯曲耐受负荷（kN）	高压套管	4		
			中性点套管	3.15		
		爬距（mm，等于有效爬距乘以直径系数 K_d）	高压套管	≥24 800×K_d		
			中性点套管	≥3906×K_d		
		干弧距离（mm）	高压套管	≥5500		
			中性点套管	≥1000		
		套管爬距/干弧距离	高压套管	≤4		
			中性点套管	≤4		
		大小伞裙数据	P_1–P_2（mm）	≥15		
			高压 S/P_1 比值	>0.9		
			中性点 P_1–P_2（mm）	≥15		
			中性点 S/P_1 比值	>0.9		
		平均直径（mm）	高压套管	（投标人提供）		
			中性点套管	（投标人提供）		
16	套管式电流互感器	高压侧	绕组数	1	1	2
			准确级	0.2S	0.5	5P20
			电流比	400/1A		
			二次容量（VA）	15	15	15
			K_{ssc} 或 F_s 或 ALF	F_s≤5	F_s≤5	ALF=20
		中性点侧	绕组数	3		1
			准确级	5P20		0.5
			电流比	400/1A		
		中性点侧	二次容量（VA）	15		
			K_{ssc} 或 F_s 或 ALF	ALF=20		
17	压力释放装置	型号		（投标人提供）		
		台数		（投标人提供）		
		释放压力（MPa）		（投标人提供）		
18	绝缘油	绝缘油型号		（投标人提供）		
		过滤后应达到击穿电压（kV）		≥70		
		tanδ（%，90℃）		≤0.2		
		含水量（μL/L）		≤10		
		100mL 大于 5μm 的油中颗粒不多于（个）		2000		
		含气量（%，V/V）		1		

注1：P_1—大伞裙伸出长度；P_2—小伞裙伸出长度；S—相邻裙间高。

注2：表 2 是本表的补充部分。

表2 中性点接地电抗器技术参数特性表

序号	参 数 名 称			标准参数值
1	额定值	设备型号		（投标人提供）
		设备型式		户外、单相、油浸
		额定频率（Hz）		50
		电压等级（kV）		110
		额定持续电流（A）		30
		10s 最大电流（A）		300
		额定电抗（Ω）/抽头（%）		（项目单位填写）/（项目单位填写）
		额定电抗容许偏差（%）		±5
		相数		单相
		中性点接地方式		直接接地
		冷却方式		ONAN
2	绝缘水平	雷电冲击全波电压（kV，峰值）	高压端子	480
			中性点端子	200
		雷电冲击截波电压（kV，峰值）	高压端子	530
		短时工频耐受电压（kV，方均根值）	高压端子	200
			中性点端子	85
3	温升限值（K）	顶层油	额定持续电流时	55
			10s 最大电流时	65
		绕组（平均）	额定持续电流时	60
			10s 最大电流时	85
4	局部放电水平（pC）	在 $1.58U_r$ 下高压线端的视在放电量		≤100
5	损耗（kW，75℃）	额定持续电流时		≤额定容量的3%
6	额定持续电流下噪声水平 dB（A）			≤65
7	绕组连同套管的 $\tan\delta$（%）			＜0.5
8	尺寸、质量	安装尺寸（m×m×m，长×宽×高）		（项目单位提供，特殊情况由投标人提供）
		运输尺寸（m×m×m，长×宽×高）		（投标人提供）
		油量（含备用）（t）		（投标人提供）
		总质量（t）		（投标人提供）
		运输质量（t）		（投标人提供）
9	套管	制造厂及型号	高压套管	（投标人提供）
			中性点套管	（投标人提供）
		额定电流（A）	高压套管	630
			中性点套管	630

表 2（续）

序号	参 数 名 称			标准参数值	
9	套管	绝缘水平 （kV，LI/AC）	高压套管	550/255	
			中性点套管	200/95	
		局部放电水平（pC）	高压套管	＜10	
		高压套管	$\tan\delta$（%）	≤0.4	
			电容量（pF）	（投标人提供）	
		弯曲耐受负荷 （kN）	高压套管	3.15	
			中性点套管	1.25	
		爬距（mm，等于有效 爬距乘以直径系数 K_d）	高压套管	≥3906× K_d	
			中性点套管	（投标人提供）	
		干弧距离（mm）	高压套管	≥1000	
			中性点套管	投标人提供	
10	套管式电流 互感器	高压侧	绕组数	2	1
			准确级	5P20	0.5
			电流比	100～200/1A	
			二次容量（VA）	15	
			F_s 或 ALF	20	
11	压力释放 装置	型号		（投标人提供）	
		台数		（投标人提供）	
		释放压力（MPa）		（投标人提供）	
12	绝缘油	绝缘油型号		（投标人提供）	
		过滤后应达到击穿电压（kV）		≥50	
		$\tan\delta$（%，90℃）		≤0.5	
		含水量（μL/L）		≤10	

5 组件材料配置

组件材料配置包括元件名称、规格形式参数、单位、数量和产地等信息，具体内容和格式根据招标项目情况进行编制。

6 使用环境条件

750kV/120Mvar 油浸式并联电抗器使用环境条件见表3。特殊环境要求根据项目情况进行编制。

表 3 使 用 环 境 条 件 表

环 境 项 目	项目需求值
系统标称电压（kV）	750
系统最高运行电压（kV）	800

表 3（续）

环 境 项 目		项目需求值
系统中性点接地方式		直接接地
与其他设备连接方式		（项目单位提供）
额定频率（Hz）		50
污秽等级		IV
系统短路电流（kA）		50
环境温度（℃）	最高日温度	40
	最低日温度	−25
	最大日温差	25
	最热月平均温度	30
	最高年平均温度	20
湿度（%）	日相对湿度平均值	≤95
	月相对湿度平均值	≤90
海拔（m）		≤1000
太阳辐射强度（W/cm²）		0.11
最大覆冰厚度（mm）		10
离地面高 10m 处，维持 10min 的平均最大风速（m/s）		35
抗地震能力（正弦共振 3 周波，安全系数 1.67 以上）	地面水平加速度（m/s²）	2
	地面垂直加速度（m/s²）	1.5

ICS 29.240

Q/GDW

国家电网有限公司企业标准

Q/GDW 13064.1 — 2018
代替 Q/GDW 13064.1 — 2014

10kV～35kV 干式空心限流电抗器
采 购 标 准
第 1 部分：通用技术规范

Purchasing standard for 10kV～35kV Dry-type air-core
current-limiting reactors
Part 1: General technical specification

2019-06-28发布　　　　　　　　　　　　　　　2019-06-28实施

国家电网有限公司　　　发　布

目　次

前　　言

《10kV～35kV 干式空心限流电抗器采购标准》分为 3 个部分：
——第 1 部分：通用技术规范；
——第 2 部分：10kV 干式空心限流电抗器专用技术规范；
——第 3 部分：35kV 干式空心限流电抗器专用技术规范。
本部分为《10kV～35kV 干式空心限流电抗器采购标准》的第 1 部分。
本标准代替 Q/GDW 13064.1—2014，与 Q/GDW 13064.1—2014 相比，主要技术性差异如下：
——更新了规范性引用文件，删除了已失效的标准和不相关的标准；
——增加了部分规范引用文件，如增加了"DL/T1535"、"GB/T 13657"等；
——增加了使用寿命的要求；
——增加了对电抗器绕组工艺的要求；
——特殊试验增加了绕组热点温升测量、燃烧性能试验、环境试验及气候试验等；
——对原标准中表述不准确的语句进行了修改。
本部分由国家电网公司物资部提出并解释。
本部分由国家电网公司科技部归口。
本部分起草单位：国网湖北省电力公司、中国电力科学研究院有限公司。
本部分主要起草人：郭慧浩、廖荒良、陈璐、张琳、杨铭、李俊、孟毅、余胜、张波、杨帆、于胜。
本标准 2014 年 9 月首次发布，2018 年 6 月第一次修订。
本标准在执行过程中的意见或建议反馈至国家电网公司科技部。

10kV～35kV 干式空心限流电抗器采购标准
第 1 部分：通用技术规范

1 范围

本部分规定了 10kV～35kV 干式空心限流电抗器采购招标的总则、结构及其他要求、试验和安装要求。

本部分适用于 10kV～35kV 干式空心限流电抗器招标。

2 规范性引用文件

下列文件对于本文件的应用是必不可少的。凡是注日期的引用文件，仅注日期的版本适用于本文件。凡是不注日期的引用文件，其最新版本（包括所有的修改单）适用于本文件。

GB 311.1　绝缘配合　第 1 部分：定义、原则和规则

GB 311.2　绝缘配合　第 2 部分：使用导则

GB/T 1094.4　电力变压器 第 4 部分：电力变压器和电抗器的雷电冲击和操作冲击试验导则

GB/T 1094.5　电力变压器 第 5 部分：承受短路的能力

GB/T 1094.6　电力变压器　第 6 部分：电抗器

GB/T 1094.10　电力变压器　第 10 部分：声级测量

GB/T 1094.11　电力变压器　第 11 部分：干式变压器

GB/T 5273　高压电器端子尺寸标准化

GB/T 8287.1　标称电压高于 1000V 系统用户内和户外支柱绝缘子　第 1 部分：瓷或玻璃绝缘子的试验

GB/T 8287.2　标称电压高于 1000V 系统用户内和户外支柱绝缘子　第 2 部分：尺寸与特性

GB/T 13657　双酚 A 型环氧树脂

GB/T 16927.1　高电压试验技术　第 1 部分：一般定义及试验要求

GB/T 16927.2　高电压试验技术　第 2 部分：测量系统

GB 50150　电气装置安装工程　电气设备交接试验标准

DL/T 1535　10kV～35kV 干式空心限流电抗器使用导则

Q/GDW 168　输变电设备状态检修试验规程

Q/GDW 13001　高海拔外绝缘配置技术规范

3 术语和定义

下列术语和定义适用于本部分。

3.1

招标人　bidder

提出招标项目，进行招标的法人或其他组织。

3.2

投标人　tenderer

响应招标、参加投标竞争的法人或者其他组织。

3.3

卖方　seller

提供本部分货物和技术服务的法人或其他组织，包括其法定的承继者。

3.4

买方 buyer

购买本部分货物和技术服务的法人或其他组织，包括其法定的承继者和经许可的受让人。

4 总则

4.1 一般规定

4.1.1 投标人应具备招标公告所要求的资质，具体资质要求详见招标文件的商务部分。

4.1.2 投标人应满足本部分规范性引用文件中有关标准和文件的要求。投标人提供的电抗器应符合本部分所规定的要求，投标人亦可推荐符合本标准（通用部分和专用部分）要求的类似定型产品，但应提供详细的技术偏差，并在报价书中以"对规范书的意见和同规范书的差异"为标题的专门章节中加以详细描述。

4.1.3 本部分提出了对电抗器的技术参数、性能、结构、试验等方面的技术要求。有关电抗器的包装、标志、运输和保管的要求见招标文件商务部分的规定。

4.1.4 本部分提出的是最低限度的技术要求，并未对一切技术细节做出规定，也未充分引述有关标准的条文，投标人应提供符合本部分引用标准的最新版本标准和本部分技术要求的全新产品，如果所引用的标准之间不一致或本部分所使用的标准与投标人所执行的标准不一致时，按要求较高的标准执行。

4.1.5 本部分将作为订货合同的附件，与合同具有同等的法律效力。本部分未尽事宜，由合同签约双方在合同谈判时协商确定。

4.1.6 本部分中涉及有关商务方面的内容，如与招标文件的商务部分有矛盾时，以招标文件的商务部分为准。

4.1.7 本部分如与专用部分有冲突，以专用部分为准。

4.2 投标人应提供的资质文件

4.2.1 投标人在投标文件中应提供下列有关合格的资质文件，否则视为非响应性投标。

4.2.2 提供相应的最终用户的使用情况证明。

4.2.3 拥有权威机构颁发的 ISO 9000 系列的认证证书或等同的质量保证体系认证证书。

4.2.4 具有履行合同所需的生产技术和生产能力的文件资料。

4.2.5 有能力履行合同设备维护保养、修理及其他服务义务的文件。

4.2.6 同类设备的例行和型式试验报告。所提供的组部件如需向第三方外购时，投标人也应就其质量做出承诺，并提供第三方相应的检验报告和投标人的进厂验收证明。

4.3 投标人应提供的技术文件

4.3.1 技术文件的发送

供货商在合同签订后应提供的技术文件及提交的时间见表 1。

表 1 技术文件及提交时间

序号	文 件 内 容	提交时间
1	图纸类： a）组装图。应表示设备总的装配情况，包括外形尺寸、设备的重心位置与总重量；绝缘子或瓷套的爬电距离、弧闪距离，受风面积、固有频率，一次接线端子板及线夹位置、大小尺寸、材料及允许的作用力（3 个方向），运输尺寸和重量，端子位置等，并附电气和机械特性数据。 b）基础图。应标明设备的尺寸、基础螺栓的位置和尺寸，作用于基础的静态力等。 c）额定铭牌图、吊装图、运输包示意图，包括运输尺寸等。 d）其他。 　　1）标明安装布置图； 　　2）标明匝间和绕包绝缘耐热等级	a）合同签订后 1 周内，供货商应提供认可图纸。 b）工程师在收到认可图纸 2 周内，应将经确认的 1 份图纸寄送给供货商。 c）供货商收到经确认的图纸 2 周内提出最终图

表 1（续）

序号	文 件 内 容	提交时间
2	组装后设备的机械强度计算报告	合同签订后 2 周内
3	a）说明书应包括下列内容： 1）安装、运行、维护和全部组部件的完整说明和数据； 2）产品技术条件； 3）额定值和特性资料； 4）所有组部件的序号的完整资料； 5）例行试验数据； 6）表示设备的结构图以及对基础的技术要求； 7）装箱单及包装说明； 8）合格证。 b）其他适用的资料和说明	设备装运前 4 周

注 1：每台电抗器应提供 1 份说明书，随设备一起发运。

注 2：主要组部件试验报告。

4.3.2 所有技术文件均采用 SI 国际单位制。

4.3.3 工程师有权对供货商的供货设备图纸提出修改意见，对此买方不承担附加费用。供货商应对工程师的修改意见，在图纸上进行修改，供货的设备应符合最终审定认可后的正式图纸。

4.3.4 在收到工程师对图纸的最终认可之前，供货商提前采购材料或加工制造而发生的任何风险和损失由供货商自行承担。

4.3.5 图纸经工程师认可后，并不能排除供货商对其图纸的完整性及正确性应负的责任。

4.3.6 当买方在设计继电保护、控制操作及与其他设备配合，而需要相关文件和技术数据时，卖方应按要求提供这些文件和数据。

4.4 标准和规范

4.4.1 参照有关标准拟定技术条件的合同设备，包括供货商由其他厂家采购的设备和组部件，都应符合该标准的最新版本或其修订本，包括投标时起生效的任何更正或增补，经特殊说明者除外。

4.4.2 所有螺栓、双头螺栓、螺钉、管螺纹、螺栓头及螺帽等均应遵照 ISO 标准及 SI 国际单位制。

4.5 应满足的标准

装置至少应满足 GB 311.1、GB 311.2、GB/T 1094.4、GB/T 1094.5、GB/T 1094.6、GB/T 1094.10、GB/T 1094.11、GB/T 5273、GB/T 8287.1、GB/T 8287.2、GB/T 16927.1、GB/T 16927.2、GB 50150、DL/T 1535、Q/GDW 168、Q/GDW 13001 中所列标准的最新版本的要求，但不限于上述所列标准。

4.6 应满足的文件

该类设备技术标准应满足国家电网有限公司标准化成果中相关条款要求。下列文件中相应的条款规定均适用于本文件，其最新版本（包括所有的修改单）适用于本文件。包括：

a）《国家电网有限公司十八项电网重大反事故措施（2018 修订版）》；

b）《国家电网有限公司输变电工程通用设计》；

c）《国家电网有限公司配电网工程典型设计》。

4.7 使用寿命

在规定的工作条件下正常运行，并按照制造厂商的使用维护说明书进行维护的情况下，电抗器的预期寿命不应低于 40 年。

5 结构及其他要求

5.1 绕组

绕组要求如下：

a) 电磁线应尽量采用连续线，减少焊接点。线圈的绕制设计应使冲击行波所致的初始电压分布尽可能均匀，以抑制电压振荡及操作过电压。导线采用纯铝材料，导线的电流密度不得大于 $1.2A/mm^2$，绕组间电流密度差值不应超过 5%。

b) 结构件应采用非导磁材料或低导磁材料。

c) 户外装设的干式空心限流电抗器，包封外表面应有防污和防紫外线措施。电抗器外露金属部位有良好的防腐蚀涂层。

d) 户外装设的干式空心限流电抗器，产品结构应具有防雨、防鸟功能。采取防雨、防鸟、防晒措施，一般应采用防雨罩、防鸟格栅、假包封等。

e) 采取防水、防潮措施，采用憎水性、憎水迁移性好的材料。

f) 在运输期间及长期运行中，线圈及其他部件应完好且不应松动。

g) 单丝线绝缘：应选用符合温度指示要求的电工用绝缘膜进行重叠包绕。绕包层应紧实、均匀平整地绕包在导体上。绕包层不应缺层，不应起皱和开裂等缺陷。单丝线电抗器的匝间绝缘和股间绝缘统一按匝间绝缘水平要求。

h) 单丝线电抗器应采用包有符合温度指数要求的匝间绝缘层的定长导线绕制，中间不应有接头。单丝线电抗器不宜采用调匝环结构。

i) 换位线绝缘：容量在 10Mvar 及以上的电抗器，应用匝间绝缘为 F 级及以上的换位绕组线绕制而成。

j) 包封绕组：应选用符合 GB/T13657 要求的 B 级及以上环氧树脂胶为基体，以浸透环氧树脂的无纬玻璃丝带等玻璃纤维制品为补强材料，添加能使固化后的包封绕组绝缘的热膨胀系数与绕组的热膨胀系数尽量接近的、能增加包封韧性的助剂，把绕组全部密封包绕，热成型固化形成一个包封绕组。包封的环氧树脂层强度应达到玻璃钢的要求，不应分层、龟裂。

k) 包封表面处理、绕组整体喷涂防紫外线底漆、面漆，喷涂防止树枝状放电的 PRTV 涂层提高产品环境耐受性能，且 PRTV 涂层在 6 年内不应出现龟裂和剥落等现象。

5.2 铭牌

每台电抗器应提供用不受气候影响的材料制成的铭牌，并安装在明显可见的位置。铭牌上应标出下述各项，所示项目应用耐久的方法刻出（如用蚀刻、雕刻和打印法）：

a) 电抗器名称、型号、产品代号。

b) 标准代号。

c) 制造厂名（包括国名）。

d) 出厂序号。

e) 制造年月。

f) 相数。

g) 额定容量。

h) 额定频率。

i) 电压：额定电压，额定端电压。

j) 电流：额定持续电流，额定短时电流和时间。

k) 最高运行电压。

l) 额定电压时的电感、电抗或阻抗（实测值）。

m) 冷却方式。

n) 使用条件。

o) 绝缘的耐热等级。

p) 绝缘水平。

q) 损耗（实测值）。

r） 绕组联结。

s） 总质量。

t） 在某些情况下需列出的补充项目：

    1） 温升（当不是标准值时）；

    2） 运输质量（总质量超过 5t 的电抗器）；

    3） 器身质量（总质量超过 5t 的电抗器）；

    4） 分接的详细说明（若有分接时）；

    5） 互电抗。

5.3 电气一次接口

电气一次接口的要求如下：

a） 干式空心限流电抗器为户外/户内安装。一般采用水平"一"字形、"品"字形安装。柱高度按电抗器下面的支柱绝缘子的瓷裙底部距地面距离不小于 2.5m，并应考虑设备引线对地距离满足安全要求。

b） 电抗器基础高出场地标高为 150mm，电抗器底部安装钢板焊接在此基础上，电抗器基础应采用素混凝土。

c） 地震烈度在 6 度及以上地区，干式空心限流电抗器采用低式安装方式，电抗器四周应设置围栏，围栏相关尺寸应满足设计标准要求，围栏材质应采用不锈钢；电抗器中心至围栏的距离不得小于 $1.1D$（D 为电抗器直径）。

d） 干式空心限流电抗器安装时，相与相中心距离不小于 $1.7D$。电抗器周围及上下有影响区域内不得有封闭金属环，水泥基础内不得有封闭钢筋。干式空心限流电抗器下方接地线不应构成闭合回路，围栏采用金属材料时，金属围栏禁止连接成闭合回路，应有明显的隔离断开段，并不应通过接地线构成闭合回路。

e） 安装在干式空心限流电抗器防磁范围内的支柱绝缘子，其产品应为非磁性绝缘子；电抗器应带吊环，但运行前应将吊环拆除。

5.4 土建接口

土建接口应满足以下要求：

a） 基本要求：干式空心限流电抗器基础应采用素混凝土，基础上预埋钢板或地脚螺栓；电抗器采用焊接固定在基础的预埋钢板上或采用地脚螺栓固定。

b） 电抗器基础高出场地标高为 200mm。基础布置方式可采用"一"字形或"品"字形布置。围栏基础上预埋槽钢［14a。

6 试验

6.1 例行试验

合同所供干式空心限流电抗器应在制造厂进行例行试验，试验应符合有关国家标准规定。例行试验包括（但不限于此）：

a） 绕组电阻测量；

b） 额定持续电流时的阻抗测量；

c） 环境温度下的损耗测量；

d） 绕组过电压试验。

6.2 型式试验

6.2.1 对所供型式的干式空心限流电抗器，应进行标准的型式试验，试验应符合有关标准。型式试验包括以下的项目，但不限于此：

a） 额定持续电流下的温升试验；

b） 雷电冲击试验。

6.2.2 供货商可提交已在同类设备上完成的型式试验报告。对于不能满足标准的任何条款，买方有权拒绝这些用以代替规定的试验报告。

6.3 特殊试验

特殊试验包括以下项目：

a） 短路试验；

b） 声级测定；

c） 操作冲击试验；

d） 双端连接的雷电冲击试验；

e） 耦合系数测量；

f） 绕组过电压湿试验；

g） 装在支柱绝缘子上的干式电抗器外施耐压试验（含干、湿试验）；

h） 绕组热点温升测量；

i） 燃烧性能试验；

j） 环境试验；

k） 气候试验。

6.4 现场交接试验

现场安装完毕后，干式空心限流电抗器应接受现场交接试验：

a） 绕组直流电阻测量；

b） 绝缘电阻测量（对地，有条件时测量径向绝缘电阻）；

c） 交流耐压试验；

d） 额定电压下的冲击合闸试验；

e） 支柱绝缘子超声探伤检查；

f） 运行中红外测温；

g） 绕组匝间过电压试验或雷电冲击试验（330kV 及以上变电站新安装干式空心限流电抗器交接时具备试验条件应进行）。

7 安装要求

安装要求如下：

a） 干式空心限流电抗器的安装工作由买方实施。供货商应在安装及启动时提供技术咨询，供货商应提供所有安装所需的特殊材料。

b） 在变电站设计及电抗器的安装中，应考虑到漏磁通对其他周围设备和电抗器本体性能的影响。

c） 所有接地、安装和组装用的螺栓、螺母、垫圈和连接件由供货商提供。电抗器一次接线端子应便于连接设备线夹，并配套提供连接用的螺栓、螺母和垫圈。设备线夹资料在签订合同后由工程师提供。提供的螺栓、螺母和垫圈应满足防锈、防腐、防磁要求。

_____

ICS 29.240

Q/GDW

国家电网有限公司企业标准

Q/GDW 13064.2—2018
代替 Q/GDW 13064.2—2014

10kV～35kV 干式空心限流电抗器
采 购 标 准
第 2 部分：10kV 干式空心
限流电抗器专用技术规范

Purchasing standard for 10kV～35kV Dry-type air-core
current-limiting reactors
Part 2: 10kV Dty-type air-core current-limiting reactors
special technical specification

2019-06-28发布   2019-06-28实施

国家电网有限公司   发 布

目　次

前　言

《10kV～35kV 干式空心限流电抗器采购标准》分为 3 个部分：

——第 1 部分：通用技术规范；

——第 2 部分：10kV 干式空心限流电抗器专用技术规范；

——第 3 部分：35kV 干式空心限流电抗器专用技术规范。

本部分为《10kV～35kV 干式空心限流电抗器采购标准》的第 2 部分。

本标准代替 Q/GDW 13064.2—2014，与 Q/GDW 13064.2—2014 相比，主要技术性差异如下：

——修改了部分结构参数及描述，如 "污秽等级Ⅲ级" 改为 "污秽等级Ⅳ级" 等；

——增加燃烧性能试验的规定；

——对原标准中表述不准确的语句进行了修改。

本部分由国家电网有限公司物资部提出并解释。

本部分由国家电网有限公司科技部归口。

本部分起草单位：国网湖北省电力有限公司、中国电力科学研究院有限公司。

本部分主要起草人：郭慧浩、廖荒良、陈璐、张琳、杨铭、李俊、孟毅、余胜、张波、杨帆、李征男。

本标准 2014 年 9 月首次发布，2018 年 6 月第一次修订。

本标准在执行过程中的意见或建议反馈至国家电网有限公司科技部。

10kV～35kV 干式空心限流电抗器采购标准

第 2 部分：10kV 干式空心

限流电抗器专用技术规范

1 范围

本部分规定了 10kV 干式空心限流电抗器招标的标准技术参数、项目需求及投标人响应的相关内容。本部分适用于 10kV 干式空心限流电抗器招标。

2 规范性引用文件

下列文件对于本文件的应用是必不可少的。凡是注日期的引用文件，仅注日期的版本适用于本文件。凡是不注日期的引用文件，其最新版本（包括所有的修改单）适用于本文件。

Q/GDW 13064.1　10kV～35kV 干式空心限流电抗器采购标准　第 1 部分：通用技术规范

3 术语和定义

Q/GDW 13064.1 规定的术语与定义适用于本文件。

4 标准技术参数

技术参数特性表是国家电网有限公司对采购设备的基础技术参数要求，在招投标过程中，投标人应依据招标文件，对技术参数特性表中标准参数值进行响应。10kV 干式空心限流电抗器技术参数特性见表 1 和表 2。物资应满足 Q/GDW 13064.1 的要求。

表 1　技 术 参 数 特 性 表

序号	项　　目		标准参数值
1	型式		干式、空心、限流
2	额定值	系统额定电压（kV）	10/$\sqrt{3}$
		系统最高运行电压（kV）	12/$\sqrt{3}$
		额定频率（Hz）	50
		额定容量（Mvar）	见表 2
		额定电抗率（%）	见表 2
		额定短时耐受电流（kA，2s）	（项目单位提供）
3	额定绝缘水平	额定雷电全波冲击耐受电压（kV，峰值）	75
		额定 1min 工频耐压（kV，干/湿，方均根值）	42/35
4	匝间绝缘水平	高频脉冲振荡电压（kV，峰值）	66
5	额定机械短路电流（kA）		≥2.55 倍额定短时电流（项目单位提供）

表 1（续）

序号	项目		标准参数值
6	损耗	在额定电流、额定频率、75℃下损耗（kW）占额定容量（kvar）的百分比	见表 2
7		直流电阻值（Ω，设计值，75℃）	（投标人提供）
8		直流电阻三相不均匀度（%）	≤1
9		电流不均匀度（%）	≤5
10	温升极限值	额定电流下绕组平均温升（K）	≤75
		额定电流下绕组热点温升（K）	≤85
11	绝缘材料耐热等级	匝间绝缘耐热等级	H 级
		整体绝缘耐热等级	F 级
12	电抗允许偏差	与额定值之差	±5%以内
		三相电抗互差	±2%以内
13	声级水平	在额定状态下［dB（A）］	见表 2
14	支柱绝缘子的主要参数	额定雷电冲击耐受电压（kV，峰值）	125
		额定交流耐受电压（kV，干/湿，有效值）	68/50
		绝缘子对地爬电距离（mm）（应计及直径系数 K_d）	≥744×K_d
		干弧距离	（投标人提供）
		绝缘子抗弯强度（N·m）	（投标人提供）
15	接线端子允许受力	水平纵向（kN）	2.5
		水平横向（kN）	1.5
		垂直方向（kN）	1
		安全系数（三力同时作用）	≥2.5
16		接线端子形状	板状
17		进出线端子夹角	（项目单位提供）
18	电抗器尺寸	外径（m）	（投标人提供）
		内径（m）	（投标人提供）
		高度（m）	（投标人提供）
		包封数（个）	（投标人提供）
19		电抗器质量（t）	（投标人提供）
20		布置方式	
21	绕组防护要求	绕组外表面防护层处理方法	（投标人提供）
		风道及内层防护处理方法	（投标人提供）
		引线部分处理方法	（投标人提供）
		是否配置防雨罩、防鸟格栅	（投标人提供）
22		环境等级	E2 级
23		气候等级	C2 级
24		燃烧性能等级	F1 级
注：表 2 是本表的补充部分。			

表 2　额 定 电 流 对 应 表

序号	额定电流（A）	额定电抗率（%）	额定容量（kvar）	损耗（kW）（额定容量的百分比，%）	噪声水平［dB（A）］
1	5000	15	4330	（与厂家协商确定）	（与厂家协商确定）
2	4000	5	1155	1.3	54
		8	1848	0.9	57
		10	2309	（与厂家协商确定）	（与厂家协商确定）
		12	2771	（与厂家协商确定）	（与厂家协商确定）
		16	3695	（与厂家协商确定）	（与厂家协商确定）
3	3000	5	860	1.3	54
		8	1380	1.2	57
		10	1732	1.0	59
		12	2080	0.9	60
		16	2880	（与厂家协商确定）	（与厂家协商确定）
4	2500	5	722	1.4	54
		8	1155	1.2	57
		10	1443	1.0	59
		12	1732	0.9	60
		16	2309	（与厂家协商确定）	（与厂家协商确定）
5	2000	5	580	1.6	52
		8	920	1.3	55
		10	1155	1.3	55
		12	1386	1.2	57
6	1250	5	360	1.7	51
		8	580	1.6	52
		10	720	1.4	53
		12	860	1.3	54

5　组件材料配置

组件材料配置包括元件名称、规格形式参数、单位、数量和产地等信息，具体内容和格式根据招标项目情况进行编制。

6 使用环境条件

10kV 干式空心限流电抗器使用环境条件见表 3。特殊环境要求根据项目情况进行编制。

表 3 使 用 环 境 条 件 表

环 境 项 目		项目需求值
安装位置（户内/户外）		（项目单位填写）
海拔（m）		≤1000
冷却空气温度（℃）	最高温度	40
	最热月平均温度	30
	最高年平均温度	20
	最低温度	−25
最大日温差（K）		25
日照强度（W/cm² 风速，0.5m/s）		0.1
覆冰厚度（mm）		10
最大风速（m/s）		35
最大月平均相对湿度（%，25℃时）		90
地面水平加速度（m/s²，正弦共振 3 周波，安全系数 1.67 以上）		2
污秽等级		Ⅳ
系统条件	额定频率（Hz）	50
	系统标称电压（kV）	10
	最高运行电压（kV）	12
	系统中性点接地方式	不直接接地

ICS 29.240

Q/GDW

国家电网有限公司企业标准

Q/GDW 13064.3—2018
代替 Q/GDW 13064.3—2014

10kV～35kV 干式空心限流电抗器
采 购 标 准
第 3 部分：35kV 干式空心
限流电抗器专用技术规范

Purchasing standard for 10kV～35kV Dry-type air-core
current-limiting reactors
Part 3: 35kV Dty-type air-core current-limiting reactors
special technical specification

2019-06-28发布   2019-06-28实施

国家电网有限公司   发 布

目　次

前　言

《10kV～35kV 干式空心限流电抗器采购标准》分为 3 个部分：

——第 1 部分：通用技术规范；

——第 2 部分：10kV 干式空心限流电抗器专用技术规范；

——第 3 部分：35kV 干式空心限流电抗器专用技术规范。

本部分为《10kV～35kV 干式空心限流电抗器采购标准》的第 3 部分。

本标准代替 Q/GDW 13064.3—2014，与 Q/GDW 13064.3—2014 相比，主要技术性差异如下：

——修改了部分结构参数及描述，如"污秽等级Ⅲ级"改为"污秽等级Ⅳ级"等；

——增加燃烧性能试验的规定；

——对原标准中表述不准确的语句进行了修改。

本部分由国家电网有限公司物资部提出并解释。

本部分由国家电网有限公司科技部归口。

本部分起草单位：国网湖北省电力有限公司、中国电力科学研究院有限公司。

本部分主要起草人：郭慧浩、廖荒良、陈璐、张琳、杨铭、李俊、孟毅、余胜、张波、杨帆、李萍。

本标准 2014 年 9 月首次发布，2018 年 6 月第一次修订。

本标准在执行过程中的意见或建议反馈至国家电网有限公司科技部。

10kV～35kV 干式空心限流电抗器采购标准
第 3 部分：35kV 干式空心
限流电抗器专用技术规范

1 范围

本部分规定了 35kV 干式空心限流电抗器招标的标准技术参数、项目需求及投标人响应的相关内容。本部分适用于 35kV 干式空心限流电抗器招标。

2 规范性引用文件

下列文件对于本文件的应用是必不可少的。凡是注日期的引用文件，仅注日期的版本适用于本文件。凡是不注日期的引用文件，其最新版本（包括所有的修改单）适用于本文件。

Q/GDW 13064.1　10kV～35kV 干式空心限流电抗器采购标准　第 1 部分：通用技术规范

3 术语和定义

Q/GDW 13064.1 规定的术语与定义适用于本文件。

4 标准技术参数

技术参数特性表是国家电网有限公司对采购设备的基础技术参数要求，在招投标过程中，投标人应依据招标文件，对技术参数特性表中标准参数值进行响应。35kV 干式空心限流电抗器技术参数特性见表 1 和表 2。物资应满足 Q/GDW 13064.1 的要求。

表 1　技术参数特性表

序号	项目		标准参数值
1	型式或型号		干式、空心、限流
2	额定值	系统额定电压（kV）	$35/\sqrt{3}$
		系统最高运行电压（kV）	$40.5/\sqrt{3}$
		额定频率（Hz）	50
		额定容量（Mvar）	见表 2
		额定电抗率（%）	见表 2
		额定短时耐受电流（kA·2s）	（项目单位提供）
3	绝缘水平	额定雷电全波冲击耐受电压（kV，峰值）	200
		额定雷电截波冲击耐受电压（kV，峰值）	220
		额定 1min 工频耐压（kV，干/湿，方均根值）	95/80
4	额定机械短路电流（kA）		≥2.55 倍额定短时电流
5	损耗（W/kvar，在额定电流、额定频率、75℃下的损耗比）		见表 2

表1（续）

序号	项 目		标准参数值
6	直流电阻值（设计值）（Ω，75℃）		（投标人提供）
7	直流电阻三相不均匀度（%）		≤1
8	电流不均匀度（%）		≤5
9	温升极限值	额定电流下绕组平均温升（K）	≤75
		额定电流下绕组热点温升（K）	≤85
10	绝缘材料耐热等级	匝间绝缘耐热等级	H级
		整体绝缘耐热等级	F级
11	电抗允许偏差	与额定值之差	±5%以内
		三相电抗互差	±2%以内
12	声级水平	在额定状态下［dB（A）］	见表2
13	支柱绝缘子的主要参数	额定雷电冲击耐受电压（kV，峰值）	200
		额定交流耐受电压（kV，干/湿，有效值）	95/80
		绝缘子对地爬电距离（mm）（应计及直径系数 K_d）	≥1256×K_d
		干弧距离	（投标人提供）
		绝缘子抗弯强度（N·m）	（投标人提供）
14	接线端子允许受力	水平纵向（kN）	2.5
		水平横向（kN）	1.5
		垂直方向（kN）	1
		安全系数（三力同时作用）	≥2.5
15	接线端子形状		板状
16	进出线端子夹角		（投标人提供）
17	电抗器尺寸	外径（m）	（项目单位提供）
		内径（m）	（投标人提供）
		高度（m）	（投标人提供）
		包封数（个）	（投标人提供）
18	电抗器质量（t）		（投标人提供）
19	布置方式		
20	绕组防护要求	绕组外表面防护层处理方法	（投标人提供）
		风道及内层防护处理方法	（投标人提供）
		引线部分处理方法	（投标人提供）
		是否配置防雨罩、防鸟格栅	（投标人提供）
21	环境等级		E2级
22	气候等级		C2级
23	燃烧性能等级		F1级
注：表2是本表的补充部分。			

表2　额定电流对应表

序号	额定电流（A）	额定电抗率（%）	额定容量（kvar）	损耗（kW） （额定容量的百分比，%）
1	2000	5	2021	0.9
		8	3233	（与厂家协商确定）
		10	4041	（与厂家协商确定）
		12	4850	（与厂家协商确定）
		16	6466	（与厂家协商确定）
2	1000	5	1010	1.3
		8	1617	1.1
		10	2021	0.9
		12	2425	（与厂家协商确定）
		16	3233	（与厂家协商确定）
3	800	5	808	1.4
		8	1293	1.2
		10	1617	1.1
		12	1940	0.9
		16	2587	（与厂家协商确定）
4	100	5	101	3.0
		8	161	2.4
		10	202	2.0
		12	242	2.0
		16	323	1.8

5 组件材料配置

组件材料配置包括元件名称、规格形式参数、单位、数量和产地等信息，具体内容和格式根据招标项目情况进行编制。

6 使用环境条件

35kV 干式空心限流电抗器使用环境条件见表3。特殊环境要求根据项目情况进行编制。

表 3 使 用 环 境 条 件 表

环 境 项 目		项目需求值
安装位置		户内/户外
海拔（m）		≤1000
冷却空气温度（℃）	最高温度	40
	最热月平均温度	30
	最高年平均温度	20
	最低温度	−25
最大日温差（K）		25
日照强度（W/cm²，风速 0.5m/s）		0.1
覆冰厚度（mm）		10
最大风速（m/s）		35
最大月平均相对湿度（%，25℃时）		90
地面水平加速度（m/s²，正弦共振 3 周波，安全系数 1.67 以上）		2
污秽等级		IV
系统条件	额定频率（Hz）	50
	系统标称电压（kV）	35
	最高运行电压（kV）	40.5
	系统中性点接地方式	不直接接地

ICS 29.240

Q/GDW

国家电网有限公司企业标准

Q/GDW 13065.1 — 2018
代替 Q/GDW 13065.1 — 2014

干式平波电抗器采购标准
第 1 部分：通用技术规范

Purchasing standard for Dry-type smoothing reactors

Part 1: General technical specification

2019-06-28发布　　　　　　　　　　2019-06-28实施

国家电网有限公司　　发 布

目　次

前　　言

《干式平波电抗器采购标准》分为 2 个部分：
——第 1 部分：通用技术规范；
——第 2 部分：干式平波电抗器专用技术规范。
本部分为《干式平波电抗器采购标准》的第 1 部分。
本部分代替 Q/GDW 13065.1—2014，与 Q/GDW 13065.1—2014 相比，主要技术性差异如下：
——修改了"范围"一章的表述；
——更新了规范性引用文件，删除了不相关的标准及 IEC 标准，增加引用 GB/T 25092；
——修改了"试验"一章部分内容，例行试验中增加了"交流等效电阻（R_h）与谐波损耗测量"和
　　"主要谐波频率下的电抗和品质因数测量"；将"杂散电容与高频阻抗测量"列入型式试验；型
　　式试验还增加了"端对端中频振荡电容器放电试验""端对地雷电全波冲击试验""端对地操作
　　冲击试验""端对地外施直流电压耐受试验"等项目；特殊试验增加了燃烧性能试验、环境试
　　验及气候试验等；
——对原标准中表述不准确的语句进行了修改。
本部分由国家电网有限公司物资部提出并解释。
本部分由国家电网有限公司科技部归口。
本部分起草单位：国网湖北省电力有限公司、中国电力科学研究院有限公司。
本部分主要起草人：郭慧浩、廖荒良、陈璐、张琳、杨铭、李俊、孟毅、余胜、张波、杨帆、孙萌。
本部分 2014 年 9 月首次发布，2018 年 6 月第一次修订。
本部分在执行过程中的意见或建议反馈至国家电网有限公司科技部。

干式平波电抗器采购标准
第1部分：通用技术规范

1 范围

本部分规定了干式空心平波电抗器招标的总则、结构及性能要求、试验、质量保证及管理、技术服务、设计联络、工厂检验和监理的一般要求。

本部分适用于干式空心平波电抗器招标。

2 规范性引用文件

下列文件对于本文件的应用是必不可少的。凡是注日期的引用文件，仅注日期的版本适用于本文件。凡是不注日期的引用文件，其最新版本（包括所有的修改单）适用于本文件。

GB 311.1 绝缘配合 第1部分：定义、原则和规则

GB 311.2 绝缘配合 第2部分：使用导则

GB/T 1094.1 电力变压器 第1部分：总则

GB/T 1094.3 电力变压器 第3部分：绝缘水平、绝缘试验和外绝缘空气间隙

GB/T 1094.4 电力变压器 第4部分：电力变压器和电抗器的雷电冲击和操作冲击试验导则

GB/T 1094.5 电力变压器 第5部分：承受短路的能力

GB/T 1094.6 电力变压器 第6部分：电抗器

GB/T 1094.10 电力变压器 第10部分：声级测定

GB/T 5273 高压电器端子尺寸标准化

GB/T 7354 局部放电测量

GB/T 8287.1 标称电压高于1000V系统用户内和户外支柱绝缘子 第1部分：瓷或玻璃绝缘子的试验

GB/T 8287.2 标称电压高于1000V系统用户内和户外支柱绝缘子 第2部分：尺寸与特性

GB/T 16927.1 高电压试验技术 第1部分：一般试验要求

GB/T 16927.2 高电压试验技术 第2部分：测量系统

GB/T 25092 高压直流输电用干式空心平波电抗器

Q/GDW 168 输变电设备状态检修试验规程

Q/GDW 13001 高海拔外绝缘配置技术规范

3 术语和定义

下列术语和定义适用于本文件。

3.1

招标人 bidder

提出招标项目，进行招标的法人或其他组织。

3.2

投标人 tenderer

响应招标、参加投标竞争的法人或者其他组织。

3.3

卖方 seller

提供本部分货物和技术服务的法人或其他组织，包括其法定的承继者。

3.4

买方 buyer

购买本部分货物和技术服务的法人或其他组织，包括其法定的承继者和经许可的受让人。

4 总则

4.1 一般规定

4.1.1 投标人应具备招标公告所要求的资质，具体资质要求详见招标文件的商务部分。

4.1.2 投标人应满足本部分规范性引用文件中有关标准和文件的要求。投标人提供的电抗器应符合本部分所规定的要求，投标人亦可推荐符合本标准（通用部分和规范部分）要求的类似定型产品，但应提供详细的技术偏差，并在报价书中以"对规范书的意见和同规范书的差异"为标题的专门章节中加以详细描述。

4.1.3 本部分提出了对电抗器的技术参数、性能、结构、试验等方面的技术要求。有关电抗器的包装、标志、运输和保管的要求见招标文件商务部分的规定。

4.1.4 本部分提出的是最低限度的技术要求，并未对一切技术细节作出规定，也未充分引述有关标准的条文，投标人应提供符合本部分引用标准的最新版本部分和本部分技术要求的全新产品，如果所引用的标准之间不一致或本部分所使用的标准与投标人所执行的标准不一致时，按要求较高的标准执行。

4.1.5 本部分将作为订货合同的附件，与合同具有同等的法律效力。本部分未尽事宜，由合同签约双方在合同谈判时协商确定。

4.1.6 本部分中涉及有关商务方面的内容，如与招标文件的商务部分有矛盾时，以招标文件的商务部分为准。

4.1.7 本部分如与专用部分有冲突，以专用部分为准。

4.2 投标人应提供的资格文件

4.2.1 投标人应在投标文件中提供下列有关资格文件，否则视为非响应性投标。

4.2.2 同类设备的销售记录及相应的最终用户的使用情况证明（或买方认可的相关业绩的文件资料）。

4.2.3 由权威机关颁发的 ISO 9000 系列的认证书或等同的质量保证体系认证证书。

4.2.4 具有履行合同所需的技术和主要设备等生产能力的文件资料。

4.2.5 有能力履行合同设备维护保养、修理及其他服务义务的文件。

4.2.6 本厂生产的同类设备的型式和例行试验报告。如果在投标时无完整型式试验报告者，应书面承诺在产品交货时提供全部有效的型式试验报告。其型式试验报告应有具备资质的第三方见证。

4.2.7 按照本部分规定的环境条件和产品使用说明书正常运行时，设备寿命不少于 40 年的质量承诺书。

4.2.8 所提供的组部件如需向第三方外购时，投标人也应就其质量作出承诺，并提供第三方相应的例行检验报告和投标人的进场验收证明。

4.2.9 投标人应提供并满足项目单位提出的本设备和其他设备接口信息的要求。

4.2.10 其他需要的资料。

4.3 工作范围

4.3.1 卖方应提供工程所订的干式平波电抗器线圈（包括接线端子）及其附件（均压环、降噪设备、与支撑绝缘子平台连接的部件及螺栓等，不包括支撑绝缘子平台），以及 1 台备用线圈及其附件。其中包括平波电抗器本体及附件的设计、制造、试验和供货，以及现场技术服务（对绝缘子的试验和服务由绝缘子供货商负责）。

4.3.2 卖方应向业主提供设备对支撑绝缘子、连接导体、围栏和土建基础的要求，并提供用于平波电抗器本体安装的所有材料，包括与支撑结构和连接导体连接用的金具、螺栓、螺母和垫片等。卖方应完成平抗支撑绝缘子系统的设计及安装。

4.3.3 合同签订后，卖方应在 4 周内，向业主提出一个详尽的生产计划，包括设备设计、材料采购、设备制造、厂内测试以及运输等项的详细工作内容及进度。

4.4 设计文件

4.4.1 卖方应向买方免费提供需确认的设计文件和全部最终版的图纸、说明书、试验报告等设计文件。

4.4.2 设计文件的确认要求如下。

4.4.2.1 所有需经业主确认的图纸和说明文件，均应由卖方在合同生效后的 4 周内提交给业主进行审定认可。其中包括平波电抗器外形图、运输尺寸和运输质量、平波电抗器的重心图、平波电抗器装配的总质量等。

4.4.2.2 买方在收到需认可的图纸 4 周后，将一套确认的或签有业主校定标记的图纸（业主负责人签字）返还给卖方。

4.4.2.3 卖方在收到业主确认图纸（包括认可方修正意见）后，应于 2 周内提供最终版的正式图纸和一套供复制用的底图及正式的 CAD 文件光盘，正式图纸应加盖供货厂（商）公章或签字。

4.4.2.4 卖方对图纸的任何修改应重新提交业主确认，确认后卖方应对图纸重新收编成册，并应按款的规定正式递交业主。安装后的产品应与最后确认的图纸一致。

4.4.2.5 业主审定时有权提出修改意见。凡业主认为需要修改且经卖方认可的，不得对业主增加费用。在未经业主对图纸作最后认可前任何采购或加工的材料损失应由卖方单独承担。业主对图纸的认可并不减轻卖方关于其图纸的正确性的责任。

4.4.3 提供给买方的图纸。

4.4.3.1 图纸的格式。

所有图纸均应有标题栏，符号和标志清晰、完整，文字采用中文，单位采用 SI 国际单位制。

4.4.3.2 每台平波电抗器所需图纸：

a) 外形尺寸图：

b) 本图应标明所需要的附件数量、目录号、额定电压和电流等技术数据，详细标明运输尺寸和质量、装配总质量，它还应表示出平波电抗器在运输准备就绪后的重心。

c) 图纸应标明所有部件和附件的尺寸位置。

d) 图纸应标明平波电抗器基座和基座螺栓的尺寸。

e) 提供按实际尺寸绘制的平波电抗器外形三维模型（sat、igs、dwg 等三维格式）。

f) 铭牌图：应标明所有额定值。

g) 标明所有绕组位置及其连接，包括引线连接配置。

h) 标明起吊尺寸、绕组起吊装置的配置方案。

i) 所有供应的备件外形尺寸图。

j) 平波电抗器安装和有关设施设计所需的任何其他图纸和资料。

4.4.4 说明书。

说明书应包括但不限于下列各项：

a) 平波电抗器的安装的图纸和说明。

b) 安装、操作维护和检查的说明。

c) 所有其他附件的说明。

d) 平波电抗器用的特殊工具和仪器，以及相应的说明书、产品样本和手册等。

e) 其他适于使用的数据和说明。

f) 平波电抗器其他附件的说明书。

4.4.5 试验报告。

试验报告应包括：

a) 平波电抗器全部试验报告，包括例行、型式和特殊试验报告。

b) 主要组件例行、出厂和型式试验报告。

c) 各种过电流状态的温度特性曲线族。

4.4.6 设计文件的交付：

a) 供应商向买方提交的最终设计文件的交付时间、数量见表 1。

表 1 设计文件的交付时间、数量

序号	内　　容
1	买卖方双方协商定案用图纸、资料和说明书
2	主要设计数据
3	运输、保管、现场安装调试用图纸、资料等，包括： a) 平波电抗器安装、维护、检测装置等说明书； b) 其他仪表的使用说明书； c) 平波电抗器结构、绕组排列及连接的说明； d) 其他附件的安装使用说明书； e) 平波电抗器安装基础图； f) 平波电抗器本体运输图
4	运行、检修手册、资料
5	设计、制造所依据的主要标准
6	备品备件图纸、清单
7	平波电抗器所用主要材料、部件、配件清单
8	平波电抗器主要部件及配件图表： a) 外形尺寸图（包括吊装图）； b) 平波电抗器铭牌； c) 平波电抗器端子位置图
9	对于其他未列入合同技术清单但却是工程所必需的文件、资料及图纸

b) 供应商应向买方提供试验、测试报告，交付时间、数量见表 2。

表 2 试验、测试报告的交付时间、数量

序号	内　　容
1	零部件的出厂和型式试验报告
2	平波电抗器出厂试验报告
3	平波电抗器的型式试验和特殊试验报告单

c) 供应商应提供详细的装箱清单。

4.5 标准和规范

4.5.1 合同设备，包括卖方向其他厂商购买的所有附件和设备，应符合相应的标准、规范或法规的最新版本或其修正本的要求，除非另有特别说明，应包括在投标期内有效的任何修正和补充。

4.5.2 除非合同另有规定，均应遵守最新的国际电工委员会（IEC）标准以及国际单位制（SI）标准。

4.5.3 所有螺栓、双头螺栓、螺纹、管螺纹、螺栓夹及螺母均应遵守国际标准化组织（ISO）和国际单位制（SI）的标准。

4.5.4 所有螺栓、双头螺栓、螺丝、管螺纹、螺栓头及螺帽等均应遵照 ISO 标准及 SI 国际单位制。

4.5.5 当标准之间出现明显的矛盾时，卖方应将矛盾情况提交用户，以便在开始生产前制定解决方案。

4.6 安装、调试、性能试验、试运行和验收

4.6.1 合同设备的安装、调试将由买方根据卖方提供的技术文件和说明书的规定在卖方技术人员指导下进行。

4.6.2 合同设备的性能试验、试运行和验收根据本部分规定的标准、规程、规范进行。

4.6.3 完成合同设备安装后，买方和卖方应检查和确认安装工作，并签署安装工作证明书，共两份（双方各执一份）。

4.6.4 验收时间为安装、调试、性能试验和试运行完成后 3 个月内。在此期间，如果所有的合同设备都已达到各项技术指标，并稳定运行 168h，买卖双方应签署合同设备的验收证明书，该证明书共两份（双方各执一份）。

4.6.5 对于安装、调试、性能试验、试运行及质保期内技术指标一项或多项不能满足合同要求，买卖双方共同分析原因，分清责任，如属制造方面的原因按商务条款执行。

4.7 应满足的标准

装置至少应满足 GB 311.1、GB 311.2、GB/T 1094.1、GB/T 1094.3、GB/T 1094.4、GB/T 1094.5、GB/T 1094.6、GB/T 1094.10、GB/T 5273、GB/T 7354、GB/T 8287.1、GB/T 8287.2、GB/T 16927.1、GB/T 16927.2、GB/T 25092、Q/GDW 168、Q/GDW 13001 中所列标准的最新版本的要求，但不限于上述所列标准。

4.8 应满足的文件

该类设备技术标准应满足国家电网有限公司标准化成果中相关条款要求。下列文件中相应的条款规定均适用于本文件，其最新版本（包括所有的修改单）适用于本文件。包括：

a)《国家电网有限公司十八项电网重大反事故措施（2018 修订版）》；

b)《国家电网有限公司输变电工程通用设计》。

5 结构及性能要求

5.1 平波电抗器结构要求

5.1.1 一般要求。

干式平波电抗器由多线圈串联组成时，各项试验均应以单个线圈为单位进行。对串联后线圈适用的参数，应特别注明。所有金属部件材料应经处理，以避免由于大气条件的影响而造成生锈、腐蚀和损伤，铁件应经防腐处理。

干式平波电抗器的产品结构应具有防雨、防鸟功能。

5.1.2 线圈：

a) 全部线圈应用铝导线，绕组应有良好的冲击电压波分布。

b) 应严格控制使用场强，确保绕组内不发生局部放电。

c) 线圈应适度加固，引线应充分紧固，器身形成坚固整体，使其具有足够耐受短路的强度。

d) 高压端和低压端的线圈应采用相同结构，并可互换。

5.1.3 布置。

卖方应提供电抗器的串联安装方案，确保电抗器之间无相互影响。

5.2 平波电抗器性能要求

5.2.1 在最大连续电流下的稳态温升限值。

当户外使用时，在最大连续电流 I_{mcc} 并加上谐波等效电流后的热点温升不应超过 105K，平均温升不应超过 80K。

除考虑日照、地面和建筑物反射外，还要考虑由于噪声治理的需要而引起的局部环境温度的升高。

5.2.2 噪声水平。平波电抗器投运后，在垂直投影 5m 远，距地面 2m 高的地方进行噪声测量，测量的噪声（声压级）水平不应大于 70dB（A）。

5.2.3 平波电抗器的寿命。平波电抗器在规定的使用条件和负载条件下运行，并按使用说明书进行安装和维护，预期寿命不应少于 35 年。

5.2.4 电抗器应有足够的机械强度和绝缘强度，装配件的结构应防爆。

5.2.5 卖方应提供平波电抗器抗地震能力的论证报告。

5.2.6 绝缘的耐热等级。股间绝缘的耐热等级最低应为 H 级，匝绝缘的耐热等级最低为 F 级。

5.2.7 干式平波电抗器线圈不同封包的电流密度应尽可能均匀分布。

5.3 过负荷要求

卖方应提供平波电抗器连续、2h 及 3s 过负荷能力与运行环境温度的关系曲线（表）。

5.4 户外绝缘防护能力

如布置在户外，线圈表面的绝缘材料应耐气候性、抗紫外线、耐电蚀老化并具有憎水性。绝缘表面的爬电距离应保证在业主提供的最大盐密值下表面无放电。支架的设计应能防止漏电流集中而导致的漏电起痕。

5.5 特殊要求

5.5.1 所有的金属件、法兰、螺母和螺栓应采用防磁材料。

5.5.2 应尽量降低电抗器金属支架的温度，并提供金属件的温升值。

5.5.3 干式平波电抗器的单个线圈均应并联避雷器运行。避雷器由平波电抗器供货商统一供货，建议该避雷器安装在电抗器本体上。

5.6 铭牌

铭牌应包括以下内容：

a) 平波电抗器型号及名称；
b) 户内/户外用；
c) 标准代号；
d) 制造厂名；
e) 出厂序号；
f) 制造日期；
g) 绝缘水平；
h) 最大工作电压；
i) 额定直流电流；
j) 最大连续直流电流；
k) 暂态故障电流；
l) 额定电感（mH）；
m) 绝缘耐热等级；
n) 线圈质量；
o) 总质量。

5.7 端子

5.7.1 卖方应供给连接母线用的全部紧固件（螺栓和螺母等）、端子，紧固零件应有可靠的防锈镀层，并采用防磁材料。

5.7.2 在规定的最高环境温度下，平波电抗器绕组端子的温度应满足相关标准的规定。

6　试验

6.1　例行试验

例行试验包括以下项目：

a)　直流电阻与直流损耗测量。

b)　电感测量。

c)　交流等效电阻（Rh）与谐波损耗测量。

d)　主要谐波频率下的电抗和品质因数测量。

e)　端对端雷电全波冲击试验。

f)　直流负载试验。

g)　支柱绝缘子超声探伤检查。

6.2　型式试验

除 6.1 中的各项例行试验外，对于同一型式的同一台产品还应增加以下项目：

a)　端对端雷电截波冲击试验。

b)　端对端中频振荡电容器放电试验；

c)　端对地雷电全波冲击试验；

d)　端对地操作冲击试验；

e)　端对地外施直流电压耐受试验；

f)　温升试验；

g)　无线电干扰电压（RIV）试验；

h)　高频阻抗与杂散电容测量；

i)　声级测定。

6.3　特殊试验

特殊试验项目包括以下项目（但不限于）：

a)　抗震性能试验。

b)　暂态故障电流试验。

c)　燃烧性能试验。

d)　环境试验。

e)　气候试验。

6.4　交接试验

交接试验包括以下项目：

a)　直流电阻测量。

b)　绝缘电阻测量。

c)　电感量测量。

d)　交流耐压试验。

e)　额定电压下的冲击合闸试验。

f)　支柱绝缘子超声探伤检查。

g)　运行中红外测温。

7　质量保证及管理

7.1　卖方应保证其提供的电抗器及其附件是全新的、未使用过的，采用的是优质材料和先进工艺，并在各方面符合合同规定的质量、规格和性能。卖方应保证电抗器及其组件经过正确安装、正常操作和保养，在其寿命期内运行良好，卖方应承诺设备的寿命不少于 40 年。在质保期内，由于卖方设计、材料或工艺的原因所造成的缺陷或故障，卖方应免费负责修理或更换有缺陷的零部件或整机。

7.2 质保期应为合同设备通过验收试验、试运行成功结束，且出具验收证书后的 24 个月。

7.3 在质保期内，由于投标人设备的质量问题而造成停运，投标人应负责尽快更换有缺陷或损坏的部件并赔偿相应损失。设备的质保期将延长，延长时间为设备重新投运后 24 个月。

7.4 卖方应对合同设备的设计、材料选择、加工、制造和试验等建立质量保证体系，并在合同设备的整个制造过程中严格按其执行。

7.5 设备在制造过程中，必要时买方将分批派遣有经验的工程师去卖方制造厂对合同设备的组装、出厂试验和包装等方面进行监制和抽查验证。买方监制人员不签署任何质量证明，买方人员参加监制既不解除卖方按合同规定所应承担的责任，也不代替买方到货的检验。

7.6 卖方应采用有运行经验证明正确的、成熟的技术；若采用卖方过去未采用过的新技术，应征得买方的同意。

7.7 卖方从其他厂采购的设备，一切质量问题应由卖方负责。

8 技术服务、设计联络、工厂检验和监理

8.1 技术服务

8.1.1 基本要求如下：

    a) 卖方应指定一名工地代表，配合业主及安装卖方之间的工作。卖方应指派合格的有经验的安装监督人员和试验工程师，对合同设备的安装、调试和现场试验等进行技术指导。卖方指导人员应对所有安装工作的正确性负责，除非安装卖方的工作未按照卖方指导人员的意见执行，并且卖方指导人员立即以书面形式将此情况通知了业主。

    b) 合同设备的安装工期为___周，买卖双方据此共同确认一份详尽的安装工序和时间表，作为卖方指导安装的依据，并列出安装卖方应提供的人员和工具的类型及数量。

    c) 买卖双方应根据工地施工的实际工作进展，通过协商决定卖方技术人员的专业、人员数量、服务的持续时间以及到达和离开工地的日期。

8.1.2 任务和责任如下：

    a) 卖方指定的工地代表，应在合同范围内全面与业主工地代表充分合作与协商，以解决与合同有关的技术和工作问题。双方的工地代表，未经双方授权，无权变更和修改合同。

    b) 卖方技术人员代表卖方，完成合同规定有关设备的技术服务，指导、监督设备的安装、调试和验收试验。

    c) 卖方技术人员应对业主人员详细地解释技术文件、图纸、运行和维护手册、设备特性、分析方法和有关的注意事项等，以及解答和解决业主在合同范围内提出的技术问题。

    d) 卖方技术人员有义务协助业主在现场对运行和维护的人员进行必要的培训。

    e) 卖方技术人员的技术指导应是正确的，如因错误指导而引起设备和材料的损坏，卖方应负责修复、更换和（或）补充，其费用由卖方承担，该费用中还包括进行修补期间所发生的服务费。业主的有关技术人员应尊重卖方技术人员的技术指导。

    f) 卖方代表应尊重业主工地代表，充分理解业主对安装、调试工作提出的技术和质量方面的意见和建议，使设备的安装、调试达到双方都满意的质量。如因卖方原因造成安装或试验工作拖期，业主有权要求卖方的安装监督人员或试验工程师继续留在工地服务，且费用由卖方自理。如因业主原因造成安装或试验拖期，业主根据需要有权要求卖方的安装监督人员或试验工程师继续留在工地服务，并承担有关费用。

8.2 设计联络会要求

8.2.1 为协调设计及其他方面的接口工作，根据需要业主与卖方应召开设计联络会。卖方应制定详细的设计联络会日程。签约后的 30 天内，卖方应向业主建议设计联络会方案，在设计联络会上业主有权对

合同设备提出改进意见，卖方应高度重视这些意见并作出改进。

8.2.2 联络会主题：

    a) 决定最终布置尺寸，包括外形和其他附属设备的布置；

    b) 复核平波电抗器的主要性能和参数，并进行确认；

    c) 检查总进度、质量保证程序及质控措施；

    d) 决定土建要求，运输尺寸和质量，以及工程设计的各种接口的资料要求；

    e) 讨论交货程序；

    f) 解决遗留问题；

    g) 讨论工厂试验及检验监造问题；

    h) 讨论运输、交接、安装、调试及现场试验；

    i) 其他要求讨论的项目包括：地点（卖方所在地）、日期、会期、参会人数等。

8.2.3 除上述规定的联络会议外，若遇重要事宜需双方进行研究和讨论，经各方同意可另召开联络会议解决。

8.2.4 每次会议均应签署会议纪要，该纪要作为合同的组成部分。

8.3 监理要求

8.3.1 买方有权派遣其监造人员到卖方及其分包商的车间场所，对合同设备的加工制造进行检验和监督。买方将为此目的而派遣的代表的身份以书面形式通知卖方。

8.3.2 如有合同设备经检验和试验不符合技术规范的要求，业主可拒收，卖方应更换被拒收的货物，或进行必要的改造使之符合技术规范的要求，业主不承担上述的费用。

8.3.3 业主有对货物运到现场以后进行检验、试验和拒收（如果必要时）的权利，不得因该货物在原产地发运以前已经由业主或其代表进行过监造和检验并已通过作为理由而受到限制。业主人员参加工厂试验，包括会签任何试验结果，既不免除卖方按合同规定应负的责任，也不能代替合同设备到达现场后业主对其进行的检验。

8.3.4 卖方应在开始进行工厂试验前 2 个月，通知业主其日程安排。根据这个日程安排，业主将确定需要对合同设备的工厂试验进行现场监督的项目和过程，并将在接到卖方关于安装、试验和检验的日程安排通知后 30 天内通知卖方。然后业主将派出技术人员前往卖方和（或）其分包商生产现场，以观察和了解该合同设备工厂试验的情况及其运输包装的情况。检验程序由双方代表共同协商决定。若发现任一货物的质量不符合合同规定的标准，或包装不满足要求，业主代表有权发表意见，卖方应认真考虑其意见，并采取必要措施以确保待运合同设备的质量。

8.3.5 试验开始前卖方应向买方提交一份完整的试验大纲和监造试验计划，并征得买方同意。

8.3.6 若业主不派代表参加上述试验，卖方应在接到业主关于不派员到卖方和（或）其分包商工厂的通知后，或业主未按时派遣人员参加的情况下，自行组织检验。

8.3.7 监造范围：

    a) 设计审核。

    b) 对重要原材料、外协和外购件的质量和数量的检查。必要时业主人员有权到零部件分包厂进行监督和检验。

    c) 对线圈的绕制和固化等重要的工艺过程进行监督。

    d) 在厂内的最后总装配、试验及试验后的检查等。

    e) 检查合同设备的包装和发运。

8.3.8 卖方应向监造者提供下列资料：

    a) 重要的原材料的物理、化学特性和型号及必要的工厂检验报告；

    b) 重要零部件和附件的验收试验报告及重要零部件和附件的全部出厂试验报告；

    c) 设备出厂试验报告、半成品试验报告；

d） 型式试验报告；

e） 产品改进和完善的技术报告；

f） 与分包者的合同和分包合同副本；

g） 合同设备的引线布置图、装配图及其他技术文件；

h） 设备的生产进度表；

i） 设备制造过程中出现的质量问题的备忘录。

8.3.9 供货商应在投标书中提出对监造的响应，并提供相关资料。

8.3.10 监造者有权到生产合同设备的车间和部门了解生产信息，并提出监造中发现的问题（如有）。

8.3.11 监造者将不签署任何质量证明文件，买方人员参加工厂检验既不能解除卖方按合同承担的责任，也不替代到货后卖方的检验。

ICS 29.240

Q/GDW

国家电网有限公司企业标准

Q/GDW 13065.2—2018
代替 Q/GDW 13065.2—2014

干式平波电抗器采购标准
第2部分：干式平波电抗器
专用技术规范

Purchasing standard for Dry-type smoothing reactors
Part 2: Special technical specification for
dry-type smoothing reactors

2019-06-28发布   2019-06-28实施

国家电网有限公司   发布

目　次

前　　言

《干式平波电抗器采购标准》分为 2 个部分：

——第 1 部分：通用技术规范；

——第 2 部分：干式平波电抗器专用技术规范。

本部分为《干式平波电抗器采购标准》的第 2 部分。

本部分代替 Q/GDW 13065.2—2014，与 Q/GDW 13065.2—2014 相比，主要技术性差异如下：

——修改了标准的英文名称；

——删除了术语和定义中的条目，直接引用 Q/GDW 13065.1 中的术语和定义；

——修改了"环境使用条件"中"污秽等级"，由"Ⅲ"改为"Ⅳ"级；"耐受地震能力"改为 3m/s²；安装地点改为"户外"；

——增加燃烧性能等级的规定；

——对原标准中表述不准确的语句进行了修改。

本部分由国家电网有限公司物资部提出并解释。

本部分由国家电网有限公司科技部归口。

本部分起草单位：国网湖北省电力有限公司、中国电力科学研究院有限公司。

本部分主要起草人：郭慧浩、廖荒良、陈璐、张琳、杨铭、李俊、孟毅、余胜、张波、杨帆。

本部分 2014 年 9 月首次发布，2018 年 6 月第一次修订。

本部分在执行过程中的意见或建议反馈至国家电网有限公司科技部。

干式平波电抗器采购标准
第 2 部分：干式平波电抗器
专用技术规范

1 范围

本部分规定了干式空心平波电抗器招标的标准技术参数、项目需求及投标人响应的相关内容。

本部分适用于高压直流输电用干式空心平波电抗器招标。

2 规范性引用文件

下列文件对于本文件的应用是必不可少的。凡是注日期的引用文件，仅注日期的版本适用于本文件。凡是不注日期的引用文件，其最新版本（包括所有的修改单）适用于本文件。

Q/GDW 13065.1　干式平波电抗器采购标准　第 1 部分：通用技术规范。

3 术语和定义

Q/GDW 13065.1 规定的术语和定义适用于本文件。

4 标准技术参数

技术参数特性表是国家电网有限公司对采购设备的基础技术参数要求，在招投标过程中，投标人应依据招标文件，对技术参数特性表中标准参数值进行响应。干式平波电抗器技术参数特性见表 1。物资应满足 Q/GDW 13065.1 的要求。

表 1　技 术 参 数 特 性 表

序号	项　　目	单位	招标人要求
1	额定值		
	a）额定电感值	mH	（项目单位填写）
	b）在不同运行电流下的电感值	mH	—
	1）25%I_N		（投标人提供）
	2）50%I_N		（投标人提供）
	3）75% I_N		（投标人提供）
	4）100%I_N		（投标人提供）
	5）125%I_N		（投标人提供）
	6）200%I_N		（投标人提供）
	c）电流额定值		—
	1）额定电流	A	（项目单位填写）

表1（续）

序号	项 目		单位	招标人要求
1	绕组平均温升		K	（投标人提供）
	热点温升		K	（投标人提供）
	2）2h 过负荷能力		A	（项目单位填写）
	绕组平均温升		K	（投标人提供）
	热点温升		K	（投标人提供）
	d）电压额定值		—	
	额定直流电压，对地 U_{dN}		kV，DC	500/125
	最高连续直流电压，对地 U_{dmax}		kV，DC	（项目单位填写）
	包括过冲在内的最高连续电压，对地		kV，peak	（项目单位填写）
2	绝缘水平和试验电压			
	a）雷电冲击全波		kV，峰值	—
	端 1 对地			1950/650
	端 2 对地			1950/650
	端对端			1950/650
	b）操作冲击电压		kV，峰值	—
	端对端			1550/550
	c）直流长时外施电压＋局部放电		kV，有效值	773/250
	d）交流长时（1h）外施电压＋局部放电		kV，有效值	547/200
3	过负荷电流			
	a）最大环境温度 20℃			—
	3s	功率		（项目单位填写）
		电流		（项目单位填写）
	5s	功率		（投标人提供）
		电流		（投标人提供）
	10s	功率		（投标人提供）
		电流		（投标人提供）
	2h	功率		（项目单位填写）
		电流		（项目单位填写）
	持续	功率		（项目单位填写）
		电流		（项目单位填写）
	b）最大环境温度 40℃			—
	3s	功率		（投标人提供）
		电流		（投标人提供）
	5s	功率		（投标人提供）
		电流		（投标人提供）

表 1（续）

序号	项	目		单位	招标人要求
3	10s	功率			（投标人提供）
		电流			（投标人提供）
	2h	功率			（投标人提供）
		电流			（投标人提供）
	持续	功率			（投标人提供）
		电流			（投标人提供）
4	80℃时绕组端子间的直流电阻			Ω	（投标人提供）
5	额定电流时的绕组电流密度			A/mm²	（投标人提供）
6	损耗				
	a）额定直流电流下的负载损耗			kW，80℃	（投标人提供）
	b）额定功率下的谐波附加损耗			kW，80℃	（投标人提供）
	c）额定功率下的总损耗			kW，80℃	（投标人提供）
7	增量电感容差（与额定值之差）				（投标人提供）
8	可听噪声水平			dB（A）	75
	a）在额定直流电流和规定谐波时				（投标人提供）
	b）最小直流电流时				（投标人提供）
	c）直流降压运行，最大直流电流				（投标人提供）
	d）直流降压运行，最小直流电流				（投标人提供）
9	可承受的2s短路电流			kA	40/24
10	无线电干扰水平			μV	2000
11	质量和尺寸				（投标人提供）
	a）总质量			kg	（投标人提供）
	b）运输质量			kg	（投标人提供）
	c）安装质量			kg	（投标人提供）
	器身				（投标人提供）
	d）安装尺寸（长×宽×高）			mm×mm×mm	（投标人提供）
	e）运输尺寸（长×宽×高）			mm×mm×mm	（投标人提供）
	重心高度				（投标人提供）
12	附件参数				—
	a）支柱绝缘子				—
	1）制造厂及型号				（投标人提供）
	2）额定电压			kV	（投标人提供）
	3）绝缘子的 tanδ			%	（投标人提供）

表1（续）

序号	项　目		单位	招标人要求
12	4）绝缘水平和试验电压			—
		——雷电冲击全波	kV，crest	1950/650
		——雷电冲击截波	kV，crest	2150/715
		——操作冲击	kV，crest	1550/550
		——工频 1min 短时耐受	kV，rms	547/200
		——工频长时耐受	kV，rms	547/200
		——直流长时耐受	kV，rms	773/250
	5）局部放电水平		pC	（投标人提供）
	6）弯曲破坏负荷		kN	（投标人提供）
	7）有效爬距		mm	（项目单位填写）
	8）干弧距离		mm	（投标人提供）
	9）大小伞裙数据			（投标人提供）
	b）P_1 及 P_2			（投标人提供）
	c）S/P_1 比值			（投标人提供）
13	环境等级		E2 级	（投标人提供）
14	气候等级		C2 级	（投标人提供）
15	燃烧性能等级		F1 级	（投标人提供）

5　组件材料配置

组件材料配置包括元件名称、规格形式参数、单位、数量和产地等信息，具体内容和格式根据招标项目情况进行编制。

6　使用环境条件

干式平波电抗器使用环境条件见表2。特殊环境要求根据项目情况进行编制。

表 2　使 用 环 境 条 件 表

序号	名　　称		单位	项目单位要求值
1	环境温度	最高温度	℃	40
		最低温度		−25
		最热月平均温度	℃	30
		最高年平均温度	℃	20
2	海拔		m	≤1000
3	太阳辐射强度		W/cm²	0.11
4	污秽等级			Ⅳ
5	覆冰厚度		mm	20

表 2（续）

序号	名　称		单位	项目单位要求值
6	风速/风压		m/s/Pa	35
7	相对湿度	最大日相对湿度	%	≤95
		最大月平均相对湿度		≤90
8	耐受地震能力（指水平加速度，安全系数不小于1.67。水平加速度应计及设备支架的动力放大系数1.2）		g	3
				≥1.67
9	安装地点（户内/户外）			户外

ICS 29.240

Q/GDW

国家电网有限公司企业标准

Q/GDW 13066.1—2018
代替 Q/GDW 13066.1—2014

500kV 主变压器中性点 66kV 干式 空心中性点电抗器采购标准 第 1 部分：通用技术规范

Purchasing standard for 66kV dry-type air-core
neutral-earthing reactors of 500kV main transformer
Part 1: General technical specification

2019-06-28发布   2019-06-28实施

国家电网有限公司   发布

目　次

前　言

《500kV 主变压器中性点 66kV 干式空心中性点电抗器采购标准》分为 2 个部分：

——第 1 部分：通用技术规范；

——第 2 部分：500kV 主变压器中性点 66kV 干式空心中性点电抗器专用技术规范。

本部分为《500kV 主变压器中性点 66kV 干式空心中性点电抗器采购标准》的第 1 部分。

本部分代替 Q/GDW 13066.1—2014，与 Q/GDW 13066.1—2014 相比，主要技术性差异如下：

——修改了标准的英文名称；

——修改了"范围"一章的表述；

——更新了规范性引用文件，删除了不相关的标准，增加了标准 DL/T1389；

——修改了例行试验中部分试验项目的名称，如"绕组电抗测量"修改为"额定持续电流下的阻抗测量"；"损耗测量"修改为"环境温度下的损耗测量"；"绝缘子探伤试验"修改为"支柱绝缘子超声探伤检查"；"感应耐压试验"修改为"绕组过电压试验"；"外施耐压试验"改为特殊试验；

——增加了使用寿命的要求；

——增加了对电抗器绕组工艺的要求；

——例行试验增加了动热稳定试验；删除了绝缘电阻测量；

——特殊试验增加了绕组热点温升测量、燃烧性能试验、环境试验及气候试验；

——对原标准中表述不准确的语句进行了修改。

本部分由国家电网有限公司物资部提出并解释。

本部分由国家电网有限公司科技部归口。

本部分起草单位：国网湖北省电力有限公司、中国电力科学研究院有限公司。

本部分主要起草人：郭慧浩、廖荒良、陈璐、张琳、杨铭、李俊、孟毅、余胜、张波、杨子彤、杨帆。

本部分 2014 年 9 月首次发布，2018 年 6 月第一次修订。

本部分在执行过程中的意见或建议反馈至国家电网有限公司科技部。

500kV 主变压器中性点 66kV 干式
空心中性点电抗器采购标准
第 1 部分：通用技术规范

1 范围

本部分规定了 500kV 主变压器中性点 66kV 干式空心中性点电抗器招标的总则、结构及其他要求、试验、技术服务、工厂检验和监造的一般要求。

本部分适用于 500kV 主变压器中性点 66kV 干式空心中性点电抗器招标。

2 规范性引用文件

下列文件对于本文件的应用是必不可少的。凡是注日期的引用文件，仅注日期的版本适用于本文件。凡是不注日期的引用文件，其最新版本（包括所有的修改单）适用于本文件。

GB 311.1　绝缘配合　第 1 部分：定义、原则和规则

GB 311.2　绝缘配合　第 2 部分：使用导则

GB/T 1094.3　电力变压器　第 3 部分：绝缘水平、绝缘试验和外绝缘空气间隙

GB/T 1094.4　电力变压器　第 4 部分：电力变压器和电抗器的雷电冲击和操作冲击试验导则

GB/T 1094.5　电力变压器　第 5 部分：承受短路的能力

GB/T 1094.6　电力变压器　第 6 部分：电抗器

GB/T 1094.10　电力变压器　第 10 部分：声级测定

GB/T 5273　高压电器端子尺寸标准化

GB/T 8287.1　标称电压高于 1000V 系统用户内和户外支柱绝缘子　第 1 部分：瓷或玻璃绝缘子的试验

GB/T 8287.2　标称电压高于 1000V 系统用户内和户外支柱绝缘子　第 2 部分：尺寸与特性

GB/T 16927.1　高电压试验技术　第 1 部分：一般定义及试验要求

GB/T 16927.2　高电压试验技术　第 2 部分：测量系统

GB 50150　电气装置安装工程　电气设备交接试验标准

DL/T 1389　500kV 变压器中性点接地电抗器选用导则

Q/GDW 168　输变电设备状态检修试验规程

Q/GDW 13001　高海拔外绝缘配置技术规范

3 术语和定义

下列术语和定义适用于本文件。

3.1

招标人　bidder

提出招标项目，进行招标的法人或其他组织。

3.2

投标人　tenderer

响应招标、参加投标竞争的法人或者其他组织。

3.3

卖方　seller

提供本部分货物和技术服务的法人或其他组织，包括其法定的承继者。

3.4

买方　buyer

购买本部分货物和技术服务的法人或其他组织，包括其法定的承继者和经许可的受让人。

4　总则

4.1　一般规定

4.1.1　投标人应具备招标公告所要求的资质，具体资质要求详见招标文件的商务部分。

4.1.2　投标人应满足本部分规范性引用文件中有关标准和文件的要求。投标人提供的电抗器应符合本部分所规定的要求，投标人亦可推荐符合本标准（通用部分和专用部分）要求的类似定型产品，但应提供详细的技术偏差，并在报价书中以"对规范书的意见和同规范书的差异"为标题的专门章节中加以详细描述。

4.1.3　本部分提出了对电抗器的技术参数、性能、结构、试验等方面的技术要求。有关电抗器的包装、标志、运输和保管的要求见招标文件商务部分的规定。

4.1.4　本部分提出的是最低限度的技术要求，并未对一切技术细节作出规定，也未充分引述有关标准的条文，投标人应提供符合本部分引用标准的最新版本部分和本部分技术要求的全新产品，如果所引用的标准之间不一致或本部分所使用的标准与投标人所执行的标准不一致时，按要求较高的标准执行。

4.1.5　本部分将作为订货合同的附件，与合同具有同等的法律效力。本部分未尽事宜，由合同签约双方在合同谈判时协商确定。

4.1.6　本部分中涉及有关商务方面的内容，如与招标文件的商务部分有矛盾时，以招标文件的商务部分为准。

4.1.7　本部分如与专用部分有冲突，以专用部分为准。

4.2　投标人应提供的资质文件

4.2.1　投标人在投标文件中应提供下列有关合格的资质文件，否则视为非响应性投标。

4.2.2　提供相应的最终用户的使用情况证明。

4.2.3　拥有权威机构颁发的 ISO 9000 系列的认证证书或等同的质量保证体系认证证书。

4.2.4　具有履行合同所需的生产技术和生产能力的文件资料。

4.2.5　有能力履行合同设备维护保养、修理及其他服务义务的文件。

4.2.6　同类设备的例行和型式试验报告。所提供的组部件如需向第三方外购，投标人也应就其质量做出承诺，并提供第三方相应的检验报告和投标人的进厂验收证明。

4.3　投标人应提供的技术文件

4.3.1　技术文件的发送

供货商在合同签订后需提供下列份数的技术文件。要求的技术文件及寄送的时间见表1。

表 1　技术文件及提交时间

序号	文　件　内　容	提交时间
1	图纸类： a）组装图。应表示设备总的装配情况，包括外形尺寸、设备的重心位置与总质量，绝缘子或瓷套的爬电距离、弧闪距离，受风面积、固有频率，一次接线端子板及线夹位置、大小尺寸、材料及允许的作用力（三个方向），运输尺寸和质量，端子位置等并附电气和机械特性数据。 b）基础图。应标明设备的尺寸、基础螺栓的位置和尺寸，作用于基础的静态力等。 c）额定铭牌图、吊装图、运输包装示意图，包括运输尺寸等。 d）其他。 e）标明安装布置图。 f）标明匝间和绕包绝缘耐热等级	a）合同签订后 1 周内，供货商应提供认可图纸。 b）工程师在收到认可图纸 2 周内，应将经确认的 1 份图纸寄送给供货商。 c）供货商收到经确认的图纸 2 周内提出最终图

表 1（续）

序号	文　件　内　容	提交时间
2	组装后设备的机械强度计算报告	合同签订后 2 周内
3	a）说明书应包括下列内容： 　1）安装、运行、维护和全部组部件的完整说明和数据； 　2）产品技术条件； 　3）额定值和特性资料； 　4）所有组部件的序号的完整资料； 　5）例行试验数据； 　6）表示设备的结构图以及对基础的技术要求； 　7）装箱单及包装说明； 　8）合格证。 b）其他适用的资料和说明	设备装运前 4 周

注 1：每台电抗器应提供一份说明书，随设备一起发运。

注 2：主要组部件试验报告。

4.3.2 所有技术文件均采用 SI 国际单位制。

4.3.3 工程师有权对供货商的供货设备图纸提出修改意见，对此买方不承担附加费用。供货商应对工程师的修改意见，在图纸上进行修改，供货的设备应符合最终审定认可后的正式图纸。

4.3.4 在收到工程师对图纸的最终认可之前，供货商提前采购材料或加工制造而发生的任何风险和损失由供货商自行承担。

4.3.5 图纸经工程师认可后，并不能排除供货商对其图纸的完整性及正确性应负的责任。

4.3.6 当买方在设计继电保护、控制操作及与其他设备配合，而需要相关文件和技术数据时，卖方应按要求提供这些文件和数据。

4.4 标准与规范

4.4.1 参照有关标准和准则拟定技术条件的合同设备，包括供货商由其他厂家采购的设备和组部件，都应符合该标准和准则的最新版本或其修订本，包括投标时起生效的任何更正或增补，经特殊说明者除外。

4.4.2 所有螺栓、双头螺栓、螺纹、管螺纹、螺栓头及螺母等均应遵照 ISO 标准及 SI 国际单位制。

4.5 应满足的标准

装置至少应满足 GB 311.1、GB 311.2、GB/T 1094.3、GB/T 1094.5、GB/T 1094.6、GB/T 1094.10、GB/T 5273、GB/T 8287.1、GB/T 8287.2、GB/T 16927.1、GB/T 16927.2、GB 50150、DL/T 1389、Q/GDW 168、Q/GDW 13001 中所列标准的最新版本的要求，但不限于上述所列标准。

4.6 应满足的文件

该类设备技术标准应满足国家电网有限公司标准化成果中相关条款要求。下列文件中相应的条款规定均适用于本文件，其最新版本（包括所有的修改单）适用于本文件。包括：

a）《国家电网有限公司十八项电网重大反事故措施（2018 修订版）》；

b）《国家电网有限公司输变电工程通用设计》。

4.7 使用寿命

在规定的工作条件下正常运行，并按照制造厂商的使用维护说明书进行维护的情况下，电抗器的预期寿命不应低于 40 年。

5 结构及其他要求

5.1 结构

结构要求如下：

a）产品结构应具有防雨、防鸟功能。采取防雨、防鸟、防晒措施，一般应采用防雨罩、防鸟格栅、假包封等。

b） 多层并联风道结构，环氧玻璃纤维绕包封。冲击电位分布均匀，耐受短路电流冲击能力强。结构件应采用非导磁材料或低导磁材料。

c） 绕组采用多种小截面的膜包导线绕制，应采用连续线、减少焊接点；绕组的绕制设计应使冲击行波所致的初始电压分布尽可能均匀，以抑制电压振荡及操作过电压。导线采用纯铝材料；绕组在绕制时采用专门绕制模，使绕制成的绕组端部平整，树脂吸附性好。

d） 电抗器的整个外表面涂有抗紫外线防护层，受阳光直照的包封面应具有较强的抗紫外线能力，采用憎水性、憎水迁移性好的材料，户内户外使用均可，且安装方式灵活。

e） 在运输期间及长期运行中，绕组及其他部件应完好且不应松动。

5.2 绕组

绕组要求如下：

a） 单丝线绝缘：应选用符合温度指示要求的电工用绝缘膜进行重叠包绕。绕包层应紧实、均匀平整地绕包在导体上。绕包层不应缺层，不应起皱和开裂等缺陷。单丝线电抗器的匝间绝缘和股间绝缘统一按匝间绝缘水平要求。

b） 单丝线电抗器应采用包有符合温度指数要求的匝间绝缘层的定长导线绕制，中间不应有接头。单丝线电抗器不宜采用调匝环结构。

c） 换位线绝缘：容量在 10Mvar 及以上的电抗器，应用匝间绝缘为 F 级及以上的换位绕组线绕制而成。

d） 包封绕组：应选用符合 GB/T13657 要求的 B 级及以上环氧树脂胶为基体，以浸透环氧树脂的无纬玻璃丝带等玻璃纤维制品为补强材料，添加能使固化后的包封绕组绝缘的热膨胀系数与绕组的热膨胀系数尽量接近的、能增加包封韧性的助剂，把绕组全部密封包绕，热成型固化形成一个包封绕组。包封的环氧树脂层强度应达到玻璃钢的要求，不应分层、龟裂。

e） 包封表面处理、绕组整体喷涂防紫外线底漆、面漆，喷涂防止树枝状放电的 PRTV 涂层提高产品环境耐受性能，且 PRTV 涂层在 6 年内不应出现龟裂和剥落等现象。

5.3 铭牌

每台电抗器应提供用不受气候影响的材料制成的铭牌，并安装在明显可见的位置。所示项目应用耐久的方法刻出（如用蚀刻、雕刻和打印法）。铭牌上应标出下述各项：

a） 电抗器名称、型号、产品代号。

b） 标准代号。

c） 制造厂名（包括国名）。

d） 出厂序号。

e） 制造年月。

f） 相数。

g） 额定容量。

h） 额定频率。

i） 额定持续电流；额定短时电流和时间。

j） 最高运行电压。

k） 额定电压时的电感、电抗或阻抗（实测值）。

l） 冷却方式。

m） 使用条件。

n） 绝缘的耐热等级。

o） 绝缘水平。

p） 损耗（实测值）。

q） 绕组联结。

r） 总质量。

s） 在某些情况下需列出的补充项目：

    1） 温升（当不是标准值时）。

    2） 运输质量（总质量超过 5t 的电抗器）。

    3） 器身质量（总质量超过 5t 的电抗器）。

5.4 其他技术要求

5.4.1 电抗器的安装工作，卖方应在安装及启动时提供技术咨询，卖方应提供所有安装所需的特殊材料。

5.4.2 绕组防护要求：绕组外表面防护层处理方法、风道及内层防护处理方法、引线部分处理方法。

5.4.3 所有安装和组装用的螺栓、螺母、垫圈和连接件由卖方提供。电抗器一次接线端子应便于连接设备线夹，并配套提供连接用的螺栓、螺母和垫圈。设备线夹资料在签订合同后由卖方提供。全部金属件均有防锈保护层。

5.4.4 布置方式：单相水平布置。

5.4.5 声级水平：额定电流时距电抗器 1m 处的声级水平应满足专用部分要求。

5.4.6 提供各电抗器间的推荐工作距离，采取避免电磁感应的措施。

5.4.7 电抗器在规定的工作条件和负荷条件下运行，并按照卖方的说明书进行维护，电抗器的预期寿命不应小于 35 年。

5.5 电气一次接口

5.5.1 安装要求

5.5.1.1 66kV 干式空心中性点电抗器为户外安装，采用钢支柱或玻璃钢支柱支撑安装。应考虑设备引线对地距离满足安全要求。

5.5.1.2 电抗器（含支撑绝缘子）底部高出场地标高 2500mm 以上，电抗器（含支撑绝缘子）底部安装钢板焊接在此基础上。

5.5.1.3 地震烈度在Ⅵ度及以上地区，干式空心电抗器采用低式安装方式，电抗器四周应设置围栏，围栏尺寸应满足设计标准的要求，围栏材质应采用优质不锈钢。电抗器中心至围栏的距离不得小于 $1.1D$（D 为电抗器直径）。

5.5.1.4 电抗器中心对侧面的防磁距离不小于 $1.1D$，电抗器顶部及底部应留有适当空间，距离按不小于 $0.5D$ 考虑，电抗器周围及上下有影响区域内不得有封闭金属环，水泥基础内不得有封闭钢筋。电抗器接地线应制成开口环形。

5.5.1.5 安装在干式空心电抗器防磁范围内的支柱绝缘子，应为非磁性绝缘子；电抗器应带吊环，但运行前应将吊环拆除。

5.5.2 安装示意图

66kV 干式空心中性点电抗器安装示意图如图 1 所示。

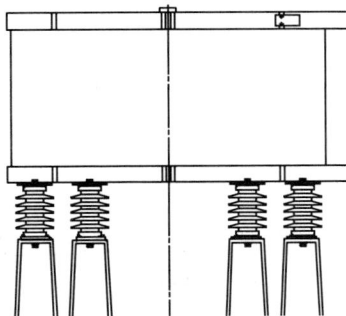

图 1 66kV 干式空心中性点电抗器安装示意图

6 试验

6.1 例行试验

合同所供干式空心电抗器应在制造厂进行例行试验，试验应符合国家标准有关规定。例行试验包括以下内容（但不限于此）：

a) 绕组直流电阻测量。

b) 额定持续电流下的阻抗测量。

c) 环境温度下的损耗测量。

d) 绕组过电压试验。

e) 支柱绝缘子超声探伤检查。

6.2 型式试验

6.3 型式试验

6.3.1 型式试验包括以下项目（但不限于此）：

a) 额定持续电流下的温升试验。

b) 动热稳定试验。

c) 雷电冲击试验。

6.3.2 供货商可提交已在同类设备上完成的型式试验报告。对于不能满足标准的任何条款，买方有权拒绝这些用以代替规定的试验报告。

6.3.3 型式试验报告中未提供动热稳定试验和雷电冲击试验相关数据的厂家，中标后的产品需由用户抽样，由制造厂进行试验，用户见证。

6.4 特殊试验

特殊试验包括以下内容（但不限于此）：

a) 短时电流试验和短时电流时的阻抗测量。

b) 声级测定。

c) 外施耐压试验/外耐压湿试验。

d) 绕组热点温升测量。

e) 燃烧性能试验。

f) 环境试验。

g) 气候试验。

6.5 现场交接试验

现场安装完毕后，干式空心电抗器应接受以下现场交接试验：

a) 绕组直流电阻测量。

b) 绝缘电阻测量（对地，有条件时测量径向绝缘电阻）。

c) 外施耐压试验。

d) 支柱绝缘子超声探伤检查。

7 技术服务、工厂检验和监造

7.1 技术服务

7.1.1 基本要求如下：

a) 卖方应根据买方要求，指定售后服务人员，对安装承包商进行相关业务指导。

b) 卖方应根据工地施工的实际工作进展，及时提供技术服务。

7.1.2 卖方任务和责任如下：

a) 卖方指定的售后服务人员，应在合同范围内全面与买方代表充分合作与协商，以解决合同有关的技术和工作问题。双方的代表，未经双方授权，无权变更和修改合同。

　　b）卖方售后服务人员代表卖方，完成合同规定有关设备的技术服务。

　　c）卖方售后服务人员有义务协助买方在现场对运行和维护的人员进行必要的培训。

　　d）卖方售后服务人员的技术指导应是正确的，如因错误指导而引起设备和材料的损坏，卖方应负责修复、更换和/或补充，其费用由卖方承担，该费用中还包括进行修复期间所发生的服务费。买方的有关技术人员应尊重卖方售后服务人员的技术指导。

7.1.3　在合同有效期内，买卖双方应及时回答对方提出的技术文件范围内有关设计和技术的问题，由任一方提出的所有有关合同设备设计的修正或修改都应由对方参与讨论并同意。

7.2　工厂检验和监造

7.2.1　买方有权对正在制造或制造完毕的产品，选择一定数量，进行抽查测试，检测产品质量或验证供应商试验的真实性，卖方应配合买方做好抽查测试，费用由买方承担。

7.2.2　若有合同设备经检验和抽检不符合技术规范的要求，买方可拒收，并不承担费用。

_____

ICS 29.240

Q/GDW

国家电网有限公司企业标准

Q/GDW 13066.2 — 2018

代替 Q/GDW 13066.2 — 2014

500kV 主变压器中性点 66kV 干式空心中性点电抗器采购标准 第 2 部分：500kV 主变压器中性点 66kV 干式空心中性点电抗器专用技术规范

Purchasing standard for 66kV
dry-type air-core neutral-earthing reactor of 500kV main transformer
Part 2: Special technical specification

2019-06-28发布　　　　　　　　　　　　　2019-06-28实施

国家电网有限公司　　发　布

目　次

前　言

《500kV 主变压器中性点 66kV 干式空心中性点电抗器采购标准》分为 2 个部分：

——第 1 部分：通用技术规范；

——第 2 部分：500kV 主变压器中性点 66kV 干式空心中性点电抗器专用技术规范。

本部分为《500kV 主变压器中性点 66kV 干式空心中性点电抗器采购标准》的第 2 部分。

本部分代替 Q/GDW 13066.2—2014，与 Q/GDW 13066.2—2014 相比，主要技术性差异如下：

——修改了标准的英文名称；

——修改了表 1 中的"电抗值允许偏差"，偏差范围改为"0%～+10%"；

——删除了术语和定义中的条目，直接引用 Q/GDW 13066.1 中的术语和定义；

——修改了"环境使用条件"中"污秽等级"，由"Ⅲ"改为"Ⅳ"级；

——增加环境等级、气候等级及燃烧性能等级的规定。

——对原标准中表述不准确的语句进行了修改。

本部分由国家电网有限公司物资部提出并解释。

本部分由国家电网有限公司科技部归口。

本部分起草单位：国网湖北省电力有限公司、中国电力科学研究院有限公司。

本部分主要起草人：郭慧浩、廖荒良、陈璐、张琳、杨铭、李俊、孟毅、余胜、张波、杨帆。

本部分 2014 年 9 月首次发布，2018 年 6 月第一次修订。

本部分在执行过程中的意见或建议反馈至国家电网有限公司科技部。

500kV 主变压器中性点 66kV 干式空心中性点电抗器采购标准 第 2 部分：500kV 主变压器中性点 66kV 干式 空心中性点电抗器专用技术规范

1 范围

本部分规定了 500kV 主变压器中性点 66kV 干式空心中性点电抗器招标的标准技术参数、项目需求及投标人响应的相关内容。

本部分适用于 500kV 主变压器中性点 66kV 干式空心中性点电抗器招标。

2 规范性引用文件

下列文件对于本文件的应用是必不可少的。凡是注日期的引用文件，仅注日期的版本适用于本文件。凡是不注日期的引用文件，其最新版本（包括所有的修改单）适用于本文件。

Q/GDW 13066.1　500kV 主变压器中性点 66kV 干式空心中性点电抗器采购标准　第 1 部分：通用技术规范

3 术语和定义

Q/GDW 13066.1 规定的术语和定义适用于本文件。

4 标准技术参数

技术参数特性表是国家电网有限公司对采购设备的基础技术参数要求，在招投标过程中，投标人应依据招标文件，对技术参数特性表中标准参数值进行响应。500kV 主变压器中性点 66kV 干式空心中性点电抗器技术参数特性见表 1 和表 2。物资应满足 Q/GDW 13066.1 的要求。

表 1　技 术 参 数 特 性 表

序号	项 目		招标人规定值
1	型式		干式、空心
2	额定值	电压等级（kV）	66
		额定频率（Hz）	50
		额定容量（kvar）	（投标人提供）
		额定持续电流（A）	见表 2
		额定阻抗（Ω）	见表 2
		额定端电压（kV）	（投标人提供）
3	额定绝缘水平	额定雷电冲击耐受电压（kV，峰值）	325
		额定交流耐压（kV，有效值）	140

表 1（续）

序号	项 目		招标人规定值
4	损耗（W/kvar，在额定持续电流、额定频率下，参考温度 90℃）		30
5	直流电阻（Ω，75℃）		（投标人提供）
6	电流耐受水平		$1.35I_N$
7	温升极限值	绕组平均温升（K）	≤70
		最热点温升（K）	≤90
8	绝缘材料耐热等级	匝间绝缘耐热等级	H 级
		整体绝缘耐热等级	F 级
9	电抗允许偏差	允许与额定值之差	0%～+10%
10	声级水平	在额定频率、额定持续电流状态下［dB（A）］	≤60
11	承受短时电流能力	热稳定（kA）	（项目单位提供）
		动稳定（kA）	
12	环境耐受性能		E2 级
13	耐气候性能		C2 级
14	进出线端子夹角		180°
15	支柱绝缘子的主要参数	额定雷电冲击耐受电压（kV，峰值）	325
		额定交流耐受电压（kV，有效值）	147
		绝缘子对地爬电距离（mm）（应计及直径系数 K_d）	2248×K_d
		绝缘子抗弯强度（N•m）	8
16	接线端子允许受力	水平纵向（kN）	2.5
		垂直方向（kN）	1
		水平横向（kN）	1.5
		安全系数（三力同时作用）	≥2.5
17	布置方式		户外支架布置
18	绕组尺寸	（外径＋内径）×高度（m）	（投标人提供）
		包封个数	（投标人提供）
19	绕组防护要求	绕组外表面防护层处理方法	（投标人提供）
		风道及内层防护处理方法	（投标人提供）
		引线部分处理方法	（投标人提供）
20	环境等级试		E2 级
21	气候等级		C2 级
22	燃烧等级		F1 级
注：表 2 是本表的补充部分。			

表2 标 准 参 数 表

电抗器阻抗（Ω）	额定持续电流（A）	额定电感（mH）
5～16	100～400	15.9～50.9

5 组件材料配置

组件材料配置包括元件名称、规格形式参数、单位、数量和产地等信息，具体内容和格式根据招标项目情况进行编制。

6 使用环境条件

500kV 主变压器中性点 66kV 干式空心中性点电抗器使用环境条件见表3。特殊环境要求根据项目情况进行编制。

表3 使 用 环 境 条 件 表

序号	名 称		单位	项目需求值
1	系统标称电压		kV	500
2	系统最高电压		kV	550
3	系统接地方式			中性点经小电抗接地
4	电源的频率		Hz	50
5	污秽等级			Ⅳ
6	环境温度	日最高温度	℃	40
		最高月平均温度		30
		最高年平均温度		20
		日最低温度		－25
		日最大温差		25
7	湿度	日相对湿度平均值	%	≤95
		月相对湿度平均值		≤90
8	海拔		m	≤1000
9	太阳辐射强度		W/cm²	0.1
10	最大覆冰厚度		mm	10
11	最大风速		m/s	35
12	安装方式		管状母线/支撑	（项目单位提供）
13	安装场所		户内/外	（项目单位提供）